Affinity Designer Workbook

Digitales Design und Illustrationen
leicht gemacht mit Affinity Designer

Und Ihrem Affinity-Team

WARENZEICHEN

„Serif" und „Affinity" sind eingetragene Warenzeichen von Serif (Europe) Ltd.
Apple, App Store, iPhone und iPad sind eingetragene Warenzeichen oder Dienstleistungsmarken von Apple Inc.
iOS ist ein eingetragenes Warenzeichen von Cisco in den USA und anderen Ländern.
Microsoft, Windows und das Windows-Logo sind eingetragene Warenzeichen der Microsoft Corporation.
„Adobe" und „Photoshop" sind eingetragene Warenzeichen oder Warenzeichen von Adobe Systems Incorporated in den USA und/oder anderen Ländern.
Google und Google Fonts sind eingetragene Warenzeichen oder Dienstleistungsmarken von Google Inc.
Alle anderen Warenzeichen unterliegen den Rechten ihrer jeweiligen Eigentümer.

COPYRIGHT-VERMERKE

RECHTLICHE HINWEISE

HINWEISE ZUR HAFTUNG

Die Anweisungen in diesem Buch werden unter Ausschluss jeglicher Gewährleistungen zur Verfügung gestellt und Serif sowie die Autoren und Mitarbeiter dieses Arbeitsbuchs übernehmen keine Haftung gegenüber einer Person oder einem Unternehmen für jedweden Verlust oder Schaden, der im Zusammenhang mit den Anweisungen oder dem Vertrauen in die Anweisungen dieses Buchs oder durch die in diesem Buch beschriebene Computer Software und Hardware entsteht. Die in diesem Produkt verwendeten Namen von Personen/Figuren, Szenen, Geschäften und Produkten sind entweder der Fantasie der Mitwirkenden entsprungen oder werden auf eine fiktive Weise verwendet. Jegliche Ähnlichkeiten zu realen Personen, Figuren, Szenen, Geschäften und Produkten sind rein zufällig.

ISBN-13: 978-1-909581-04-3

Dieses Buch wurde für die Mac- und Windows-Versionen von Affinity Designer 1.7 und höher zusammengestellt.

Die Screenshots in diesem Buch stammen aus der Mac-Version von Affinity Designer. Die Abweichungen in Funktionalität und Darstellung zwischen den Windows- und Mac-Versionen von Affinity Designer sind minimal. Wenn ein Unterschied besteht, z. B. bei der Verwendung von für Mac und Windows spezifischen Tastenkürzeln, weisen wir ausdrücklich darauf hin.

Die Projekte in diesem Buch wurden mit der englischen Version von Affinity Designer entworfen.

Edition 1.0 (reprint 3)

Vorwort

Serif wurde 1987 in Nottingham, Großbritannien mit einem festen Ziel gegründet: Wir wollten kostengünstige Alternativen zu der Highend-Software für Publishing und Grafikdesign/Bildbearbeitung auf dem PC anbieten. 2009 kehrten wir wieder zu unseren „Indie-Wurzeln“ zurück und gründeten ein kleines Forschungs- und Entwicklungsteam, das sich ausschließlich mit der Realisierung einer neuen, fantastischen Software auf Profi-Niveau befassen sollte. So entstand Serif Labs, und diese Entwickler und Designer erschufen mit der Zeit unsere neue Marke „Affinity“ für Mac, PC und iPad.

Die Entwicklung der Affinity-Produkte war wohl die aufregendste Zeit in der gesamten Geschichte unseres Unternehmens. Seit der Veröffentlichung von Affinity Designer im Oktober 2014 über den Mac App Store – später dann gefolgt von Affinity Photo – haben wir mehr erreicht, als wir je zu träumen gewagt hätten. Dass unser „neues Baby“ im Juni 2015 mit dem Apple Design Award ausgezeichnet wurde, all die vielen positiven Rezensionen in den Medien weltweit und die Community aus kreativen Köpfen wie Ihnen, die uns auf so unglaubliche Weise unterstützt, hat uns schlichtweg überwältigt.

Unser Ziel für Affinity war, ein Trio von Apps für Grafikdesign, Bildbearbeitung und Desktop-Publishing zu entwickeln, die sich im Laufe der Zeit nicht nur einen Weg an die Spitze der jeweiligen Branche erkämpfen, sondern auch auf eine ganz besondere und vollkommen neue Weise zusammenarbeiten. Mit der Veröffentlichung von Affinity Publisher 2019 und der einzigartigen Integration der drei Apps untereinander haben wir nun den ersten Teil unseres Ziels erreicht.

Wir gehen an unsere Workbooks mit derselben kreativen Flexibilität und Detailverliebtheit heran wie an die Entwicklung unserer Apps. Genau wie bei unserer Software haben wir auch für dieses Workbook unsere Ansprüche sehr hoch gelegt. Das Buch erläutert die Programmoberfläche sowie die Grundlagen der Arbeit mit den Werkzeugen und Funktionen. Im Anschluss an diese „kurze“ Einführung zeigen Ihnen dann einige der besten Designer und Illustratoren an praktischen Beispielen, wie sie mit Affinity Designer arbeiten. Dieses Workbook ist nicht als Handbuch im herkömmlichen Sinne gedacht, sondern als Inspirationsquelle für Ihre eigenen Designs, die ihnen an einigen Beispiel zeigt, was diese App alles leisten kann.

Wir sagen es, so oft wir können, und das ist noch gar nicht oft genug – ohne Sie und Ihre Hilfe hätten wir es niemals bis hierher geschafft. Vielen Dank, dass Sie unsere Software und Bücher kaufen, und vielen Dank für die zahlreichen Anregungen in der Community, die positiven Rezensionen und Empfehlungen an Freunde sowie für Ihre Unterstützung über die sozialen Netze.

Ash Hewson
Managing Director

Mitwirkende aus dem Team Affinity

Dieses Buch wurde von den folgenden Mitgliedern aus unserem Team Affinity erdacht und umgesetzt.

Autoren/Lektorat	Andy Capstick und Kate Musgrove
Technische Autoren	Andy Capstick und Nathanael Ravenlock
Künstlerische Leitung	Neil Ladkin, Kate Musgrove und Ian Cornwall
Grafiken	Ian Cornwall und Ian Upcott

Mitwirkende an den Illustrations- und Designprojekten

Alle Funktionen und Werkzeuge, die wir für unsere Apps entwickeln, drehen sich um die Anforderungen, die Sie als kreative Künstler an eine moderne und leistungsstarke Software stellen. Aus diesem Grund arbeiten wir mit einigen der besten Designer und Illustratoren, um Ihnen zu zeigen, was mit Affinity Designer alles möglich ist – und dieses Buch bildet dabei keine Ausnahme.

Wir schätzen uns glücklich, dass die folgenden Künstler (aufgelistet in Reihenfolge der Projekte) einige ihrer Tricks und Kniffe mit uns geteilt haben. Wir möchten uns an dieser Stelle herzlich für ihre Unterstützung bei diesem Buch zu Affinity Designer bedanken.

Ben the Illustrator – Als erfahrener Illustrator, kreativer Leiter und Animationskünstler für Musikvideos stellt Ben eine Hälfte des beeindruckenden Studios Huddle Formation, das sich durch eine breite Palette kreativer Dienste auszeichnet. Seine preisgekrönten Designs erschafft Ben in Somerset, England, wo er seit über 10 Jahren den Weg des Illustrators in Vollzeit verfolgt.

Werfen Sie doch mal einen Blick in Bens Projekt The Panther auf Seite 128. Weitere Infos zu Ben und seinen Arbeiten finden Sie unter bentheillustrator.com

Romain Trystram – Ein Illustrator und Grafikdesigner aus Paris, der sein kreatives Wirken nach Marokko verlegt hat. Romain ist für seine Illustrationen berühmt und hat bereits an einer animierten Serie und als Kolorist für Comics gearbeitet. Bekannt sind seine Arbeiten vor allem für den Einsatz von Spiegelungen und Lichtern der Großstadt in all ihren schillernden Farben.

Möchten Sie auch gern wie Romain zeichnen, empfehlen wir Ihnen sein Projekt Reflected Skyline auf Seite 152. Weitere Arbeiten von Romain finden Sie unter romaintrystram.myportfolio.com

Paolo Limoncelli – Paolo ist ein UX-/UI-Designer und Illustrator, der seine kreativen Ideen in Italien umsetzt. Er hat außerdem mithilfe echter Medien einige wirklich fantastische Pinselsets unter dem Namen **DAUB Brushes** entworfen.

Paolo zeigt Ihnen in seinem Projekt anschaulich, wie Sie eigene Pinsel entwerfen sowie Vektorgrafiken mit Rasterelementen kombinieren. Neugierig? Dann sehen wir uns bei The Whittler auf Seite 186. Folgen Sie Paolo auf Twitter unter @paololimoncelli und Sie erfahren sofort, wenn er neue Pinsel für Affinity-Produkte entwirft.

Kevin House – Der auch als Kevin Creative bekannte Künstler und Logo-Designer stammt aus Kanada. Seit über 25 Jahren bestimmen Pfade und Pixel sein kreatives Schaffen. Sowohl 2D als auch 3D haben es ihm angetan, und seine besondere Vorliebe gilt isometrischen Dingen.

Entwerfen Sie doch mal zusammen mit Kevin eine isometrische Illustration in Wine Cellar auf Seite 236. Weitere Arbeiten von Kevin finden Sie in seinem Portfolio unter kevincreative.com

Jonathan Ball – Als Chef des berühmten pokedstudio ist Jonathan Ball für seine Illustrationen, Animationen und Figurdesigns weithin bekannt. Er arbeitet in Cardiff, Wales, und seine putzigen 2D- und 3D-Charaktere finden sich häufig in äußerst farbenfrohen und bisweilen surrealen Kulissen wieder. Jons künstlerische Visionen und der Detailreichtum seiner Werke sind wirklich sehenswert.

In diesem Buch zu Affinity Designer zeigt Ihnen Jon, wie man eine Illustration mit 3D-Look realisiert. Also dann bis gleich bei The Fisherman auf Seite 264. Jons Arbeiten finden Sie auf pokedstudio.com

Neil Ladkin – Designer, Illustrator und Abenteurer. Neil steht seit vielen Jahren am künstlerischen Ruder bei Serif und leitet nun auch die kreative Entwicklung der Affinity-Produkte.

Neil zeigt Ihnen in seinem Projekt viele interessante Aspekte zu Marken- & Logodesigns sowie zu dem Entwerfen von Grafiken für die Drucklegung. Also nichts wie auf zu den Lace Frame Galleries 1 & 2 auf Seite 308 und Seite 340. Weitere Designs und Illustrationen von Neil finden Sie unter behance.net/neilladkin

Tom Koszyk – CEO und leitender Designer der polnischen Designagentur Hologram. Tom ist ein echtes Multitalent als Designer und spezialisiert sich auf digitales Produktdesign und Strategien. In seiner 10 Jahre umfassenden Karriere konnte er sein Wissen bisher bei Startups sowie auch bei Software-Unternehmen und digitalen Agenturen auf der ganzen Welt einbringen.

Mehr über UX-/UI-Design und das Entwerfen von Icons zeigt Ihnen Tom in Tix App 1 & 2 auf Seite 364 und Seite 416. Weitere Arbeiten von Hologram finden Sie auf hologramdesign.co

INHALTS-VERZEICHNIS

Willkommen

Kapitel 1: Tour durch die Programmoberfläche

Kapitel 2: Grundlagen

Beilagen

Kapitel 3: Illustrationsprojekte

Kapitel 4: Designprojekte

Index

WILLKOMMEN

Affinity Designer Workbook

Willkommen zu dem Affinity Designer Workbook. Dieses Buch wurde mit der Hilfe vieler kreativer Köpfe erstellt, um Ihnen den Einstieg in Affinity Designer zu erleichtern und Ihnen die Arbeitstechniken dieses Programms etwas näher zu bringen, damit Sie alle Features in Ihren persönlichen Workflow integrieren können.

In dieser Einführung erzählen wir Ihnen auch etwas über uns und wie Sie Affinity Designer besonders effizient nutzen können.

WAS IST AFFINITY?

Affinity revolutioniert gerade die Design-, Foto- und DTP-Welt mit einem Trio leistungsstarker und professioneller Apps, die auf eine ganz besondere Weise zusammenarbeiten. So entworfen und umgesetzt, dass sie die Leistung und Möglichkeiten der neuesten Hardware voll ausnutzen, orientieren sich die Apps an den Anforderungen in der realen Arbeitswelt. Mit mehr als 1,5 Millionen Anwendern und über 10.000 Rezensionen mit 5 Sternen weltweit entwickelt sich Affinity immer schneller zu einem neuen globalen Standard.

Unser Trio von Apps umfasst:

- **Affinity Designer** – Software für professionelles Grafikdesign, verfügbar für Mac, Windows und iPad.
- **Affinity Photo** – Software für professionelle Fotobearbeitung, verfügbar für Mac, Windows und iPad.
- **Affinity Publisher** – Software für professionelles Desktop-Publishing, verfügbar für Mac und Windows.

Designer
für Mac

2014

Entworfen als plattformübergreifende Software für kreative Profis

Die Affinity-Apps werden speziell so entwickelt, dass sie die gleichen Features enthalten und in vollem Funktionsumfang auf verschiedenen Plattformen einsetzbar sind. Jede Datei, die Sie in einer unserer Affinity-Apps erstellen, lässt sich auch in einer unserer anderen Affinity-Apps öffnen – und zwar auf jeder der von uns unterstützten Plattformen.

Endlich gibt es kreative und moderne Softwarelösungen mit Werkzeugen aus Vektor-, Raster- und DTP-Design, die sich flexibel für alle möglichen Projekte einsetzen lassen und sich genau an Ihren Anforderungen orientieren. So sollte unserer Meinung nach eine Software-Suite für Kreativprofis heute sein.

Unsere Erfolgsgeschichte bis heute

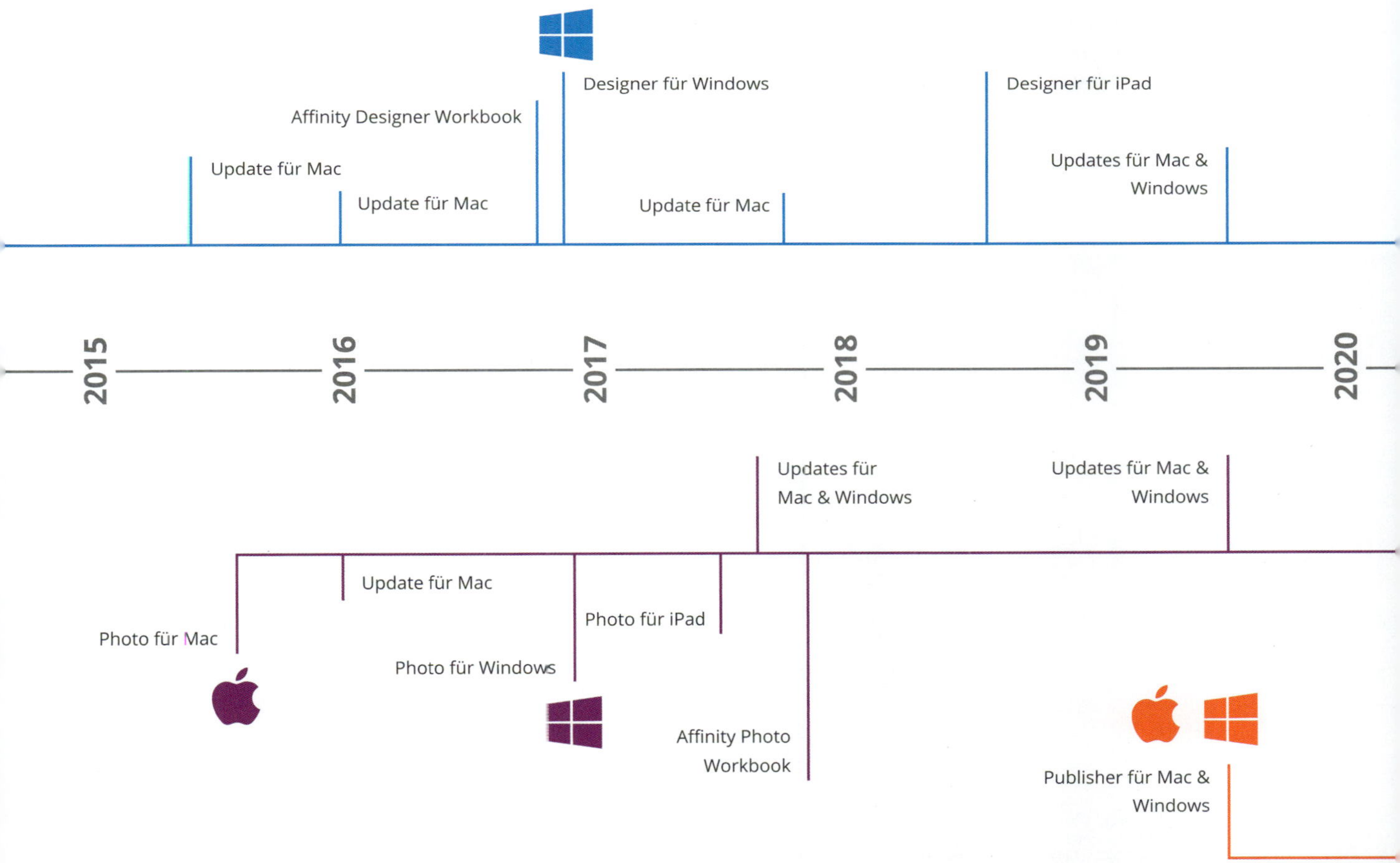

INFOS: AFFINITY DESIGNER

Affinity Designer ist die schnelle, elegante und präzise Software für Vektorgrafikdesign. Ob Sie nun Grafiken für Werbematerial oder Websites entwerfen, an Konzeptdesigns, Icons oder anderen UI-Elementen tüfteln oder einfach nur gerne zeichnen – Affinity Designer wird Ihre Arbeitsweise revolutionieren.

Aber verlassen Sie sich nicht einfach nur auf unser Wort. Affinity Designer war vom ersten Tag an Editor's Choice im Mac App Store, gehörte zu den besten Apps von 2014 und wurde für seine unglaubliche Leistung und all seine Möglichkeiten bei der WWDC im Juni 2015 mit dem heiß begehrten Apple Design Award ausgezeichnet.

> *Affinity Designer ist eine elegante, präzise und extrem leistungsstarke App für professionelles Grafikdesign auf dem Mac ... dies ist ein Paradebeispiel für eine moderne Mac-App.*
>
> Apple.com
> Apple Design Awards 2015
> (Zitat übersetzt)

Die wichtigsten Features

Entwickelt für Ihren Workflow
Von Grund auf neu entwickelt und optimiert für Leistung, Stabilität und Geschwindigkeit ist Affinity Designer perfekt auf den professionellen Workflow abgestimmt.

Diese Software ist schnell. Rasend schnell!
Sie können mit 60 fps zoomen und schwenken und all Ihre Anpassungen, Effekte, Transformationen und Pinselstriche direkt in Echtzeit überprüfen.

Unglaubliche Präzision
Die Zoomstufe lässt sich auf über 1.000.000 % erhöhen.

Arbeiten in jedem Farbraum
RGB-, LAB- und Graustufen-Farbmodi (mit 8/16 Bits) sowie CMYK-Farbmodi. Vollständiger CMYK-Workflow mit ICC-Farbverwaltung.

Fantastische Dateikompatibilität
Der vielleicht beste momentan verfügbare PSD-Import und eine vollständige Unterstützung für SVG-, EPS-, PDF-, PDF/X- und FH-Dateien sorgen für eine reibungslose Integration von Affinity Designer in Ihren Workflow.

Regelmäßige Updates, kein Abonnement
Im ersten Jahr nach seiner Markteinführung erhielt Affinity Designer mit drei großen Updates Hunderte neuer Features und Erweiterungen. Und all dies ist für Eigentümer von Affinity Designer natürlich kostenlos!

Designwerkzeuge 2.0
Alle Tools, die Sie von einer Software für professionelles Vektordesign erwarten. Von einem unglaublich präzisen Zeichenstift bis zu einem Werkzeug für absolut seidenweiche Farbverläufe wurden alle Tools mit großer Sorgfalt entwickelt und funktionieren auch noch genau so, wie Sie es wollen.

Transformationen
Objekte und ausgewählte Knoten lassen sich flexibel skalieren, drehen und neigen – sowohl nach Augenmaß als auch mit höchster Präzision über das Panel **Transformieren**.

Pixelgenaue Steuerung
Da eine Pixelvorschau in Echtzeit sowohl in Standard- als auch in Retina-Auflösung stets nur einen Mausklick entfernt ist, können Sie jederzeit genau prüfen, wie Ihr fertiges Design letztendlich wirkt.

Zerstörungsfreie Effekte und Anpassungen
Mit einer breiten Palette von Anpassungsebenen, Effekten und Mischmodi und der vollständigen Unterstützung für Masken und das Zuschneiden und Begrenzen von Ebenen bietet Affinity Designer die wohl umfangreichste Ebenenverwaltung, die man sich in einer Software für Vektordesigns wünschen kann.

Die wichtigsten Features – Fortsetzung

Flexible Arbeitsbereiche und Workflows
Dank eines übersichtlichen und vollständig anpassbaren Arbeitsbereiches (wahlweise in hell oder dunkel) mit dockbaren und frei verschiebbaren UI-Elementen können Sie in Affinity Designer genau so arbeiten, wie Sie möchten. Dazu kommen noch das speicherbare Protokoll aller Arbeitsschritte, eine Rückgängig-Funktion ohne Einschränkungen sowie zerstörungsfreie Anpassungen, sodass Sie jederzeit Ihre Meinung ändern und einen anderen Weg einschlagen können.

Rasterlayouts
Nutzen Sie ein quadratisches Raster oder isometrische Raster mit frei wechselbaren Projektionsebenen. Sie können sogar direkt auf den Projektionsebenen zeichnen! Und falls Sie ein ganz besonderes Achsenraster benötigen, definieren Sie es einfach mithilfe des anschaulichen Würfel-Modus selbst.

Fokus auf UI/UX
Endlich gelingen UX- und UI-Designs dank der Symbole und flexiblen Beschränkungen so schnell und einfach wie „normale" Grafiken.

Natürliche Pinsel und Maltechniken
Mit Force Touch oder durch Druck und Neigung eines Zeichenstifts können Sie alle Striche und Linien so setzen, wie Sie es wollen. Die mit Vektorpinseln gezogenen Striche lassen sich genauso schnell und flexibel bearbeiten wie normale Kurven, und mit den Rasterpinseln können Sie bequem absolut natürliche Texturen und zusätzliche Tiefe erzeugen – sogar als Ergänzung zu Vektorzeichnungen. Drehen Sie die Leinwand, überblenden und mischen Sie Farben, verändern Sie die Pinselparameter, arbeiten Sie mit symmetrischen und gespiegelten Pinselstrichen und erstellen Sie eigene Pinsel und Pinselspitzen. Sie können sogar ABR-Pinsel (*.abr) importieren und für Ihre Designs verwenden.

Immer gut in Form
Affinity Designer enthält eine umfangreiche Palette an Grundformen mit konfigurierbaren Ecken, die Sie über Griffe schnell und einfach anpassen können. Marker für die Ausrichtung werden automatisch eingeblendet, und über boolesche Geometriefunktionen lassen sich Objekte absolut zerstörungsfrei montieren. Dank der präzisen Anpassungsmöglichkeiten für die einzelnen Knoten sind wunderschöne und komplexe geometrische Formen in wenigen Handgriffen fertig.

Typografisches Multitalent
Nutzen Sie Grafiktexte für Überschriften sowie Textrahmen beliebiger Form und Größe für lange Texte und platzieren Sie Texte entlang von Vektorpfaden. Alle Texte lassen sich mit einer breiten Palette an Schriften, Stiloptionen und Ligaturen formatieren, die Sie bequem per Vorschau über verschiedene Panels auswählen. Natürlich können Sie auch alle Textparameter genau anpassen, wie z. B. Zeilen- und Zeichenabstand, Unterschneidung, Grundlinienversatz und Tabstopps. Eine Rechtschreibprüfung sowie eine Funktion für das Einfügen von Platzhaltertext gibt es natürlich auch.

Professionelle Druckkontrolle
Affinity Designer bietet eine vollständige professionelle Druckausgabe. Hierzu gehören unter anderem eine Unterstützung für Pantone®-Farben, ein vollständiger CMYK-Workflow und die ICC-Farbverwaltung. Sie können ebenfalls PDF/X-Dateien öffnen, bearbeiten und ausgeben, Optionen für das Überdrucken festlegen, Schmuckfarben verwenden sowie Anschnittbereiche, Beschnitt- und Zuschnittmarken definieren.

Leistungsstarke Exportfunktionen
In der Export Persona steht Ihnen ein kompletter Arbeitsbereich für den Export Ihrer Designs als Bilder zur Verfügung. Wählen Sie einfach Bereiche, Ebenen oder Objekte für den Export aus und legen Sie für jedes Element separate Ausgabeoptionen fest. Arbeiten Sie an

Webprojekten oder als UI-Designer? Dann lassen sich neue Versionen Ihrer Ausgabe automatisch in einem Rutsch erstellen, sobald Sie das Design ändern – in Standard- und Retina-Versionen (2x und 3X).

Gemeinsames Affinity-Dateiformat
Design in verschiedenen Disziplinen – wie es sein sollte. Nur ein Dateiformat, das von mehreren Affinity-Apps verwendet wird! Alle in Affinity-Apps erstellten Dateien lassen sich auch mit jeder anderen Affinity-App öffnen und bequem weiter bearbeiten. Nutzen Sie ein gemeinsames Protokoll mit Rückgängig-Optionen, und optimieren Sie Ihren kompletten Workflow durch einen nahtlosen Wechsel der Apps.

Unglaublich leistungsstarke ArtBoards
Mit den ArtBoards von Affinity Designer können Sie eine unbegrenzte Anzahl an verschiedenen Designvarianten und -größen in einem Dokument erstellen. Bei dem Export legen Sie dann genau fest, welche ArtBoards in der Ausgabe enthalten sind, und welche Einstellungen für den Export gelten sollen. Ihr Workflow und App-Design waren noch nie so schnell, unkompliziert und flexibel!

Vollständig konfigurierbare Tastenkürzel
Steigern Sie Ihre Produktivität mit den Tastenkürzeln für Werkzeuge, Menüfunktionen, Ansichten und Steuerung, und legen Sie eigene Tastenkürzel fest, die genau zu Ihrer Arbeitsweise passen.

Drehen der Leinwand
Sie können Ihre Leinwand drehen und das Design bequem unter verschiedenen Blickwinkeln betrachten und natürlich auch bearbeiten. Gerade für natürliche Pinselstriche in einer bestimmten Richtung, die Arbeit an Details und das Malen und Zeichnen mit Grafiktabletts ist dieses Feature einfach perfekt.

Bearbeiten eingebetteter Dokumente in Echtzeit
Andere Affinity-Dateien lassen sich bequem in Ihr aktuelles Design einbetten. Sie können sogar bei der Bearbeitung dieser eingebetteten Dokumente jede Änderung in Echtzeit verfolgen.

Sofortiges Widerrufen per Rückgängig-Protokoll
Mit dem Schieber des Rückgängig-Protokolls können Sie bequem durch Tausende von Arbeitsschritten blättern. Das Rückgängig-Protokoll lässt sich sogar mit dem jeweiligen Dokument speichern, sodass Sie auch später noch alle Arbeitsschritte aus den verschiedenen Sitzungen widerrufen können.

Vektorpinsel
Ziehen Sie editierbare Pinselstriche und legen Sie gedehnte oder sich wiederholende Texturpinsel für Vektorkurven fest – inklusive Drucksteuerung. Neben den vielen Varianten der bereits vorhandenen Bibliothek können Sie natürlich auch eigene Designs entwerfen.

Designhilfen
Objekte und Kurvenknoten lassen sich magnetisch an platzierten Linealhilfslinien sowie den Hilfslinien mehrspaltiger Layouts und auch an der Geometrie aller Formen ausrichten. Zu den Designhilfen zählen auch ein frei verschiebbarer Ursprung der Layoutseite sowie Ausrichtungshilfslinien, mit denen Sie eine Auswahl auf der Seite magnetisch einrasten können.

OPTIMALE NUTZUNG DIESES BUCHES

Um mit diesem Buch zu arbeiten, müssen Sie Affinity Designer auf Ihrem PC oder Mac installieren. Die Kaufversion von Affinity Designer ist im Mac App Store oder auf affinity.serif.com erhältlich.

Eine vollständige Liste der Systemanforderungen finden Sie unter: https://affin.co/designerfeatures

Sie sollten sich mit der Programmoberfläche auskennen.

Die Projekte in diesem Buch setzen eine gewisse Vertrautheit mit der Programmoberfläche von Affinity Designer voraus. Falls Sie noch nie mit dem Programm gearbeitet haben, sollten Sie zunächst die Tour durch das Programm (Seite 13) durcharbeiten.

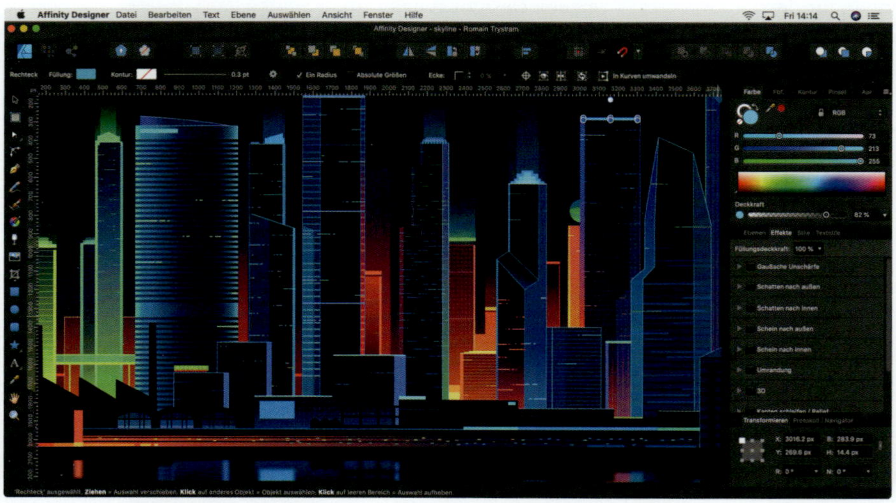

Meistern Sie die Grundlagen.

Für die Projekte in diesem Buch sollten Sie ebenfalls die grundlegenden Funktionen und Werkzeuge von Affinity Designer beherrschen oder zunächst das Kapitel Grundlagen (Seite 73) durcharbeiten. Zu Beginn jedes Projekts sind die Grundlagen aufgeführt, die Sie für die Fertigstellung des entsprechenden Designs beherrschen sollten.

Projektressourcen

Am Anfang eines jeden Projekts finden Sie auch einen Download-Link für all die Ressourcen zu dem Projekt, die von dem jeweiligen Designer oder Illustrator zur Verfügung gestellt wurden, wie z. B.

https://affin.co/panther

Innerhalb der Projekte werden die verwendeten und als Download verfügbaren Ressourcen auch stets in grünen Kästchen angegeben:

Ressource
example.afdesign

Arbeiten Sie mit Standardeinstellungen.

Bei den Beschreibungen für die Arbeitsschritte der Projekte gehen wir davon aus, dass Sie die Standardeinstellungen von Affinity Designer verwenden. Wie Sie die Arbeitsumgebung auf den Standard zurücksetzen, ist in dem Kapitel Tour durch die Programmoberfläche (Seite 13) näher erläutert.

Tastenkürzel

Hinten in diesem Buch finden Sie einige praktische Beilagen mit Tastenkürzeln, sodass Sie sich die standardmäßig definierten Kürzel leichter einprägen können. Das für ein Werkzeug standardmäßig festgelegte Tastenkürzel wird auch stets bei der ersten Erwähnung des Werkzeugs in einem Projekt angegeben.

Nähere Informationen zu dem Anpassen der Tastenkürzel an Ihre Arbeitsweise finden Sie in dem Kapitel Tour durch die Programmoberfläche (siehe oben).

WERDEN SIE TEIL UNSERER COMMUNITY

Hier finden Sie stets die aktuellesten News und Updates sowie weitere Ressourcen.

Wir entwickeln die Affinity-Produkte speziell für die kreative Community und nehmen unsere Verpflichtungen dieser Gemeinschaft gegenüber sehr ernst. Machen Sie doch einfach mit!

Stets auf dem Laufenden und Hilfe bei Problemen

Jeden Tag schließen sich uns neue Mitglieder auf **Twitter**, **Facebook** und **Instagram** an. Diese Anlaufstellen sind daher ideal, wenn Sie nach den neuesten Informationen suchen oder einen Blick in kommende Features und Programme werfen möchten. Darüber hinaus können Sie sich auch für unseren **Newsletter** eintragen. Wir schicken Ihnen dann per E-Mail die aktuellsten Neuigkeiten sowie Infos zu Angeboten und Wettbewerben. Aber Spam werden Sie von uns auf keinen Fall erhalten – versprochen!

Haben Sie eine detaillierte Frage oder benötigen technische Unterstützung, schauen Sie am besten in unseren **Foren** vorbei. Unsere Entwickler sind in den Foren aktiv, sodass Sie Hilfe und Updates direkt aus der Quelle beziehen. Hier können Sie ebenfalls an unseren kostenlosen Betatests teilnehmen und somit direkt alle neuen Features selbst ausprobieren.

Neue Inspiration

Affinity Spotlight ist eine kostenlose Onlineressource, die wir speziell entworfen haben, um kreative Ideen und Werke mit unserer Community zu teilen - aber auch wichtige Tipps erfahrener Profis. Von ausführlichen und interessanten Interviews mit den All-Stars von Affinity über aufschlussreiche Blicke hinter die Kulissen bei Projekten, die in Affinity-Apps umgesetzt wurden, bis hin zu Studienmaterial, wie Tutorials und Erläuterungen technischer Konzepte. In Affinity Spotlight finden Sie alles, was kreative Köpfe beflügelt. Schauen Sie doch einfach mal bei affinityspotlight.com vorbei. Beachten Sie bitte, dass Affinity Spotlight momentan nur in englischer Sprache verfügbar ist.

Man lernt nie aus

Wissen eröffnet ungeahnte Möglichkeiten, und wir nehmen die Vermittlung von Wissen sehr ernst. Zu unseren Apps gibt es eine breite Palette von Tutorials – alle aufgenommen in 4K. Sie können diese Videos direkt aus dem Willkommen-Bildschirm der App über **Tutorials anzeigen** abspielen. Unsere Videos sind die perfekte Ergänzung zu den Features der Software und eine praktische Inspirationsquelle für Ihre kreativen Ideen und Techniken. Wir ergänzen diese Videobibliothek auch ständig, sobald es neue Features gibt.

Wenn auch Sie Interesse an den aktuellen News und Updates zu Affinity haben, dann tragen Sie sich einfach unter folgender Adresse in unsere Mailingliste ein: affin.co/subscribe

Möchten Sie mehr über den Einsatz der verschiedenen Features aus den Affinity-Produkten erfahren, werfen Sie doch einfach einen Blick in unsere Videotutorials unter: vimeo.com/affinitybyserif und auf affin.co/youtube

Wie wäre es mit News, Support, Updates sowie interessanten Wettbewerben? Dann folgen Sie uns einfach unter: Twitter @affinitybyserif

News, Support, Updates und Wettbewerbe erhalten Sie ebenfalls über unsere Facebook-Seite: Facebook @affinitybyserif

Teilen Sie Ihre Designs mit dem Tag #madeinaffinity – vielleicht präsentieren wir Sie und Ihre Arbeit ja auf unserer Instagram-Seite @affinitybyserif

News, jede Menge Studienmaterial und Inspiration finden Sie auch bei dem preisgekrönten Affinity-Team unter affinityspotlight.com

Möchten Sie an unseren kostenlosen Betatests teilnehmen oder benötigen Sie Support durch unser Team – inklusive unsere Entwickler – schauen Sie einfach in unseren Foren vorbei: affin.co/forum

KAPITEL 1

Tour durch die Programmoberfläche

Die Programmoberfläche von Affinity Designer kombiniert branchenübliche Konzepte, wie z. B. Symbolleisten und Studiopanels, mit kontextabhängigen Elementen für den Arbeitsbereich, sodass für die aktuelle Aufgabe stets alle notwendigen Werkzeuge und Optionen direkt greifbar sind.

In diesem Kapitel führen wir Sie durch das Layout des Arbeitsbereiches in Affinity Designer, sodass Sie sich selbst ein Bild machen können, wie ansprechend, praktisch und effizient alle notwendigen Features für Ihren Workflow angeordnet sind.

AFFINITY DESIGNER

Die Programmoberfläche im Detail

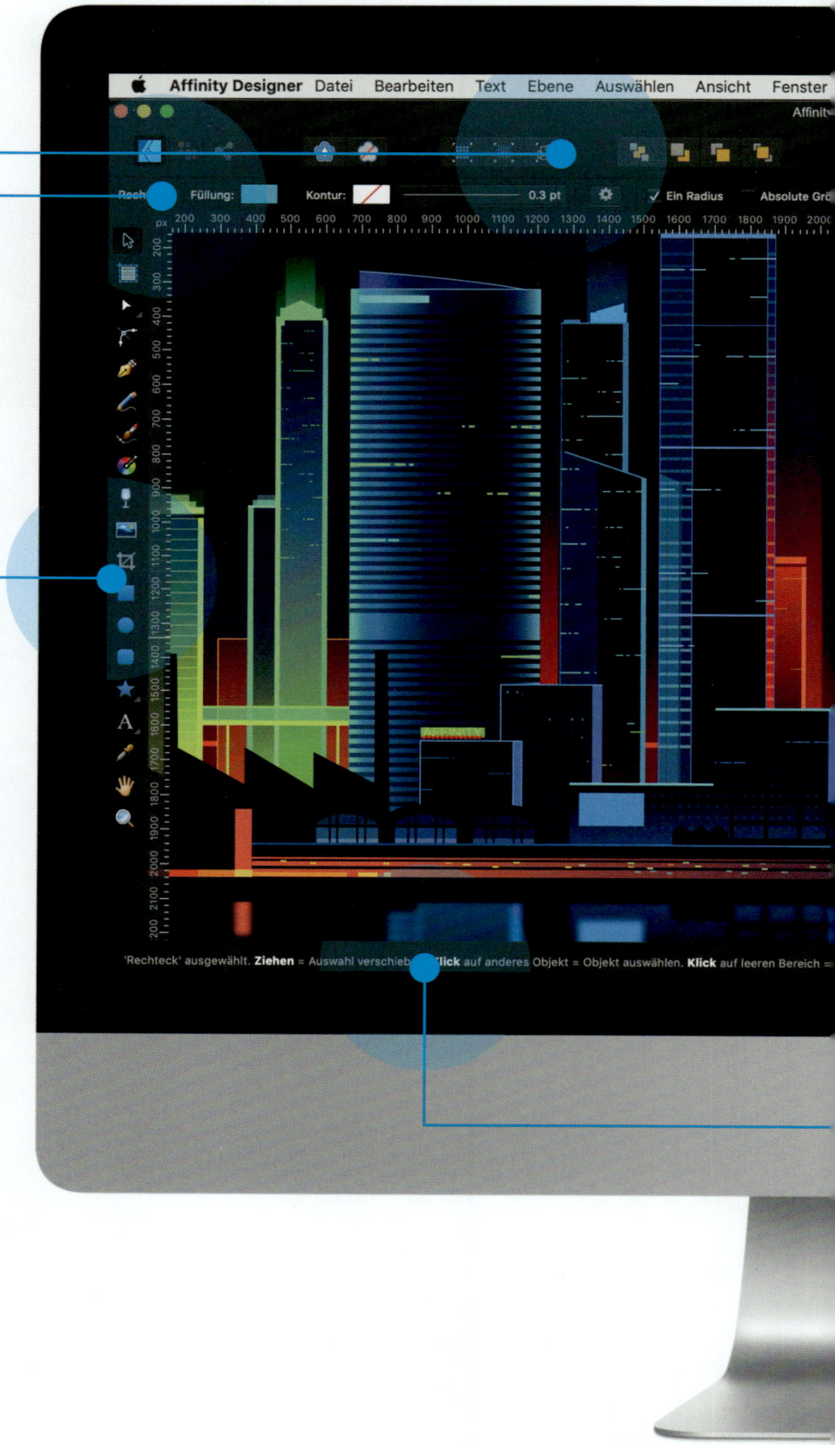

Symbolleiste
Hier wechseln Sie zwischen den Personas und können auf die Standardeinstellungen, Ansichtsmodi, Steueroptionen für Objekte und Designhilfen (z. B. die magnetische Ausrichtung) zugreifen.

Kontextleiste
Der Inhalt dieser Leiste wird dynamisch angepasst und ändert sich automatisch mit dem aktuell ausgewählten Werkzeug oder Objekt. So werden hier auch wirklich nur die Optionen angezeigt, die Sie für die aktuelle Aufgabe benötigen.

Werkzeugleiste
Hier finden Sie alle für die aktuell aktive Persona relevanten Werkzeuge. Sobald Sie zu einer anderen Persona wechseln, ändern sich auch die hier verfügbaren Werkzeuge.

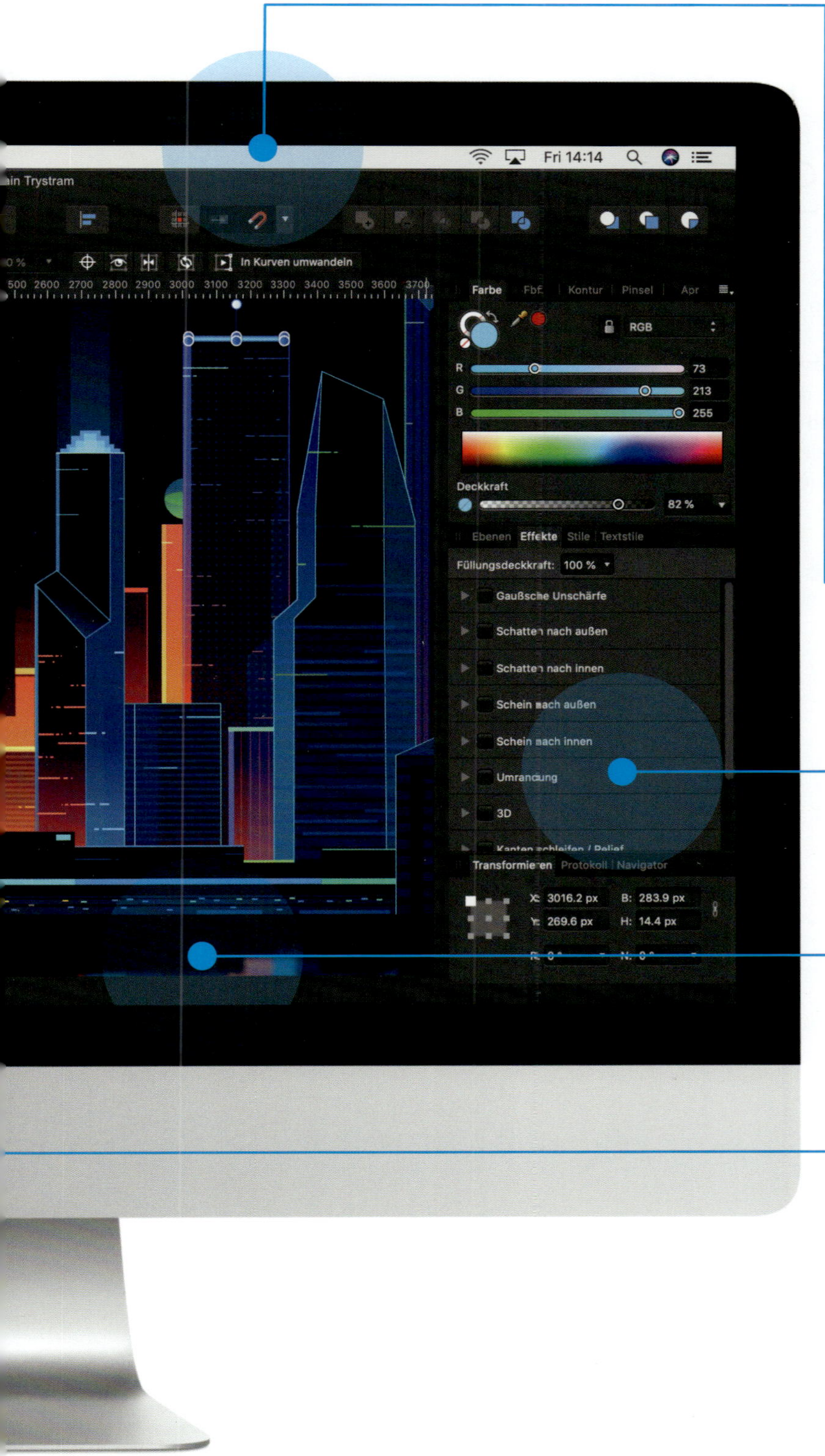

*Über den Menüpunkt **Ansicht > Oberfläche ein/aus** können Sie die Programmoberfläche ein- und ausblenden. Dies ist besonders praktisch, wenn Sie Ihr Dokument ganz genau prüfen möchten, ohne von anderen Bildschirmelementen abgelenkt zu werden.*

Menüleiste
Hier finden Sie alle Befehle und verschiedene Optionen übersichtlich angeordnet in praktischen Menüs.

Studiopanels
Hier können Sie die Eigenschaften von Objekten ändern oder Designhilfen für Ihre Arbeit nutzen.

Dokumentansicht
Dies ist die Arbeitsfläche für Designs, in der je nach Einstellung eine Seite oder mehrere ArtBoards angezeigt werden.

Statusleiste
Hier finden Sie praktische Tipps und Tastenkürzel zu dem aktuell aktiven Werkzeug oder ausgewählten Objekt.

WERKZEUGLEISTE

In der **Werkzeugleiste** sind einige Tools in Gruppen zusammengefasst und lassen sich bequem über Einblendmenüs auswählen. Um die gruppierten Werkzeuge einzublenden, klicken Sie auf den grauen Marker in der rechten unteren Ecke des Werkzeugsymbols. Sobald Sie ein neues Werkzeug auswählen, werden in der Kontextleiste die für das ausgewählte Werkzeug relevanten Befehle und Optionen angezeigt.

> Die Werkzeuge auf dieser Seite sind so wichtig, dass sie in jeder der drei Personas von Affinity Designer verfügbar sind.

Das Werkzeug „Verschieben“

Dieses Werkzeug ist eines der Wichtigsten für die Arbeit mit Vektordesigns und lässt sich absolut intuitiv bedienen. Mit dem Werkzeug können Sie jedes ausgewählte Objekt verschieben, drehen, vergrößern, verkleinern, transformieren, kopieren und verändern. In der **Export Persona** wird das **Werkzeug „Verschieben“** durch das **Werkzeug für die Slice-Auswahl** ersetzt.
Tastenkürzel: V

Das Ansichtswerkzeug

Mit diesem Werkzeug verschieben Sie den sichtbaren Teil Ihrer Seite in der **Dokumentansicht**. Wenn Sie in der **Werkzeugleiste** einen Doppelklick auf das Symbol des Ansichtswerkzeugs ausführen, wird die Zoomstufe auf „Passend“ gesetzt.
Tastenkürzel: H
Verschieben der Ansicht per Tastenkürzel: Leertaste

Das Zoomwerkzeug

Mit dem **Zoomwerkzeug** ändern Sie die Zoomstufe der Seite in der Dokumentansicht. Wenn Sie in der **Werkzeugleiste** einen Doppelklick auf das Symbol des Zoomwerkzeugs ausführen, wird die Zoomstufe auf 100 % gesetzt.
Tastenkürzel: Z

PERSONAS

Die Personas bieten Ihnen im Grunde drei verschiedene Möglichkeiten, mit dem Programm zu arbeiten:

Designer Persona für Vektorzeichnungen

Pixel Persona für Rasterzeichnungen

Export Persona für die Ausgabe Ihres Projekts

Möchten Sie ausschließlich mit Vektorwerkzeugen arbeiten, entwerfen Sie Ihr Design einfach in der standardmäßig aktivierten **Designer Persona**. Falls Sie noch einige zusätzliche Rastertexturen benötigen oder Striche eines Pixelpinsels, verwenden Sie die **Pixel Persona**. Die **Export Persona** schließlich ist ideal, wenn Sie einzelne Teile Ihres Designs als Grafiken exportieren möchten (z. B. für eine Webseite, die Druckausgabe usw.).

Zu jeder Persona gehört ein ganz bestimmtes Set an Werkzeugen und Studiopanels. Die Hauptsymbolleiste und Menüleiste werden beim Wechseln der Persona stets aktualisiert, damit alle für die aktive Persona relevanten Optionen und Features stets greifbar sind.

Wechseln zwischen Personas

Wenn Sie mit anderen Werkzeugen und Funktionen arbeiten möchten, wählen Sie einfach die gewünschte Persona über die **Symbolleiste** aus. Sobald die neue Persona aktiviert ist, wird der Arbeitsbereich entsprechend angepasst und präsentiert alle für die Persona notwendigen Werkzeuge, Symbolleisten, Panels und Menüoptionen.

WERKZEUGE DER DESIGNER PERSONA

ArtBoard-Werkzeug

Mit diesem Werkzeug können Sie ArtBoards in einem Dokument hinzufügen, verschieben und skalieren.

Knotenwerkzeuge

Mit dem **Knotenwerkzeug** bearbeiten Sie die Kurven und Formen, die Sie mit dem **Zeichenstift** und den **Formwerkzeugen** erstellen. Mit dem Werkzeug **Punktransformation** können Sie ein Objekt um bestimmte Punkte seiner Geometrie skalieren und drehen.

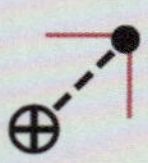

Tastenkürzel: A (nur Knotenwerkzeug)

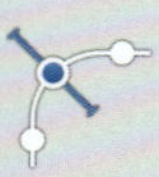

Eckenwerkzeug

Mit diesem Werkzeug runden Sie scharfe Ecken geometrischer Figuren oder geschlossener Formen ab, die Sie mit dem **Zeichenstift** erstellt haben.
Tastenkürzel: C

Zeichenstift

Mit diesem für das Vektordesign unerlässlichen Werkzeug können Sie schnell und einfach saubere und präzise Bézierkurven zeichnen. Und der Clou: Selbst Anfänger erzielen mit diesem Werkzeug perfekte Resultate. Den Zeichenstift erläutern wir ausführlich in dem Kapitel Grundlagen.
Tastenkürzel: P

Bleistift

Mit dem **Bleistift** zeichnen Sie Freihandlinien von variabler Breite – genau so, als würden Sie mit einem „echten" Stift auf Papier zeichnen. Um die Linienführung besonders natürlich zu gestalten, empfehlen wir Ihnen ein Grafiktablett mit Drucksteuerung.
Tastenkürzel: N

Vektorpinsel

Mit dem **Vektorpinsel** malen Sie, indem Sie ein Bild entlang eines Pfades (einer Linie) skalieren oder wiederholen. Die verschiedenen Pinseltypen lassen sich bequem über das Panel **Pinsel** auswählen.
Tastenkürzel: B

Füllung

Mit diesem Werkzeug können Sie Farbverläufe erstellen und präzise in Echtzeit anpassen. Endlich ist Schluss mit den Kompromissen bei Farb- und Schattenqualität!
Tastenkürzel: G

In der **Designer Persona** finden Sie alle Werkzeuge und Optionen für das Zeichnen von Vektordesigns. Diese Persona wird nach dem ersten Programmstart von Affinity Designer automatisch aktiviert. Wahrscheinlich werden Sie in dieser als Standard verwendeten Persona auch den meisten Teil Ihrer Designarbeit erledigen, wenn Ihre Illustrationen oder Designs aus Vektorelementen bestehen.

Die Designer Persona enthält alle unverzichtbaren Vektorwerkzeuge, wie z. B. **Zeichenstift**, **Füllungswerkzeug**, **Transparenzwerkzeug** und **Textwerkzeuge** sowie auch eine breite Palette an Werkzeugen für das Zeichnen geometrischer Formen.

Transparenz

Mit dem Werkzeug **Transparenz** können Sie Transparenzverläufe für Vektor- und Textobjekte erstellen und bearbeiten.
Tastenkürzel: Y

Bild platzieren

Mit dem Werkzeug **Bild platzieren** können Sie ein Bild mit seinen Standardabmessungen einfügen (per Klick) oder mit selbst definierten Abmessungen (durch Ziehen).

Vektorzuschnitt

Mit dem Werkzeug **Vektorzuschnitt** können Sie Teile eines ausgewählten Objekts (oder von gruppierten Objekten) zerstörungsfrei entfernen. Bilder lassen sich ebenfalls zuschneiden.

Formwerkzeuge

Mit diesen Werkzeugen zeichnen Sie schnell und einfach komplizierte geometrische Figuren. Die Formen lassen sich präzise anpassen und verändern. Neben Rechtecken und Ellipsen finden Sie hier auch Sterne und Zahnräder.
Tastenkürzel: M *(Wechseln zwischen den Werkzeugen **Rechteck**, **Ellipse** und **Abgerundetes Rechteck**)*

Textwerkzeuge

Mit den Werkzeugen **Grafiktext** und **Rahmentext** können Sie Texte in Ihre Designs einfügen – von einzelnen Wörtern bis hin zu ganzen Absätzen und Geschichten. Darüber hinaus können Sie auch Texte auf Pfaden erstellen und anpassen sowie Texte in selbst definierten Formen platzieren.
Tastenkürzel: T *(Wechseln zwischen den Werkzeugen **Grafiktext** und **Rahmentext**)*

Farbpipette

Mit der **Farbpipette** können Sie Farben in Ihrem Dokument auswählen und dann auf die aktuelle Auswahl übertragen. Die Probengröße, aus der die Farbe entnommen wird, lässt sich flexibel festlegen.
Tastenkürzel: I

WERKZEUGE DER PIXEL PERSONA

Auswahlrahmenwerkzeuge

Über diese Werkzeuge können Sie einzelne Bereiche Ihres Designs mithilfe verschiedener Formen auswählen. Für unregelmäßig geformte Bereiche gibt es zusätzlich noch das Werkzeug **Freihandauswahl**, mit dem Sie die Linie des Auswahlrahmens einfach selber zeichnen.
Tastenkürzel: M
(Wechseln zwischen den Auswahlrahmenformen ***Rechteck, Ellipse, Spalte*** *und* ***Zeile****).* Das Werkzeug **Freihandauswahl** wird standardmäßig mit der Taste L aktiviert.

Auswahlpinsel

Mit dem **Auswahlpinsel** können Sie einen Bereich Ihres Designs durch simples Übermalen auswählen. Ziehen Sie einfach den Pinsel über das Bild, um Bereiche zu einer Auswahl hinzuzufügen oder sie aus der Auswahl zu entfernen. Je nach Ihren Pinseleinstellungen vergrößert bzw. verkleinert sich die Auswahl.
Tastenkürzel: W

Pixelwerkzeug

Mit dem **Pixelwerkzeug** zeichnen Sie Linien mit harten Kanten, die sich pixelgenau ausrichten lassen. Beachten Sie bitte, dass die mit dem **Malpinsel** gezogenen Striche durch das Antialiasing des Werkzeugs etwas weicher ausfallen.
Tastenkürzel: B *(Wechseln mit dem* ***Malpinsel****)*

Malpinsel

Mit dem **Malpinsel** platzieren Sie farbige Pixel auf einer Rasterebene, sodass Sie Ihre Designs um Rasterelemente ergänzen können.
Tastenkürzel: B *(Wechseln mit dem* ***Pixelwerkzeug****)*

Radierer

Der **Radierer** entfernt unerwünschte Pixel und blendet gemalte Bereiche zuvor erstellter Vektorebenen aus.
Tastenkürzel: E

Bereich füllen

Mit diesem Werkzeug können Sie durch einen Klick Bereiche Ihrer Seite, eine Auswahl oder ein Objekt füllen. Das Werkzeug ersetzt die Farbe der Pixel in der aktuellen Ebene durch die **Füllungsfarbe**, die Sie im Panel **Farbe** festgelegt haben.
Tastenkürzel: G

Die **Pixel Persona** enthält eine Reihe von Rasterwerkzeugen – inklusive Mal- und Pixelauswahlwerkzeuge – sowie die Pinselwerkzeuge **Abwedeln**, **Nachbelichten**, **Weichzeichnen** und **Scharfzeichnen**.

Als Digitalkünstler verbringen Sie wahrscheinlich den Großteil Ihrer Zeit in dieser Persona. Arbeiten Sie als Vektorillustrator und -designer, können Sie mit dieser Persona Ihren Designs einen interessanten Feinschliff und einzigartigen Look verleihen.

Abwedeln

Mit diesem Werkzeug können Sie Bereiche in Ihrem Bild präzise aufhellen und sogar den Effekt von Schatten (Tiefen), Lichtern und Zwischentönen begrenzen. Der Effekt dieses Werkzeugs ist kumulativ – je mehr Sie malen, desto stärker wird die Aufhellung.
Tastenkürzel: O *(Wechseln mit dem Werkzeug **Nachbelichten**)*

Nachbelichten

Das Werkzeug **Nachbelichten** ist das Gegenstück zum Werkzeug **Abwedeln**. Durch das Nachbelichten lassen sich Bereiche in Ihrem Bild präzise abdunkeln.
Tastenkürzel: O *(Wechseln mit dem Werkzeug **Abwedeln**)*

Verwischen

Mit diesem Werkzeug können Sie Farben über das Bild „schieben“ – als würden Sie mit einem Pinsel oder Finger nasse Farbe auf der Leinwand verwischen. Auf diese Weise lassen sich Farben mischen und interessante Pinseleffekte erzielen.

Weichzeichnen

Mit dem Werkzeug **Weichzeichnen** können Sie harte Kanten (Kontrastgrenzen) in dem Bild aufweichen. Der Effekt ist kumulativ – je mehr Sie auf einem Bereich malen, desto stärker wird die Unschärfe. Die Unschärfe wird nur auf die aktuell ausgewählte Ebene übertragen. Ist eine Vektorebene ausgewählt, wird diese Ebene standardmäßig automatisch in eine Pixelebene umgewandelt

Scharfzeichnen

Durch das Scharfzeichnen erhöhen Sie den Kontrast benachbarter Pixel. Mit dem Werkzeug **Scharfzeichnen** können Sie genau festlegen, welche Bildbereiche geschärft werden. Der Effekt dieses Werkzeugs ist kumulativ. Mit wenigen Pinselstrichen lässt sich eine Klarheitskorrektur oder eine Schärfeanpassung wie mit der Funktion „Unscharf maskieren“ durchführen!

WERKZEUGE DER EXPORT PERSONA

Slice-Werkzeug

Mit dem **Slice-Werkzeug** können Sie Bereiche in Ihrem Design definieren, verschieben und skalieren. Diese „Slices“ lassen sich dann als einzelne Grafiken exportieren.
Tastenkürzel: S

Slice-Auswahl

Mit dem Werkzeug **Slice-Auswahl** können Sie Objekte, Gruppen und Ebenen auswählen, um direkt aus diesen Elementen Slices zu erstellen.
Tastenkürzel: L

Die **Export Persona** ist die perfekte Arbeitsumgebung für den separaten Export einzelner Bereiche, ausgewählter Elemente oder Ebenen Ihres Designs in unterschiedlichen Größen. Diese Persona ist ideal, wenn Sie Web- oder App-Inhalte entwerfen, oder einfach nur alle Ihre ArtBoards in einem Rutsch exportieren möchten.

In der Export Persona gibt es ein besonderes Werkzeug, das nur hier verfügbar ist. Mit dem **Slice-Werkzeug** defieren, positionieren und skalieren Sie die Bereiche für den Export.

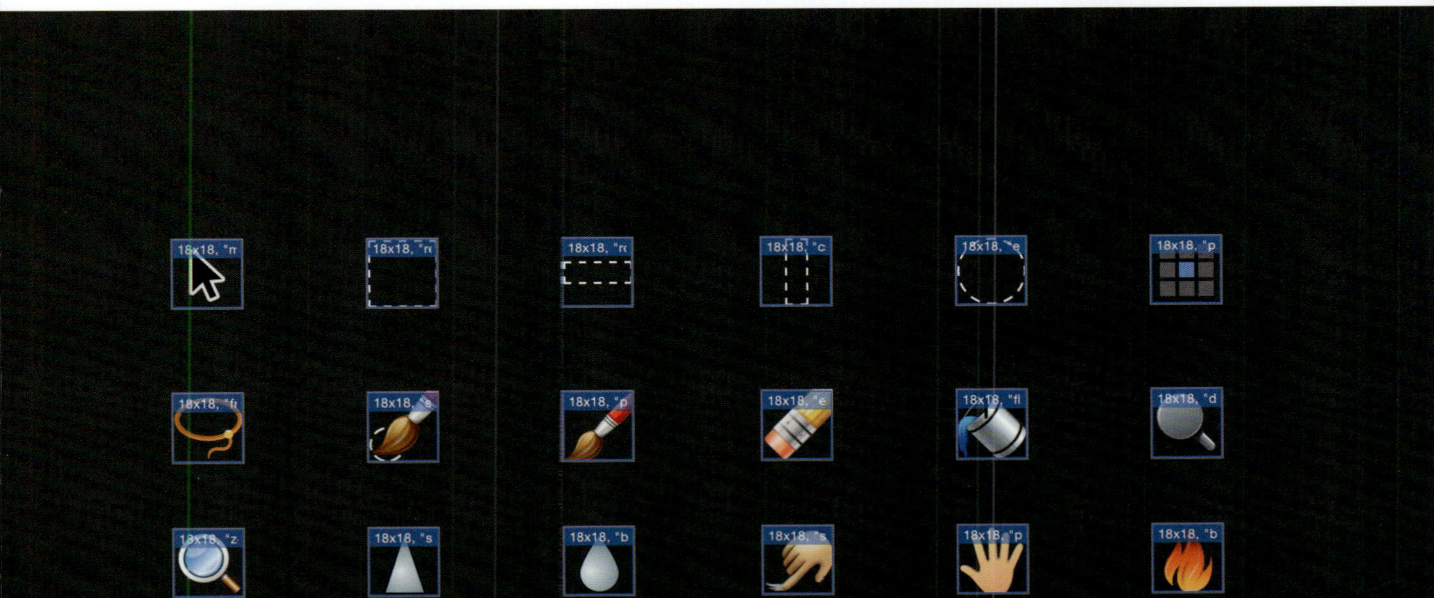

SYMBOLLEISTE

Auf die drei Icons für die verschiedenen Personas folgt eine Reihe von Symbolen, mit denen Sie die Standardeinstellungen für Objekte bestimmen sowie die Ansichtsmodi, die Reihenfolge, Transformation, Anordnung und Verteilung von Objekten, Ausrichtungseigenschaften festlegen, Objekte durch boolesche Vorgänge erstellen und die Platzierung auf der Zielebene festlegen (jeweils in Gruppen von links nach rechts).

Die Steueroptionen für Objekte sind in dem Kapitel Grundlagen näher erläutert (siehe Objekte auf Seite 80).

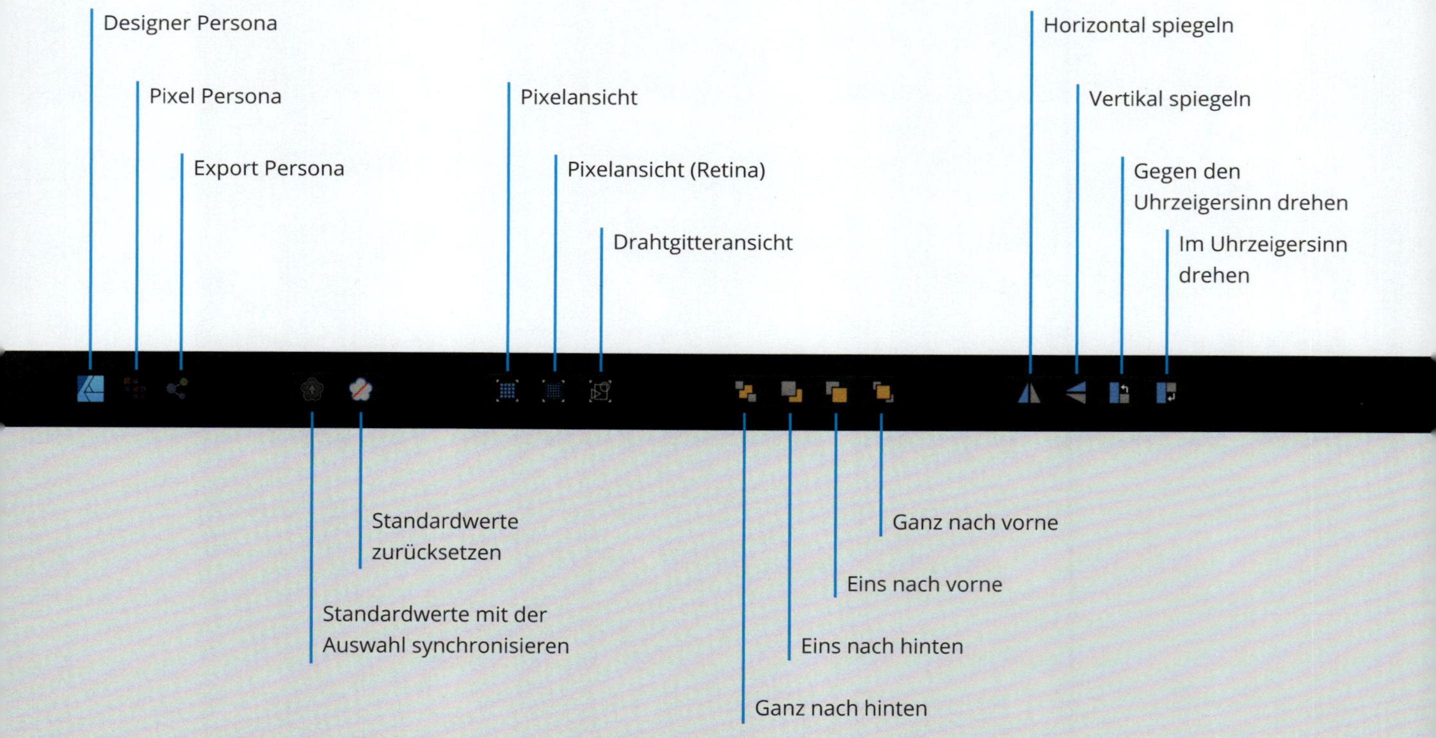

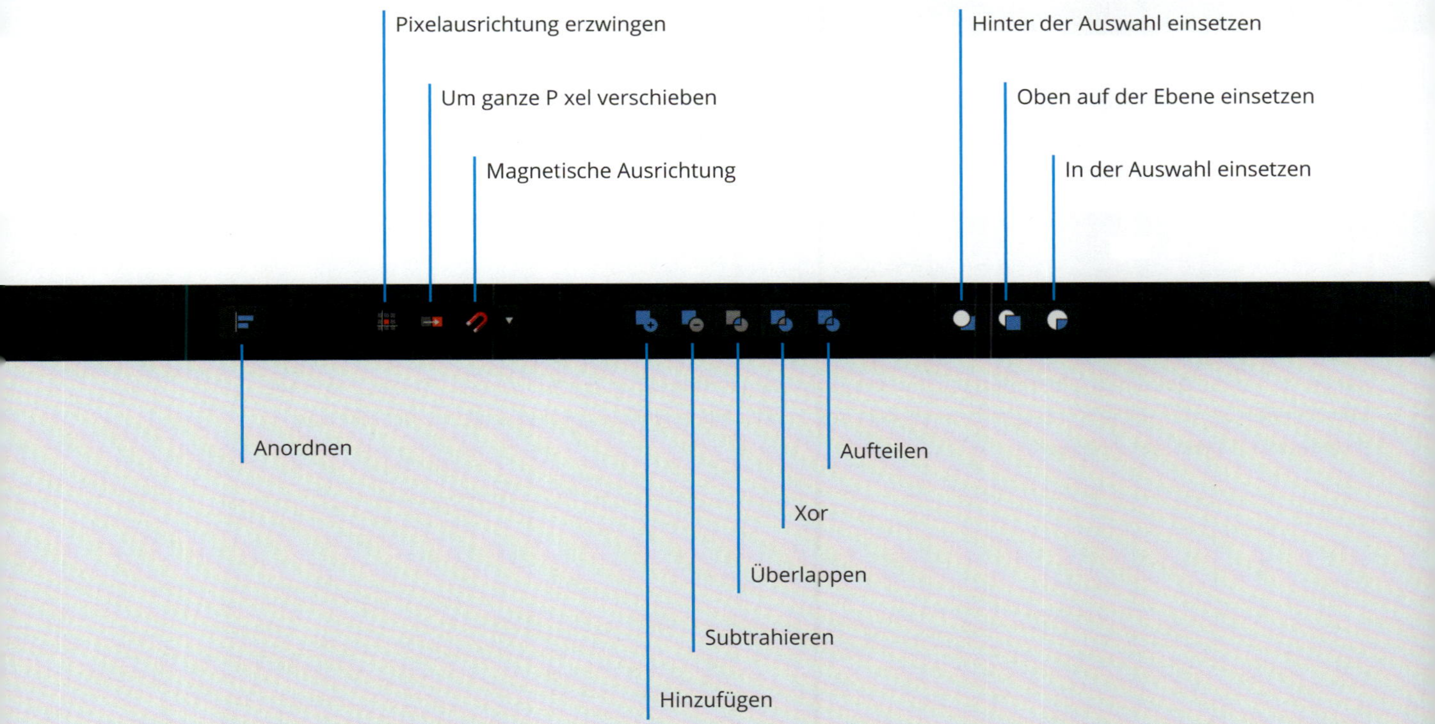
Pixelausrichtung erzwingen
Um ganze P xel verschieben
Magnetische Ausrichtung
Hinter der Auswahl einsetzen
Oben auf der Ebene einsetzen
In der Auswahl einsetzen
Anordnen
Aufteilen
Xor
Überlappen
Subtrahieren
Hinzufügen

KONTEXTLEISTE

Wie der Name schon andeutet, ändern sich die Optionen der Kontextleiste je nach dem ausgewählten Werkzeug. Es spielt keine Rolle, welches Werkzeug Sie auswählen – in dieser Leiste finden Sie stets die passenden Optionen für die aktuelle Designaufgabe.

Beispiel: Die Optionen für den **Zeichenstift** und das Werkzeug **Grafiktext**.

Die Kontextleiste bietet ebenfalls Bearbeitungsoptionen für ausgewählte Objekte, Gruppen und Ebenen. Beispiel: Die Optionen für eine mit dem Werkzeug **Verschieben** ausgewählte Kurve.

Ist das Werkzeug **Verschieben** aktiv, aber kein Objekt ausgewählt, finden Sie in der Kontextleiste Optionen, mit denen Sie auf die **Dokumenteinstellungen** und **Programmeinstellungen** zugreifen können. Für das Werkzeug **Verschieben** werden in der Kontextleiste auch viele der Optionen des Werkzeugs angezeigt, mit dem Sie das ausgewählte Objekt erstellt haben.

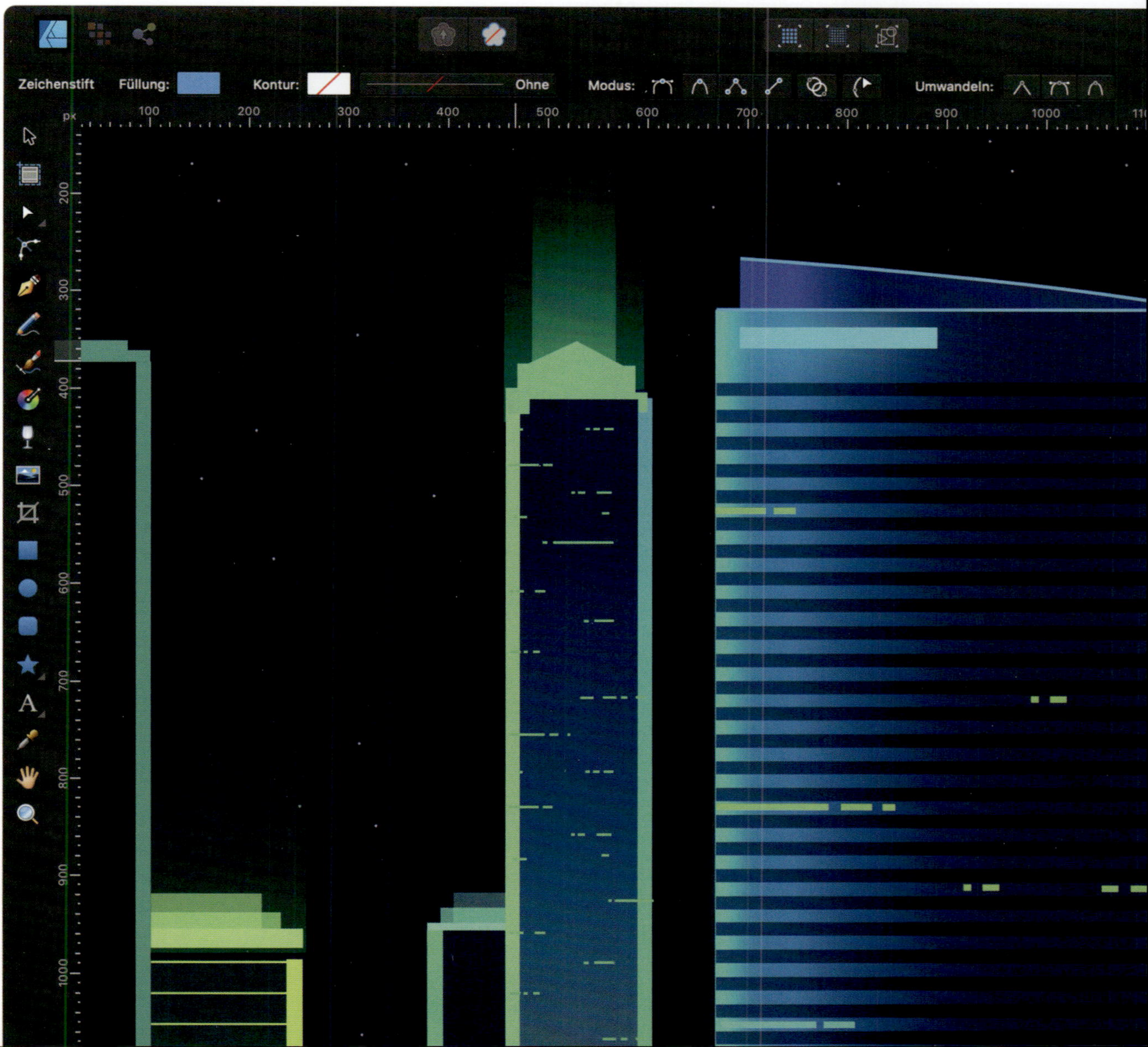
Zeichenstift
Füllung:
Kontur:
Ohne
Modus:
Umwandeln:

STUDIOPANELS

Nachdem Sie ein Objekt erstellt und ausgewählt haben, lässt es sich mit den verschiedenen Optionen der **Studiopanels** flexibel bearbeiten. Über die Panels können Sie auch die Funktionalität einiger Werkzeuge verändern.

Auch wenn einige Panels in mehreren **Personas** auftauchen, verfügen sie manchmal doch über unterschiedliche Optionen oder funktionieren etwas anders. Welche Panels Sie bei Ihrer Designarbeit verwenden, variiert nach Ihrer Arbeitsweise und dem Verwendungszweck des Projekts. Auf den folgenden Seiten werden die verschiedenen Panels von Affinity Designer etwas näher erläutert.

Beachten Sie bitte, dass nicht alle Panels standardmäßig eingeblendet werden, da einige von ihnen nur für sehr spezielle Vorgänge erforderlich sind. Die einzelnen Panels lassen sich jederzeit über den Menüpunkt **Ansicht > Studio** ein- und ausblenden. Möchten Sie nur die Standardpanels im Studio der aktiven Persona anzeigen lassen, verwenden Sie die Option **Studio zurücksetzen**.

Das Panel „Farbe“

Mit dem Panel **Farbe** legen Sie die Farbe für ausgewählte Objekte sowie verschiedene Werkzeuge fest. Eine Einblendvariante des Panels „Farbe“ wird eventuell angezeigt, wenn Sie in Dialogfeldern eine Farbe auswählen.

Mit dem Panel „Farbe“ können Sie in verschiedenen Modi arbeiten: HSL, RGB, CMYK und LAB. Für das Definieren der Farben stehen Ihnen ebenfalls verschiedene Möglichkeiten zur Verfügung: ein Farbrad (nur HSL), Farbspektrumfelder und Farbschieber. Auch Farbschattierungen lassen sich über das Panel festlegen.

Die Darstellung des Panels „Farbe“ variiert je nach aktivierter Persona und ausgewähltem Werkzeug. Für das **Füllungswerkzeug** und den **Vektorpinsel** wird das Panel „Farbe“ zum Beispiel anders angezeigt als für andere Werkzeuge.

In der **Designer Persona** können Sie Farbeinstellungen für die Kontur und Füllung von Objekten festlegen. Die Konturfarbe wird in dem ringförmigen Farbselektor eingestellt. Mit dem kreisförmigen Farbselektor bestimmen Sie die Füllungsfarbe.

In der **Pixel Persona** werden die Farben mit zwei kreisförmigen Selektoren eingestellt: Der Selektor „Farbe 1“ ist für die Vordergrundfarbe und der Selektor „Farbe 2“ für die Hintergrundfarbe.

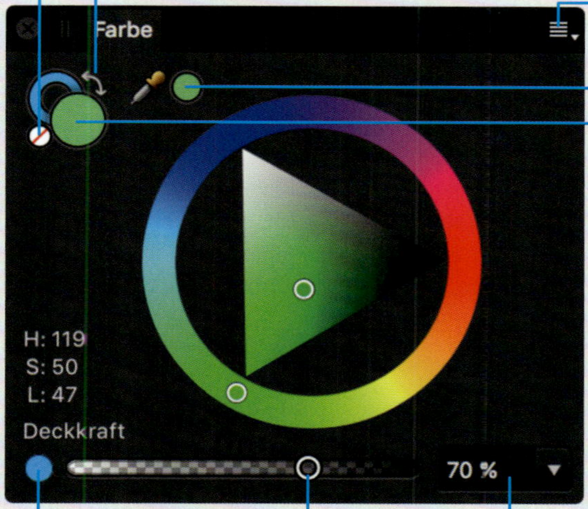

Ohne
Entfernt die Farbe aus dem aktiven Selektor.

Vertauschen
Vertauscht die für die Selektoren festgelegten Farben.

Panel-Einstellungen
Über die Panel-Einstellungen können Sie verschiedene Methoden für das Auswählen von Farben festlegen sowie Farbmodelle und Farbmodi.

Farbpipette und
Farbfeld „Ausgewählte Farbe"
Mit diesen Elementen können Sie Farben aus einzelnen Pixeln auswählen und dann auf den aktiven Selektor übertragen.

Kontur/Füllung oder Farbe 1/Farbe 2
Der aktive Farbselektor wird immer „vor" dem inaktiven Selektor angezeigt, sodass er diesen etwas verdeckt. Wenn Sie eine neue Farbe auswählen, wird sie auf den aktiven Selektor übertragen.

Steuerelement für Deckkraft/Rauschen
Hier legen Sie die Deckkraft und/oder das Rauschen für die aktive Farbe fest.

Deckkraft/Rauschen
Anklicken, um zur Deckkraft oder zum Rauschen zu wechseln.

Das Panel „Farbfelder“

In dem Panel **Farbfelder** werden Ihre zuletzt verwendeten Farben gespeichert. Hier können Sie ebenfalls auf eine Reihe vordefinierter Paletten mit gleichmäßigen Farben oder Farbverläufen zugreifen. Diese Farben und Farbverläufe lassen sich mit verschiedenen Werkzeugen auftragen und auch direkt für Objekte festlegen. Sie können ebenfalls selbst definierte Paletten erstellen und speichern – sowohl nur für ein Dokument als auch für das Programm oder das gesamte System.

Neben dem Zugriff auf die verschiedenen Paletten bietet Ihnen dieses Panel auch die Möglichkeit, globale Farben und Schmuckfarben zu definieren sowie das Überdrucken von Farben festzulegen. Hier können Sie außerdem Ihre Passermarkenfarbe ändern.

Je nach aktiver Persona oder ausgewähltem Werkzeug ändert sich die Darstellung des Panels **Farbfelder** – genau wie bei dem Panel **Farbe**. Die großen Selektoren zeigen die aktuell ausgewählten Farben.

In dem Panel **Farbfelder** finden Sie ebenfalls Felder für die Optionen **Ohne**, **Schwarz**, **Mittelgrau** und **Weiß** sowie für die zuletzt verwendeten Farben und einen Regler für die Deckkraft. Die Farbfelder sind nach Kategorien in Farbpaletten sortiert.

Im Gegensatz zu dem Panel **Farbe**, in dem Sie die gewünschten Farben selber mischen, wählen Sie in diesem Panel einfach eine Farbe einer vordefinierten Palette aus. Hierzu klicken Sie einfach auf das Farbfeld einer aktuellen Palette (**Zuletzt verwendet**) oder das Farbfeld einer selbst zusammengestellten oder vordefinierten Palette, wie z. B. **PANTONE®**-Farben.

Suchen

Überdruckfarbe

Globale Farbe

Passermarkenfarbe

Schmuckfarbe

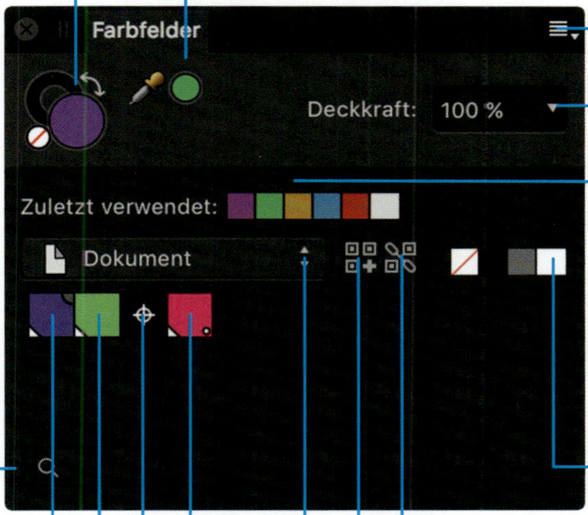

Kontur/Füllung oder Farbe 1/Farbe 2
Der aktive Farbselektor wird immer „vor“ dem inaktiven Selektor angezeigt, sodass er diesen etwas verdeckt.

Farbpipette und Farbfeld für die **ausgewählte Farbe**

Panel-Einstellungen
Hinzufügen von Paletten-, Passermarken- und globalen Farben. Festlegen von Paletten- und Ansichtsoptionen.

Deckraftsteuerung

Zuletzt verwendete Farben

Farbfelder für **Ohne**, **Schwarz**, **Mittelgrau** und **Weiß**

Aktuelle Farbe als globale Farbe zur Palette hinzufügen

Aktuelle Füllung zur Palette hinzufügen

Kategorieliste

Das Panel „Kontur"

Mit diesem Panel können Sie Linien, Kurven und die Umrisslinien ausgewählter Objekte verändern. Die Breite einer Kontur lässt sich hier ebenso festlegen wie ihre Skalierung und Platzierung relativ zu dem Objekt.

> Verwenden Sie den Stil **Gestrichelt**, können Sie auch die Formatierung und Intervalle für die Strichelung festlegen.

Breite
Ziehen Sie den Regler, um die Breite der ausgewählten Linie zu ändern.

Ende
Das Ende der Linie lässt sich **Rund**, **Stumpf** oder **Quadratisch** formatieren.

Ecke
Die Ecken (Verbindung von zwei Linien) des ausgewählten Objekts können Sie als **Runde Verbindung**, **Abgeschrägte Verbindung** oder als **Gehrungsverbindung** formatieren.

Ausrichten
Klicken Sie auf eines der Ausrichtungssymbole um die Platzierung der Kontur in Relation zu der Objektkante zu bestimmen.

Reihenfolge
Zeichnet die Kontur entweder vor oder hinter dem Objekt. Bei Objekten mit mehreren Konturen (p. 46), können Sie die aktive Kontur neu in der Reihenfolge anordnen.

Stile für Pfeilspitzen (Start & Ende)
Bestimmt den Stil der Pfeilenden. Hier finden Sie auch gefiederte Enden wie bei echten Pfeilen.

Eigenschaften
Klicken Sie auf diese Option, um mit dem Dialogfeld „Pinsel" den Pinsel zu bearbeiten, der als Stilformatierung für die **Texturlinie** verwendet wird.

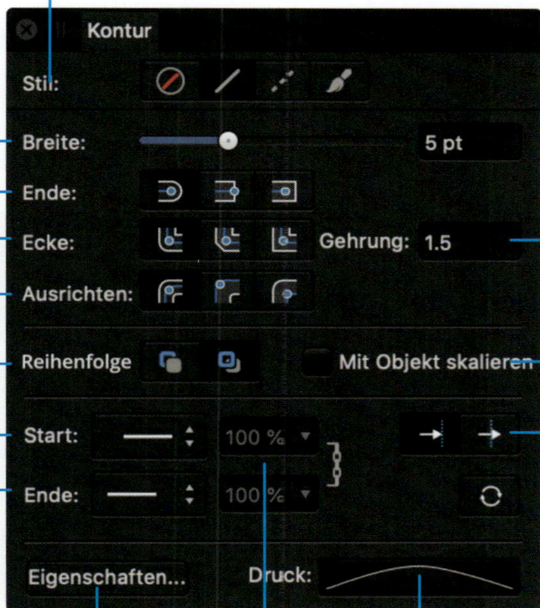

Stil
Klicken Sie auf ein Stilsymbol, um die Linienformatierung festzulegen. Sie können Linien wahlweise **Ohne** Stil formatieren sowie als **Volllinie**, **Gestrichelt** oder als **Texturlinie**. Die letzte Option überträgt den aktuell im Panel **Pinsel** ausgewählten Pinsel auf die Kontur.

Gehrung
Bestimmt die Länge für **Gehrungsverbindungen**, bei der entweder eine Spitze oder abgeflachte Ecke entsteht.

Mit Objekt skalieren
Möchten Sie die Konturbreite automatisch skalieren, wenn Sie die Größe eines Objekts ändern, aktivieren Sie diese Option. Ist die Option deaktiviert, bleibt die Konturbreite stets konstant – egal, wie weit Sie das Objekt vergrößern oder verkleinern.

Position der Pfeilspitzen
Pfeilspitzen können in der Linie liegen oder sie verlängern.

Druck
Hier wird das aktuell für eine Kurve oder einen Pinselstrich festgelegte Druckprofil angezeigt. Mit einem Klick können Sie das Profil bearbeiten und für den späteren Einsatz speichern.

Skalierung der Pfeile
Bestimmt die Skalierung der Pfeilspitze relativ zur Konturbreite.

Das Panel „Pinsel“

In dem Panel **Pinsel** finden Sie eine breite Palette an Pinselvorlagen, die Sie direkt für Ihre Designarbeit verwenden können. Neben den vordefinierten Pinseln lassen sich hier aber auch von Ihnen selbst entworfene Pinsel in einer separaten Kategorie speichern. Wenn Sie ABR-Pinseldateien importieren, werden diese ebenfalls in separaten Kategorien aufgelistet.

Die **Designer Persona** und **Pixel Persona** verwenden jeweils eigene Pinselsets.

In der Designer Persona finden Sie Pinsel mit gedehnten oder wiederholten Designs, die sich mit dem **Vektorpinsel** oder dem Panel **Kontur** auf Konturen und Kurven anwenden lassen.

Wechseln Sie zu der Pixel Persona, können Sie mit Pixelpinseln (z. B. Sprühfarben) arbeiten, die sich mit den **Pinselwerkzeugen** – hauptsächlich dem **Malpinsel** – auftragen lassen.

Bearbeiten
Laden des ausgewählten Pinsels in den Pinseleditor, sodass Sie seine Einstellungen ändern und als neuen Pinsel speichern können.

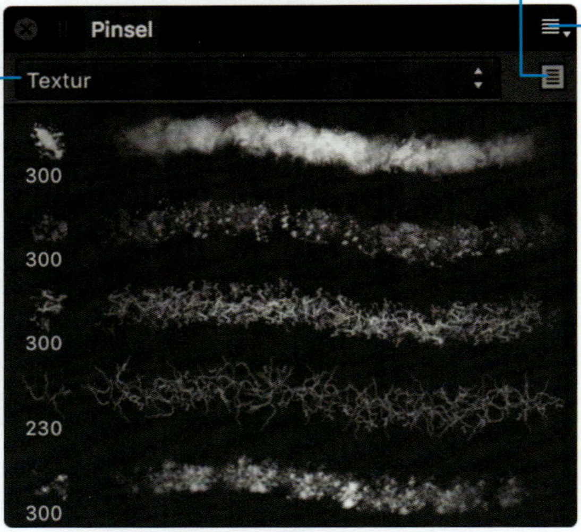

Kategoriemenü
Hier wählen Sie die Kategorie aus, deren Pinsel und Miniaturen Sie in dem Panel laden möchten.

Panel-Einstellungen
Erstellen, Umbenennen und Löschen von Kategorien. Importieren von Pinseln (inklusive ABR-Format) und Exportieren von Pinseln.

Für Vektorpinsel (nur Designer Persona):

- **Neuer gleichmäßiger Pinsel**
  Erstellt ein einfaches gleichmäßiges Vektordesign.

- **Neuer Intensitätspinsel mit Textur**
  Erstellt ein Design basierend auf den Deckkraftwerten eines Rasterbildes.

- **Neuer Bildpinsel mit Textur**
  Erstellt ein Design basierend auf den Farbwerten eines Rasterbildes.

Für Pixelpinsel (nur Pixel Persona):

- **Neuer Intensitätspinsel**
  Erstellt ein Pinseldesign basierend auf den Helligkeitswerten (Intensität) eines Rasterbildes.

- **Neuer runder Pinsel**
  Erstellt ein Pinseldesign mit weichen Kanten.

- **Neuer quadratischer Pinsel**
  Erstellt ein Pinseldesign mit harten quadratischen Kanten.

- **Neuer Bildpinsel**
  Erstellt ein Pinseldesign basierend auf einem Bild.

Das Panel „Ebenen“

Mit dem Panel **Ebenen** bestimmen Sie die Stapelfolge (Z-Reihenfolge) von Objekten auf Ihrer Seite, können Ihre ArtBoards, Ebenen und Objekte sortieren sowie Sichtbarkeit, Schutz, Deckkraft und Mischoptionen der Ebenen festlegen. Hier finden Sie ebenfalls einige Informationen zu den Ebenen, wie z. B. ihren Typ und ob einige Effekte für die Ebene festgelegt sind. In der **Export Persona** erstellen Sie mit diesem Panel Slices aus Ebenen und schließen Ebenen von dem Export aus.

Deckkraft
Ändert die Transparenz der ausgewählten Elemente.

Erweitern/Reduzieren
Klicken Sie auf diese Option, um ein Element zu erweitern und seinen verschachtelten oder gruppierten Inhalt einzublenden. Mit einem weiteren Klick reduzieren Sie die Listendarstellung.

Element
Ein erstelltes Objekt bzw. eine erstellte Gruppe. Hier wird eine Miniatur des Inhalts angezeigt sowie der Elementname, der Elementtyp (in Klammern) und ob das Element über Ebeneneffekte verfügt.

Symbolindikatoren
Das Symbol und sein Inhalt sind über eine farbige Linie verbunden.

Alle Ebenen bearbeiten
Mit dieser Option können Sie Objekte auf allen ArtBoards und Ebenen auswählen und bearbeiten (anstatt nur auf dem aktuellen ArtBoard oder der aktuellen Ebene).

Ebene maskieren
Erstellt eine Ebenenmaske, mit der ein Teil der Ebene aufgedeckt und der Rest der Ebene ausgeblendet werden.

Anpassungen
Fügt eine Anpassungsebene für die aktuelle Ebene hinzu, mit der Sie die Ton- und Farbwerte korrigieren können.

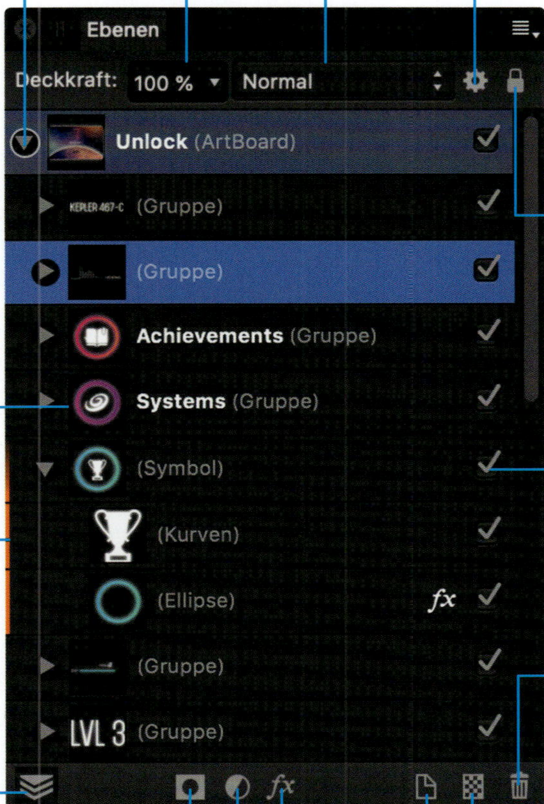

Mischmodus
Mit dieser Einstellung legen Sie fest, wie die Farben der aktuellen Ebene die Darstellung der Farben auf darunter liegenden Ebenen beeinflussen.

Mischoptionen
Hier finden Sie Einstellungen für die Mischbereiche, den Mischgammawert und das Antialiasing.

Schützen/Schutz aufheben
Klicken Sie auf dieses Symbol, um die Bearbeitung der Elemente zu unterbinden bzw. die ausgewählten Elemente für eine Bearbeitung freizugeben.

Ein-/ausblenden
Um ein Element auszublenden, entfernen Sie das Häkchen dieser Option. Um ein Element einzublenden, markieren Sie die Option per Mausklick mit einem Häkchen.

Ebene entfernen
Löscht die aktuell ausgewählte Ebene oder Gruppe bzw. das ausgewählte Objekt oder ArtBoard.

Pixelebene hinzufügen
Erstellt eine leere Pixelebene über der aktuell ausgewählten Ebene.

Ebene hinzufügen
Erstellt eine leere Ebene über der aktuell ausgewählten Ebene.

Ebeneneffekte
Wendet Ebeneneffekte auf die aktuell ausgewählte Ebene an.

Das Panel „Effekte“

Das Panel **Effekte** bietet eine Vielzahl von Einstellungen für kreative Objektveränderungen, wie z. B. Unschärfen, Schatten, Glühen und noch vieles mehr.

Ebeneneffekte lassen sich auf das aktuell ausgewählte Objekt oder die gesamte Ebene anwenden. Diese Effekte arbeiten vollkommen zerstörungsfrei, sodass Sie die Einstellungen jederzeit ändern können.

Schatten nach außen
Fügt einen Schatten hinter dem Objekt ein.

Schein nach außen
Fügt einen Farbschimmer ein, der an den Außenkanten des Objekts beginnt.

Umrandung
Legt eine Umrandung um die Objektkanten.

Kanten schleifen/Relief
Erzeugt verschiedene Kombinationen von Licht- und Schatteneffekten.

Verlauf überlagern
Legt einen linearen Farbverlauf über das Objekt.

Füllungsdeckkraft
Ändert die Deckraft für die Kontur und Füllung des Objekts, ohne die Deckkraft der angewendeten Ebeneneffekte zu verändern.

Gaußsche Unschärfe
Lässt das Objekt weicher erscheinen.

Schatten nach innen
Legt einen Schatten an der Innenkante des Objekts an.

Schein nach innen
Fügt einen Farbschimmer ein, der an den Innenkanten des Objekts beginnt.

3D
Erzeugt mit Lichteffekten einen 3D-Look.

Farbe überlagern
Legt eine gleichmäßige Farbe über das Objekt.

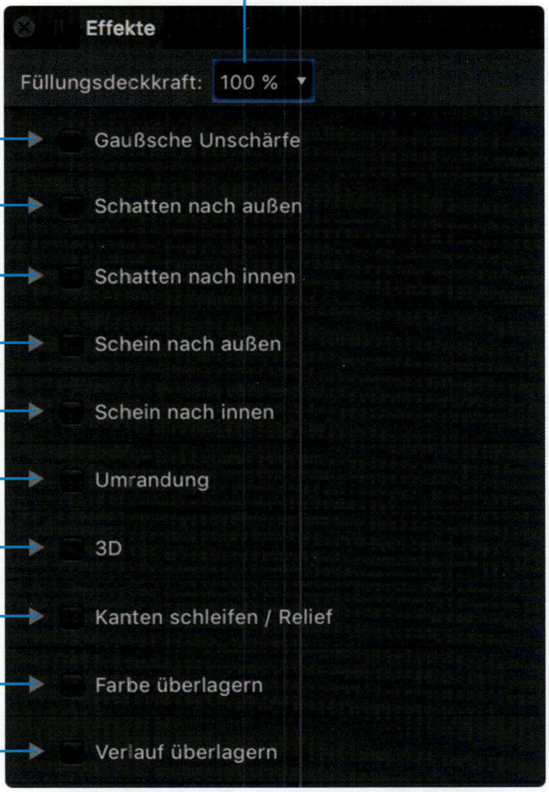

Das Panel „Stile“

Mit dem Panel **Stile** können Sie vordefinierte Stile auf Ihre Objekte übertragen. Stile bestehen aus Effekten, Kontureigenschaften oder Textattributen oder beliebigen Kombinationen dieser Einstellungen. Mit dem Panel „Stile“ können Sie diese Eigenschaften bequem durch Klicken und Ziehen übertragen. Alternativ wählen Sie ein Objekt aus und klicken dann auf eine Miniatur des Panels. Sie können den Stil eines Objekts ebenfalls im Panel „Stile“ speichern, um ihn später erneut zu verwenden.

Panel-Einstellungen
Hinzufügen, Entfernen und Umbenennen von Stilkategorien. Importieren und Exportieren von Stilen. Speichern neuer Stile in der auf der aktuellen Auswahl basierenden Kategorie.

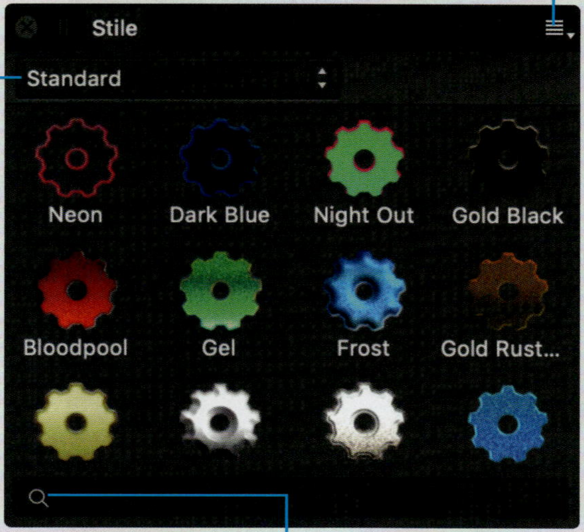

Kategoriemenü

Suchen

Das Panel „Textstile“

Ein Textstil (auch Textformatvorlage genannt) ist ein Satz Attribute (oder auch nur ein einziges Attribut), der sich in einem Rutsch auf große Textmengen anwenden lässt. Wenn Sie später den Textstil verändern, werden alle mit diesem Stil formatierten Texte automatisch aktualisiert und somit an Ihre neuen Änderungen angepasst. Mit dem Panel **Textstile** können Sie Textstile erstellen, auf Ihre Designelemente übertragen und die Stile verwalten.

Aktuelle Formatierung
Zeigt die für den aktuell ausgewählten Text oder den Text an der Cursorposition festgelegte Formatierung. Für weitere Details klicken Sie einfach auf den Pfeil.

Textstil
Jeder Eintrag umfasst den Namen des Stils, eine Vorschau seiner Formatierung, seine vorrangige Verwendung und seine Tastenkürzel.

Erstellen
Öffnet das Dialogfeld „Textstil bearbeiten“, mit dem Sie einen neuen Absatz-, Zeichen- oder Gruppenstil von Grund auf neu definieren können.

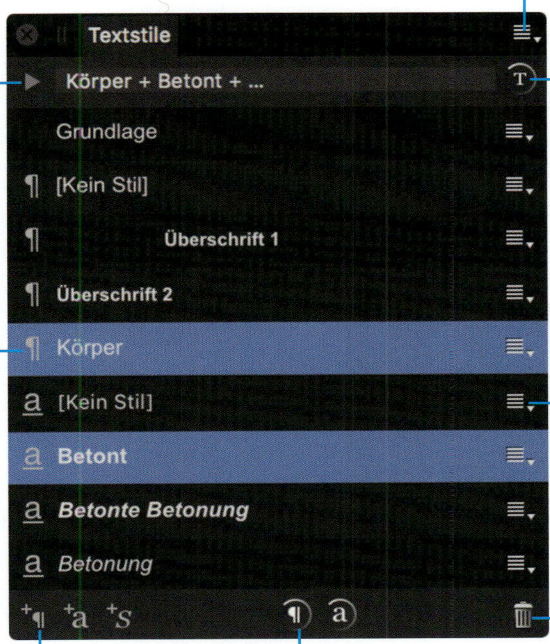

Panel-Einstellungen
Hier können Sie alle Textstile einsehen, sortieren, von Texten abtrennen und löschen sowie einen Textstil als Standard für zukünftige Texte festlegen und neue Textstile importieren.

Formatierung zurücksetzen
Entfernt selbst festgelegte Änderungen und lokale Formatierungen aus dem ausgewählten Text, sodass nur der angewendete Textstil übrig bleibt.

Optionsmenü
Hier finden Sie alle Optionen für das Anwenden, Erstellen, Löschen und Bearbeiten von Textstilen.

Stil löschen
Entfernt den ausgewählten Textstil aus dem Dokument sowie sämtliche seiner angewendeten Instanzen.

Aktualisieren
Passt den aktuellen Absatz- oder Zeichenstil an die lokale Formatierung der ausgewählten Textstelle an.

Das Panel „Transformieren“

Mit dem Panel **Transformieren** können Sie all Ihre Designelemente besonders präzise dimensionieren und anordnen, indem Sie die horizontale Position (X) und vertikale Position (Y) der Objekte auf der Seite oder einem ArtBoard festlegen sowie ihre Gesamtbreite (B) und Gesamthöhe (H). Natürlich lassen sich Objekte hier auch drehen (R) und neigen (N). Alle Transformationen werden in Relation zu einem festgelegten Ankerpunkt durchgeführt – einer Ecke, dem Mittelpunkt einer Kante oder dem Zentrum.

X (Horizontale Position): Ändert die horizontale Position des Objekts (oder der Ebene) in Relation zu dem ausgewählten Ankerpunkt.

Y (Vertikale Position): Ändert die vertikale Position des Objekts (oder der Ebene) in Relation zu dem ausgewählten Ankerpunkt.

Ankerpunktauswahl: Transformationen werden grundsätzlich von dem festgelegten Ankerpunkt aus umgesetzt. Klicken Sie einfach auf den gewünschten Ankerpunkt, um ihn auszuwählen.

R (Rotation): Dreht das Objekt (oder die Ebene) um eine bestimmte Gradzahl in Relation zu dem ausgewählten Ankerpunkt.

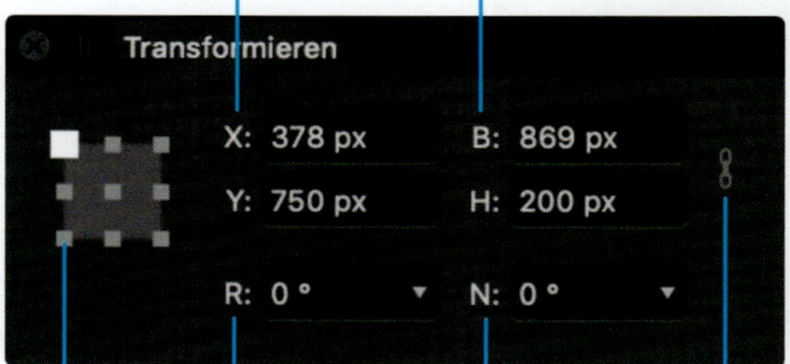

B (Breite): Verändert die Breite des Objekts (oder der Ebene) in Relation zu dem ausgewählten Ankerpunkt.

H (Höhe): Verändert die Höhe des Objekts (oder der Ebene) in Relation zu dem ausgewählten Ankerpunkt.

Verknüpfung: Ist diese Option aktiviert, werden Breite und Höhe proportional zueinander verändert, damit das aktuelle Seitenverhältnis erhalten bleibt. Wenn Sie die Option deaktivieren, können Sie die Werte separat verändern.

N (Neigung): Neigt das Objekt (oder die Ebene) um eine bestimmte Gradzahl in Relation zu dem ausgewählten Ankerpunkt.

Das Panel „Protokoll“

In dem Panel **Protokoll** werden alle Änderungen an Ihrem Dokument aufgelistet. Jeder Status ist als separater Eintrag aufgeführt, sodass Sie jederzeit zu einem früheren Zeitpunkt in der Bearbeitung zurückkehren können. Der älteste Zustand steht ganz oben in der Liste. Jede neue Änderung wird als neuer Eintrag am Ende der Liste hinzugefügt. Wenn Sie auf einen früheren Zustand klicken und einen anderen Bearbeitungsschritt durchführen, werden alle Zustände gelöscht, die ursprünglich auf den angeklickten Zustand folgten.

Sie können das Protokoll für ein Dokument mit dem Dokument zusammen speichern (über den Menüpunkt **Datei > Protokoll mit Dokument speichern**), sodass sich ältere Zustände auch dann noch wiederherstellen lassen, wenn Sie das Dokument schließen und erneut öffnen.

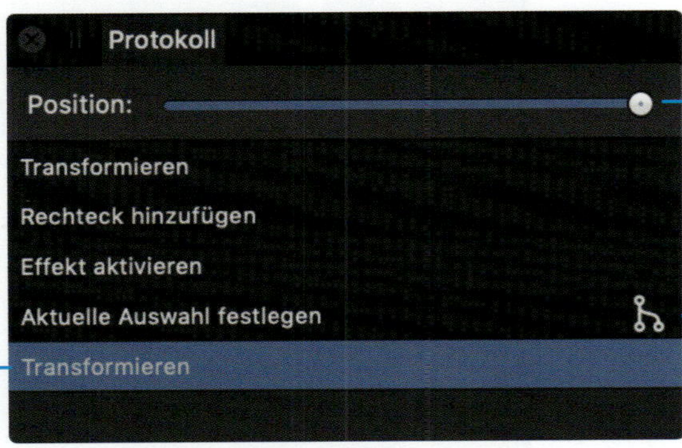

Position: Ziehen Sie den Schieber nach links, um eine Änderung zu widerrufen oder nach rechts, um sie erneut anzuwenden.

Alternative Fortsetzung: Klicken Sie hier, um Ihr „verlorenes“ Rückgängig-Protokoll wieder einzusetzen, wenn Sie einen anderen Bearbeitungsschritt nach einem Zustand Ihres Protokolls durchgeführt haben.

Status: Hier finden Sie eine kurze Beschreibung der an dem Dokument durchgeführten Änderung. Klicken Sie einfach auf einen Status, um zu dieser Bearbeitung zu wechseln.

Wenn Sie das Protokoll für ein Dokument nicht explizit speichern, werden all in dem Panel **Protokoll** aufgelisteten Rückgängig-Zustände gelöscht, sobald Sie das Dokument schließen.

Das Panel „Navigator“

Dieses Panel fällt etwas aus dem Rahmen, da Sie hier keine direkten Änderungen an Ihren Designobjekten vornehmen. Mit diesem Panel können Sie die Dokumentansicht schwenken und zoomen und verschiedene **Ansichtspunkte** festlegen. Jeder Ansichtspunkt lässt sich dann direkt per Zoomsprung ansteuern – perfekt um schnell hintereinander mehrere Bereiche eines Projekts zu überprüfen.

Panel-Einstellungen
Hier finden Sie das Menü für **Ansichtspunkte** sowie ihre **Einstellungen**.

Zoom
Legen Sie mit dem Schieber, den Symbolen oder über den Prozentsatz die gewünschte Zoomstufe für die Ansicht fest.

Ansichtsbox
Um die Ansicht Ihres Designs zu schwenken, ziehen Sie einfach die Ansichtsbox in dem Panel. In der Hauptansicht werden alle Bereiche angezeigt, die sich innerhalb der Box befinden.

Menü für Ansichtspunkte
Wählen Sie einfach einen benannten Ansichtspunkt aus, um in der Dokumentansicht direkt zu seiner vordefinierten Zoomstufe und Position zu springen.

Einstellungen für Ansichtspunkte
Hinzufügen, Entfernen und Umbenennen von Ansichtspunkten.

Das Panel „Symbole“

Mit dem Panel **Symbole** können Sie Symbole aus ausgewählten Objekten, Gruppen oder Ebenen Ihres Dokuments erstellen und speichern.

Nachdem Sie ein Symbol in dem Panel erstellt haben, können Sie es mehrmals auf die Seite oder ein ArtBoard ziehen. Diese platzierten Instanzen sind verknüpft, und durch die Synchronisierung lässt sich jede Änderung, die Sie an einer Symbolinstanz durchführen, automatisch auf alle Symbolinstanzen übertragen.

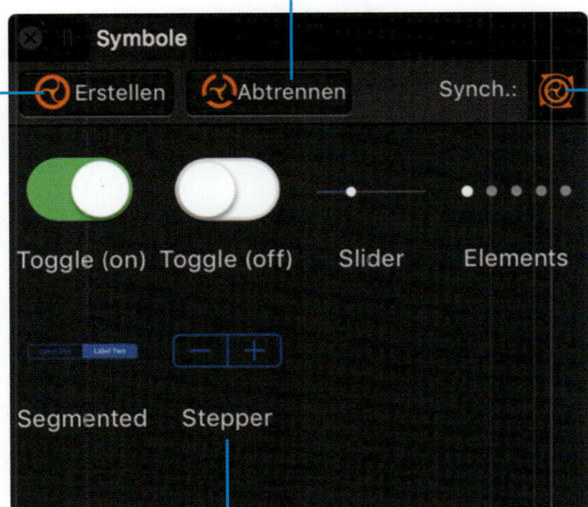

Abtrennen
Wandelt die ausgewählten Symbolinstanzen wieder in Standardobjekte um.

Erstellen
Erstellt ein neues Symbol basierend auf den Objekten, Gruppen und Ebenen, die aktuell in dem Dokument ausgewählt sind.

Symbole
Hier werden die Symbole als Miniaturen mit Namen angezeigt. Sie können die Symbolnamen ändern, indem Sie mit gedrückter ctrl-Taste (Mac) oder der rechten Maustaste (Win) auf eine Symbolminiatur klicken.

Synchronisieren
Ist diese Option aktiviert, werden alle Änderungen, die Sie an einer Symbolinstanz durchführen, direkt auf alle Symbolinstanzen übertragen. Deaktivieren Sie diese Option, lassen sich die Symbolinstanzen einzeln bearbeiten, ohne dass die Änderungen auf die anderen Instanzen übertragen werden. Reaktivieren Sie die Synchronisierung, bleiben die während der inaktiven Synchronisierung unveränderten Attribute nach wie vor verknüpft.

Das Panel „Darstellung"

Mit dem Panel **Darstellung** können Sie mehrere Konturen und/oder Füllungen für jedes ausgewählte Objekt festlegen. Durch einfaches Variieren der Konturbreite, flexibles Mischen von Kontur und Füllung und schnelles Anordnen per Ziehen und Ablegen lassen sich so bequem außergewöhnliche Effekte erzielen.

Kontur
Der Kontureintrag zeigt die Farbe, die Breite und den Mischmodus der Kontur an.

Aktive Kontur und Füllung
Der Punkt kennzeichnet die Kontur und Füllung, die Sie mit den Panels **Kontur** und **Farbe** verändern.

Füllung
Der Füllungseintrag zeigt die Farbe und den Mischmodus der Füllung an.

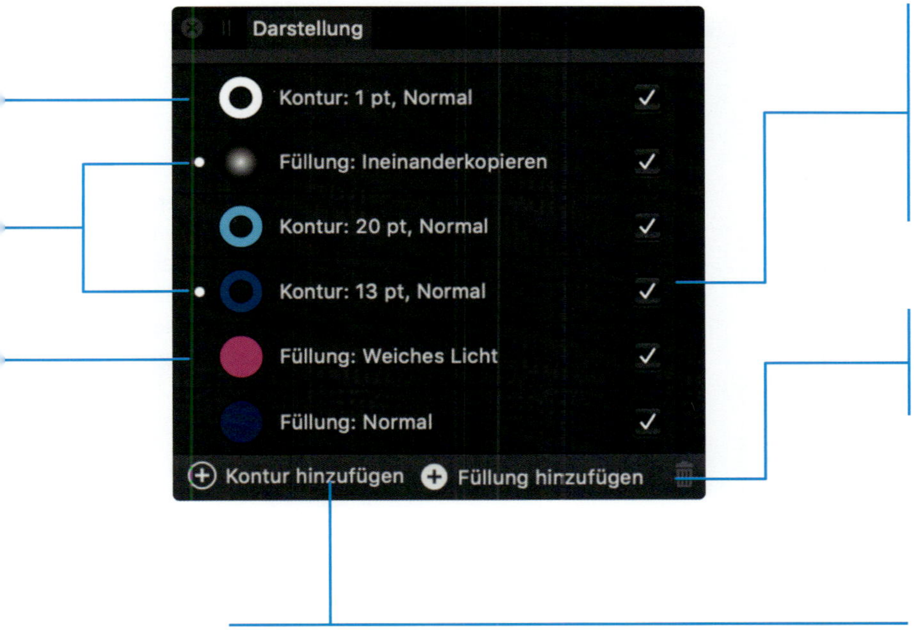

Ein-/Ausblenden
Deaktivieren Sie diese Option, um die Kontur oder Füllung auszublenden. Um die Kontur oder Füllung wieder einzublenden, reaktivieren Sie die Option.

Entfernen
Löscht die aktuell ausgewählte Kontur oder Füllung.

Kontur hinzufügen
Erstellt eine neue aktive Kontur über der aktuell aktiven Kontur.

Füllung hinzufügen
Erstellt eine neue aktive Füllung über der aktuell aktiven Füllung.

Das Panel „Assets“

Assets sind archivierte Objekte (oder Objektgruppen), auf die Sie von jedem geöffneten Affinity Designer Dokument aus zugreifen können. Alle Assets werden in dem Panel **Assets** gespeichert und sind dort stets griffbereit.

Um Assets zu erstellen, wählen Sie ein Objekt, eine Gruppe oder eine Ebene (oder mehrere dieser Elemente) aus und klicken dann im Optionsmenü einer Unterkategorie auf den Eintrag **Aus Auswahl hinzufügen**.

Assets lassen sich einfach per Klicken und Ziehen aus dem Panel **Assets** auf die Seite oder ein ArtBoard übertragen.

Sie können jederzeit neue Kategorien und Unterkategorien erstellen, um Ihre Assets übersichtlich zu sortieren. Die Kategorien werden in dem Einblendmenü „Kategorie“ am oberen Rand des Panels „Assets“ aufgelistet. In jeder Kategorie können Sie zusätzlich eine unbegrenzte Anzahl von Unterkategorien anlegen.

Die Assets in dem Panel lassen sich als Miniaturen in einem Raster (Standardeinstellung) sowie als Namensliste anzeigen. Der Name eines Assets wird automatisch als Quickinfo eingeblendet, wenn Sie den Mauszeiger auf seiner Miniatur ablegen.

Kategoriemenü
Wählen Sie eine Kategorie aus, um die Assets ihrer Unterkategorien zu laden.

Unterkategorien
Klicken Sie auf den jeweiligen Eintrag, um die Assets der Unterkategorie aufzulisten. Mit einem weiteren Klick reduzieren Sie die Listendarstellung.

Suchen

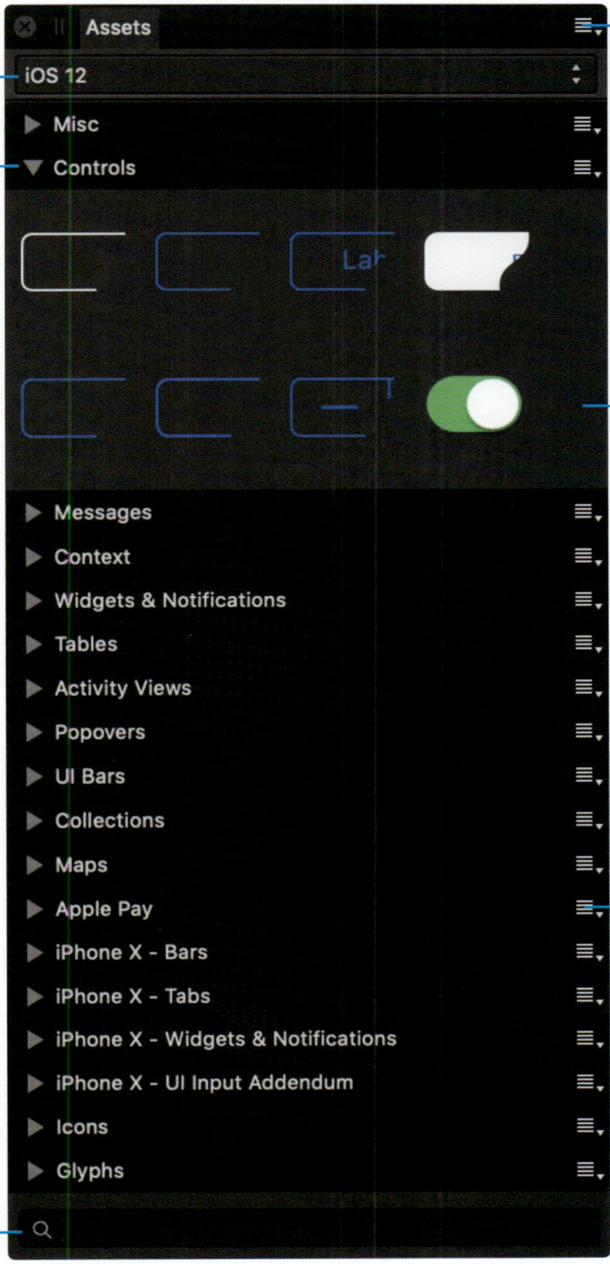

Panel-Einstellungen
Hier können Sie Kategorien und Unterkategorien erstellen, umbenennen und löschen. Darüber hinaus enthält das Menü die Darstellungsoptionen für das Panel und Befehle für den Import und Export von Assets.

Assets
Die Assets lassen sich als Miniaturen anzeigen (Standardeinstellung) sowie als Namensliste.

Optionsmenü für Unterkategorien
Hier können Sie eine Unterkategorie umbenennen, löschen sowie in der Kategorie nach oben oder unten verschieben. Darüber hinaus lassen sich hier auch neue Assets basierend auf der aktuellen Auswahl in Ihrer Seite erstellen.

Das Panel „Beschränkungen“

Mit dem Panel **Beschränkungen** können Sie untergeordnete Objekte an einer bestimmten Position in ihrem übergeordneten Objekt verankern und verhindern, dass die untergeordneten Objekte skaliert werden, wenn Sie die Größe des übergeordneten Objekts ändern. Die vertikale und horizontale Skalierung lassen sich unabhängig voneinander steuern, und die Verankerung können Sie für die obere, untere, rechte oder linke Kante des untergeordneten Objekts festlegen.

Untergeordnete Objekte lassen sich auf verschiedene Arten skalieren und verankern. Hierdurch können Sie Ihre Designs schnell und einfach in unterschiedlichen Layouts präsentieren. Dieses Feature ist ideal, wenn Sie Entwürfe für eine Programmoberfläche oder eine Website zusammenstellen. Indem Sie gezielt festlegen, welche Objekte skaliert bzw. verankert werden, stellen Sie sicher, dass Ihr Design sich immer auf die „richtige“ Weise verändert, wenn Sie seine Größe anpassen.

Beschränkungen funktionieren nur für die Beziehung zwischen über- und untergeordneten Objekten. Die Skalierung und Verankerung des untergeordneten Objekts wird immer in Relation zu seinem übergeordnetem Objekt (seinem „Container“) festgelegt. Die Beschränkungen lassen sich nur durch Klicken auf die verschiedenen Elemente im Panel „Beschränkungen“ festlegen.

Anker
Die Verankerung steuern Sie über die Linien, die sich von dem inneren Quadrat zum äußeren Quadrat erstrecken. Ist eine Linie grau gestrichelt, ist das Objekt in dieser Richtung nicht verankert. Bei einer weißen Volllinie ist das Objekt in dieser Richtung verankert.

Schützen
Das untergeordnete Objekt wird skaliert, wenn sich die Größe des übergeordneten Objekts ändert. Ändert sich das Seitenverhältnis des übergeordneten Objekts, bleibt das Seitenverhältnis des untergeordneten Objekts bestehen, aber seine Skalierung wird je nach der **Einpassen**-Einstellung geändert.

Min. einpassen
Wird das übergeordnete Objekt disproportional skaliert, kann sich die Skalierung des untergeordneten Objekts so ändern, dass es immer in sein übergeordnetes Objekt passt (falls nicht verankert).

Inneres Quadrat/Äußeres Quadrat
Das innere graue Quadrat steht für das ausgewählte untergeordnete Objekt. Das äußere Quadrat steht für die übergeordnete Ebene (oder ein Containerobjekt).

Skalierung
Die Skalierung legen Sie über die Pfeile in dem inneren Quadrat fest. Ist ein Pfeil grau gestrichelt, wird das Objekt in dieser Richtung nicht skaliert. Ist ein Pfeil durchgängig weiß, wird das Objekt in dieser Richtung skaliert. Wird der Pfeil als weiß und unterbrochen angezeigt, wird das Objekt aufgrund der Verankerung in dieser Richtung zwangsweise skaliert.

Max. einpassen
Wird das übergeordnete Objekt disproportional skaliert, kann sich die Skalierung des untergeordneten Objekts ändern; das untergeordnete Objekt kann jedoch auch größer ausfallen als sein skaliertes übergeordnetes Objekt, sodass eventuell einige Inhalte verdeckt werden.

Der Glyphen-Browser

Mit dem Glyphen-Browser können Sie bequem die Glyphen oder Unicode-Zeichen durchsuchen, die für Ihre aktuell installierten Schriftarten verfügbar sind. Möchten Sie eine Glyphe in Ihren Text einsetzen, platzieren Sie zunächst eine Einfügemarke an der gewünschten Stelle oder wählen ein Zeichen aus. Legen Sie dann eine Schriftart im Glyphen-Browser fest, oder suchen Sie die Glyphe über die Suchfunktion. Per Doppelklick auf die Glyphe setzen Sie die Glyphe dann an der zuvor ausgewählten Textstelle ein.

Panel-Einstellungen
Hier bestimmen Sie, ob in dem Panel Glyphen oder Unicode-Zeichen angezeigt werden und legen die Darstellungsgröße fest.

Schrift und Eigenschaften schützen
Ist der Schutz aufgehoben, ändert sich die im Panel angezeigte Schriftart mit der Schriftart der ausgewählten Textstelle; ist der Schutz aktiv, ändert sich die im Panel angezeigte Schriftart nicht.

Zeichensatz
Hier wählen Sie einen Zeichensatz für die Glyphen oder Unicode-Zeichen aus, wie z. B. Kyrillisch.

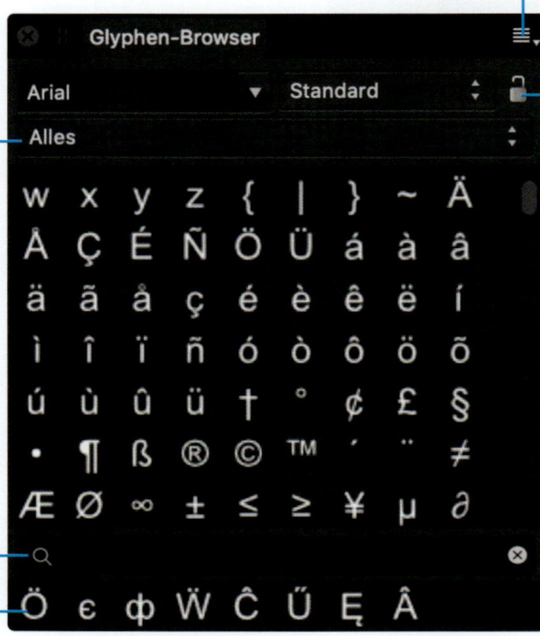

Suche

Zuletzt verwendete Glyphen

Raster ändern
Erstellt ein neues isometrisches Raster oder ersetzt ein zuvor eingestelltes Raster, wechselt dann die Ansicht für das Panel und ermöglicht so das Umschalten zwischen Projektionsebenen und das Transformieren von Objekten passend für die Projektionsebenen.

Aktuelle Projektionsebene
Wählen Sie eine der Optionen **Vorderansicht**, **Seitenansicht** oder **Draufsicht** aus, um die Projektionsebene für das Raster zu wechseln.

Das Panel „Isometrisch"

Mit diesem Panel konfigurieren Sie ein Raster für isometrische Zeichnungen, die sich auf drei Projektionsebenen erstellen lassen – in der Vorderansicht, der Seitenansicht und der Draufsicht. Bei aktiver magnetischer Ausrichtung lassen sich Objekte direkt und präzise auf die aktive Projektionsebene transformieren und auch zu anderen Projektionsebenen wechseln.

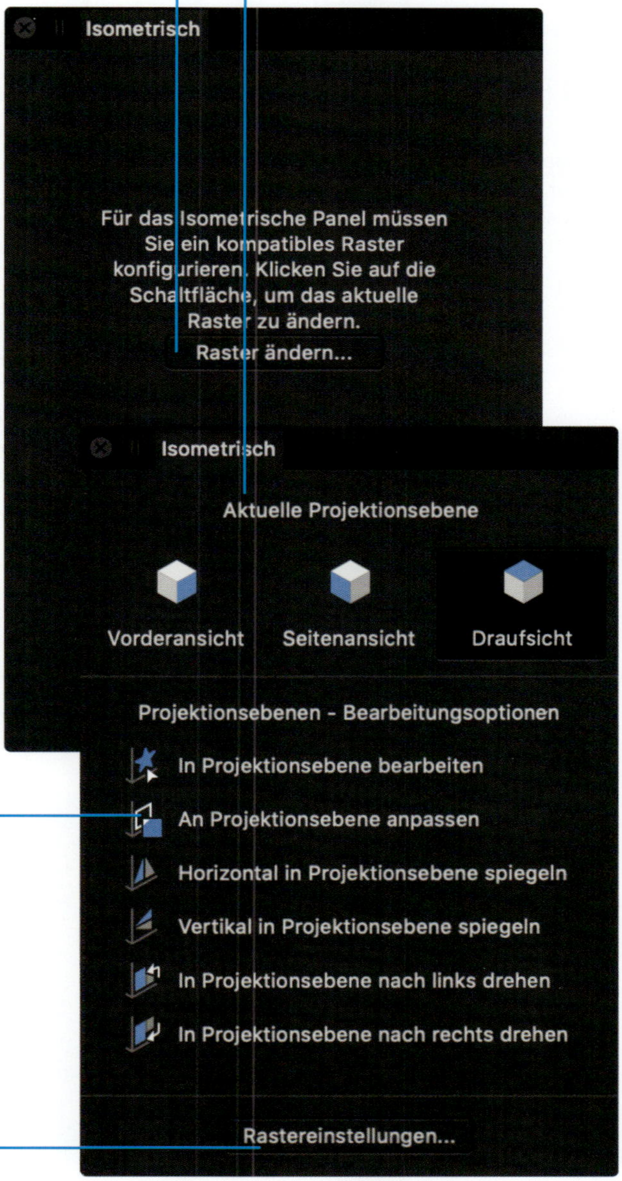

Optionen zur Bearbeitung in Projektionsebenen
Wählen Sie eine Option aus, um ein Objekt auf eine Projektionsebene oder in einer Projektionsebene zu transformieren.

- **In Projektionsebene bearbeiten**: Jedes erstellte Objekt wird automatisch an die aktuell aktive Projektionsebene angepasst.
- **An Projektionsebene anpassen**: Passt ein ausgewähltes zweidimensionales Objekt oder ein Objekt auf einer anderen Projektionsebene an die aktuelle Projektionsebene an.
- **Horizontal (vertikal) in Projektionsebene spiegeln**: Spiegelt das ausgewählte Objekt an einer vertikalen oder horizontalen Achse in der aktuellen Projektionsebene.
- **In Projektionsebene nach links (rechts) drehen**: Dreht das ausgewählte Objekt in der aktuell aktiven Projektionsebene um 90° nach links (oder rechts).

Rastereinstellungen
Öffnet ein Dialogfeld für das Einrichten der Rasterabstände und zusätzlicher Beschränkungs- oder Ausrichtungsachsen.

Das Panel „Zeichen“

Mit dem Panel **Zeichen** können Sie einzelne Buchstaben und Wörter aber auch ganze Sätze und Absätze sowie komplette Texte formatieren.

Schriftschnitt
Hier legen Sie den Schriftschnitt für den ausgewählten Text fest.

Sammlung
Filtert die Liste der verfügbaren Schriften in dem Einblendmenü **Schrift**.

Schriftgröße
Hier bestimmen Sie die Größe der Zeichen gemessen in Punkt.

Verzierung
Formatiert Text als umrandet, einfach oder doppelt unterstrichen. Die Farbe der Striche können Sie ebenfalls festlegen.

Unterschneidung
Bestimmt den Abstand zwischen zwei Zeichen. Mit **Auto** legen Sie den Standardwert für die Unterschneidung fest. Positive Werte verbreitern die Unterschneidung, negative Werte verringern die Unterschneidung.

Zeichenabstand
Bestimmt den Abstand zwischen den Zeichen im ganzen Wort.

Grundlinie
Hier legen Sie fest, wo die Unterkante der Textzeichen platziert wird. Erhöhen Sie den Wert, wird die Grundlinie abgesenkt; verringern Sie den Wert, wird die Grundlinie angehoben.

Abstandskorrektur
Hiermit können Sie für den ausgewählten Text den Zeilenabstand erhöhen (in Relation zu dem Zeilenabstand des Absatzes).

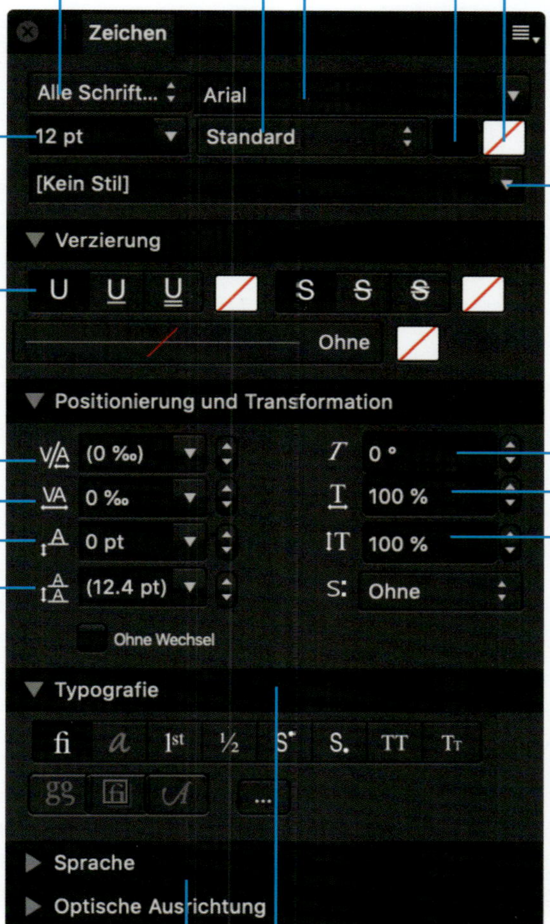

Schrift
Bestimmt die Schriftart für den ausgewählten Text.

Schriftfarbe
Bestimmt die Farbe für den Text.

Hintergrundfarbe
Diese Farbe wird hinter dem ausgewählten Text angezeigt, sodass ein Textmarker-Effekt entsteht.

Textstil
Hier können Sie einen Textstil für die Zeichen in dem ausgewählten Text festlegen.

Neigen
Bestimmt die Schrägstellung für den Text. Positive Werte neigen den Text nach links, negative Werte neigen den Text nach rechts.

Horizontale Skalierung
Dehnt die Zeichen und Abstände gemessen an ihrer Punktgröße.

Vertikale Skalierung
Dehnt die Zeichen gemessen an ihrer Punktgröße.

Typografie
Je nach Ihrer verwendeten Schrift können Sie verschiedene zusätzliche Attribute für Ihren Text festlegen. Hierzu gehören OpenType-Features, wie Ligaturen, Alternativen, Stilsets und noch andere Optionen.

Sprache
Hier legen Sie Sprachen für die Rechtschreib-prüfung, Silbentrennung und Typografie fest.

Optische Ausrichtung
Bestimmt die Ausrichtung von Bindestrichen, Satzzeichen oder anderer Zeichen am Satzanfang.

Das Panel „Absatz“

Mit dem Panel **Absatz** können Sie alle Formatierungen für komplette Absätze festlegen. Die Absatzformatierung wird immer auf den gesamten Absatz angewendet, in dem sich der ausgewählte Text oder Textcursor befindet.

Ausrichtung
Legen Sie eine der Optionen **Linksbündig**, **Zentriert**, **Rechtsbündig**, **Blocksatz links**, **Blocksatz zentriert**, **Blocksatz rechts** oder **Blocksatz komplett** (Blocksatz erzwingen) fest. Die Blocksatz-Optionen bestimmen, wie der letzte Satz platziert wird.

Textstil
Wendet den ausgewählten Absatztextstil an.

Einzug der ersten Zeile
Bestimmt den Einzug, der für die erste Zeile des Absatzes festgelegt wird.

Zeilenabstand im Absatz
Bestimmt den Abstand zwischen den Grundlinien innerhalb des Absatzes (d. h. den vertikalen Abstand zwischen Textzeilen).

Abstand vor/nach
Hier legen Sie fest, wie die Werte für „Abstand vor“ und „Abstand nach“ zusammenarbeiten.

Tabstopps
Hier können Sie Tabstopps für den Absatz erstellen, positionieren und ausrichten.

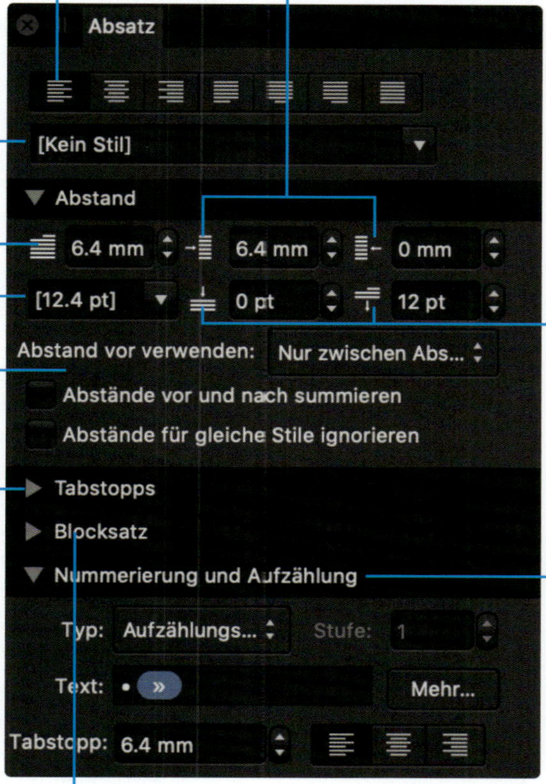

Linker Einzug
Bestimmt den linken Einzug für den ganzen Absatz (außer für die erste Zeile).

Rechter Einzug
Bestimmt den rechten Einzug für den gesamten Absatz.

Abstand vor Absatz
Bestimmt die vertikale Lücke vor einem Absatz.

Abstand nach Absatz
Bestimmt die vertikale Lücke nach einem Absatz.

Nummerierung & Aufzählung
Erstellt eine nummerierte Liste oder eine Aufzählung. Das Nummernformat sowie die als Aufzählungszeichen verwendete Glyphe können Sie frei festlegen.

Blocksatz
Für Absätze mit Blocksatz legen Sie hier den Zeichen- und Wortabstand fest.

Das Panel „Slices“

Mit dem Panel **Slices** können Sie jeden gewünschten Teil Ihres Dokuments als separaten Exportbereich (Slice) festlegen und dann genau bestimmen, mit welchem Dateiformat und welcher Größe (oder auch mit mehreren Dateiformaten und Größen) jedes einzelne Slice exportiert werden soll. Das Panel „Slices“ arbeitet hierbei Hand in Hand mit dem Panel „Exportoptionen".

Stapelerstellung
Weist den ausgewählten Ebenen einen vordefinierten Satz Exporteinstellungen zu – inklusive einer **Builder**-Option.

Exportvorgabe
Weist den ausgewählten Ebenen einen vordefinierten Satz Exporteinstellungen zu.

Element
Zeigt, ob das Slice auf dem Dokument oder einer Ebene basiert, oder Sie das Slice gezeichnet haben. Hier finden Sie ebenfalls den Exportnamen für das Slice sowie eine Anzeige für Exportprobleme, die Sie noch lösen müssen.

Exporteinstellungen
Bestimmt den **Pfad** und **Builder** für die Formate, die im Export verwendet werden. So können Sie mehrere Dateiformate mit jeweils mehreren Abmessungen verwenden. Um ein neues Format oder eine neue Größe festzulegen, klicken Sie einfach auf das Plussymbol. Mit dem Kreuzsymbol löschen Sie das aktuell ausgewählte Format bzw. die ausgewählte Größe.

Ausgewähltes Slice löschen

Fortlaufend
Slices werden automatisch erneut in den durch **Slices exportieren** festgelegten Ordner exportiert, wenn sich der Inhalt der Slices ändert.

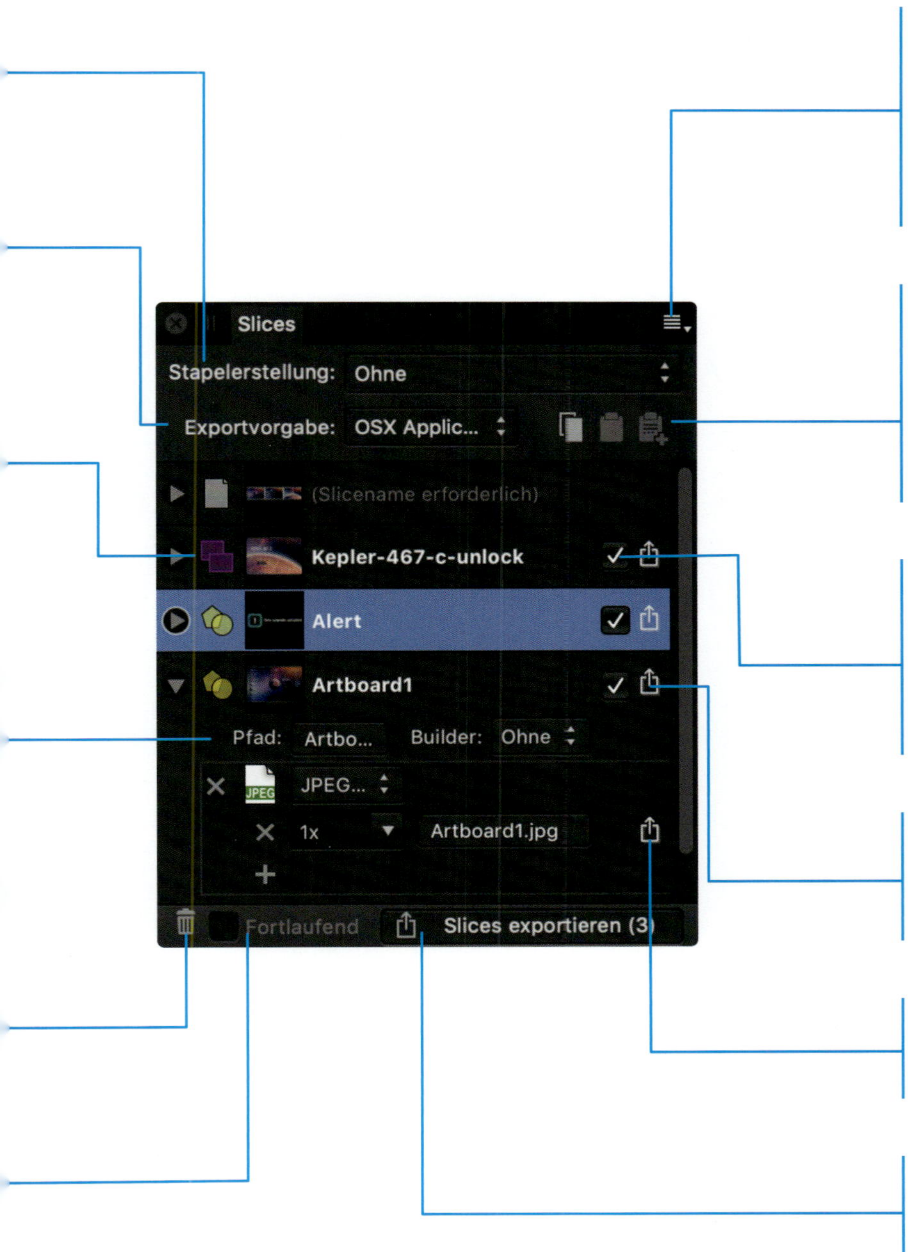

Panel-Einstellungen
Hier können Sie Exporteinstellungen und Formate kopieren und ersetzen sowie neue Formate aus kopierten Einstellungen hinzufügen. Darüber hinaus lassen sich hier auch Exportvorgaben erstellen, umbenennen und löschen.

Die Optionen für „Aus Zwischenablage"
Hier können Sie die aktuellen Formateinstellungen für den Export kopieren sowie ersetzen oder für ein ausgewähltes Slice die kopierten Exportformateinstellungen als neues Format hinzufügen.

Auswählen
Um ein Element aus der Auswahl für **Slices exportieren** zu entfernen, deaktivieren Sie diese Option. Um ein Element hinzuzufügen, versehen Sie diese Option mit einem Häkchen.

Slice exportieren
Exportiert Slices mit den festgelegten Formatoptionen in den von Ihnen bestimmten Ordner.

Format exportieren
Exportiert bestimmte Formate für das übergeordnete Slice.

Slices exportieren
Exportiert alle aktuell ausgewählten Slices in einen festgelegten Ordner.

Das Panel „Exportoptionen"

Mit dem Panel **Exportoptionen** legen Sie die Einstellungen für eine exportierte Datei fest. Diese Einstellungen gelten immer nur für ein bestimmtes Dateiformat und werden automatisch für das ausgewählte **Dateiformat** aktualisiert.

Gängige Exportoptionen:

- **Neuberechnung**: Hier legen Sie fest, mit welcher Methode ein exportierter Designbereich berechnet wird, wenn sich seine Größe von der Originalgröße des Designs unterscheidet.
- **Pixelformat**: Bestimmt den Farbmodus für das exportierte Bild.
- **Hintergrund**: Bestimmt die Hintergrundfarbe für das exportierte Bild.
- **Qualität**: Bestimmt die Qualität für das exportierte Bild. Bei höheren Qualitätseinstellungen entstehen eventuell auch deutlich größere Dateien.
- **ICC-Profil**: Standardmäßig ist hier das ICC-Profil des Dokuments eingestellt. Sie können für die exportierte Datei aber auch ein anderes Profil festlegen und somit das ICC-Dokumentprofil ignorieren.
- **Rastern**: Hier wählen Sie eine Option für das Rastern der Designelemente aus, die nicht von dem Dateiformat unterstützt werden.

Ausgewählte PDF-Exportoptionen:

- **Inklusive Ebenen**: Ist diese Option aktiviert, werden die Informationen zu Ebenen in die PDF-Ausgabe übernommen.
- **Inklusive Druckermarken**: Ist diese Option aktiviert, enthält die PDF-Ausgabe Druckermarken an den Seitenkanten. Standardmäßig werden alle Druckermarken eingefügt.

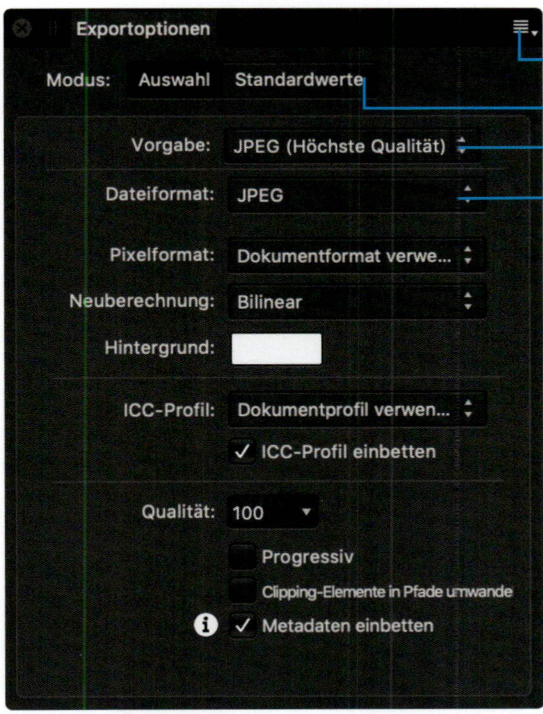

Panel-Einstellungen
Erstellen, Umbenennen und Löschen von Exportvorgaben.

Modus
Hier legen Sie die Exportoptionen für das aktuell ausgewählte Slice oder den Standard fest, den Sie für neu erstellte Slices verwenden möchten.

Vorgabe
Legt alle Optionen in dem Panel basierend auf der ausgewählten Vorgabe fest.

Dateiformat
Hier wählen Sie das Dateiformat für die exportierte Datei aus. In dem Panel werden dann alle für dieses Dateiformat verfügbaren Optionen angezeigt.

Das Panel „Ebenen“ (Export Persona)

Die Export Persona dient lediglich dem Export Ihres Designs in verschiedenen branchenüblichen Dateiformaten und enthält daher eine andere Version des Panels **Ebenen**. Mit dieser Version können Sie Slices aus Dokumentebenen erstellen und bestimmte Ebenen von dem Export ausschließen. Das Panel „Ebenen“ arbeitet hierbei Hand in Hand mit dem Panel „Slices“.

Exportstatus
Ein gefülltes weißes Symbol markiert Elemente, die exportiert werden. Ein weiß-graues Symbol markiert übergeordnete Elemente, deren untergeordnete Elemente exportiert werden. Elemente ohne Symbol werden auch nicht exportiert.

Alle Ebenen bearbeiten
Mit dieser Option können Sie Objekte auf allen ArtBoards und Ebenen auswählen und bearbeiten (anstatt nur auf dem aktuellen ArtBoard oder der aktuellen Ebene).

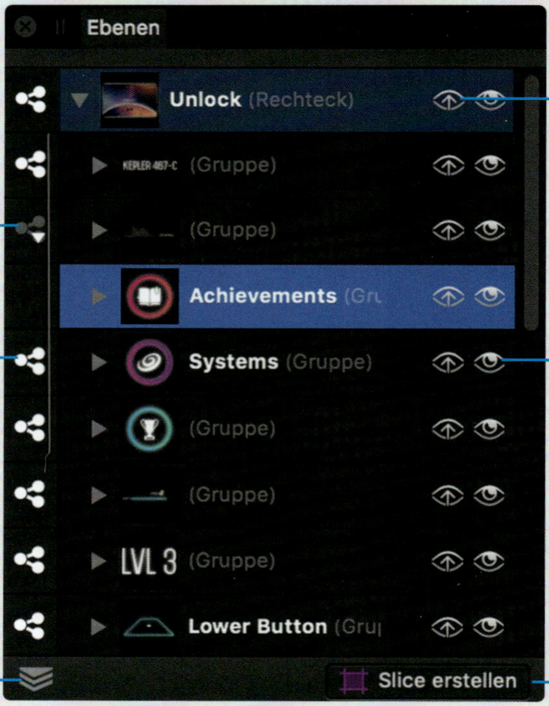

Sichtbarkeit im Export
Ist die Option aktiv, ist das Element auf der Seite sichtbar. Deaktivieren Sie die Option, wird das Element nur in der Export Persona ausgeblendet.

Sichtbarkeit
Ist die Option aktiv, ist das Element auf der Seite sichtbar. Deaktivieren Sie die Option, wird das Element in allen Personas (Draw, Pixel und Export Persona) ausgeblendet.

Slice erstellen
Erstellt ein Slice aus den aktuell ausgewählten ArtBoards, Ebenen, Gruppen und Objekten.

Das Panel „Snapshots“

Über **Snapshots** können Sie bestimmte Punkte in Ihrer Arbeitssitzung als „Meilensteine“ festlegen, deren Status sich dann jederzeit wiederherstellen lässt. Diese Speicherung ist zum Beispiel recht praktisch vor einem komplexen Vorgang. Sollte sich das Ergebnis als etwas „suboptimal“ erweisen, können Sie den Zustand vor dieser Sequenz von Arbeitsschritten bequem wiederherstellen.

Nachdem Sie einen Snapshot definiert haben, können Sie aus diesem Snapshot auch ein völlig neues Dokument erstellen.

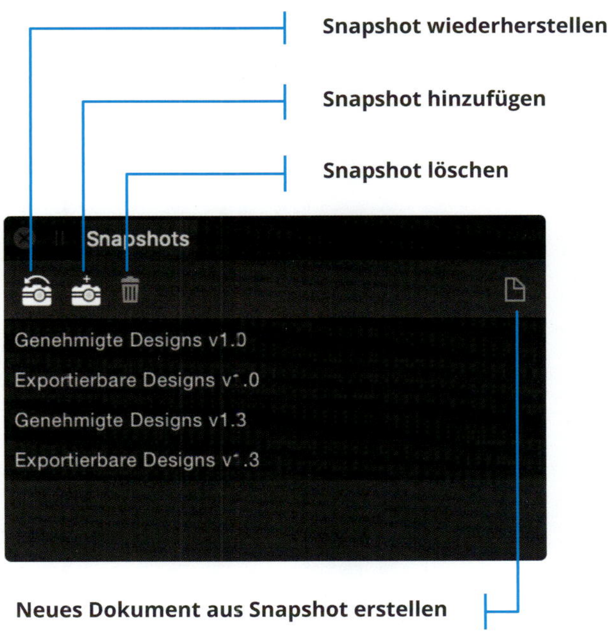

ANPASSEN IHRES ARBEITSBEREICHES

Da wir nicht alle auf dieselbe Art arbeiten, gibt es auch in Affinity Designer einige Optionen, mit denen Sie die Arbeitsoberfläche genau auf Ihren Workflow abstimmen können.

Einstellungen für die Programmoberfläche

Die Programmoberfläche lässt sich bequem über die **Programmeinstellungen** ändern. Öffnen Sie die Programmeinstellungen über den Menüpunkt **Affinity Designer > Einstellungen** (Mac) oder **Bearbeiten > Einstellungen** (Win) und klicken Sie dann auf **Oberfläche**, um die folgenden Optionen zu verändern:

- **Graustufe des Hintergrunds**: Bestimmt die Graustufe für den Seitenhintergrund.
- **Graustufe des ArtBoard-Hintergrunds**: Bestimmt die Graustufe für die Montagefläche, von der die ArtBoards umgeben sind.
- **Gamma**: Bestimmt den Kontrast der Programmoberfläche.
- **Schriftgröße**: Hier können Sie die Schriftgröße der Programmoberfläche ändern.
- **Oberflächenstil**: Hier legen Sie fest, ob die Programmoberfläche hell oder dunkel gefärbt ist oder mit der Standarddarstellung des Betriebssystems (nur für Mac).
- **Quickinfo-Verzögerung**: Hier legen Sie fest, wie lange es dauert, bis ein Infotext eingeblendet wird, nachdem Sie den Mauszeiger auf einem Element der Programmoberfläche platzieren.
- **Dezimalstellen für Einheiten**: Hier legen Sie die Anzahl der Dezimalstellen fest, die für die Maßeinheiten und Gradangaben des Dokuments zulässig sind.
- **Hintergrundebene beim Import automatisch schützen**: Wenn Sie ein Bild importieren, können Sie es mit dieser Option als Hintergrundebene wahlweise geschützt oder ungeschützt lassen.

- **Linien in Punkt angeben**: Hier legen Sie fest, ob die Linienbreite (Stärke) in Punkt oder in der Maßeinheit des Dokuments angegeben werden soll.

- **Textgröße in Punkt angeben**: Hier legen Sie fest, ob die Textgröße in Punkt oder in der Maßeinheit des Dokuments angegeben werden soll.

- **Vorschau für Pinsel anzeigen**: Hier legen Sie fest, ob der Pinselcursor eine Vorschau der zu platzierenden Pixel einblenden soll (nur für die Pixel Persona).

- **Immer Fadenkreuz für Pinsel anzeigen**: Blendet ein Fadenkreuz als Overlay über dem Pinselcursor ein, damit Sie die Striche genau platzieren können.

- **Monochrome Icons**: Ändert die farbige Darstellung der Icons in Graustufen.

- **Automatisch scrollen, um Auswahl im Panel „Ebenen" zu zeigen**: Wenn Sie ein Objekt auswählen, scrollt das Panel **Ebenen** automatisch zu seinem Eintrag.

- **Unterstützung für Touch Bar aktivieren**: Mit dieser Option können Sie die Touch Bar auf einem Apple MacBook Pro verwenden.

Modi für den Arbeitsbereich (nur Mac)

In der Mac-Version der Affinity-Software stehen Ihnen zwei Modi für den Arbeitsbereich zur Verfügung: **Normal** und **Modular**. Über das Menü **Fenster** können Sie jederzeit zu einem der Modi umschalten.

Standardmäßig verwendet Affinity Designer den Modus **Normal** (ein Fenster). In diesem Modus sind alle Panels mit der Dokumentansicht verankert. Im Modus **Modular** gibt es keinen „Gesamtrahmen" für das Programm, sodass alle Panels (oder Panelgruppen) und Symbolleisten frei verschiebbar auf Ihrem Bildschirm platziert sind und für jedes geöffnete Dokument eine separate Ansicht erstellt wird. Sie können aber trotzdem auch Gruppen erstellen.

> Arbeiten Sie im Vollbildmodus, können Sie nicht zwischen den beiden Modi für den Arbeitsbereich wechseln.

Anpassen der Studiopanels

Wie die **Studiopanels** angeordnet sind, variiert je nach aktuell aktiver **Persona**. Sie können jedoch für jede Persona das Layout des Arbeitsbereiches genau auf Ihren Workflow abstimmen.

Um den Arbeitsbereich für eine Persona zu verändern, stehen Ihnen mehrere Optionen zur Verfügung:

Ein-/Ausblenden eines Panels:

- Klicken Sie im Menü **Ansicht** auf den Eintrag **Studio** und dann auf den Namen des gewünschten Panels. Um das Panel wieder einzublenden, klicken Sie erneut auf seinen Namen.

Ein-/Ausblenden aller Panels:

- Klicken Sie im Menü **Ansicht** auf **Oberfläche ein/aus** (Tab).

Reduzieren einer Panelgruppe:

- Führen Sie einen Doppelklick auf den Namen des aktiven Panels aus.

Erweitern einer Panelgruppe:

- Klicken Sie auf den Namen des Panels, das Sie sehen möchten.

Verschieben eines Panels:

- Ziehen Sie den Panelnamen an die gewünschte neue Position. Sie können das Panel entweder frei verschiebbar auf dem Bildschirm platzieren oder auch als Element in einer bestehenden Panelgruppe.

Ändern der Größe eines Panels:

- Ziehen Sie eine beliebige Ecke des Panels.

Verankern (Docken) eines Panels:

- Ziehen Sie den Panelnamen in eine Panelgruppe.
- Ziehen Sie den Panelnamen auf einen Bereich des Studios. Mögliche Verankerungspunkte für das Panel werden per Markierung angezeigt.

Verschieben einer Panelgruppe:

- Ziehen Sie die Panelgruppe an die gewünschte neue Position. Sie können die Gruppe entweder frei verschiebbar auf dem Bildschirm platzieren oder auch als Element in einer bestehenden Panelgruppe.

Verankern (Docken) einer Panelgruppe:

- Ziehen Sie die Panelgruppe zu einer anderen Panelgruppe.
- Ziehen Sie die Panelgruppe auf einen Bereich des Studios. Mögliche Verankerungspunkte für die Panelgruppe werden per Markierung angezeigt.

Ein-/Ausblenden des linken/rechten Studios (nur Mac)

- Klicken Sie im Menü Ansicht auf **Linkes Studio einblenden** oder **Rechtes Studio einblenden**.

Zurücksetzen des Arbeitsbereiches für eine Persona:

- Wechseln Sie zu der Persona, deren Arbeitsbereich Sie zurücksetzen möchten und klicken Sie im Menü **Ansicht** auf **Studio > Studio zurücksetzen**.

Anpassen der Werkzeugleiste

Die **Werkzeugleiste** lässt sich sowohl verankert (gedockt) als auch frei verschiebbar auf Ihrem Bildschirm platzieren. Sie können die Zusammensetzung der Werkzeugleiste genau auf Ihre Arbeitsweise abstimmen. Entfernen Sie einfach die unerwünschten Symbole und fügen Sie neue Symbole hinzu.

Docken/Lösen der Werkzeugleiste:

- Klicken Sie im Menü **Ansicht** auf **Werkzeuge docken**.

Ein-/Ausblenden der Werkzeugleiste:

- Klicken Sie im Menü **Ansicht** auf **Werkzeuge einblenden**.

Hinzufügen/Entfernen eines Werkzeugs:

1. Klicken Sie im Menü **Ansicht** auf **Werkzeuge anpassen**.
2. Ziehen Sie ein Werkzeugsymbol aus der **Werkzeugleiste** in das Einblendpanel (oder umgekehrt).
3. Klicken Sie auf **Schließen**.

Zurücksetzen der Werkzeugleiste:

- Klicken Sie im Menü **Ansicht** auf **Werkzeuge anpassen** und dann in dem Einblendpanel auf **Zurücksetzen**.

Festlegen der Spaltenzahl für die Werkzeugleiste:

1. Klicken Sie im Menü **Ansicht** auf **Werkzeuge anpassen**.
2. Legen Sie im Einblendpanel die gewünschte Einstellung über das Menü **Spaltenanzahl** fest.

Anpassen der Symbolleiste

In der Symbolleiste sind einige der am häufigsten verwendeten Befehle und Funktionen der jeweiligen Persona zusammengefasst, sodass Sie stets schnell und einfach auf diese Elemente zugreifen können. Die Symbolleiste lässt sich auf folgende Weise anpassen:

Ein-/Ausblenden der Werkzeuggruppenamen in der Symbolleiste:

1. Klicken Sie auf den Menüpunkt **Ansicht > Symbolleiste anpassen**.
2. Legen Sie im Einblendmenü **Anzeigen** des Dialogfelds eine der Optionen **Nur Icon** oder **Icon und Text** fest.

Ein-/Ausblenden der Symbolleiste:

- Klicken Sie auf den Menüpunkt **Ansicht > Symbolleiste einblenden**.

Anpassen der Symbolleiste:

1. Klicken Sie auf den Menüpunkt **Ansicht > Symbolleiste anpassen**.
2. Ziehen Sie Elemente aus dem Dialogfeld in die **Symbolleiste**.
3. Um Elemente zu entfernen, ziehen Sie sie aus der **Symbolleiste** in die **Dokumentansicht**.

Zurücksetzen der Symbolleiste:

1. Klicken Sie auf den Menüpunkt **Ansicht > Symbolleiste anpassen**.
2. Ziehen Sie das Element „Standardset“ in die **Symbolleiste**. Hierdurch werden die ursprünglichen Einstellungen der Symbolleiste wiederhergestellt.

> Ihre Anpassungen des Arbeitsbereiches werden automatisch für die nächste Arbeitssitzung übernommen.

TASTENKÜRZEL

Über Ihre Tastatur können Sie schnell auf die gängigen Werkzeuge und Befehle zugreifen. Viele dieser Kürzel kennen Sie wahrscheinlich schon aus anderen Programmen.

Ein Teil der Tastenkürzel wird auch direkt neben den jeweiligen Menüpunkten angezeigt.

Anpassen der Tastenkürzel

Wenn Sie in Affinity Designer mit Tastenkürzeln arbeiten, beschleunigen Sie Ihren Workflow und müssen sich nicht ständig erst durch verschiedene Menüs klicken. Die Tastenkürzel für das gesamte Programm sowie für die einzelnen Personas lassen sich genau auf Ihre Arbeitsweise abstimmen. Sie können Ihre angepassten Tastenkürzel auch in einer Datei speichern und dann mit anderen teilen oder einfach nur als Sicherungskopie verwahren. Öffnen Sie die Programmeinstellungen über den Menüpunkt **Affinity Designer > Einstellungen** (Mac) oder **Bearbeiten > Einstellungen** (Win) und klicken Sie dann auf **Tastenkürzel**, um die Kürzel zu verändern.

> Dateien mit exportierten Tastenkürzeln lassen sich nur auf der Plattform verwenden, mit der sie auch erstellt wurden. Eine aus Affinity Designer für Mac exportierte Tastenkürzeldatei lässt sich nicht in Affinity Designer für Windows importieren (oder umgekehrt). Die Dateiendung für die Tastenkürzeldatei lautet **.affshortcuts* auf einem Mac und **.afshort* unter Windows.

Hier finden Sie die folgenden Einstellungen:

- **Persona**: In diesem Einblendmenü wählen Sie die Persona aus, für die Sie die Kürzel festlegen möchten.

- **Programmelement**: In diesem Einblendmenü sind die Menüs, Befehle und Funktionen für die aktuell ausgewählte Persona aufgeführt. In der Kategorie für **Verschiedenes** finden Sie Tastenkürzel für häufig verwendete Vorgänge. Hier können Sie auch die Tastenkürzel für das Ein- und Ausblenden von Panels festlegen.

- **Für alle verwenden**: Ist diese Option aktiviert, wird das für ein Programmelement festgelegte Tastenkürzel von allen Personas verwendet. Deaktivieren Sie diese Option, können Sie Tastenkürzel nur für die Persona festlegen, die aktuell in dem entsprechenden Einblendmenü eingestellt ist (siehe oben).

Ist ein Tastenkürzel bereits einem anderen Befehl zugewiesen, wird ein Warndreieck eingeblendet. Per Quickinfo teilt Ihnen das Programm dann den entsprechenden Befehl mit.

Ein Pfeilsymbol kennzeichnet, dass ein Tastenkürzel von mehreren Werkzeugen verwendet wird. Platzieren Sie den Mauszeiger auf dem Symbol, um die Namen der anderen Werkzeuge einzublenden.

Um ein Tastenkürzel zu löschen, klicken Sie auf das Kreuz hinter dem entsprechenden Kürzeleintrag.

- **Modifier-Tasten ignorieren**: Mit dieser Option können Sie Tastenkürzel erstellen, die nur aus einem Buchstaben bestehen (also ohne Umschalt-, Strg-, Alt-Taste usw.).
- **Zurücksetzen**: Alle angepassten Tastenkürzel werden auf die Standardeinstellungen zurückgesetzt.
- **Alle Tastenkürzel löschen**: Alle Standard- und selbst erstellten Tastenkürzel werden entfernt.
- **Laden**: Laden einer zuvor gespeicherten Datei mit Tastenkürzeln. Hierdurch werden die aktuellen Tastenzuweisungen überschrieben.
- **Speichern**: Speichern des aktuellen Sets an Tastenkürzeln in einer Datei für das Teilen mit anderen oder als Sicherungskopie.

ZURÜCKSETZEN DES ARBEITSBEREICHES

Nachdem Sie nun einen genaueren Einblick in die Programmoberfläche von Affinity Designer erhalten haben, sollten Sie den Arbeitsbereich auf die bei der Installation festgelegten Standardeinstellungen zurücksetzen, bevor Sie mit den Projekten in diesem Buch fortfahren.

Eventuell haben Sie ein Programmelement versehentlich geändert, verschoben oder auch eine Symbolleiste oder ein Panel ausgeblendet. Durch das Zurücksetzen können Sie die Anleitungen der Projekte leichter umsetzen, da sich alle Elemente am „richtigen" Platz befinden.

Zurücksetzen der Symbolleiste

Klicken Sie im Menü **Ansicht** auf **Symbolleiste anpassen**. Ziehen Sie das Standardset mit Werkzeugen unten aus dem Dialogfeld auf die Symbolleiste, die am oberen Rand des Arbeitsbereiches verläuft, und lassen Sie die Maustaste los.

Zurücksetzen der Werkzeugleiste

Klicken Sie im Menü **Ansicht** auf **Werkzeuge anpassen**. Klicken Sie in dem Einblendpanel auf **Zurücksetzen**.

Zurücksetzen der Studiopanels

Klicken Sie im Menü **Ansicht** auf **Studio > Studio zurücksetzen**. Diesen Schritt müssen Sie für jede Persona des Arbeitsbereiches durchführen.

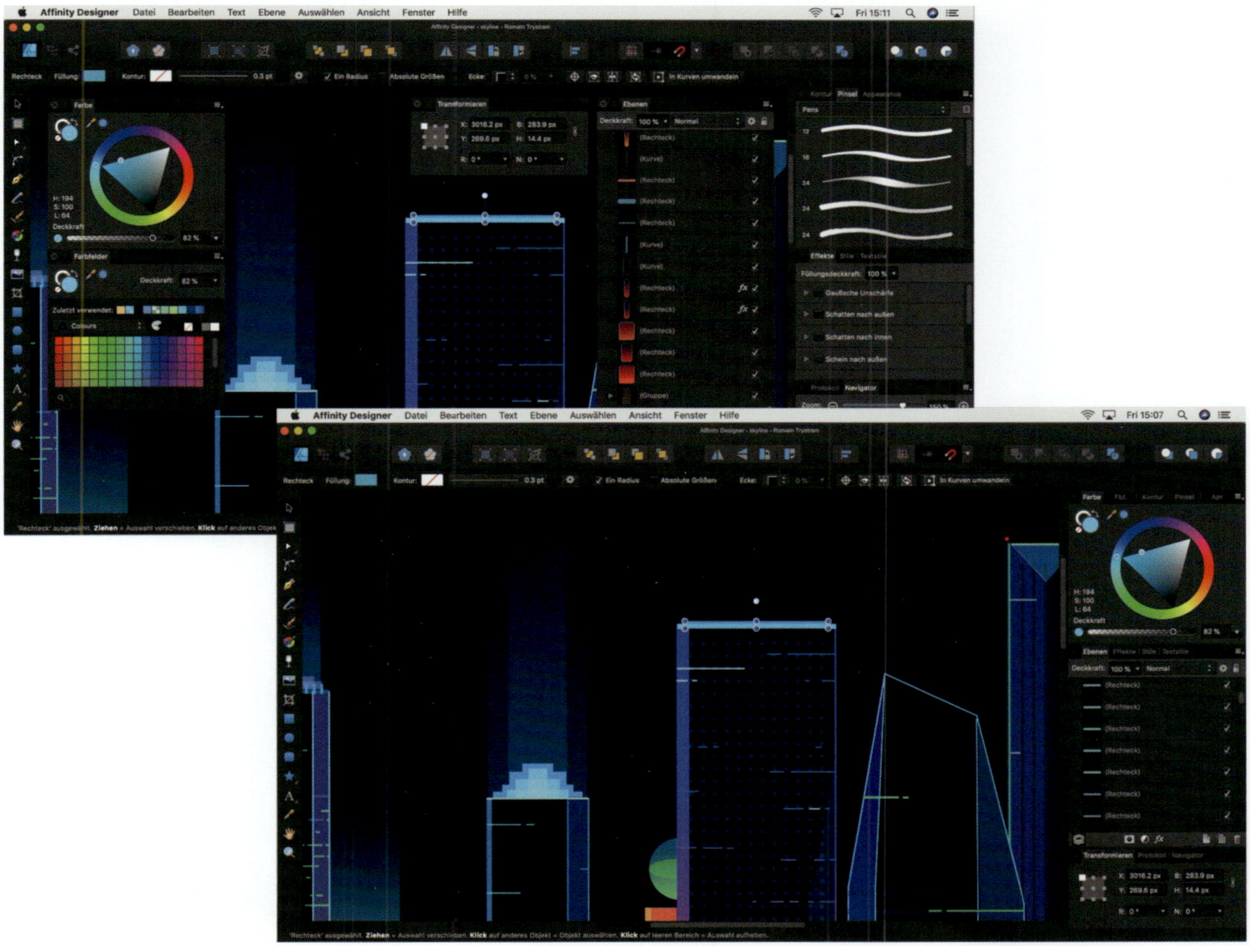
Affinity Designer Datei Bearbeiten Text Ebene Auswählen Ansicht Fenster Hilfe
Fri 15:11
Affinity Designer Datei Bearbeiten Text Ebene Auswählen Ansicht Fenster Hilfe
Fri 15:07

KAPITEL 2

Grundlagen

In diesem Kapitel vermitteln wir Ihnen die Grundlagen, die Sie für die in Kapitel 3 und 4 behandelten Projekte beherrschen sollten. Nicht jede dieser grundlegenden Techniken wird auch in jedem einzelnen Projekt angewendet, aber zusammen schaffen sie eine solide Basis für das Arbeiten mit Affinity Designer.

Alle für diese Kapitel erforderlichen Ressourcen finden Sie auf **https://affin.co/coreskillsDE**

ARTBOARDS

ArtBoards sind Designflächen, auf denen Sie Ihre Designs entwickeln. Sie können verschiedene Dokumente für die Drucklegung oder das Web- und App-Design anlegen, von denen jedes mehrere ArtBoards mit verschiedenen Designs oder Designvarianten enthält.

- Bei Designs für die **Drucklegung** mit einer hoch auflösenden CMYK-Druckausgabe wären zum Beispiel folgende Designs denkbar: Papier mit Briefkopf, Umschläge, Visitenkarten, Poster, Flyer und Kurzmitteilungen.

- Für die im **Webdesign oder sozialen Netzen** erforderlichen pixelgenauen Webgrafiken sind zum Beispiel folgende Designs denkbar: Weblogo, Webbanner, Symbolleisten, Panels, Icons und Schaltflächen.

- Für **App-Designs**, die auf verschieden dimensionierten Mobilgeräten oder Tablets eingesetzt werden, bieten sich App-Icons, Standard-Icons und Schaltflächen an.

Wichtige Punkte

Dies sind einige der wichtigsten Vorteile der ArtBoards in Affinity Designer und Tipps für ihren Einsatz:

Variationen eines Grunddesigns lassen sich auf verschiedenen ArtBoards umsetzen.

Alle ArtBoards lassen sich gleichzeitig anzeigen.

Nutzen Sie Symbole auf mehreren ArtBoards, um Ihre Produktivität zu erhöhen.

Verwenden Sie globale Farben für alle Designs.

ArtBoards lassen sich sowohl einzeln als auch alle auf einmal drucken und exportieren.

Ressource
core_skills_artboards.afdesign

Erstellen von ArtBoards

Das erste ArtBoard lässt sich direkt in den Dokumenteinstellungen definieren. Benötigen Sie noch weitere ArtBoards, können Sie diese jederzeit hinzufügen.

1 Klicken Sie auf den Menüpunkt **Datei > Neu**.

2 Wählen Sie den **Typ** für Ihr Dokument aus und dann eine **Seitenvorgabe**.

3 Aktivieren Sie die Option **ArtBoard erstellen**.

4 Klicken Sie auf die Schaltfläche **OK**. Ihr ArtBoard wird nun mittig in der Dokumentansicht platziert.

5 Klicken Sie auf den Ebeneneintrag und ändern Sie seinen Namen in *Briefkopf*.

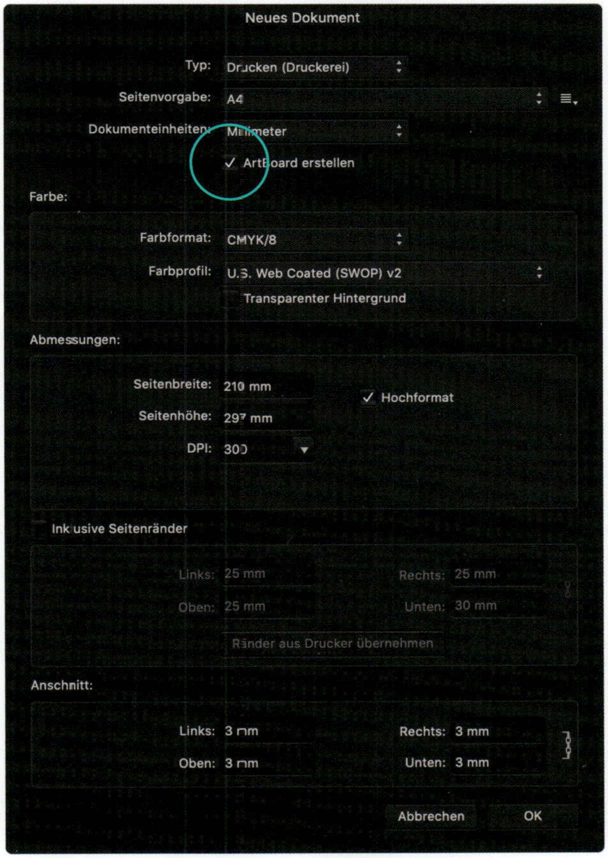

ArtBoards in selbst definierter Größe

- Aktivieren Sie das **ArtBoard-Werkzeug** und ziehen Sie auf der Montagefläche, um ein ArtBoard in der gewünschten Größe zu erstellen.

Das ArtBoard wird im Panel „Ebenen“ über dem anfänglich erstellten ArtBoard platziert.

Im Panel **Ebenen** wird jedes ArtBoard auf einer eigenen Ebene erstellt. Jedes einzelne ArtBoard lässt sich getrennt von allen anderen ArtBoards auswählen, umbenennen, ausblenden und exportieren.

> Für UI-Designs können Sie direkt in den Dokumenteinstellungen ein Geräte-spezifisches ArtBoard auswählen..

Anzeigen der ArtBoards

Bei der Arbeit mit mehreren ArtBoards ist eins besonders wichtig: Immer den Überblick behalten!

- Zoomen auf ausgewählte ArtBoards: **Ansicht > Auf Auswahl zoomen** oder ein Doppelklick auf die Ebenenminiatur des ArtBoards.

- Zoomen auf alle ArtBoards: **Ansicht > Passend zoomen**.

Unter Windows verwenden Sie die Menüpunkte **Ansicht > Zoom > Auf xxx zoomen**.

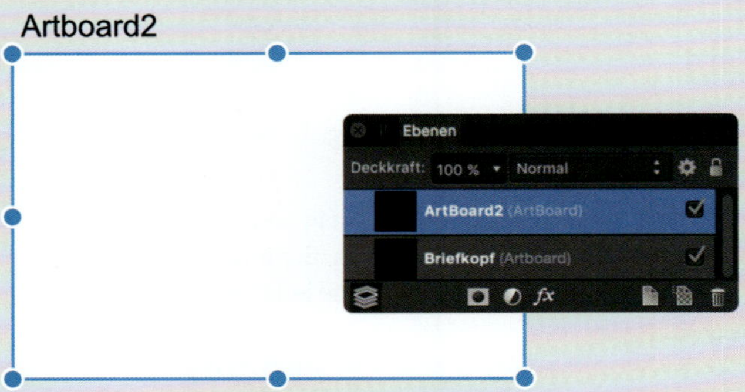

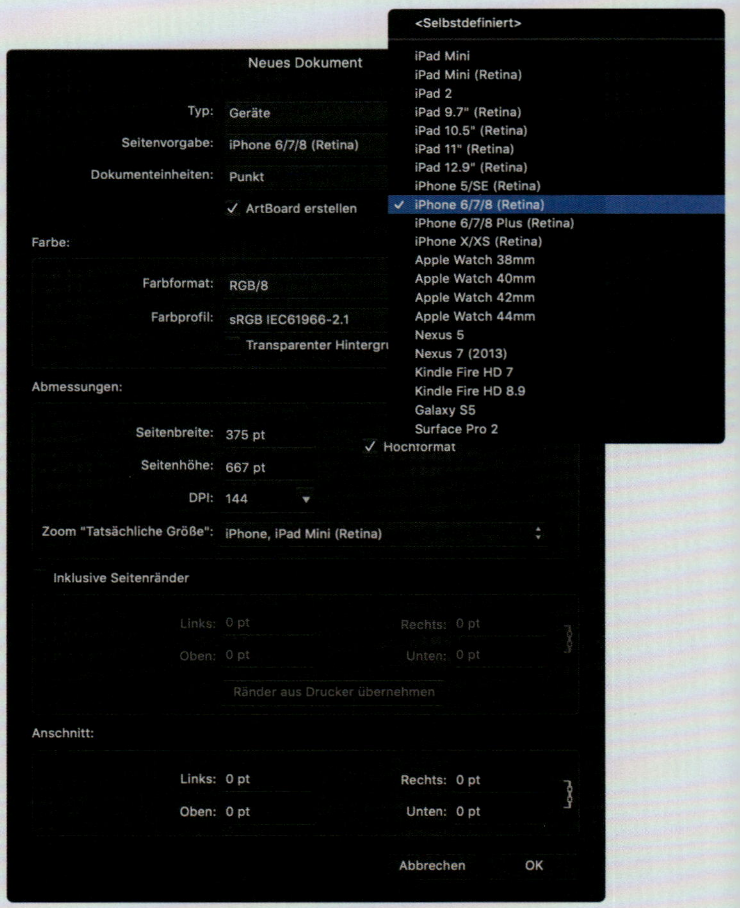

Ändern der Größe von ArtBoards

- Um ein ArtBoard zu vergrößern oder zu verkleinern, wählen Sie es aus und ziehen einen seiner Griffe nach außen oder innen. Ändern Sie die Größe mit gedrückter Umschalttaste (⇧), bleibt das Seitenverhältnis des ArtBoards unverändert.

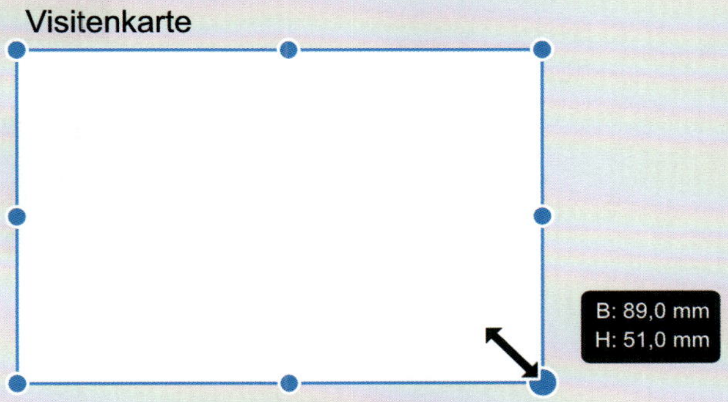

Mit den Feldern Breite (**B**) und Höhe (**H**) im Panel **Transformieren** können Sie anschließend die Abmessungen des ArtBoards noch genauer einstellen.

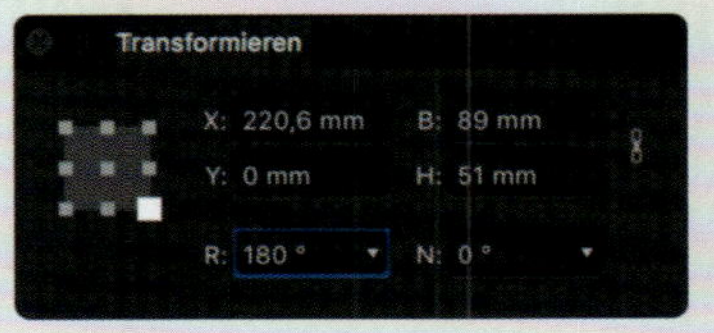

> Wir empfehlen Ihnen grundsätzlich mit ArtBoard-Vorgaben zu arbeiten (sofern diese verfügbar sind), da willkürlich dimensionierte ArtBoards zu stark von traditionellen Dokumenteinstellungen abweichen könnten.

Ändern der Position von ArtBoards

Alle ArtBoards verhalten sich im Grunde wie Objekte. Sie können ein ausgewähltes ArtBoard somit in der Dokumentansicht verschieben und ArtBoards in Gruppen oder einer bestimmten Reihenfolge anordnen.

Das Sortieren in einer bestimmten Reihenfolge ist bei ArtBoards wichtig, die für die Drucklegung bestimmt sind, da in der Druckausgabe häufig eine bestimmte Reihenfolge der Seiten eingehalten werden muss. Die ArtBoards lassen sich einfach durch Ziehen im Panel **Ebenen** neu sortieren. Legen Sie die Seitenreihenfolge von unten nach oben fest – das unterste ArtBoard im Stapel bildet also die erste Seite. Exportieren Sie das Dokument dann als PDF, entsteht ein mehrseitiges Dokument.

ArtBoard-Beispiel (Professionelle Drucklegung)

Panel Rückseite Vorderseite

Verso Mitte Recto

Ressource
core_skills.afdesign (ArtBoard: Objects - Opacity)

OBJEKTE

Deckkraft

Die Deckkraft lässt sich als Eigenschaft sowohl für Farben festlegen als auch für Objekte. Wenn Sie die Deckkraft in Projekten variieren, erscheinen Objekte weicher oder geben den Blick auf darunter liegende Designelemente frei. Zusammen mit Unschärfe-Effekten ist die Deckkraft auch ein ideales Hilfsmittel für weiche Schattierungen.

Die Einstellung **Deckkraft** im Panel „Farbe" bestimmt die Deckkraft einer ausgewählten Farbe – entweder für die Kontur oder für die Füllung eines Objekts. Die Einstellung **Deckkraft** im Panel **Ebenen** hingegen bestimmt die Deckkraft des gesamten Objekts. Sie können also die Deckkraft für die Füllung und Kontur eines Objekts unabhängig voneinander festlegen und zusätzlich zu der für das Objekt eingestellten Gesamtdeckkraft.

Festlegen der Deckkraft für Objekte

- Erweitern Sie im Panel **Ebenen** den Eintrag für das ArtBoard „Objects - Opacity", dann den Eintrag der Ebene „Head" und ändern Sie für die Kopfteile die festgelegte **Deckkraft**.

Über die Zifferntasten Ihrer Tastatur lässt sich die Gesamtdeckkraft für Ihr Objekt besonders schnell festlegen (z. B. *4 = 40 %* Deckkraft, *4 und 3 = 43 %* Deckkraft).

Nicht vergessen: Auch für Ebenen und Gruppen können Sie die Deckkraft anpassen.

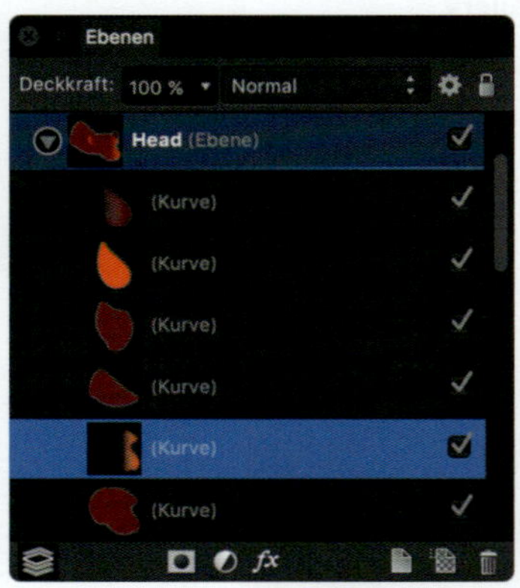

Die Deckkraft ist im Grunde das Gegenteil der Transparenz: 100 % Deckkraft entsprechen 0 % Transparenz (und umgekehrt).

Ressource
core_skills.afdesign (ArtBoard: Objects - Blend Modes)

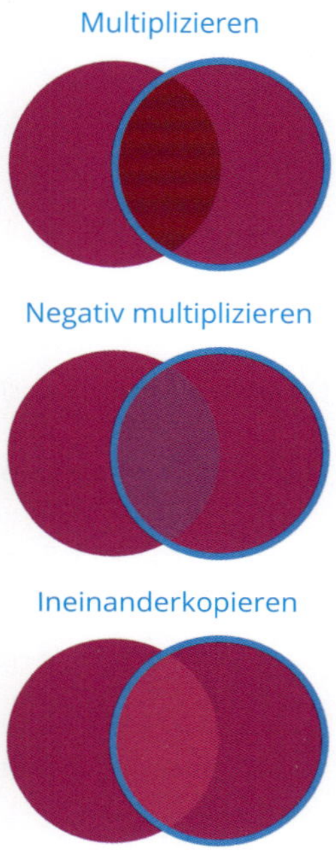

Mischmodi

Mischmodi bestimmen, wie Farben dargestellt werden, die sich gegenseitig überlappen. Durch das gezielte „Stapeln" von Farben lassen sich in Kombination mit den Mischmodi sehr unterschiedliche und kreative Ergebnisse erzielen. Mischmodi werden auf zwei Arten eingesetzt:
1. Bei der Überlappung von mehreren Objekten.
2. Als Teil des Effekts, der auf ein Objekt angewendet wird.

Obwohl Ihnen insgesamt mehr als 30 Mischmodi zur Verfügung stehen, verwenden die meisten Designer hauptsächlich nur eine Handvoll. Die übrigen Modi werden eher selten für ganz besondere Aufgaben eingesetzt. Die wohl am häufigsten verwendeten Mischmodi sind **Multiplizieren**, **Negativ multiplizieren** und **Ineinanderkopieren**.

Mit Multiplizieren erzielen Sie einen Verdunkelungseffekt, der perfekt zur Verstärkung von Schatten ist – wie z. B. der Schatten unter dem Arm unserer Figur.

Wenn man den Effekt auf die Form unter dem Arm überträgt, wird die darunter liegende Körperstelle realistisch abgedunkelt.

Experimentieren wir doch mal ein wenig mit Multiplizieren und anderen Mischmodi.

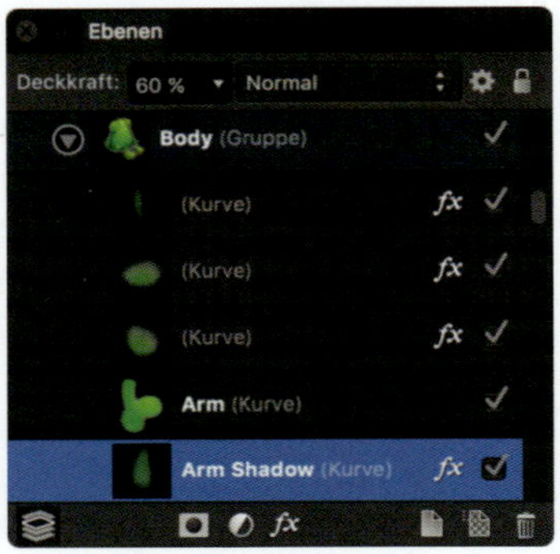

Festlegen von Mischmodi für Objekte

1 Erweitern Sie im Panel **Ebenen**, das ArtBoard „Objects - Blend modes", dann die Ebene „Fisherman" und die Gruppe „Body" und wählen Sie den Eintrag „Arm Shadow" aus.

2 Legen Sie *Multiplizieren* oder einen der anderen Mischmodi in dem Einblendmenü „Mischmodus" fest. Standardmäßig wird hier *Normal* angezeigt.

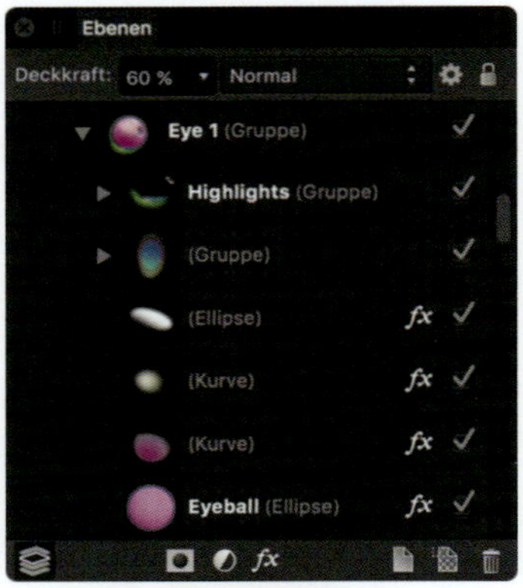

Festlegen des Mischmodus als Teil eines Effekts

1 Erweitern Sie im Panel **Ebenen** die Gruppen „Eyes" und „Eye 1" und wählen Sie den Eintrag „Eyeball" aus.

2 Klicken Sie für den Eintrag „Eyeball" auf das Symbol **Ebeneneffekte**.

3 Wählen Sie im Dialogfenster **Ebeneneffekte** den Eintrag **Schein nach innen** aus und im Einblendmenü **Mischmodus** den Eintrag *Multiplizieren*. Experimentieren Sie ruhig auch ein wenig mit anderen Mischmodi.

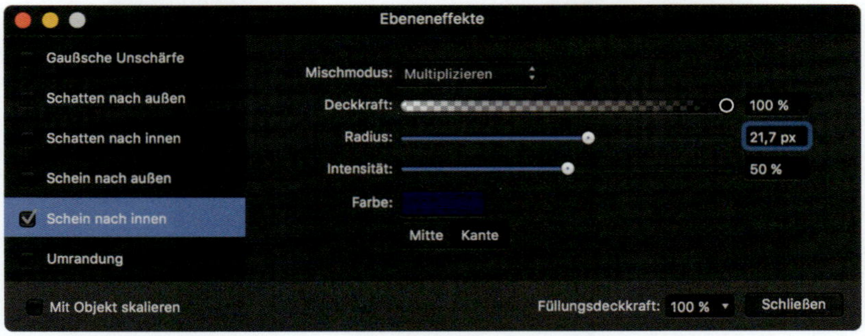

Ressource
core_skills.afdesign (ArtBoard: Objects - Arranging)

Anordnen

Objekte auf der Seite liegen stets an einer festgelegten Position innerhalb des Dokuments – ganz hinten, ganz vorn oder an einer Stelle dazwischen. Diese Positionsangabe bezieht sich nicht auf die X- oder Y-Achse (Horizontale oder Vertikale), sondern auf die Z-Achse. Diese „Stapelungsabfolge“ wird daher auch Z-Reihenfolge genannt. Die Z-Reihenfolge wird durch die Positionierung der Objekte im Panel „Ebenen“ bestimmt.

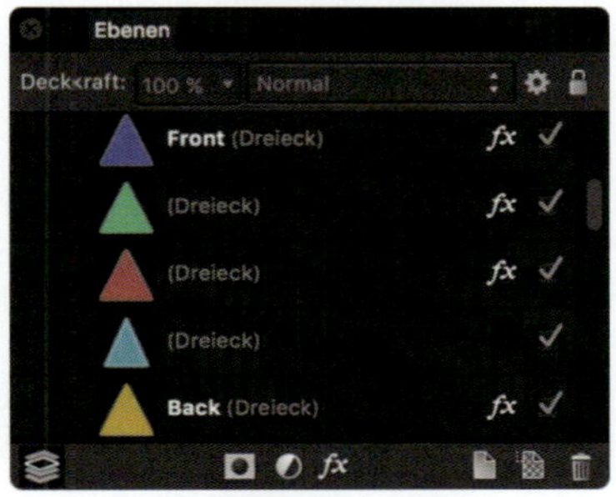

In dem Beispiel ist das blaue Objekt („Front“) im Vordergrund ganz oben im Ebenenstapel platziert und das gelbe Objekt („Back“) ganz im Hintergrund.

> Die Reihenfolge ist besonders wichtig, wenn Sie Ihr Design aus Objekten aufbauen, die sich gegenseitig überlappen!

Erstellen von Objekten vor anderen Objekten

1 Erweitern Sie im Panel **Ebenen** das ArtBoard „Objects - Arranging“ und wählen Sie die Ebene „Arranging“ aus.

2 Zeichnen Sie mit dem Werkzeug **Dreieck** (**Werkzeugleiste**) ein Dreieck, welches das obere blaue Dreieck überlappt. Erweitern Sie die Listendarstellung für die Ebene „Arranging“. Wie Sie sehen, wurde das neue Dreieck standardmäßig oben auf den Ebenenstapel gelegt.

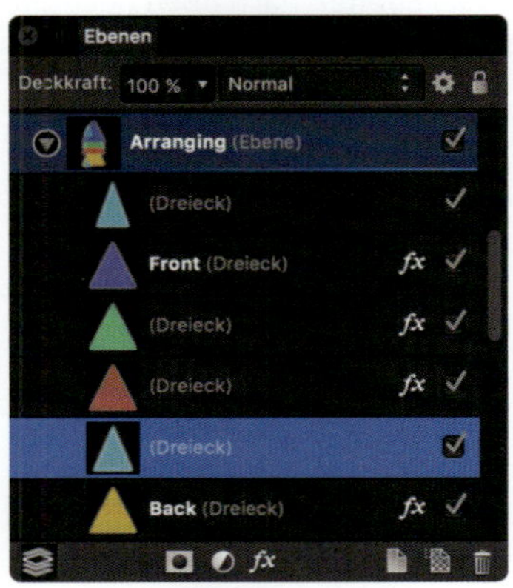

3 Wählen Sie im Panel **Ebenen** das gelbe Dreieck „Back“ aus und zeichnen Sie ein weiteres überlappendes Dreieck. Dieses Mal wird das Dreieck zwischen dem gelben und dem roten Dreieck platziert, anstatt oben auf dem Stapel.

Ändern der Objektreihenfolge

Eventuell müssen Sie während des Designvorgangs die Reihenfolge von Objekten ändern, um alles „an den rechten Platz" zu bringen. Objekte lassen sich stets vor oder hinter einem benachbarten Objekt sowie ganz im Vordergrund oder ganz im Hintergrund der gesamten Objektabfolge platzieren.

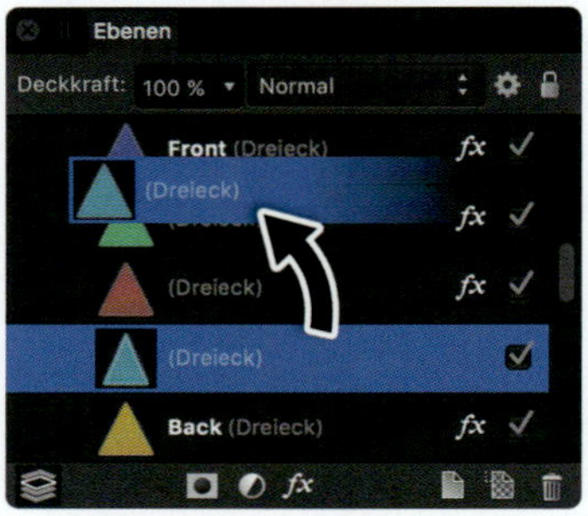

1 Wählen Sie das türkisfarbene Dreieck aus.

2 Führen Sie einen der folgenden Schritte aus:

- Klicken Sie in der **Symbolleiste** auf eine der Optionen **Eins nach hinten**, **Eins nach vorne**, **Ganz nach hinten** oder **Ganz nach vorne**.

- Ziehen Sie den Ebeneneintrag des Rechtecks im Panel **Ebenen** nach oben oder unten im Ebenenstapel.

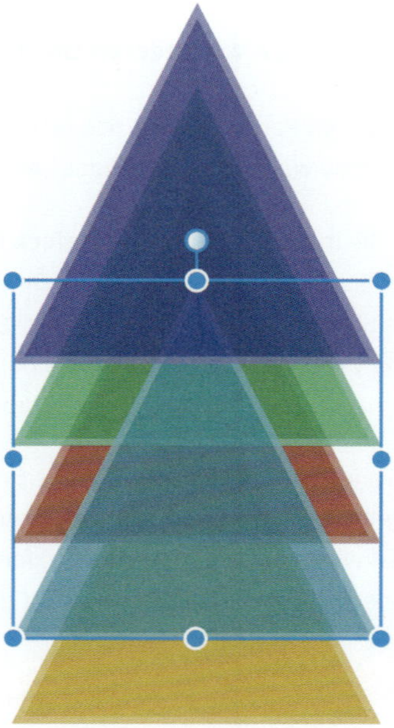

Gezieltes Platzieren

Affinity Designer bietet einige Alternativen für das gezielte Platzieren eines Objekts im Ebenenstapel – unter dem Objekt, immer oben im Ebenenstapel oder innerhalb der Auswahl (sodass es durch Clipping begrenzt wird).

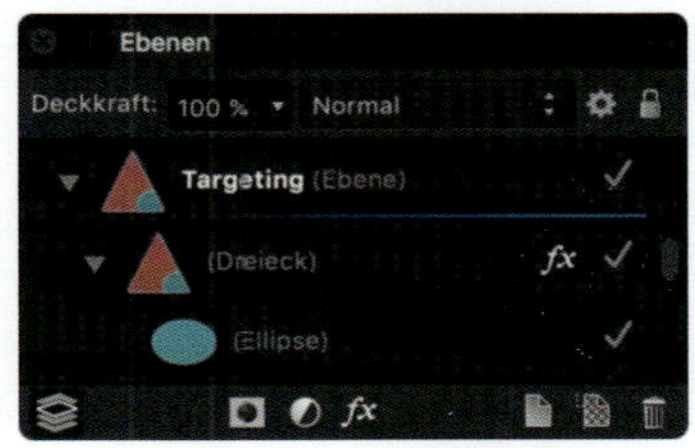

Ändern der Zielposition für eine Objektabfolge

1 Erweitern Sie die Ebene **Targeting** und wählen Sie das rote Dreieck aus.

2 Klicken Sie in der **Symbolleiste** auf die Option **In der Auswahl einsetzen**.

> Die Option **In der Auswahl einsetzen** ist besonders hilfreich, wenn Sie Objekte so platzieren möchten, dass sie stets an der Umrisslinie ihres übergeordneten Objekts (Containers) **begrenzt** werden.

3 Zeichnen Sie einen „überlappenden“ Kreis mit dem **Ellipsenwerkzeug** (M).

4 Wiederholen Sie die vorangehenden Schritte, aber wählen Sie dieses Mal eine der Optionen **Hinter der Auswahl einsetzen** oder **Oben auf der Ebene einsetzen** aus.

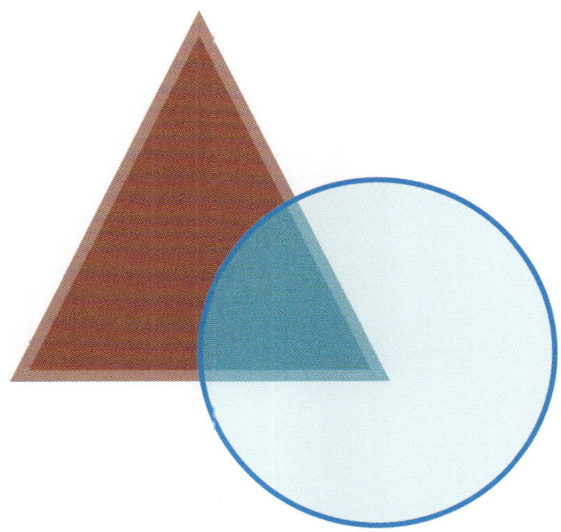

Ressource

core_skills.afdesign (ArtBoard: Objects - Aligning and Distributing)

Ausrichten und Verteilen

Diese beiden Vorgänge funktionieren sogar noch besser, wenn Sie mit mehreren ausgewählten Objekten arbeiten. Häufig werden Sie hiermit wohl mehr als ein Objekt gleichzeitig verschieben, da sich die Objekte auf einen Rutsch sehr präzise anordnen lassen. Beachten Sie hierbei den Unterschied zu der magnetischen Ausrichtung (Seite 118), bei der Sie ein einzelnes „bewegtes" Objekt an anderen Objekten ausrichten, die bereits platziert sind.

> Sie können Objekte innerhalb der Begrenzung ihres Auswahlrahmens ausrichten und verteilen oder auch in Relation zu der Seite/Doppelseite.

Ausrichten

1 Wählen Sie die Icons aus, indem Sie mit der Maus darüber ziehen.

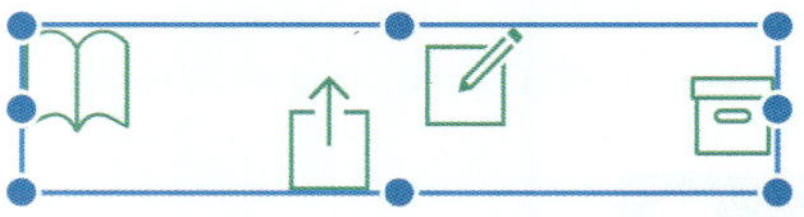

2 Klicken Sie in der **Symbolleiste** auf **Anordnen** und dann auf eine der Optionen für **Vertikal ausrichten**. Für unser Beispiel ist **Unten ausrichten** perfekt.

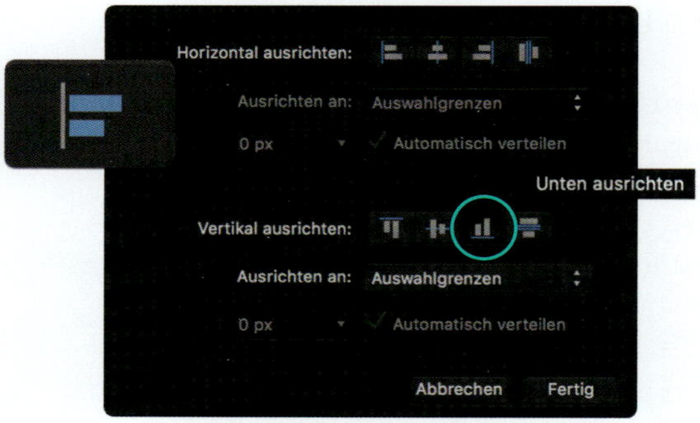

Die Icons werden nun alle an ihren unteren Kanten ausgerichtet.

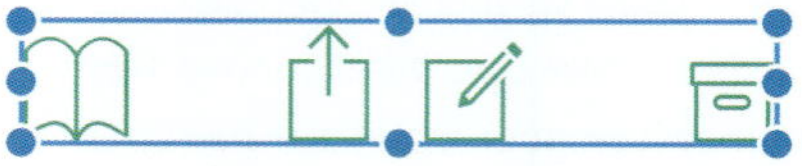

Das sieht schon besser aus, aber die Icons sind in unregelmäßigen Abständen platziert. Dies lässt sich durch eine Verteilung ändern.

Verteilen

Das Verteilen ist besonders praktisch, wenn Sie mehrere Objekte in gleichmäßigen Abständen platzieren möchten. In dem oben schon erwähnten Einblendpanel finden Sie auch die Optionen **Mit horizontalem Abstand anordnen** und **Mit vertikalem Abstand anordnen**.

1 Wählen Sie die zuvor ausgerichteten Icons aus.

2 Wählen Sie in dem Einblendpanel unter **Horizontal ausrichten** die Option **Mit horizontalem Abstand anordnen** aus.

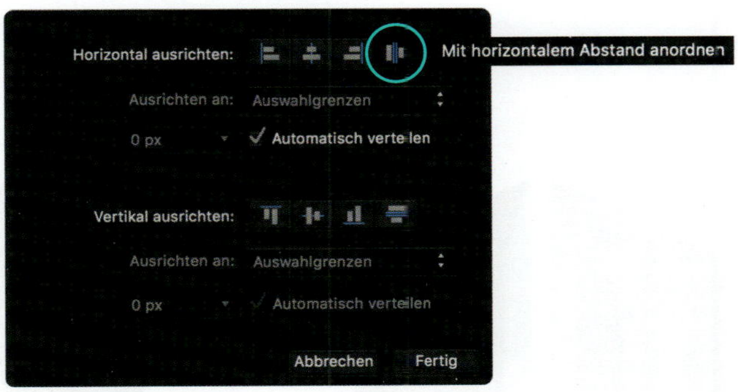

Die Icons werden nun gleichmäßig in horizontaler Abfolge platziert.

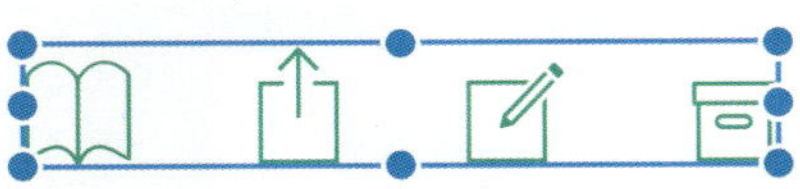

Sie können die Icons sogar noch mit breiterem Abstand platzieren als einfach nur gleichmäßig zwischen den zwei ausgewählten Objekten, die am weitesten außen liegen. Deaktivieren Sie hierzu die Option **Automatisch verteilen** und legen Sie ein Abstandsmaß in dem benachbarten Eingabefeld fest.

Ressource

core_skills.afdesign (ArtBoard: Objects - Flipping and Rotating)

Spiegeln und Drehen

Bei dem Spiegeln wenden Sie ein Objekt um eine unsichtbare horizontale oder vertikale Achse. Dies ist besonders praktisch, wenn Sie den Designaufbau ändern, um z. B. symmetrische Formen oder Spiegelungen zu erstellen.

Bei dem Drehen rotieren Sie ein Objekt um eine bestimmte Schrittweite oder eine präzise Gradvorgabe.

Spiegeln

1 Wählen Sie unter Flipping den Wolkenkratzer per Klick aus.

2 Verdoppeln Sie den Wolkenkratzer über **Bearbeiten > Duplizieren**.

3 Klicken Sie in der **Symbolleiste** auf **Horizontal spiegeln** oder **Vertikal spiegeln**, verschieben Sie die Kopie an die gewünschten Position und fügen Sie – falls gewünscht – noch ein paar Effekte hinzu.

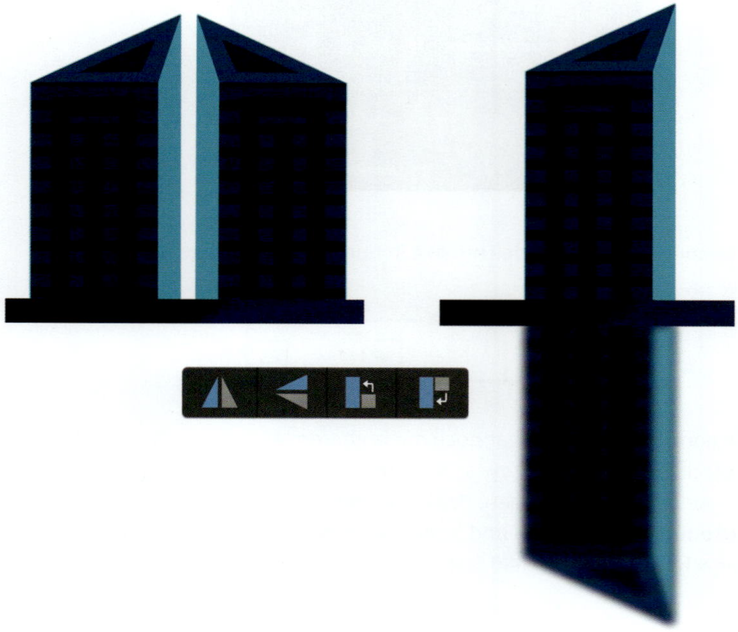

Drehen

Drehen um eine bestimmte Gradzahl:

- Aktivieren Sie das Werkzeug **Verschieben**, wählen Sie unter Rotating die grüne Form aus, platzieren Sie den Mauszeiger auf dem Rotationsgriff über der Auswahl und ziehen Sie nach links oder rechts.

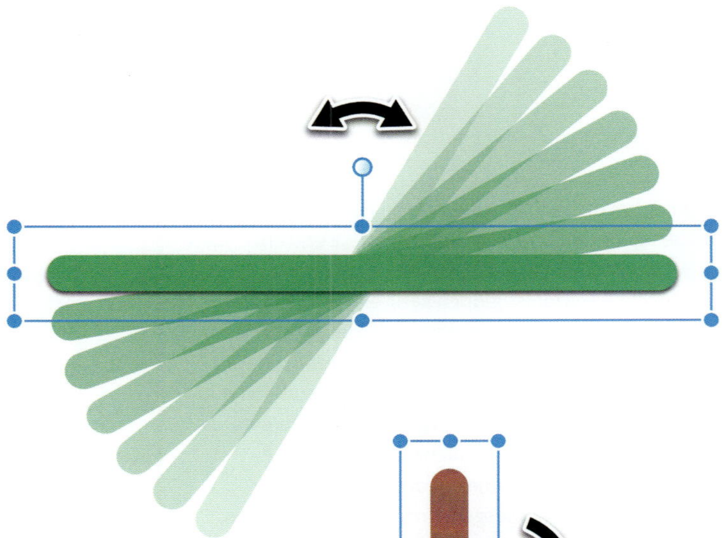

Drehen in Schritten von 90°:

- Wählen Sie die rote Form aus und klicken Sie in der **Symbolleiste** auf **Im Uhrzeigersinn drehen** oder **Gegen den Uhrzeigersinn drehen**.

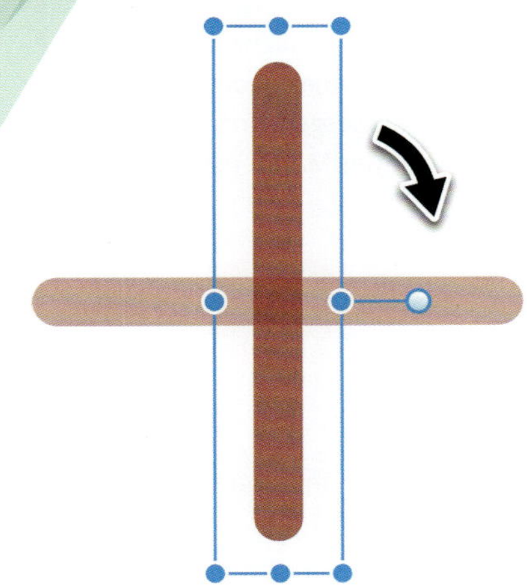

Möchten Sie den Drehwinkel ganz genau vorgeben, stellen Sie im Panel **Transformieren** den gewünschten Winkel über das Feld **R** (Rotation) ein. Hierbei können Sie die Drehung auch mithilfe eines Ankerpunkts um einen bestimmten Objektgriff durchführen.

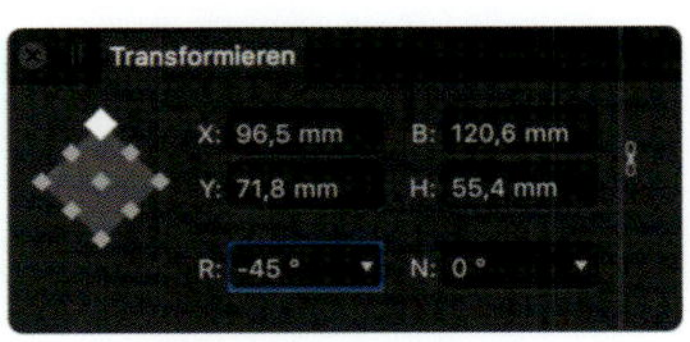

> Um die Drehung in Schritten von 15° durchzuführen, halten Sie während des Drehens die Umschalttaste (⇧) gedrückt.

Ressource

core_skills.afdesign (ArtBoard: Objects - Clipping)

Begrenzungen

Eine besonders leistungsstarke Funktion von Affinity Designer sind die **Begrenzungen**. „Bergrenzungen“ klingt vielleicht etwas kompliziert oder einschränkend, ist jedoch sehr einfach und absolut zerstörungsfrei: Ein untergeordnetes Objekt innerhalb der Umrisslinie eines übergeordneten Objekts (seines Containers) wird automatisch mit den Umrisslinien des übergeordneten Objekts „zurechtgestutzt“. Sämtliche Bereiche des untergeordneten Objekts, die außerhalb der Umrisslinie des übergeordneten Objekts liegen, werden einfach per Maskierung ausgeblendet.

Vektorbegrenzungen

Bei dem Begrenzen bleiben die ursprünglichen Pinselstriche oder Objekte stets erhalten, sodass Sie nicht die boolesche Aufteilen-Funktion verwenden müssen, bei der die Objekte zerstört werden. Das Begrenzen lässt sich außerdem jederzeit umkehren.

- Ziehen Sie im Panel **Ebenen** die dunklere Ellipse (das zu begrenzende Objekt) unter die hellere orangefarbene Ellipse, damit das dunklere Objekt unter dem hellen verschachtelt ist (d. H. eingerückt angezeigt wird).

> Um das Begrenzen zu widerrufen, ziehen Sie das begrenzte Objekt einfach an seine Originalposition.

Rasterbegrenzungen

Diese Technik ist identisch zu den Vektorbegrenzungen, hierbei lassen sich jedoch in der **Pixel Persona** erstellte und per Pinsel aufgetragene Rastertexturen an Vektorformen begrenzen.

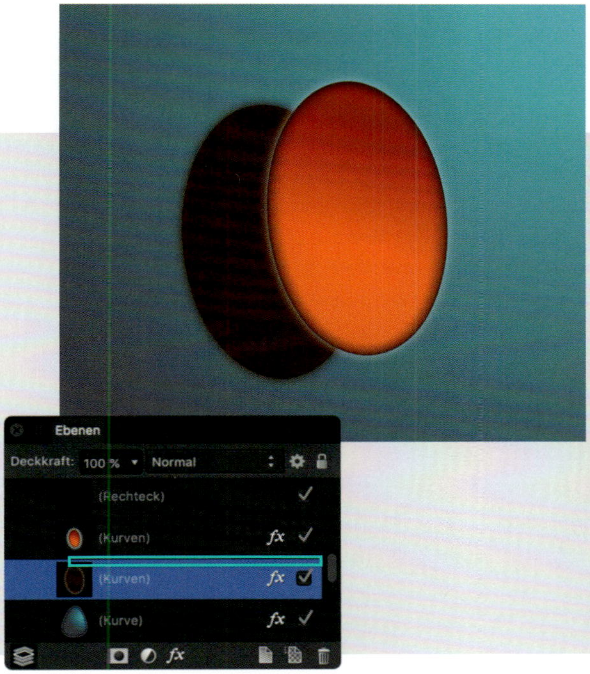
Ebenen
Deckkraft: 100 %
Normal
(Rechteck)
(Kurven)
(Kurven)
(Kurve)

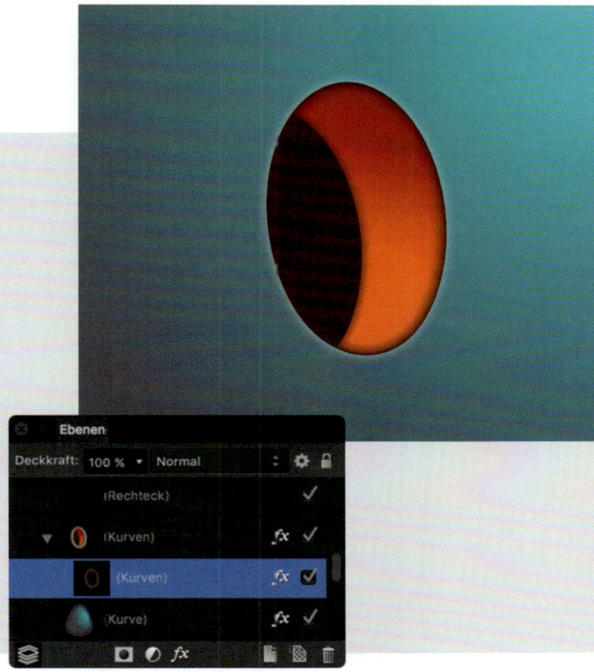
Ebenen
Deckkraft: 100 %
Normal
(Rechteck)
(Kurven)
(Kurven)
(Kurve)

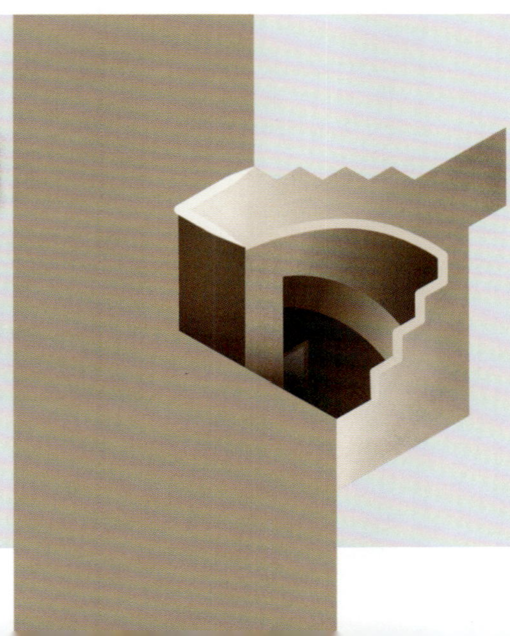

Ressource
core_skills.afdesign (ArtBoard: Layers and Groups)

EBENEN

Bisher haben wir uns mit Objekten beschäftigt und ihrer Anordnung in der sogenannten Z-Reihenfolge (Seite 84) sowie den für jedes Objekt individuellen Attributen (z. B. Farbe, Umriss, Deckkraft und Mischmodi). Wenn Sie nun aber ein Design aus eventuell Hunderten von Objekten aufbauen, müssten Sie ja all diese „Teilchen" einzeln unter Kontrolle bringen. Aus diesem Grund bauen die meisten Designer ihre Entwürfe aus verschiedenen **Ebenen** und **Gruppen** auf, damit sie nicht ständig „einen Sack Flöhe hüten" müssen.

Erstellen einer Vektorebene

- Wählen Sie im Panel **Ebenen** das ArtBoard „Layers and Groups" aus und klicken Sie auf die Option **Ebene hinzufügen**.

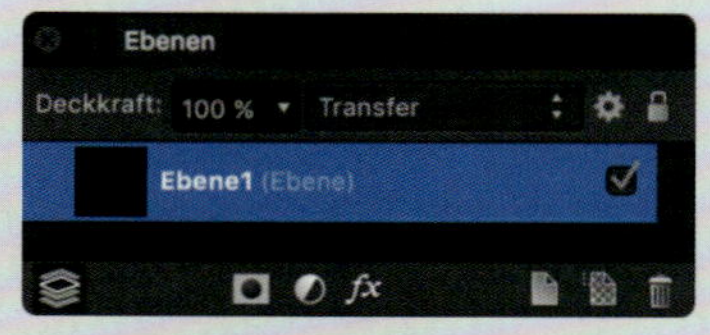

Möchten Sie einige Pinselstriche für kreative Effekte oder Retuschearbeiten einfügen, können Sie entweder eine leere Pixelebene erstellen, indem Sie auf das benachbarte Symbol **Pixelebene hinzufügen** klicken oder einfach zu der **Pixel Persona** umschalten und direkt malen. Wählen Sie das ArtBoard erneut aus, bevor Sie auf das Symbol klicken.

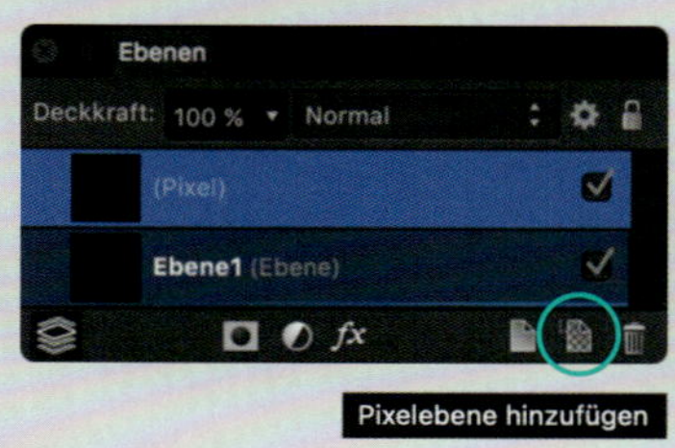

Festlegen von Ebenennamen

- Führen Sie einen Doppelklick auf den Namen einer Ebene aus (z. B. *Ebene 1*) und geben Sie die gewünschte Bezeichnung ein, wie z. B. *Moon*.

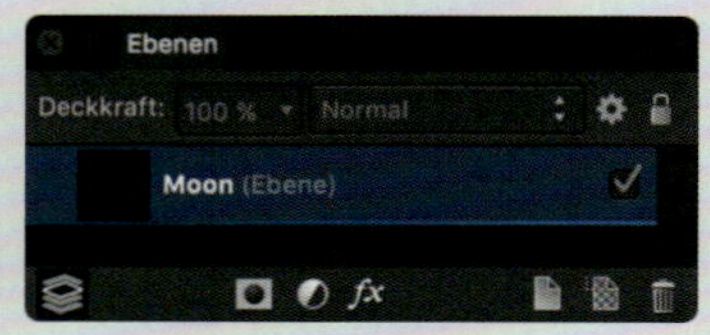

Durch das Aufteilen des gesamten Designs in Ebenen lässt sich alles viel einfacher verwalten. Ebenen bieten Ihnen folgende Vorteile:

- Sie können Bereiche Ihres Designs logisch voneinander trennen (nach dem Vorbild von Baugruppen in Industrie und Technik) – zum Beispiel in „Hintergrund", „Bäume" und „Körper".
- Auswahl- und Bearbeitungsschritte lassen sich auf einzelne „aktive" Ebenen beschränken.
- Sie können sowohl die Deckkraft als auch die Mischmodi für ganze Ebenen festlegen und auch für einzelne Objekte.
- Die Reihenfolge mehrerer Objekte lässt sich gleichzeitig verändern, indem Sie ihre „Containerebene" verschieben.
- Sie können Bereiche Ihres Designs kurzfristig ausblenden – z. B. um etwas zu experimentieren oder als Designhilfe.
- Ganze Bereiche Ihres Designs lassen sich gegen versehentliche Änderungen schützen.

Schützen von Ebenen

Der Schutz ist besonders praktisch, wenn Sie Ihre Arbeit vor versehentlichen Änderungen bewahren oder die Position einer importierten Skizze fixieren möchten, damit sie nicht verschoben, skaliert oder auf andere Weise transformiert wird.

- Wählen Sie die Ebene „Moon" aus und klicken Sie auf die Option **Schützen / Schutz aufheben**. Es wird nun ein Vorhängeschloss in dem Ebeneneintrag angezeigt.

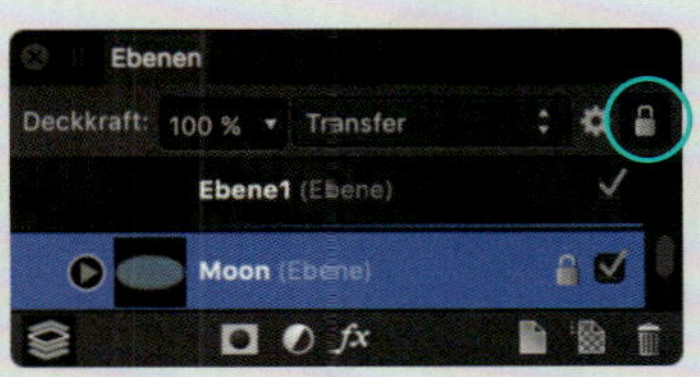

Ein-/Ausblenden von Ebenen

Im Verlauf Ihrer Designentwicklung möchten Sie wahrscheinlich hin und wieder auch Ebenen sichtbar und unsichtbar schalten. Wenn Sie eine Ebene ausblenden, ist sie auch von dem Export ausgeschlossen.

- Klicken Sie im Panel **Ebenen** auf die Option **Ebene ein-/ausblenden** des Eintrags für die Pixelebene.

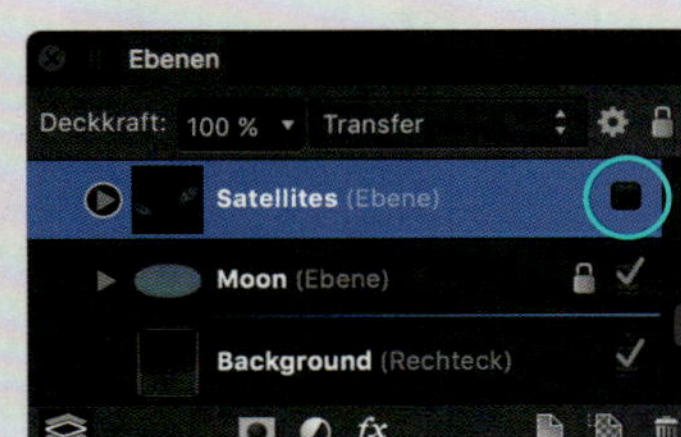

Gruppen

Gruppen werden für gewöhnlich verwendet, um die Objekte zusammenzufassen, die eine logische Einheit bilden. Diese Objekte lassen sich dann wesentlich einfacher verschieben oder vergrößern und verkleinern. Sie könnten zum Beispiel einzelne Teile einer Rakete erstellen, auswählen und dann gruppieren, um eine Gruppe namens **Rakete** zu definieren. Das Zusammenfassen einzelner Komponenten auf diese Weise ist ideal, wenn Sie sehr viele Objekte für ein Design verwenden.

Erstellen von Gruppen

1 Erweitern Sie die Ebene „Example" und wählen Sie die sieben unbenannten Formen und Kurven mithilfe der Umschalttaste (⇧) aus oder ziehen Sie einen Auswahlrahmen um die Objekte der Rakete.

2 Klicken Sie in der Kontextleiste auf die Option **Gruppieren**.

Einer der größten Vorteile der Gruppen: Mit einem Klick lassen sich alle Objekte der Gruppe auswählen!

Nachdem Sie eine Gruppe erstellt haben, können Sie sie verschieben, ihre Größe ändern, sie spiegeln und auch drehen – genau wie jedes Einzelobjekt.

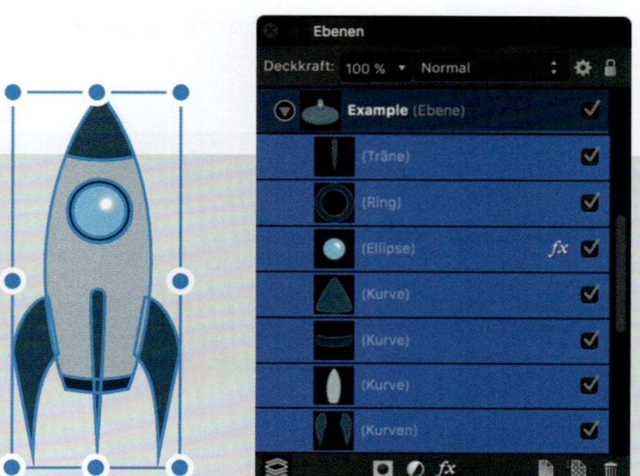

Suchen von Objekten im Panel „Ebenen"

Ein strukturiertes Arbeiten mit Ebenen ist besonders wichtig bei komplexen Designs. Durch gezieltes Suchen können Sie Objekte und Gruppen jederzeit im Panel „Ebenen" lokalisieren und sparen eine Menge Zeit.

- Führen Sie auf der Seite einen ctrl-Klick (Mac) oder Rechtsklick (Win) auf die neu erstellte Gruppe der Rakete aus und klicken Sie dann im Kontextmenü auf **Im Panel „Ebenen" suchen**. Sollte der Eintrag der entsprechenden Containerebene reduziert sein, wird er automatisch erweitert, sodass Sie den Objekteintrag direkt sehen.

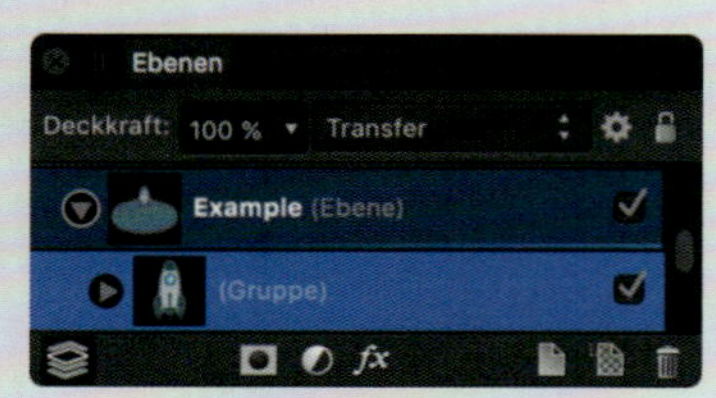

Ressource
core_skills.afdesign (ArtBoard: Geometry Tools)

GEOMETRIEWERKZEUGE

Mithilfe der Geometriewerkzeuge können Sie über boolesche Funktionen bereits gezeichnete Formen „kombinieren“, die sich gegenseitig überlappen. In Affinity Designer lassen sich diese booleschen Operationen zerstörungsfrei durchführen und resultieren in einem Objekt, das **Montage** genannt wird. Montagen lassen sich jederzeit wieder zerlegen oder verändern.

> Montagen sind ideal, wenn Sie komplexe Formen aus einfachen Komponenten aufbauen möchten. Dies gilt besonders für Einzelteile, die Sie mit den Formwerkzeugen zeichnen.

Arbeiten mit Montagen

1 Wählen Sie die vier weißen Formen aus, halten Sie die Optionstaste ⌥ (Mac) oder die Alt-Taste (Win) und klicken Sie in der **Symbolleiste** auf **Hinzufügen**. Die Formen werden nun addiert, und die neue Montage übernimmt die Eigenschaften des Objekts, das ganz unten in der Z-Reihenfolge lag.

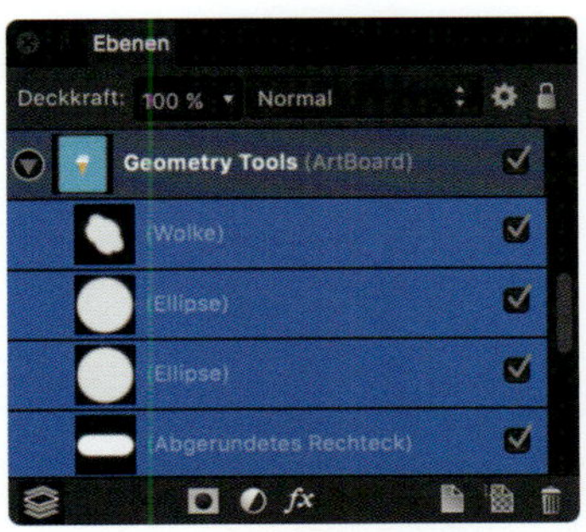

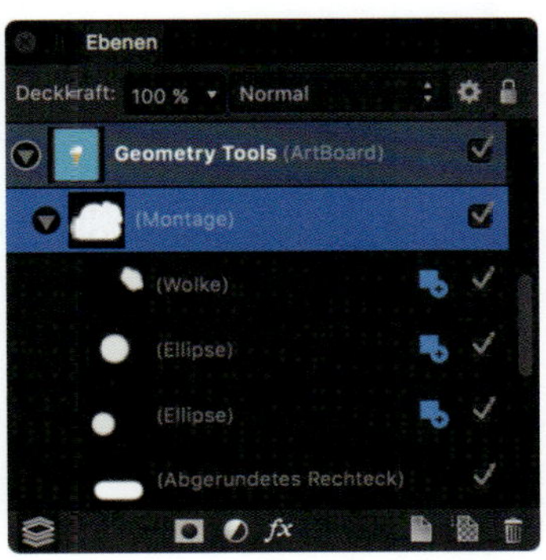

> Anstatt eine Montage zu erstellen, können Sie auch die Modifier-Taste ignorieren und ein Standardobjekt erstellen. In diesem Fall läuft der Vorgang jedoch NICHT zerstörungsfrei und lässt sich nur sofort mit der Funktion „Rückgängig“ widerrufen.

2 Erweitern Sie im Panel **Ebenen** die Ebene „Montage" durch einen Klick auf den Pfeil links neben dem Eintrag. Um die Geometriefunktion zu ändern, wählen Sie das Symbol **Hinzufügen** eines Objekts aus und dann eine alternative Funktion, wie z. B. **Subtrahieren**. Probieren Sie auch kurz die anderen Optionen aus, damit Sie sich ein Bild ihrer Auswirkung machen können.

Für alle Ebenen innerhalb einer Montage können Sie eine andere Geometriefunktion festlegen und diese Ebene darüber hinaus auch jederzeit transformieren (z. B. ihre Position oder Größe ändern). Die resultierende Montage passt sich automatisch an diese Änderungen an.

Um eine ausgewählte Montage wieder in ihre Bestandteile zu zerlegen, klicken Sie im Menü **Ebene** auf **Montage zerlegen**. Mit der Option **In Kurven umwandeln** der Kontextleiste fixieren Sie die Montage als Einzelobjekt.

Der Vorgang „Aufteilen"

Das **Aufteilen** ist der einzige Vorgang der Geometriewerkzeuge, der zerstörend arbeitet und niemals eine Montage erzeugt. Der Grund dafür ist simpel: Durch den Vorgang entstehen mehrere Formen, deren Umrisse durch die überlappenden Kanten der Originalformen definiert wurden.

ZEICHENSTIFT: KURVEN & FORMEN

Das Grundgerüst der meisten Vektorillustrationen und -designs bilden die Linien, Kurven und Formen. Mit dem Zeichenstift können Sie diese Elemente absolut unkompliziert und unglaublich präzise zeichnen. Wenn Sie dieses Werkzeug erst einmal beherrschen, eröffnen sich Ihnen viele neue und effiziente Möglichkeiten für Ihren Workflow.

In Affinity Designer, ist eine **Kurve** ein „Pfad“ der festgelegte Punkte verbindet – die sogenannten **Knoten**. Knoten sind erforderlich, um die Richtung der Kurve zu ändern. Die Art dieser Änderung wird über die **Griffe** der Knoten bestimmt. Die Abschnitte einer Kurve zwischen zwei Knoten nennt man **Segmente**.

Wenn Sie die beiden Endknoten einer Kurve verbinden, entsteht eine **Freihandform**. Kurven mit nur zwei Knoten werden für gewöhnlich als **Linien** bezeichnet.

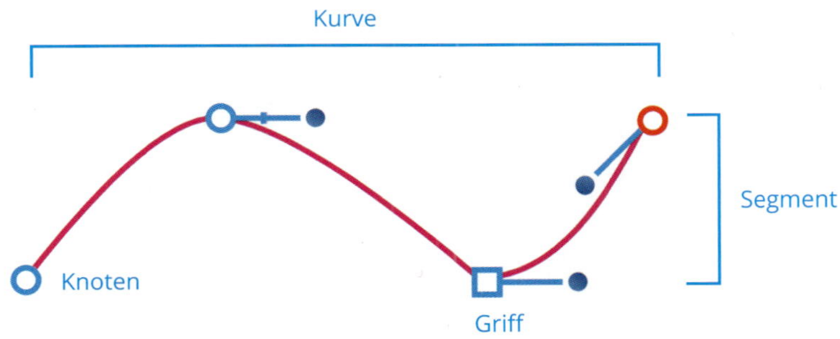

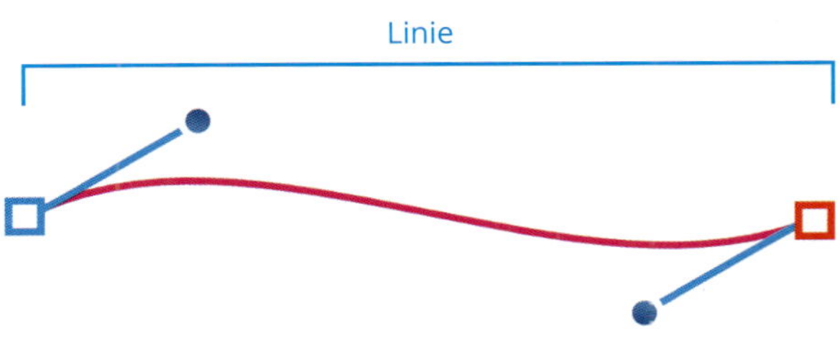

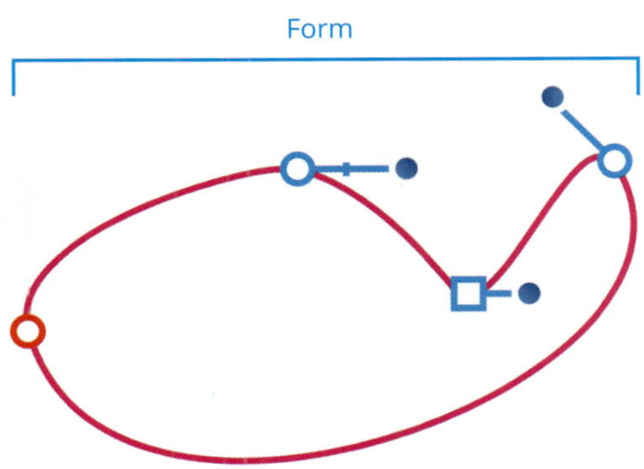

Diese Terminologie werden wir auch für die Erläuterungen in diesem Buch und die folgende kleine Übung verwenden – dem Nachzeichnen einer Gitarre mit dem Zeichenstift.

Ressource

core_skills.afdesign
(ArtBoard: Pen Tool - Curves & Shapes)

Kurven, Formen und Stiftmodus

Nachzeichnen einer Gitarre: Erstellen von Kurven im Stiftmodus
Um optimale Ergebnisse zu erzielen, sollten Sie die Umrisslinien des Motivs genau studieren und sich markante Punkte heraussuchen, an denen der Umriss die Richtung oder Krümmung ändert. An diesen Punkten müssen Sie dann per Mausklick einen Knoten platzieren, damit die Kurve dem gewünschten Umrissverlauf folgt.

1 Wählen Sie in der **Werkzeugleiste** den **Zeichenstift** (P) aus und stellen Sie in der Kontextleiste den **Modus** auf **Stiftmodus**, um Bezierkurven zu zeichnen.

2 Klicken Sie links auf der Seite auf den Befestigungsstift für den Gitarrengurt. Hierdurch wird ein Spitzer Knoten auf der Seite platziert (a).

3 Platzieren Sie den Cursor an dem ersten markanten Punkt (im Uhrzeigersinn), ziehen Sie nach oben und leicht außerhalb der Kurve und lassen Sie die Maustaste wieder los. Indem Sie den Steuergriff justieren, können Sie die Kurve
so verändern, dass sie genau zu der Umrisslinie passt.

Hierdurch platzieren Sie einen Glatten Knoten (b) auf der Seite und erhalten einen Satz Steuergriffe (c).

4 Wiederholen Sie diesen Schritt an weiteren markanten Punkten des Gitarrenumrisses, bis Sie zum Hals kommen.

In der Ressourcendatei sind die markanten Punkte entlang des Gitarrenumrisses mit quadratischen Markern gekennzeichnet. An diesen Punkten sollten Sie jeweils per Klick einen Knoten platzieren

> *Versuchen Sie möglichst, einen natürlichen und präzisen Kurvenverlauf umzusetzen, damit Sie die Kurve später nicht noch bearbeiten müssen. Die Position und Länge der blauen Steuergriffe bestimmt die Krümmung der Segmente, die in den Glatten Knoten hinein- und aus ihm herausführen.*

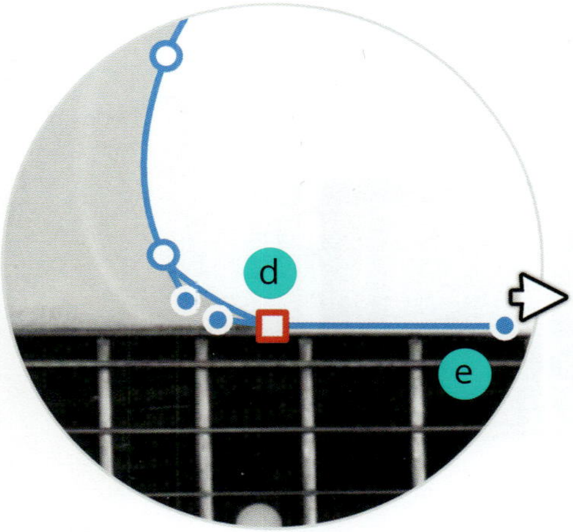

Erstellen einer spitzen Ecke

- Platzieren Sie den Cursor an dem Übergangspunkt (d) zwischen Korpus und Hals und halten Sie nun – ohne die Maustaste loszulassen – die Optionstaste ⌥ (Mac) oder die Alt-Taste (Win) und ziehen Sie den vorderen Steuergriff entlang der Umrisslinie des Gitarrenhalses bis zum Kopf.

- Klicken Sie nun einmal, um eine gerade Linie zu erstellen, die entlang des Halses verläuft (e).

An dem Übergang von Korpus und Hals wird nun eine Spitze Ecke erstellt (die Modifier-Taste wandelt den Glatten Knoten in einen Spitzen Knoten um).

Sie können jeden glatten Knoten der Kurve neu zeichnen, indem Sie einfach von seiner Mitte aus ziehen.

Komplexere Kurven

- Zeichnen Sie weiter entlang des Gitarrenkopfes und platzieren Sie die spitzen Ecken an den markierten Punkten.

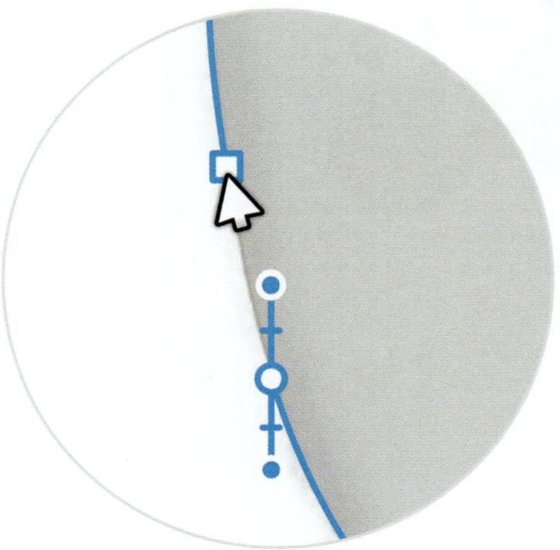

Schließen einer Kurve zu einer Form

Gezeichnete Kurven lassen sich jederzeit in geschlossene Formen umwandeln.

1 Nachdem Sie den Rest des Halses gezeichnet haben, vervollständigen Sie den Korpus. Hören Sie aber an dem letzten glatten Knoten auf, damit sich die Kurve noch schließen lässt.

2 Stellen Sie sicher, dass der zuletzt erstellte Knoten ausgewählt ist und klicken Sie auf den ersten Endknoten, den Sie erstellt haben. Alternativ können Sie auch einen beliebigen Knoten auswählen und in der Kontextleiste auf das Symbol **Kurve schließen** klicken.

Bearbeiten von Kurven

Der Kopf ist etwas komplexer als der Gitarrenkorpus. Ihre Kurven sind daher vielleicht nicht ganz so genau, wie Sie es gerne hätten. Dieses Problem lässt sich aber mit den vielen Möglichkeiten zur Kurvenbearbeitung schnell beheben.

Alle Kurven lassen sich während des Zeichnens mit dem **Zeichenstift** direkt bearbeiten, indem Sie die cmd-Taste ⌘ (Mac) oder die Strg-Taste (Win) gedrückt halten. Sie können aber auch alle Kurven jederzeit noch direkt auf Ihrer Dokumentseite mithilfe des **Knotenwerkzeugs** bearbeiten.

Verschieben von Segmenten und Knoten

Verlauf und Position der Kurve lassen sich bequem durch simples Ziehen der Segmente, ihrer Knoten und deren Griffe anpassen.

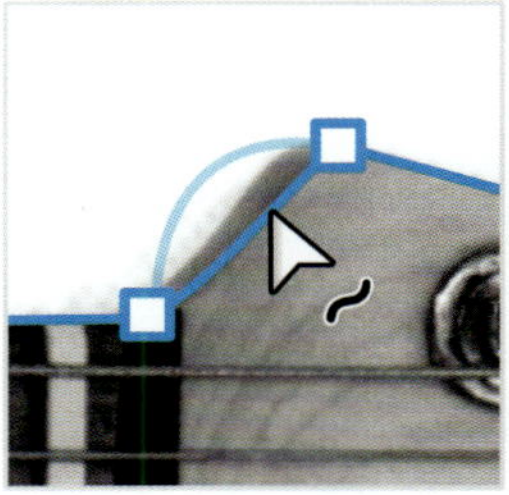

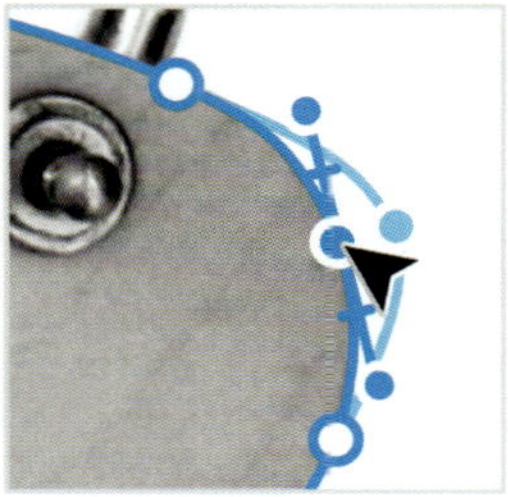

Hinzufügen von Knoten

Müssen Sie einen Kurvenverlauf etwas komplexer gestalten, können Sie jederzeit neue Knoten einfügen. Die Stimmmechanik lässt sich zum Beispiel noch nachträglich in die Kurve integrieren.

- Klicken Sie auf beide Positionen, an denen die Stimmknöpfe an dem Kopf ansetzen, sodass an jedem Punkt ein glatter Knoten platziert ist.

Ändern des Knotentyps

Manchmal möchten Sie vielleicht den Typ für einen Knoten ändern, um einen Kurvenverlauf etwas markanter zu gestalten (glatt zu spitz usw.).

- Wählen Sie die glatten Knoten einzeln aus und klicken Sie in der Kontextleiste auf das Symbol **Spitz**.

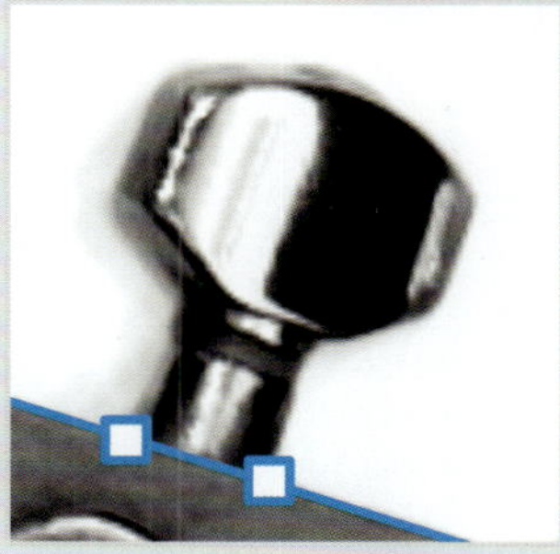

Einfügen neuer Segmente

Ziehen Sie das Segment aufwärts, um eine Kurve zu formen, und verteilen Sie dann sieben weitere Knoten auf der Kurve. Ziehen Sie die Knoten einfach auf die Ecken der Stimmknöpfe.

Asymmetrisches Verformen von Kurven

Bisher haben wir nur symmetrische und glatte Knoten verwendet, um eine Kurve auf den Umriss der Gitarre zu legen, da sich mit diesen Knoten sehr genaue Bézierkurven zeichnen lassen. Der Grund dafür ist, dass die Griffe der einzelnen Knoten standardmäßig im Gleichgewicht erstellt werden, sodass Sie keine weiteren Änderungen vornehmen müssen. Manchmal ist es jedoch notwendig, die Knoten zu justieren, um durch eine asymmetrische Anordnung ganz bestimmte Kurvenverläufe zu erzeugen. In diesem Fall ziehen Sie einfach an den Griffen. Hierdurch lässt sich eine Kurve häufig besser an einen Umriss angleichen.

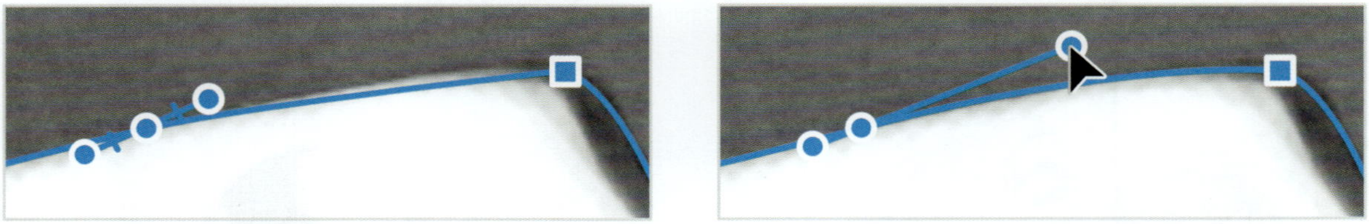

> Beachten Sie bitte, dass die Länge des Griffs ganz links konstant bleibt und seine Querleisten verschwinden, da die Griffe nicht mehr dieselbe Länge aufweisen. Hieran erkennen Sie, dass der glatte Knoten nicht mehr symmetrisch ist. Beide Griffe lassen sich nun unabhängig voneinander verlängern oder verkürzen – sie bleiben jedoch stets linear.

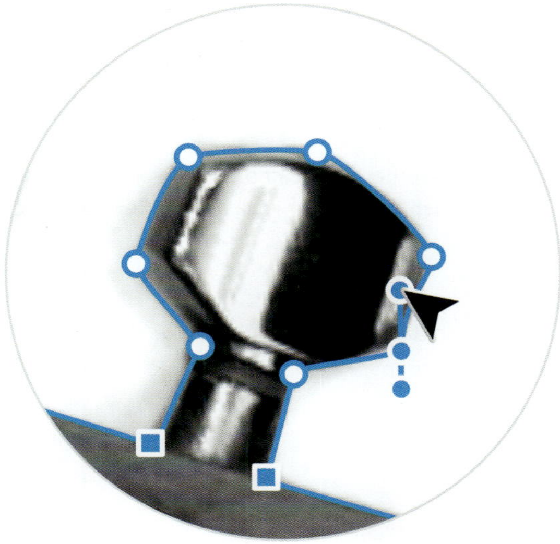

Kehren wir zu dem Beispiel unserer Stimmmechanik zurück. Die hinzugefügten Knoten wurden automatisch symmetrisch erstellt, aber durch eine asymmetrische Konfiguration passen sie besser zu der Umrisslinie.

Andere Modi für den Zeichenstift

Der **Stiftmodus** für den Zeichenstift ist wohl das effizienteste Werkzeug zum Zeichnen von Kurven in Affinity Designer. Sie sollten diesen Modus daher unbedingt meistern und in Ihren Workflow integrieren. Das Werkzeug bietet aber auch noch weitere Modi.

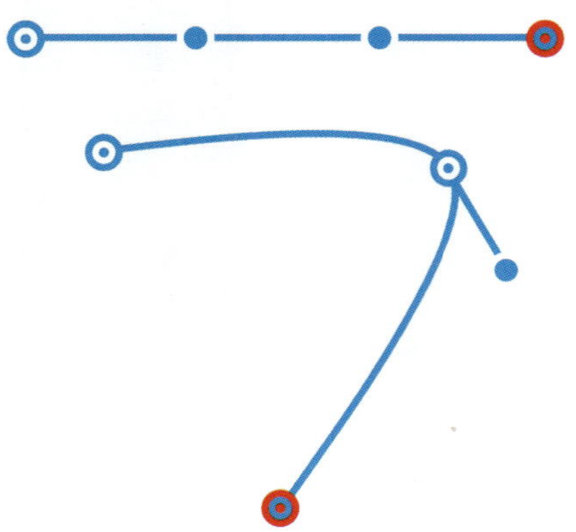

Gitarrenplektrum: Smart-Modus

Im Smart-Modus erstellen Sie durch simples Klicken auf der Seite elegant geschwungene Kurven. In diesem Modus platziert der Zeichenstift Smart-Knoten die über Segmente mit einer „optimalen Passform“ verbunden sind, die unsere Software automatisch festlegt.

1 Aktivieren Sie den **Zeichenstift** und klicken Sie in der Kontextleiste auf das Symbol **Smart-Modus**.

2 Um das Plektrum zu zeichnen, platzieren Sie mit drei Klicks seine Ecken. Die Smart-Knoten verleihen der Kurve automatisch eine geschwungene Form.

3 Platzieren Sie den Cursor auf dem ersten Knoten und klicken Sie einmal, um die Kurve zu schließen.

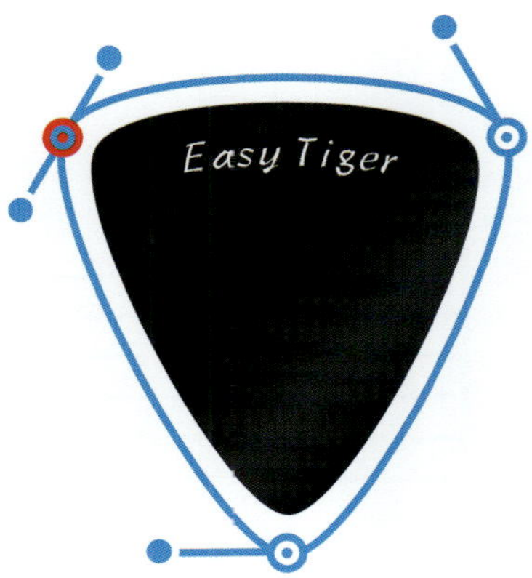

> Mit der Optionstaste ⌥ (Mac) oder der Alt-Taste (Win) erstellen Sie in diesem Modus einen Spitzen Knoten.

Gitarrenbrücke: Polygon-Modus

Im Polygon-Modus werden Spitze Knoten mit geraden Segmenten verbunden. Sie müssen lediglich die einzelnen Knoten per Klick auf der Seite absetzen.

1 Aktivieren Sie in der Kontextleiste für den Zeichenstift den **Polygon-Modus**.

2 Klicken Sie entlang der Umrisslinie für die Brücke (der Saitenbefestigung unten auf dem Korpus).

3 Schließen Sie die Form, indem Sie erneut auf ihren ersten Knoten klicken.

4 (Optional) Verwenden Sie das **Eckenwerkzeug** (C), um einige der Spitzen Knoten abzurunden.

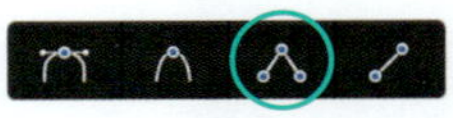

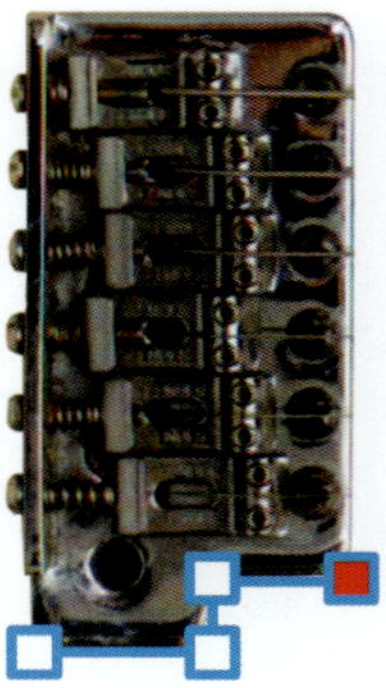

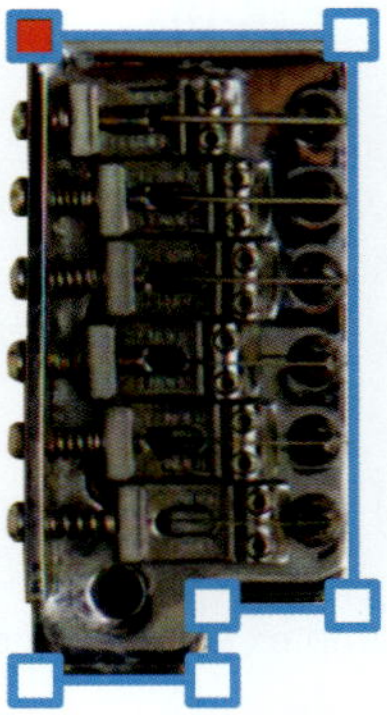

Gitarrensaiten: Linienmodus

Im Linienmodus zeichnen Sie gerade Linien, die automatisch enden, sobald Sie die Maustaste loslassen. Dieser Modus ist perfekt, um schnell mehrere gerade Linien in ein Design einzufügen.

1 Aktivieren Sie in der Kontextleiste für den Zeichenstift den **Linienmodus**.

2 Ziehen Sie den Cursor einfach über jede einzelne Saite der Gitarre.

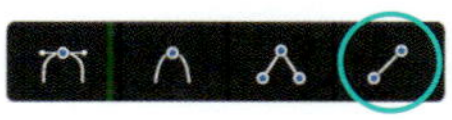

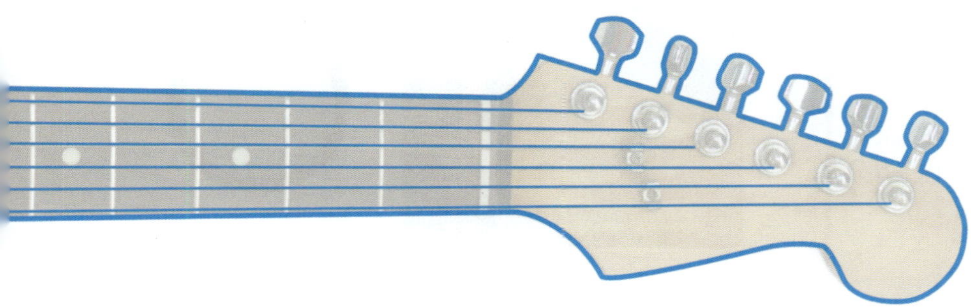

Ressource

core_skills.afdesign (ArtBoard: Colours & Gradients)

FARBEN & VERLÄUFE

Affinity Designer bietet eine Vielzahl an Optionen, mit denen Sie Füllung und Kontur (Umrisslinie) von Objekten mit gleichmäßigen Farben oder seidenweichen Farbverläufen versehen können.

Die drei Hauptbereiche der Programmoberfläche, in denen Sie die Farben festlegen und ändern, sind das Panel „Farbe", das Panel „Farbfelder" und die Kontextleiste. In der Kontextleiste stellen Sie die Füllungs- und Konturfarbe über zwei separat beschriftete Farbtafeln ein. In den Panels wird die Füllung durch einen kreisförmigen Selektor und die Kontur durch einen ringförmigen Selektor festgelegt.

In der Pixel Persona enthalten die Panels zwei runde Selektoren, mit denen Sie zwei Farben als Hinter- und Vordergrundfarbe festlegen und dann bequem per X-Taste vertauschen können.

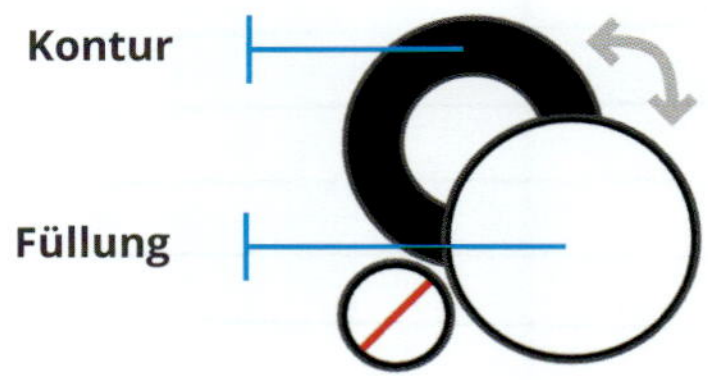

Das Panel „Farbe"

Das Panel „Farbe" bietet eine Reihe von Optionen, mit denen Sie Ihre eigenen Farben zusammenmischen können. Standardmäßig wird hier das HSL-Farbrad angezeigt. Alternativ stellen Sie einfach einen anderen Modus ein.

1 Wählen Sie den Kreis auf dem ArtBoard aus und klicken Sie dann im Panel **Farbe** auf den kreisförmigen Selektor (a) und anschließend auf einen beliebigen Punkt des äußeren Rings im HSL-Farbrad. Auf diese Weise legen Sie den Farbton für die Objektfüllung (b) fest. Klicken Sie nun in das innere Dreieck, um den Sättigungswert und die Helligkeit festzulegen (c).

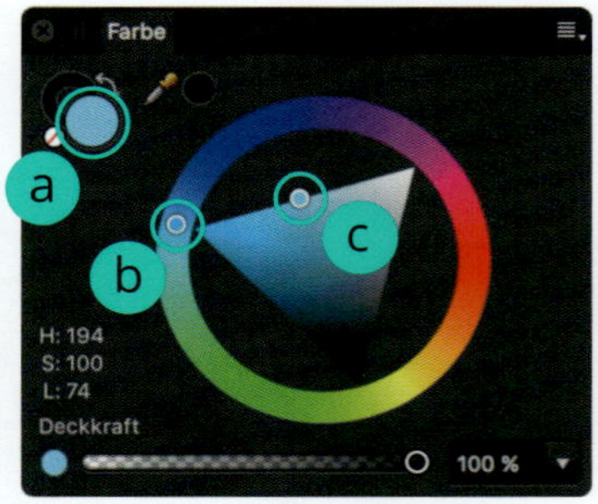

2 Klicken Sie auf den ringförmigen Selektor des Panels. Der Ring wird nun vor dem kreisförmigen Selektor angezeigt. Der vordere Selektor ist stets der aktuell aktive Selektor. Klicken Sie in den Panel-Einstellungen auf *Schieber*, um das Panellayout auf Schieber umzustellen und wählen Sie dann einen Farbmodus in dem Einblendmenü aus. Stellen Sie nun über die Schieber die Farbe für die Kontur des Objekts ein.

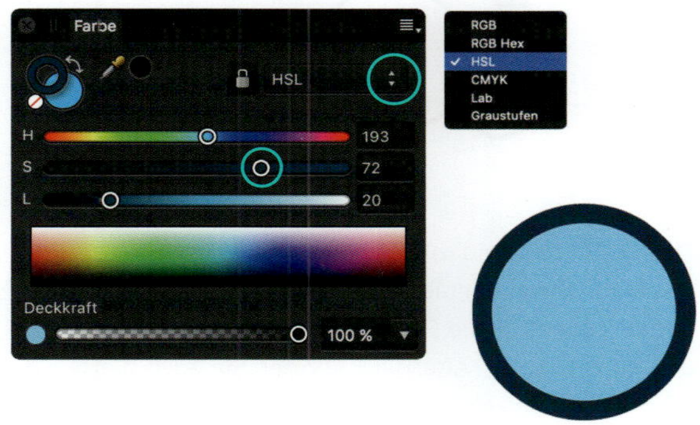

Das Panel „Farbfelder"

Das Panel „Farbfelder" fungiert als Bibliothek für Vorgaben und selbst erstellte Paletten aus vordefinierten Farben. Standardmäßig wird hier eine Palette mit Grautönen angezeigt. Sie können aber jederzeit eine andere Palette auswählen oder auch selber eine Palette neu anlegen.

- Schalten Sie im Panel **Farbfelder** den Konturselektor (Ring) aktiv und klicken Sie im Einblendmenü auf *Farben*. Klicken Sie nun auf ein Farbfeld der Palette, um die Farbe auf die Kontur des Objekts zu übertragen.

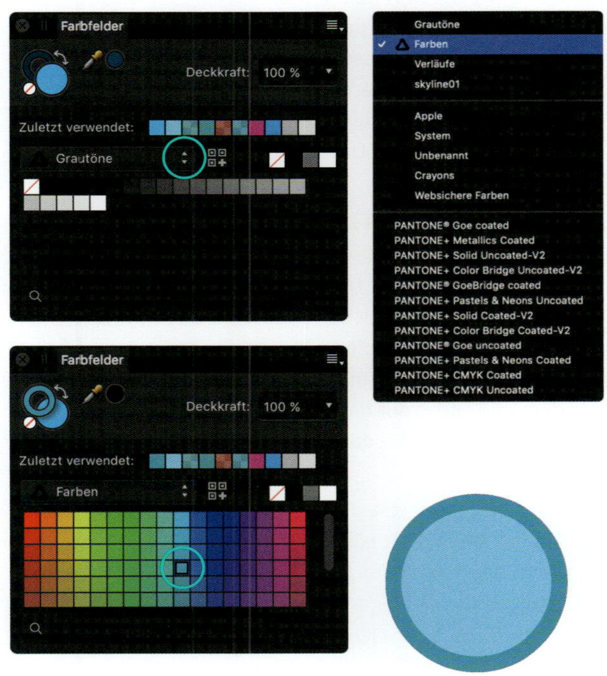

Über die Farbtafeln **Füllung** und **Kontur** der Kontextleiste öffnen Sie ein Einblendpanel, in dem Sie auch die meisten Optionen aus den Panels „Farbe" und „Farbfelder" finden.

Bevor wir uns einem neuen Thema zuwenden, werfen wir noch einen Blick auf die gemeinsamen Features der Panels „Farbe" und „Farbfelder":

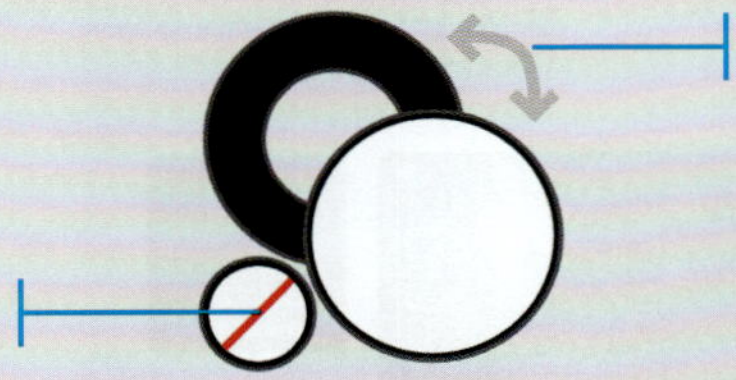

- Das weiße Farbfeld mit dem roten Durchstrich ist das Feld **Ohne**. Mit diesem Feld entfernen Sie alle Farbattribute für die Füllung oder Kontur des aktuellen Objekts. Alternativ können Sie auch die **/**-Taste verwenden.

- Der Doppelpfeil vertauscht die Farben, die Sie für Füllung und Kontur des Objekts festgelegt haben. Ein weißer Kreis mit schwarzer Umrisslinie wird also zu einem schwarzen Kreis mit weißer Umrisslinie. Alternativ verwenden Sie die Tastenkombination **Umschalt (⇧) + X**.

- Mit der **Farbpipette** können Sie jede beliebige Farbe auf Ihrem Bildschirm aufnehmen und in dem Farbfeld direkt rechts neben dem Pipettensymbol speichern. Ziehen Sie das Symbol aus dem Panel auf die Pixel, von denen Sie eine Probe nehmen möchten, und übertragen Sie dann die Farbe auf die Füllung oder Kontur Ihres Objekts, indem Sie das Farbfeld der Pipette auswählen.

- Mit der **Deckkraft** können Sie für die Füllung und Kontur eines Objekts jeweils eine gleichmäßige Transparenz festlegen.

Steuern von Verläufen

In Affinity Designer können Sie Ihre Objekte nicht nur mit gleichmäßigen Farben entwerfen, sondern auch mit Verläufen, die sich sowohl für die Füllung als auch für die Kontur festlegen lassen.

1 Wählen Sie den Kreis aus und klicken Sie in der **Werkzeugleiste** auf das Werkzeug **Füllung** (G). Stellen Sie in der Kontextleiste den **Typ** auf *Linear* ein, um einen Standardverlauf festzulegen. Möchten Sie den Pfad des Verlaufs selbst definieren, ziehen Sie den Cursor über das Objekt.

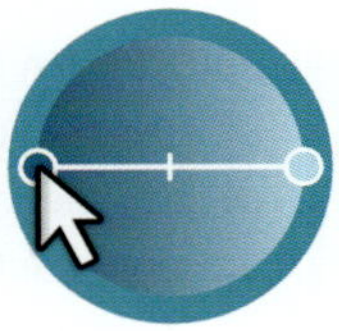

2 Ziehen Sie den Cursor über das ArtBoard, um die Länge und Richtung des Verlaufspfades zu ändern. Verschieben Sie den Mittelpunktsgriff, um den Mittelpunkt des Verlaufs zwischen den aktuellen Farbmarkern zu verschieben.

3 Wenn Sie den Cursor an einer beliebigen Stelle entlang des Pfades platzieren, blendet er ein Plus-Symbol ein. Per Klick können Sie einen neuen Marker platzieren, der sich dann beliebig entlang des Verlaufspfades verschieben lässt.

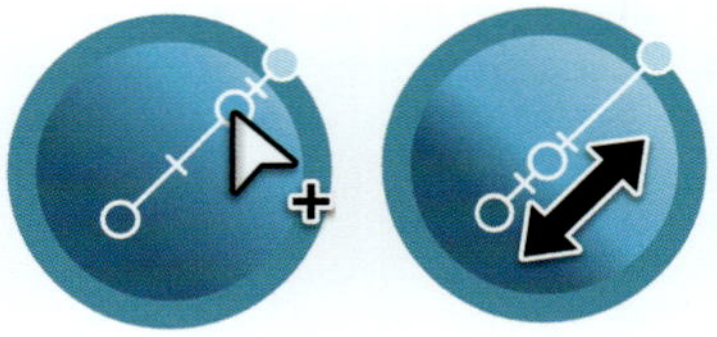

Um einen ausgewählten Marker zu löschen, drücken Sie die **Entf**-Taste.

Nachdem Sie einen Verlauf platziert haben, können Sie für jeden einzelnen Marker individuelle Farb- und Deckkrafteinstellungen festlegen. Farben für Marker werden auf dieselbe Weise festgelegt wie gleichmäßige Farben für die Füllung oder Kontur eines Objekts.

4 Wählen Sie den Kreis aus, aktivieren Sie das Werkzeug **Füllung** und klicken Sie auf einen beliebigen Marker des Verlaufs, um ihn auszuwählen. Legen Sie nun in dem Panel **Farbe** oder **Farbfelder** eine Farbe für den ausgewählten Marker fest und/oder ändern Sie seine **Deckkraft**.

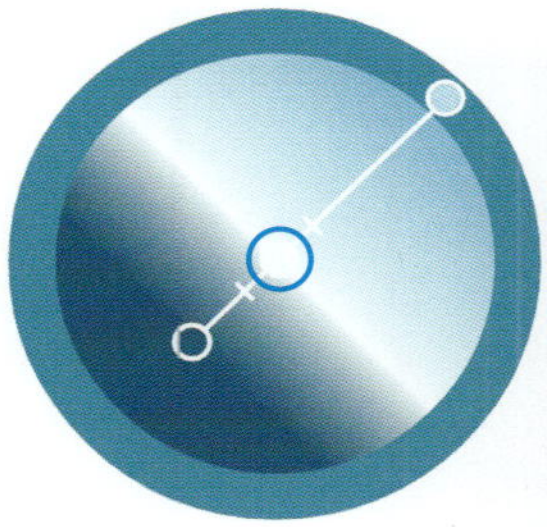

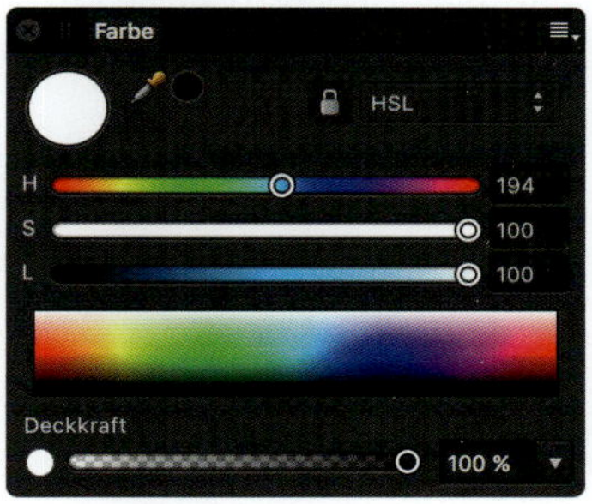

Wenn Sie mit dem Werkzeug „Füllung" arbeiten, wird in den Panels nur ein Farbselektor angezeigt. Der Grund ist recht simpel: Dieser Selektor überträgt seine Farbe nur auf den aktuell ausgewählten Marker des Verlaufs. Um zwischen den Attributen für Füllung und Kontur zu wechseln, verwenden Sie Option „Kontext" der Kontextleiste.

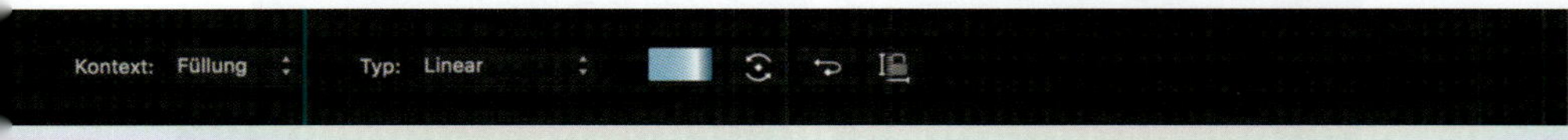

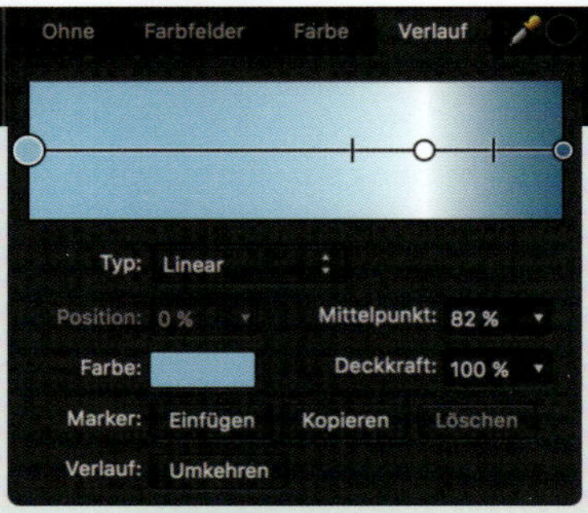

Als Alternative oder Ergänzung zu der direkten Arbeit mit Verläufen auf dem Objekt, können Sie auch über den Farbselektor der Kontextleiste einen Verlaufseditor als Einblendpanel öffnen. Mit dem Editor lassen sich die Positionen der Marker sowie einige zusätzliche Einstellungen besonders präzise festlegen.

Sie können in Affinity Designer mit **Elliptischen**, **Radialen** und **Konischen** Verläufen auf ähnliche Weise arbeiten wie mit **Linearen** Verläufen. Um zwischen diesen verschiedenen Verlaufsformen zu wechseln, stellen Sie einfach in dem Einblendmenü **Typ** der Kontextleiste für das Werkzeug „Füllung" die gewünschte Option ein. Beispiele für die verschiedenen Verlaufstypen finden Sie in dem ArtBoard „Colours & Gradients".

Farbe mit Rauschen

Visuelles Rauschen wird häufig als kreativer „Störeffekt" eingesetzt, um gleichmäßige Farben etwas aufzulockern. Das Rauschen entsteht durch das willkürliche Abdunkeln und Aufhellen winziger Bereiche. Das visuelle Rauschen einer ausgewählten Farbe lässt sich über das Panel „Farbe" verändern.

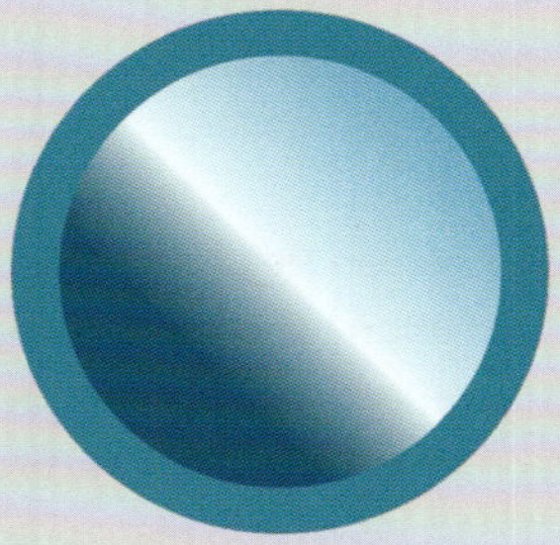

Globale Farben

Globale Farben sind verknüpfte Farben, die Sie in einer selbst definierten Palette des Panels „Farbfelder" festlegen. Sie können diese Farben ganz normal wie andere Farben auf Objekte übertragen. Wenn Sie jedoch in Zukunft eine globale Farbe ändern, werden alle Instanzen dieser Farbe in Ihrem Dokument automatisch angepasst.

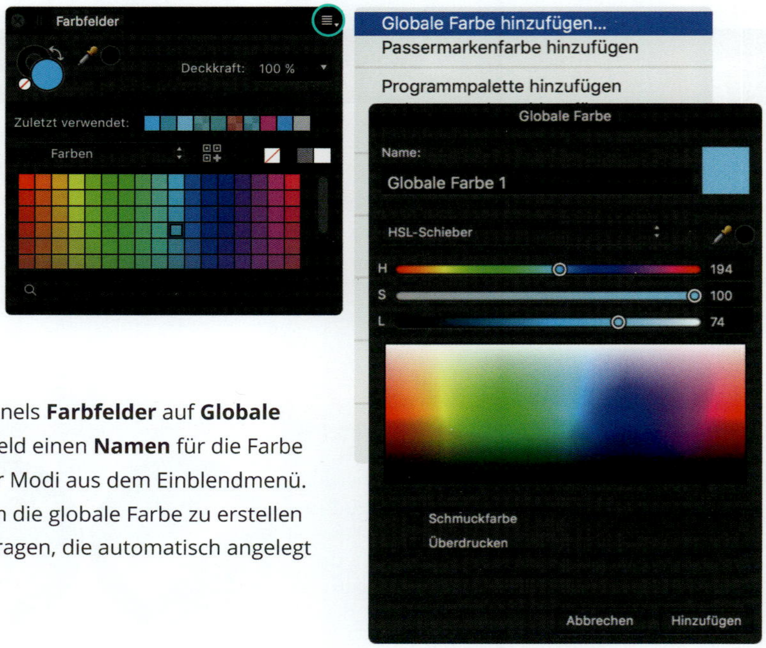

1 Klicken Sie in den Panel-Einstellungen des Panels **Farbfelder** auf **Globale Farbe hinzufügen**. Legen Sie in dem Dialogfeld einen **Namen** für die Farbe fest und mischen Sie die Farbe mit einem der Modi aus dem Einblendmenü. Klicken Sie anschließend auf **Hinzufügen**, um die globale Farbe zu erstellen und sie in die selbst definierte Palette einzutragen, die automatisch angelegt wird.

- Wählen Sie den Kreis aus, dann den gewünschten Selektor für Füllung, Kontur oder Verlaufsmarker und klicken Sie links neben dem Schieber **Deckkraft** auf das Symbol **Zum Rauschen umschalten**. Der Schieber wird nun durch den Schieber **Rauschen** ersetzt. Ziehen Sie den Schieber nach rechts, um ein Rauschen in die Farbe einzufügen.

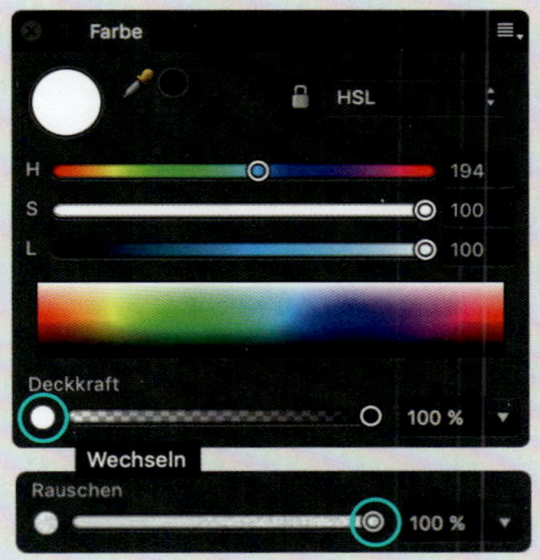

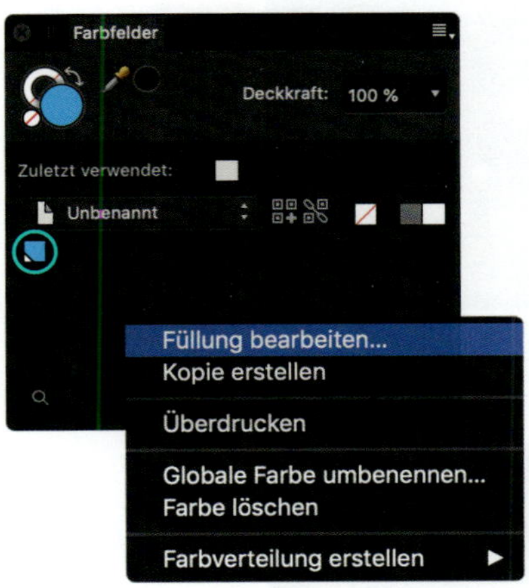

2 Nachdem Sie eine eigene Palette angelegt haben, können Sie schnell und einfach neue globale Farben eintragen, indem Sie Schritt 1 wiederholen. Um die Farbe eines Farbselektors als globale Farbe zu verwenden, klicken Sie im Panel **Farbfelder** auf das Symbol **Aktuelle Farbe als globale Farbe zur Palette hinzufügen**. Sie können eine globale Farbe jederzeit ändern, indem Sie einen ctrl-Klick (Mac) oder Rechtsklick (Win) auf das Farbfeld der globalen Farbe ausführen und in dem Kontextmenü auf **Füllung bearbeiten** klicken.

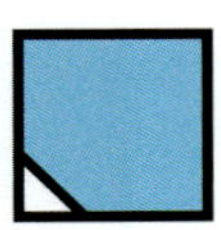

Globale Farben werden im Gegensatz zu Standardfarben mit einem kleinen Dreieck in der linken unteren Ecke ihrer Miniatur markiert.

Ressource
core_skills.afdesign (ArtBoard: Effects & Adjustments)

EFFEKTE & ANPASSUNGEN

In Affinity Designer steht Ihnen eine breite Palette eindrucksvoller Effekte zur Verfügung sowie eine ganze Reihe von fotografischen Anpassungen, sodass Sie für diese „Extras" nicht zu einem anderen Programm wechseln müssen. Diese Effekte und Anpassungen lassen sich sowohl für einzelne Objekte als auch für Gruppen, Ebenen oder das komplette Design festlegen. Die Projekte in diesem Buch wurden mit einer Vielzahl dieser Effekte und Anpassungen erstellt. Wie Sie einen Effekt oder eine Anpassung auf eine Ebene anwenden ist immer gleich – der eigentliche Effekt bzw. die Anpassung spielen hierfür keine Rolle. Werfen wir doch mal einen Blick auf ein paar gängige Beispiele, damit Sie ein Gefühl für die Möglichkeiten bekommen.

Der Effekt „Gaußsche Unschärfe"

Die Gaußsche Unschärfe weicht die Linien in der aktuellen Auswahl auf und erzeugt somit weiche Kanten. Auf diese Weise lässt sich der natürliche Abfall des Lichts bzw. der Auslauf von Schatten sehr schön imitieren.

1 Wählen Sie im Panel **Ebenen** die verschachtelte Ellipse des ArtBoards „Effects & Adjustments" aus.

2 Wechseln Sie zum Panel **Effekte** und klicken Sie auf den Pfeil neben **Gaußsche Unschärfe**, um ihre Grundeinstellungen einzublenden. Ändern Sie die Einstellungen ganz nach Ihrem Geschmack.

3 Wiederholen Sie diesen Schritt für die unterste Ebene mit der dunklen Ellipse.

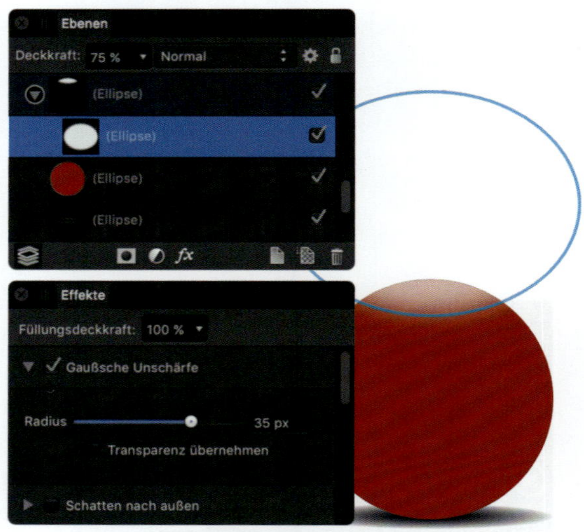

Wenn Sie eine Gaußsche Unschärfe nicht nur auf einzelne Objekte, sondern auf ganze Gruppen und Ebenen anwenden, können Sie die Tiefenschärfe eines Bildes verändern.

> Das fx-Symbol neben dem Eintrag eines Objekts im Panel „Ebenen" zeigt, dass momentan ein Effekt für dieses Objekt festgelegt ist. Wenn Sie auf dieses Symbol klicken, öffnet sich direkt das Dialogfeld „Ebeneneffekte".

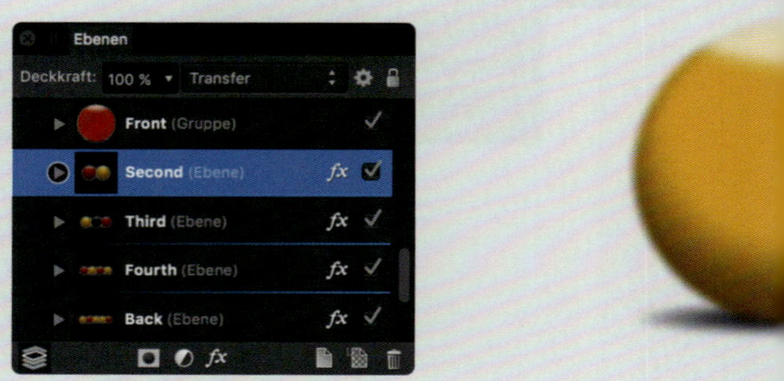

Schatteneffekte

In Affinity Designer gibt es zwei Grundtypen von Schatten – nach außen und nach innen. Der Schatten nach außen erzeugt einen Schlagschatten außerhalb der Objektbegrenzung, um das Objekt von der Seite „abzuheben“. Der Schatten nach innen, mit dem wir uns hier beschäftigen, wird an der Innenkante der Objektbegrenzungen angelegt und verleiht dem Objekt Tiefe.

- Wählen Sie im Panel **Ebenen** die Ebene der roten Ellipse aus und wechseln Sie zum Panel **Effekte**. Klicken Sie auf den Pfeil neben dem Effekt **Schatten nach innen**, um seine Grundeinstellungen einzublenden. Ändern Sie die Einstellungen ganz nach Ihrem Geschmack. Obwohl es für die Schieber eine Obergrenze gibt, können Sie für den **Radius** und den **Versatz** einfach höhere Werte in die entsprechenden Felder eingeben.

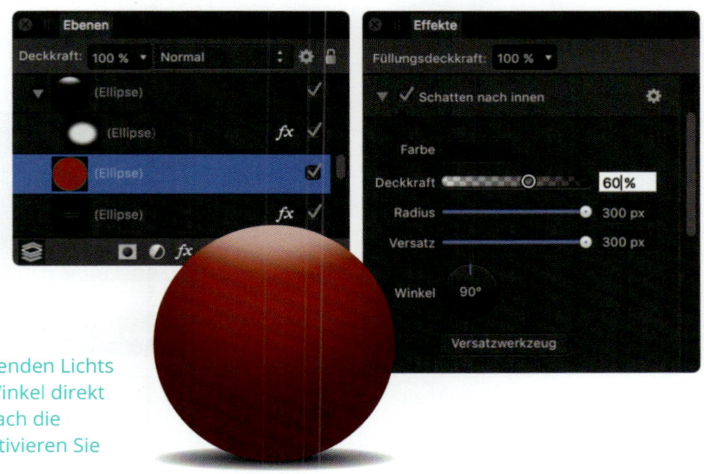

Mit dem **Winkel** bestimmen Sie die Richtung des einfallenden Lichts und somit die Position des Schattens. Sie können den Winkel direkt im Panel **Effekte** einstellen. Verschieben Sie hierzu einfach die kleine Linie in dem runden Steuerelement. Alternativ aktivieren Sie das **Versatzwerkzeug** und ziehen auf der Seite, um die Einfallsrichtung des Lichts und den Versatz des Schattens zu bestimmen.

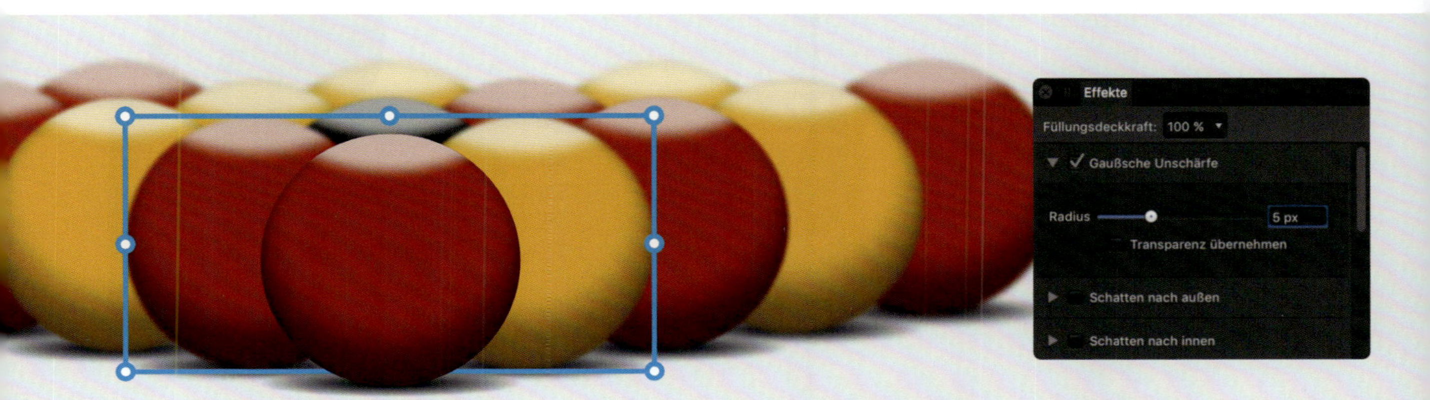

Die Scheineffekte

Genau wie bei den Schatten gibt es auch bei den Scheineffekten zwei Grundtypen: nach außen und nach innen. Der Schein nach außen erzeugt einen Lichtschimmer um die Kanten des ausgewählten Objekts. Der Schein nach innen platziert den Schimmer in dem Objekt, sodass er wahlweise von seinen Innenkanten oder seiner Mitte ausgeht. An dieser Stelle verwenden wir einen Schein nach innen und zeigen Ihnen alle verfügbaren Optionen des Effekts.

1 Klicken Sie bei ausgewählter roter Ellipse im Panel **Ebenen** auf das fx-Symbol der Ebene (oder das fx-Symbol unten im Panel). So öffnen Sie das Dialogfeld **Ebeneneffekte**, mit dem Sie all die verschiedenen Ebeneneffekte anwenden und ihre Optionen verändern können.

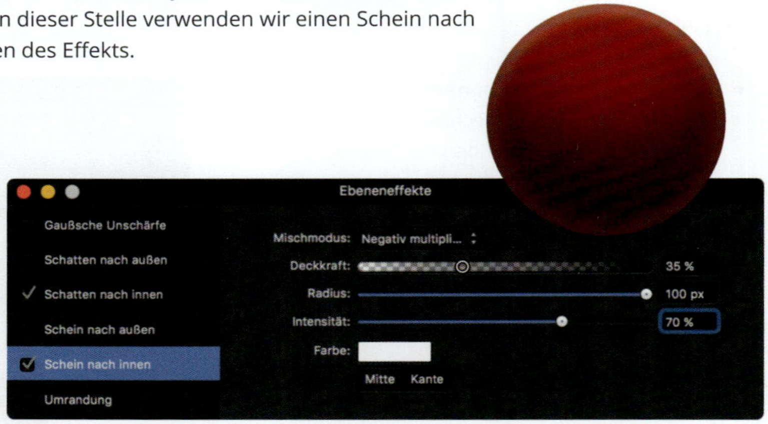

2 Wählen Sie in der linken Liste den **Schein nach innen** aus und stellen Sie dann rechts seine Optionen ein.

Scheineffekte werden anfänglich als Aufhellungen angezeigt, da sie standardmäßig mit dem Mischmodus **Negativ multiplizieren** und der Farbe „Weiß“ angewendet werden. Schatteneffekte im Gegenzug verwenden standardmäßig die Farbe „Schwarz“ und den Mischmodus **Multiplizieren**. In Affinity Designer können Sie jedoch diese beiden Einstellungen flexibel an Ihre Vorstellungen anpassen. Mit dem **Schein nach innen** können Sie zum Beispiel einen subtilen gleichmäßigen Schatten an der Innenkante des Objekts anlegen, indem Sie den **Mischmodus** auf *Multiplizieren* einstellen und die **Farbe** auf *HSL 0/0/60*.

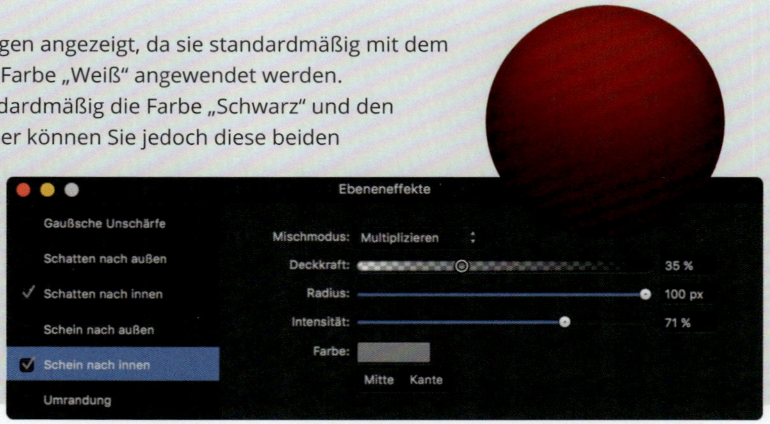

Anpassen von Helligkeit und Kontrast

Eine Anpassung der Helligkeit und des Kontrasts ist besonders praktisch, wenn Sie zum Ende des Projekts die Farben, Lichtakzente (bei Fotos auch „Lichter“ genannt – die hellsten Bildbereiche) und Schatten (bei Fotos auch „Tiefen“ genannt – die dunkelsten Bildbereiche) für das gesamte Bild abstimmen möchten. Hierdurch ersparen Sie sich oft das lästige Justieren der einzelnen Farbwerte für die vielen Elemente in Ihren Designs.

1 Wählen Sie im Panel **Ebenen** das ArtBoard aus, klicken Sie auf das Symbol **Anpassungen** und dann auf **Helligkeit / Kontrast**. Es wird nun eine Anpassungsebene „Helligkeit / Kontrast“ in das Panel **Ebenen** eingefügt.

Ist die Anpassungsebene innerhalb einer Ebene begrenzt (eingerückt unter der Ebene dargestellt) ziehen Sie sie einfach an die oberste Position des Ebenenstapels, damit sie das gesamte Dokument beeinflusst. Weitere Informationen finden Sie auf Seite 83.

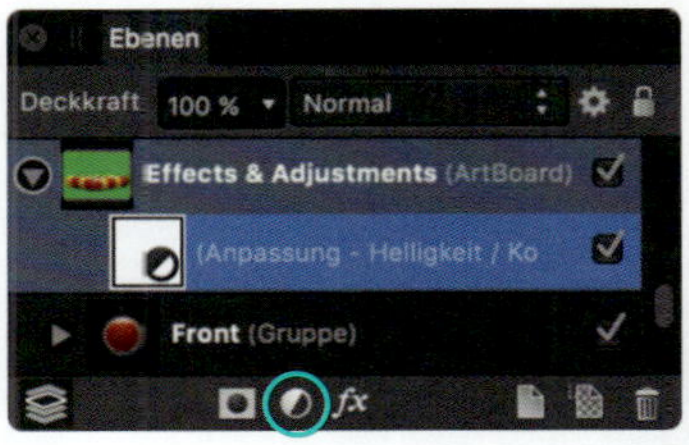

2 Legen Sie in dem Dialogfeld über die Schieber neue Werte für die **Helligkeit** und den **Kontrast** fest.

Andere tonale Anpassungen, wie z. B. Tonwertkorrektur und Gradationskurven, stehen Ihnen ebenfalls für Ihre Designs und Illustrationen zur Verfügung.

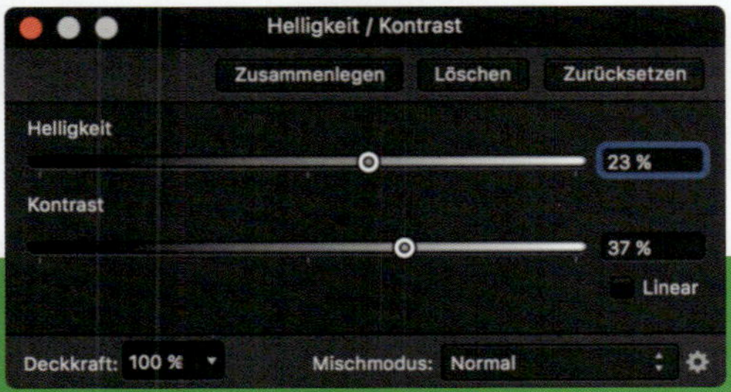

Die Anpassung „Umfärben“

Mit der Anpassung „Umfärben“ können Sie eine Illustration blitzschnell in ein monochromes Bild umwandeln.

- Wählen Sie im Panel **Ebenen** das ArtBoard aus, klicken Sie auf das Symbol **Anpassungen** und dann auf **Umfärben**. Legen Sie in dem Dialogfeld die Schieber für den **Farbton** und die **Sättigung** so fest, dass ein monochromes Bild entsteht.

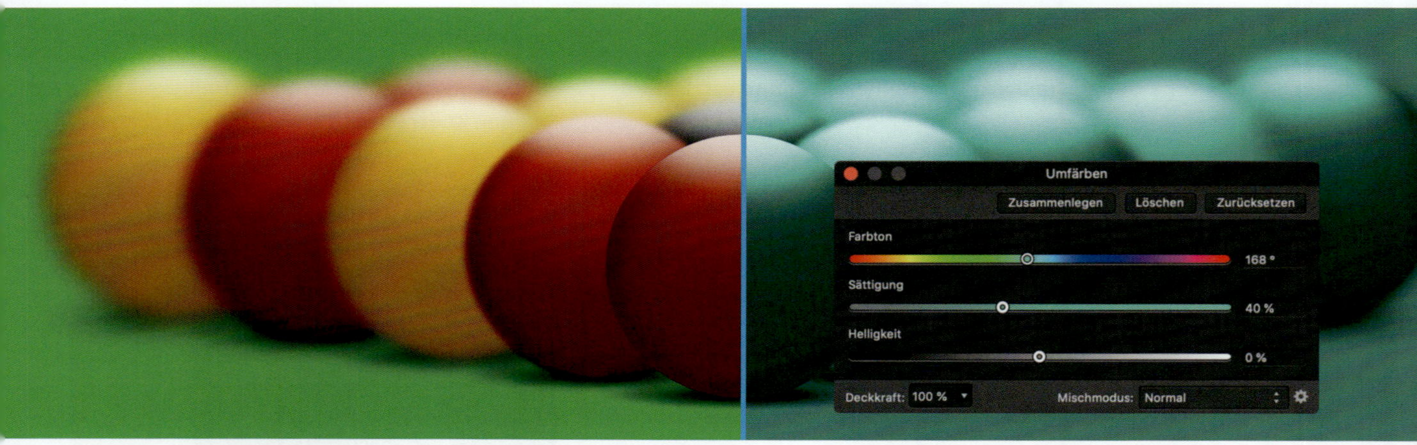

Anstatt das Design in eine monochrome Variante umzuwandeln, können Sie auch die Farben der Illustration verändern, indem Sie die Anpassung „Umfärben" mit dem Dokument mischen. Hierzu verändern Sie einfach den **Mischmodus** direkt in dem Dialogfeld „Umfärben“ oder für den Eintrag im Panel **Ebenen**.

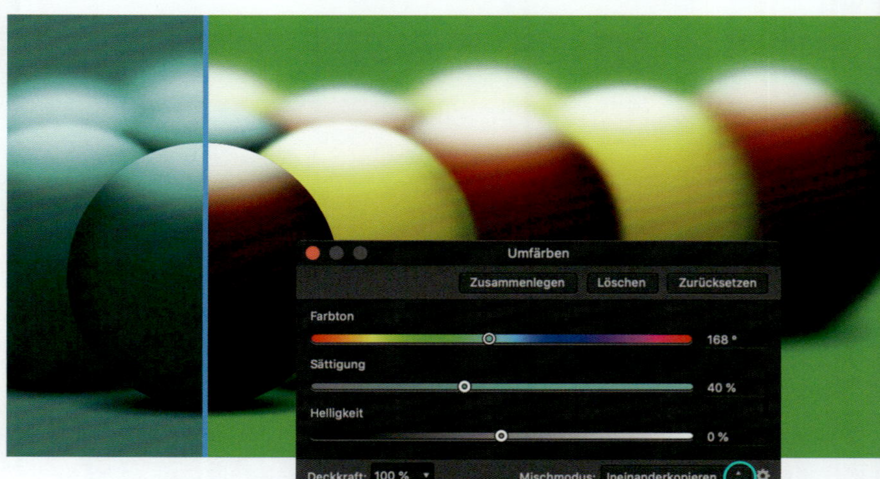

Die Anpassung „Softproof“

Mit der Anpassung „Softproof“ können Sie die Farben in Ihrer Illustration an verschiedene Farbprofile angleichen, ohne Ihr Dokument zu verändern. Diese Anpassung wird dann zusammen mit Ihrem Design exportiert und auch gedruckt.

- Wählen Sie im Panel **Ebenen** das ArtBoard aus, klicken Sie auf das Symbol **Anpassungen** und dann auf **Softproof**. Wählen Sie in dem Dialogfeld das **Proofing-Profil** aus, das Sie emulieren möchten. Sie können nun die Sichtbarkeit der Anpassungsebene jederzeit ein- und ausschalten, und somit genau prüfen, wie sich Änderungen an Ihrem Dokument in dem anderen Farbprofil auswirken.

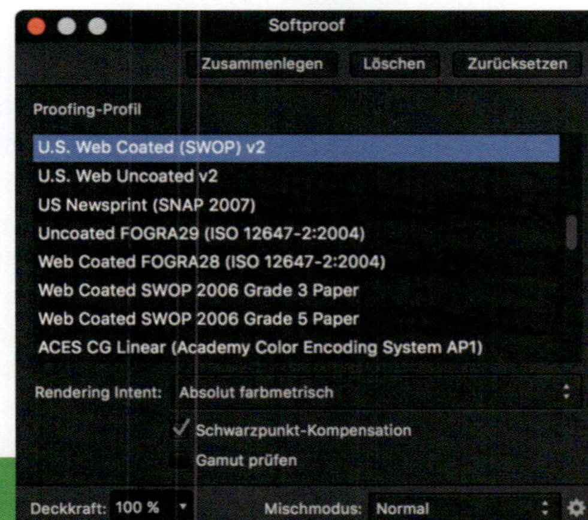

> Wenn Sie Ihre Designs für die Ausgabe auf verschiedenen Plattformen entwerfen, können Sie direkt auch mehrere Softproof-Anpassungsebenen erstellen und dann für jede Ebene das entsprechende Profil festlegen.

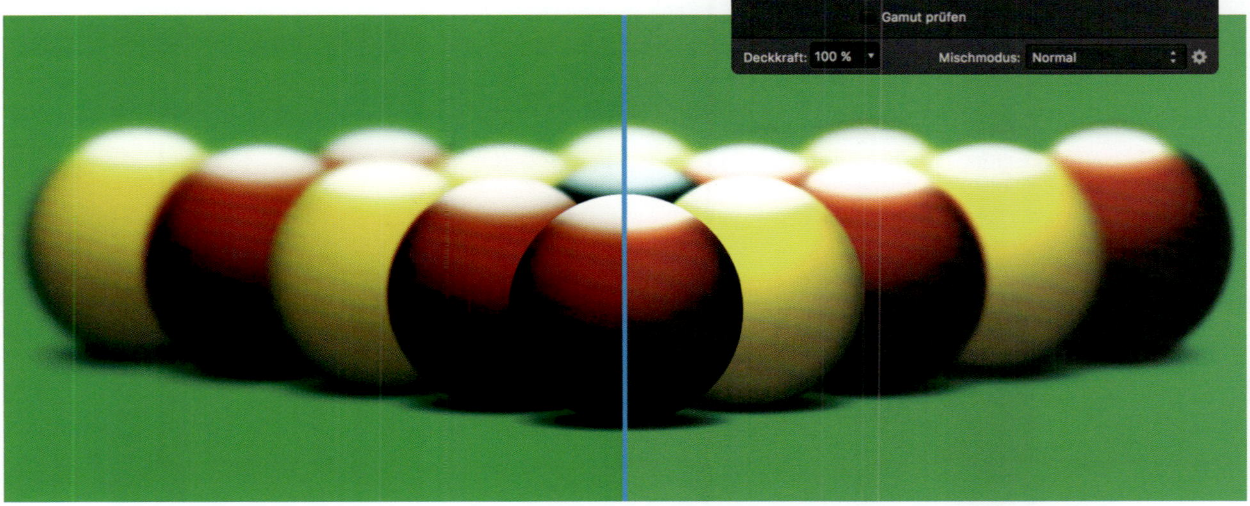

Ressource

core_skills.afdesign (ArtBoard: Design Aids)

DESIGNHILFEN

Die Designhilfen können Ihnen die Arbeit enorm erleichtern, das sich viele Elemente sehr viel schneller und präziser platzieren lassen, wenn Sie zuvor die richtige Designhilfe aktivieren. Zu den wichtigsten Hilfen gehören die magnetische Ausrichtung und die visuellen Hilfen, wie z. B. Raster und Hilfslinien.

Diese Designhilfen lassen sich jederzeit ein- und ausschalten, sodass sie stets greifbar sind, Ihnen aber nicht die Sicht versperren oder gar „ins Handwerk pfuschen".

Die magnetische Ausrichtung

Mit diesem Feature lassen sich Bilder, Pinselstriche, Linien, Formen und Auswahlbereiche präzise verschieben und an bereits platzierten Objekten und Dokumentelementen ausrichten. Wie der Name bereits andeutet, rasten die Objekte wie bei einer magnetischen Anziehung gegenseitig ein. Die Ausrichtung lässt sich an Objektbegrenzungen, Schlüsselpunkten von Formen und der Geometrie von Objekten durchführen – und zwar auch, wenn sich die Objekte nicht berühren. Linealhilfslinien und Raster lassen sich ebenfalls für die magnetische Ausrichtung nutzen.

Magnetisches Ausrichten an Objekten

1 Klicken Sie in der **Symbolleiste** auf das Symbol **Magnetische Ausrichtung**, um das Feature zu aktivieren.

2 Ziehen Sie ein Objekt zu einem anderen Objekt. Sobald sich die Objekte sehr nah sind, versucht sich das verschobene Objekt auf verschiedene Arten (basierend auf der Position des verschobenen Objekts) an der Begrenzung des anderen Objekts auszurichten.

Als Ausrichtungsvorschläge werden stets dynamische Hilfslinien unterschiedlicher Farbe eingeblendet.

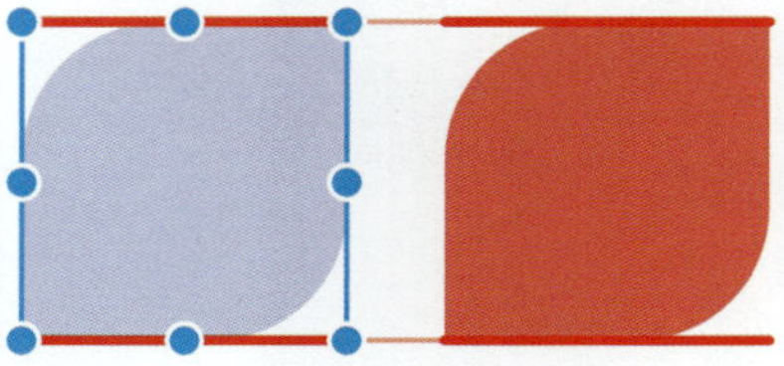

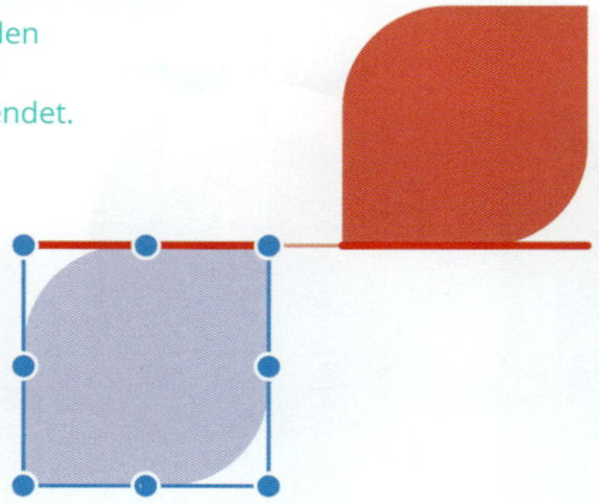

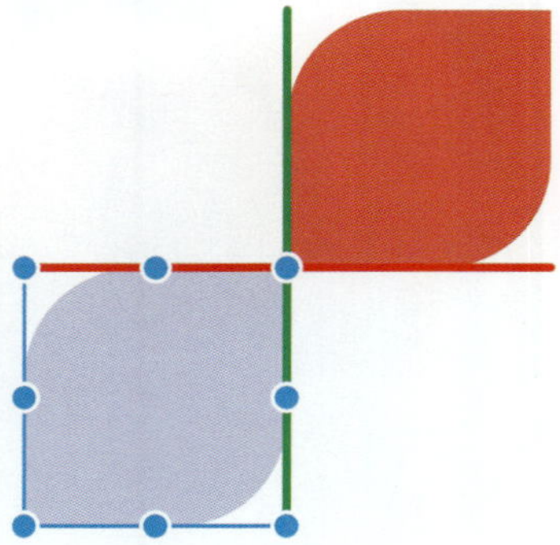

Auswählen einer Ausrichtungsvorgabe

Die Standardeinstellungen der magnetischen Ausrichtung sind ideal für das Seitenlayout und das Anordnen von Objekten. Sie können aber jederzeit auch eine andere Vorgabe einstellen, die besser zu Ihrer Arbeitsweise oder Ihrem speziellen Projekt passt.

1 Klicken Sie auf den Pfeil des Symbols **Magnetische Ausrichtung**.

2 Klicken Sie in dem Einblendmenü **Vorgabe** auf den Namen einer Vorgabe. Die Vorgabe *UI-Design* ist zum Beispiel ideal, wenn Sie eine App entwerfen.

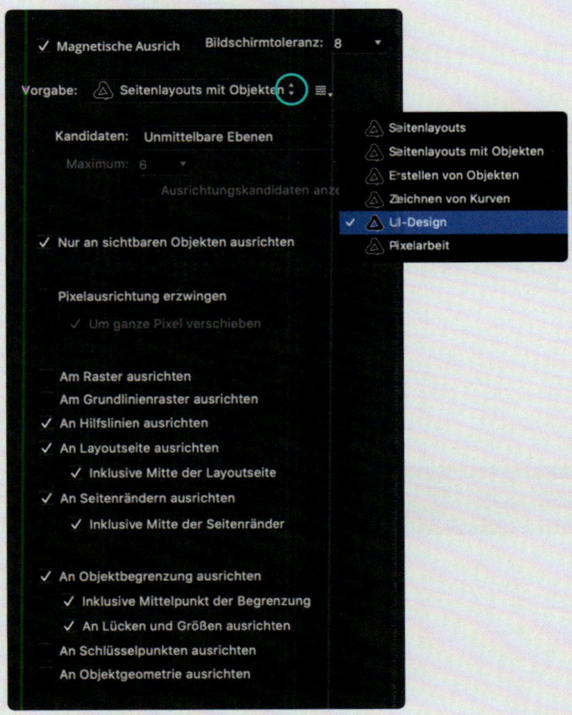

Anpassen einer Ausrichtungsvorgabe

- Wählen Sie die gewünschte Vorgabe aus und aktivieren/deaktivieren Sie die Optionen, die Sie verwenden möchten, um die aktuellen Einstellungen zu ersetzen.

Raster und Hilfslinien

Raster und Hilfslinien sind ideal, wenn Sie mit gängigen Layouts arbeiten, wie z. B. bei Plänen, dem Icon-Design usw. Durch diese Designhilfen müssen Sie nicht alle Objekte mühsam „per Augenmaß" platzieren, da die einzelnen Positionen präzise durch das Ausrichten an sichtbaren Raster- oder zuvor platzierten Hilfslinien garantiert werden. Raster und Hilfslinien sind daher eine perfekte Ergänzung zu der magnetischen Ausrichtung. Aktivieren Sie all diese Designhilfen, werden Ihre Objekte absolut präzise an den Raster- und Hilfslinien angelegt.

Als Nächstes zeigen wir Ihnen, wie Sie ein Raster einschalten, seine Abstände anpassen und dann Objekte daran ausrichten.

Einschalten des Rasters

- Klicken Sie im Menü **Ansicht** auf **Raster einblenden**.

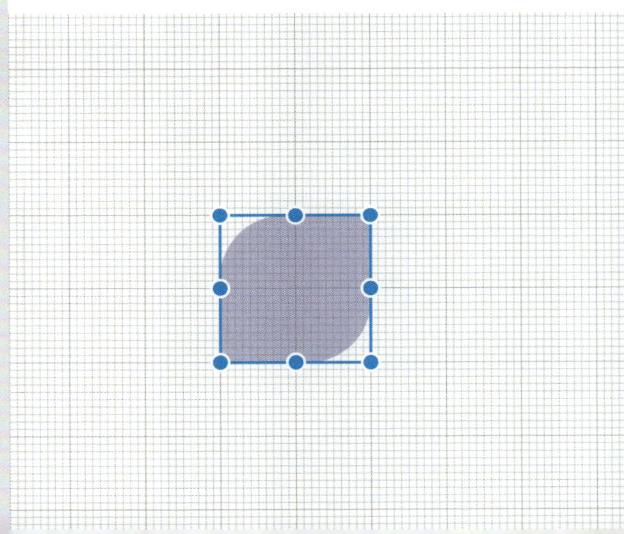

Ändern des Rastertyps

Standardmäßig wird ein automatisches Raster verwendet, dessen Rasterabstände sich mit der Zoomstufe ändern. Sie können aber auch ein Fixraster festlegen, das durch die Zoomstufe nicht beeinflusst wird.

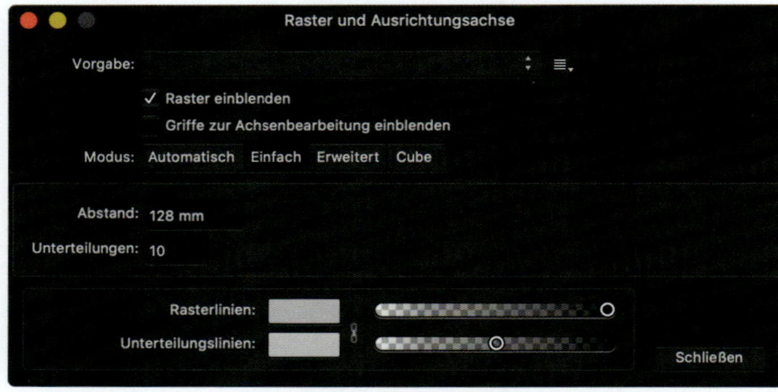

1 Klicken Sie im Menü **Ansicht** auf **Raster und Achsen konfigurieren**.

2 Deaktivieren Sie die Option **Auto-Raster verwenden** und legen Sie die gewünschten Fixeinstellungen für das Raster fest.

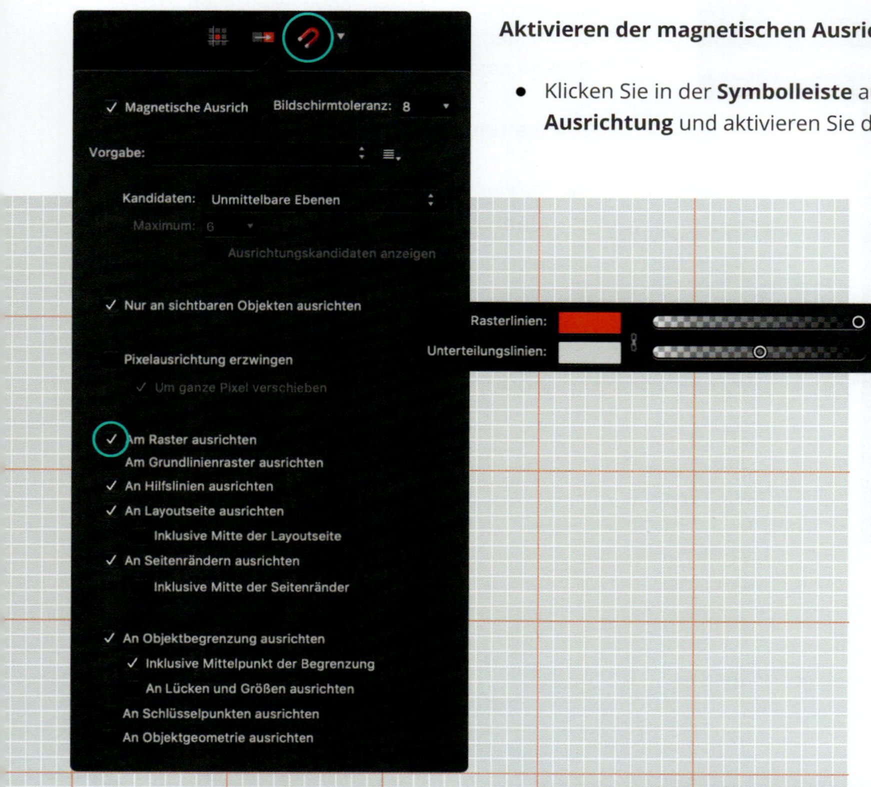

Aktivieren der magnetischen Ausrichtung am Raster

- Klicken Sie in der **Symbolleiste** auf den Pfeil des Symbols **Magnetische Ausrichtung** und aktivieren Sie die Option **Am Raster ausrichten**

Ändern von Rasterfarbe und -deckkraft

Sollte Ihr Raster auf einem dunklen Hintergrund Ihrer Seite oder eines ArtBoards nur schwer sichtbar sein, können Sie die Farbe und Deckkraft des Rasters beliebig verändern.

1 Klicken Sie im Menü **Ansicht** auf **Raster und Achsen konfigurieren**.

2 Ändern Sie die Farbe und Deckkraft der **Rasterlinien**, indem Sie auf das Farbfeld klicken bzw. den Schieber ziehen.

Hilfslinien

Hilfslinien sind farbige Linien, die weder gedruckt noch exportiert werden. Grundsätzlich gibt es zwei Typen – dynamische Hilfslinien und Linealhilfslinien. Mit diesen Linien können Sie Objekte entweder an anderen Objekten ausrichten oder an festen Positionen auf der Seite.

Dynamische Hilfslinien sind verfügbar, sobald Sie die magnetische Ausrichtung aktivieren (Seite 118) und werden als rote oder grüne Linien angezeigt, wenn sich ein verschobenes Objekt einem „Zielobjekt" nähert. Diese Linien sind immer nur dann sichtbar, wenn sie benötigt werden und ideal, um etwas an der Kante oder Mitte eines Objekts „einzurasten".

Feste Hilfslinien

Feste Hilfslinien müssen manuell erstellt werden und sind permanent sichtbar. Sie können aber jederzeit auch kurzfristig alle Hilfslinien einfach ausblenden.

Hinzufügen von Hilfslinien

Führen Sie einen der folgenden Schritte aus:

- Ziehen Sie von dem horizontalen oder vertikalen Lineal. Die Lineale lassen sich über das Menü **Ansicht** einblenden.
- Klicken Sie im Menü **Ansicht** auf **Hilfslinien konfigurieren**. Klicken Sie auf das Symbol **Neue Hilfslinie hinzufügen** für die horizontalen bzw. vertikalen Hilfslinien.

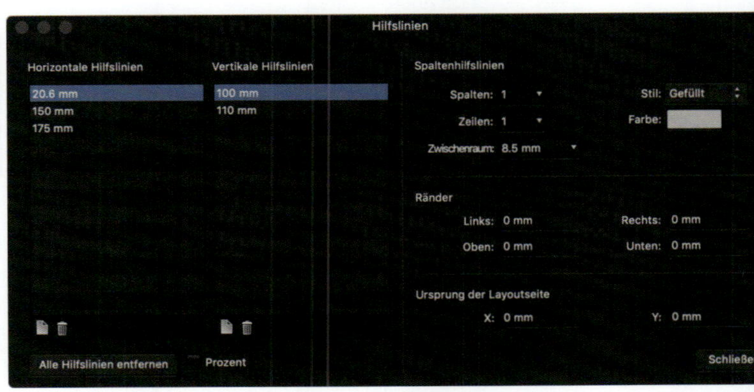

Ausblenden von Hilfslinien

Klicken Sie im Menü **Ansicht** auf **Hilfslinien einblenden**. Sind die Hilfslinien sichtbar geschaltet, wird ihr Menüeintrag mit einem Häkchen markiert.

Ressource
core_skills.afdesign (ArtBoard: Symbols)

SYMBOLE

Symbole sind verknüpfte Objekte, bei denen die Änderung an einem Objekt direkt auf alle anderen Instanzen übertragen wird.

Sie können Symbole aus jedem Objekt, jeder Gruppe und jeder Ebene der Seite erstellen. Die Symbole sind ideal, wenn Sie identische Inhalte auf mehreren ArtBoards benutzen sowie komplexe Muster oder Anordnungen verwenden, bei denen Sie häufig kleine Änderungen vornehmen müssen.

Erstellen eines Symbols

1 Blenden Sie über den Menüpunkt **Ansicht > Studio** das Panel **Symbole** ein.

2 Wählen Sie im Panel **Ebenen** die Logogruppe aus und klicken Sie dann im Panel **Symbole** auf **Erstellen**.

> Wenn Sie mehrere Objekte ausgewählt haben, wird für jedes Objekt ein Symbol erstellt. Möchten Sie mehrere Objekte als ein Symbol verwenden, müssen Sie die Objekte zunächst in einer Gruppe zusammenfassen (wie in unserem Beispiel).

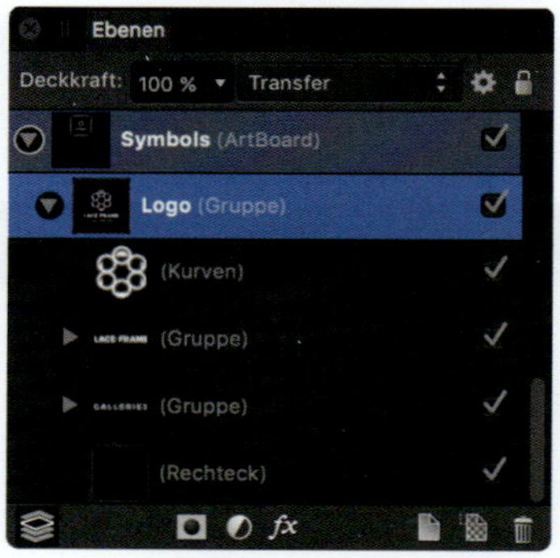

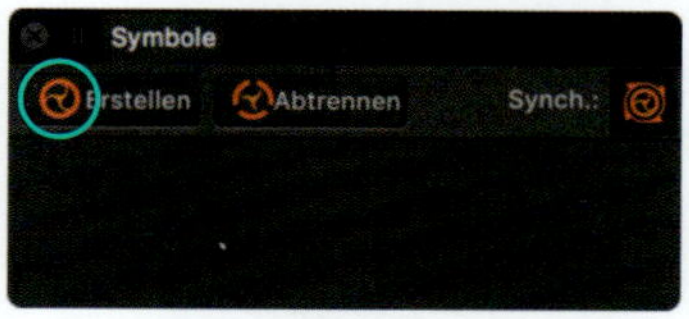

Obwohl im Panel „Symbole" nun ein neues Element angezeigt wird, hat sich auf der Seite augenscheinlich nichts verändert. Die Verwendung von Symbolen lässt sich im Panel „Ebenen" einfacher nachvollziehen.

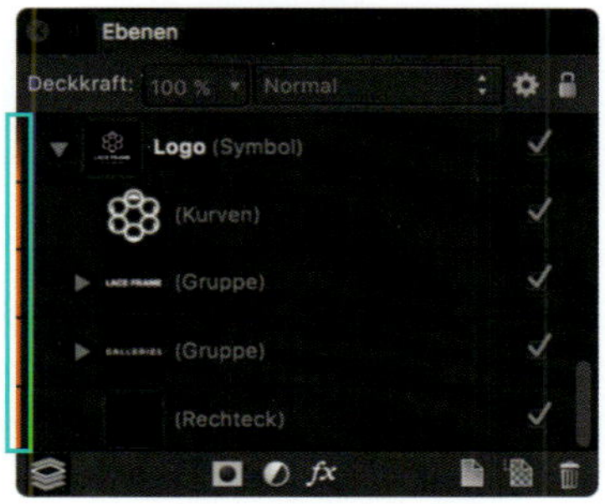

Der Eintrag **(Gruppe)** wurde nun in **(Symbol)** geändert und links neben dem Eintrag sehen Sie eine Linie mit Farbverlauf. Hieran erkennen Sie, dass es sich bei dem Eintrag um den **Container** des Symbols handelt.

Alle darunter verschachtelten Einträge bilden die **Inhalte** des Symbols und werden links mit einer gleichmäßig gefärbten Linie markiert. Die Unterscheidung zwischen Container und Inhalten eines Symbols ist enorm wichtig. Damit beschäftigen wir uns später noch genauer.

Erstellen einer weiteren Instanz eines Symbols

- Ziehen Sie aus dem Panel **Symbole** die Miniatur des Symbols auf das ArtBoard und legen Sie es unter dem Originaldesign ab.

> Sie können Symbole mit jeder beliebigen Methode für das Kopieren von Objekten vervielfachen – Sie müssen nur stets den **Container** des Symbols auswählen. Wenn Sie die **Inhalte** eines Symbols kopieren, werden diese **innerhalb** aller Instanzen dieses Symbols dupliziert.

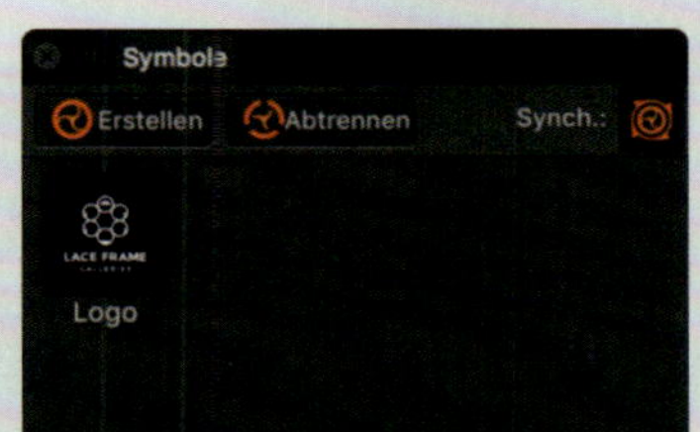

Ändern eines Symbols – Container oder Inhalte?

Sämtliche Änderungen, die Sie an den **Inhalten** eines Symbols vornehmen, werden auf alle anderen Instanzen dieses Symbols übertragen – inklusive der Version im Panel **Symbole**. Änderungen, die Sie an dem **Container** eines Symbols vornehmen, betreffen – je nach Art der Änderung – eventuell nur diese spezielle Instanz.

Wenn Sie zum Beispiel den Container eines Symbols verschieben, vergrößern, verkleinern oder drehen, ändern Sie damit nur diese Instanz. Eine Farbänderung des Containers (Farbton, Deckkraft, Mischmodus usw.) wird jedoch auf alle Instanzen übertragen.

Hier eine kleine Demonstration:

- Wählen Sie im Panel **Ebenen** den Containereintrag des Symbols für die zweite Instanz aus und ändern Sie die Größe.

Und nun eine Transformation der **Inhalte** eines Symbols:

1 Erweitern Sie im Panel **Ebenen** den Container des ursprünglichen Symbols durch einen Klick auf den Pfeil links und wählen Sie das Objekt „Kurven" aus.

2 Klicken Sie in der **Symbolleiste** auf das Symbol **Vertikal spiegeln** und ändern Sie vorübergehend die Objektfarbe in Magenta.

Das duplizierte Symbol wird nun an die Änderungen angepasst, die Sie für das Original festgelegt haben – genau wie die Miniatur im Panel **Symbole**.

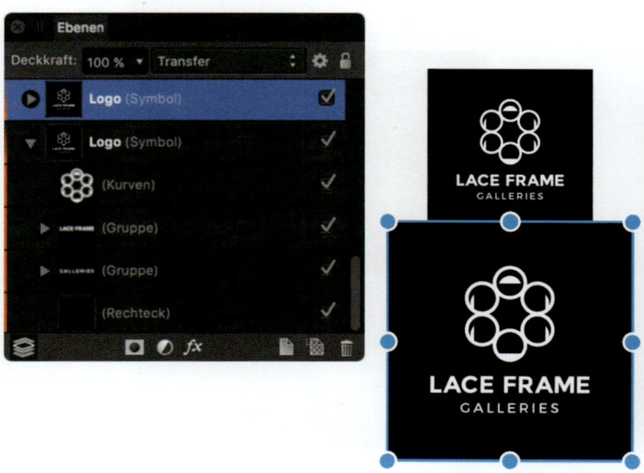

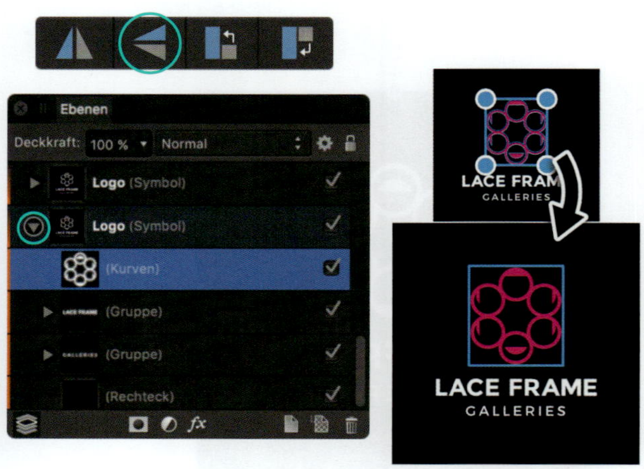

Arbeiten mit Variationen

Manchmal benötigen Sie vielleicht Objekte, die fast alle Eigenschaften eines Symbols aufweisen – aber eben nicht alle. Mit anderen Worten: Sie hätten gern eine Symbolvariante. Standardmäßig sind alle Instanzen eines Symbols verknüpft. Sie können jedoch diese Verknüpfung lösen, um nur eine Instanz gezielt zu verändern, ohne dass diese Bearbeitung auf die anderen Instanzen übertragen wird.

1 Klicken Sie im Panel **Symbole** auf das Optionssymbol **Synchronisieren**, um die Synchronisierung zu deaktivieren.

2 Verändern Sie eines der Symbole. Sie könnten zum Beispiel die Wörter entfernen und die Größe des Objekts „Kurven" ändern.

Im Panel **Ebenen** werden alle veränderten Inhalte eines Symbols links mit einer gestrichelten farbigen Linie gekennzeichnet. Hieran erkennen Sie, dass einige Attribute des Objekts nicht mehr mit dem Symbol im Panel **Symbole** verknüpft sind.

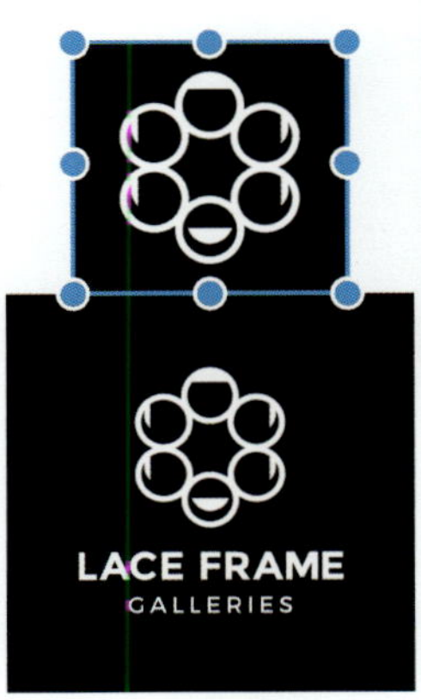

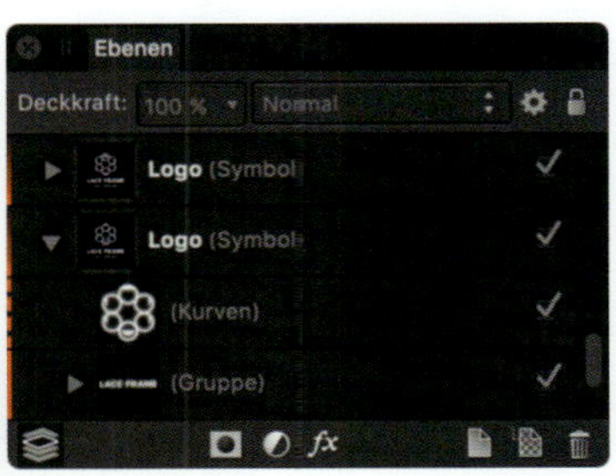

Nicht vergessen: Ist die Synchronisierung deaktiviert, wird die Verknüpfung nur für die Attribute getrennt, die Sie verändern. Alle unveränderten Attribute bleiben verknüpft, wenn Sie die Synchronisierung wieder einschalten.

3 Klicken Sie im Panel **Symbole** erneut auf das Optionssymbol **Synchronisieren**, um die Synchronisierung zu reaktivieren.

Alle Änderungen, die Sie nun vornehmen, werden auf alle Versionen übertragen – z. B. eine Änderung der Ecken des Rechtecks.

Möchten Sie eine bestimmte Instanz eines Symbols wieder in ein Standardobjekt umwandeln, sodass all seine Verknüpfungen mit anderen Instanzen getrennt werden, wählen Sie einfach die Instanz aus und klicken im Panel **Symbole** auf **Abtrennen**. Um alle Instanzen eines Symbols wieder in unverknüpfte Standardobjekte umzuwandeln, führen Sie im Panel **Symbole** einen ctrl-Klick (Mac) oder Rechtsklick (Win) auf die Miniatur des Symbols aus und klicken dann auf **Symbol löschen**.

KAPITEL 3

Illustrationsprojekte

In diesem Kapitel zeigen Ihnen einige berühmte Illustratoren, wie sich mit Affinity Designer verschiedene Grafiktypen bzw. Zeichnungsstile realisieren lassen.

Unter anderem lernen Sie in diesen Projekten, wie man Figuren mithilfe von Vektor- und Rastertechniken entwirft, mit den Farb- und Deckkraftoptionen arbeitet und eigene Pinsel erstellt.

1

The Panther

Flaches Figurendesign mit Vektoren von *Ben the Illustrator*

Folgen Sie einfach Bens Anleitungen und lassen Sie sich überraschen, wie schnell und einfach aus simplen Formen ansprechende Figuren entstehen, und wie man durch Deckkraft die Illusion von Geschmeidigkeit und Bewegung erzeugt.

„In meiner Serie „Fluid Animals“ dreht sich alles um die Darstellung von Bewegungen mithilfe simpler Vektorformen und den Einsatz von Transparenzen, um Motiven eine gewisse Tiefe zu verleihen.

BEVOR SIE LOSLEGEN

Ressource

Alle in diesem Projekt verwendeten Ressourcen finden Sie unter:
https://affin.co/pantherDE

Grundwissen zu Affinity Designer

Damit Sie aus diesem Projekt möglichst viel für Ihre eigenen Arbeiten mitnehmen, sollten Sie mit folgenden Aspekten vertraut sein:

- Arbeiten mit dem **Zeichenstift** in Affinity Designer. Um ein Gefühl für den **Zeichenstift** zu bekommen, sollten Sie den Abschnitt Zeichenstift: Kurven & Formen auf Seite 97 studieren.

- Die Programmoberfläche von Affinity Designer. Mehr über die Programmoberfläche erfahren Sie in dem Kapitel Tour durch die Programmoberfläche, das auf Seite 13 beginnt.

- Die grundlegenden Techniken. Die folgende Tabelle zeigt Ihnen, welche Aspekte von Affinity Designer Sie zusätzlich beherrschen sollten, um dieses Projekt anzugehen:

Objekte	Seite 80
Ebenen	Seite 92
Geometriewerkzeuge	Seite 95
Farben & Verläufe	Seite 106

ENTWICKELN DES KONZEPTS

In diesem Projekt wird die natürliche Eleganz, die Tiere in all ihren Bewegungen ausstrahlen, mithilfe von Zeichenstift, Transparenzen und Verläufen umgesetzt.

Genau wie bei allen anderen Kunstwerken sollten Sie sich von Anfang an einige Gedanken um den Bildaufbau (die Komposition) machen. Meine „Fluid-Animals"-Illustrationen werden für gewöhnlich in bestimmten Produkten verwendet (Kalender, Karten oder Kunstdrucke). Sie sollten mit Ihrem Bild also eine Geschichte erzählen.

Wenn Sie ein Tier darstellen, wählen Sie die Quelle oder Vorlage mit Bedacht aus. Ein lebendes Tier zu studieren und zu zeichnen ist natürlich ideal, aber leider nicht immer möglich. Ich persönlich zeichne gerne anhand von Filmaufnahmen.

Naturdokumentationen sind für gewöhnlich sehr detailliert, perfekt ausgeleuchtet und hervorragend in Szene gesetzt und geben einen guten Einblick in die „echten" Bewegungsmuster eines Tieres. Diese Natürlichkeit sollten Sie auch in Ihrer Skizze einfangen. Fotos oder andere Illustrationen sind eher die letzte Möglichkeit, wenn keine anderen Quellen verfügbar sind.

Verwenden Sie ein Foto von einer Website, stehen die Chancen recht gut, dass sich schon an anderer Illustrator daran bedient hat. Wenn Sie ein wirkliches Unikat erschaffen möchten, ist das also nicht der richtige Weg!

Für meine Skizze teile ich das Tier in einfache Grundformen auf. Besonders Tränen sind sehr hilfreich. Ich verlängere ebenfalls einige Linien in andere Bereiche und setze einige Linien auch außerhalb des Tierkörpers fort, um die Bewegung zu illustrieren und direkt einen einfachen Hintergrund zu erzeugen.

DOKUMENTEINSTELLUNGEN

Richten Sie das Dokument so ein, dass es Ihre gescannte Skizze aufnehmen kann.

1 Scannen Sie Ihre Skizze oder fotografieren Sie sie mit einer Kamera oder Ihrem Smartphone, und speichern Sie das Bild auf Ihrem Computer.

2 Klicken Sie in Affinity Designer auf den Menüpunkt **Datei > Neu**, stellen Sie den **Typ** auf „Drucken (Druckerei)“ ein und als Größe „A3“. Deaktivieren Sie die Option **Hochformat**, um die Seite im Querformat zu öffnen.

Ressource

panther_01_documentsetup.afdesign
panther_sketch.jpg

Importieren der Skizze

1 Klicken Sie im Menü **Datei** auf **Platzieren**. Wählen Sie nun Ihre gescannte Skizze aus (oder panther_sketch.jpg) und klicken Sie auf **Öffnen**.

2 Ziehen Sie über das Dokument, damit die Skizze die gesamte Seite ausfüllt. Schützen Sie anschließend die Ebene, indem Sie im Panel **Ebenen** auf das Symbol **Schützen/Schutz aufheben** klicken.

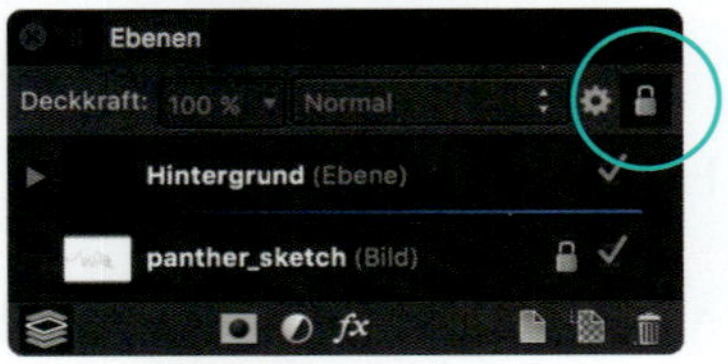

3 Klicken Sie im Panel **Ebenen** auf das Symbol **Ebene hinzufügen**. Klicken Sie nun auf den Namen der neuen Ebene und ändern Sie ihn in *Hintergrund*.

4 Speichern Sie Ihr Dokument mit der entsprechenden Option im Menü **Datei**. Bei der ersten Speicherung werden Sie automatisch aufgefordert, einen Namen und Ordner für die Datei festzulegen. Bei allen nachfolgenden Speicherungen wird diese Datei dann immer wieder überschrieben.

Ressource

panther_02_backgroundlines.afdesign

ZEICHNEN MIT DEM STIFT

Als Erstes legen wir die Linien fest, die sich von unserem Motiv in den Hintergrund erstrecken. Diese bilden einen Teil des Hintergrunddesigns. Hierzu verwenden wir den Zeichenstift. Falls Sie noch nie mit dem Zeichenstift und Bézierkurven gearbeitet haben, sollten Sie zunächst etwas mit dem Werkzeug experimentieren und sich in seine Grundlagen einarbeiten. Der Zeichenstift ist ein ideales Werkzeug für digitale Grafiken und ermöglicht ein wirklich natürliches Arbeiten.

Hintergrundlinien

1 Klicken Sie in der **Werkzeugleiste** auf das Symbol für den **Zeichenstift** (P). Standardmäßig wird das Werkzeug im **Stiftmodus** aktiviert. Den Modus können Sie aber in der Kontextleiste ändern.

2 Klicken Sie im Panel **Farbe** auf den Farbselektor **Kontur** (das ringförmige Element in der linken oberen Ecke). Klicken Sie auf den äußeren Ring des HSL-Farbrades und dann in das Dreieck, um die Konturfarbe auf Hellorange (*HSL 38, 98, 54*) einzustellen. Hierdurch lassen sich die Linien beim Nachzeichnen leichter erkennen.

3 Erhöhen Sie im Panel **Kontur** die **Breite** mit dem Schieber auf *3 pt*.

4 Wählen Sie im Panel **Ebenen** die Hintergrundebene aus und klicken Sie einmal in die Nähe der Schwanzspitze.

5 Platzieren Sie den Cursor auf der Montagefläche über der Seite und ziehen Sie nach rechts, um einen weiteren Knoten zu platzieren und das Segment zwischen den beiden Knoten so zu verbiegen, dass es zu der Linie in der Skizze passt.

6 Wenn Sie mit der Krümmung des Segments zufrieden sind, lassen Sie einfach die Maustaste los und drücken die Esc-Taste, um das Zeichnen dieser Linie zu beenden.

7 Wiederholen Sie die Schritte 4 bis 6, um die verbleibenden Hintergrundlinien nachzuzeichnen, die von dem Körper des Panthers in der Skizze ausgehen.

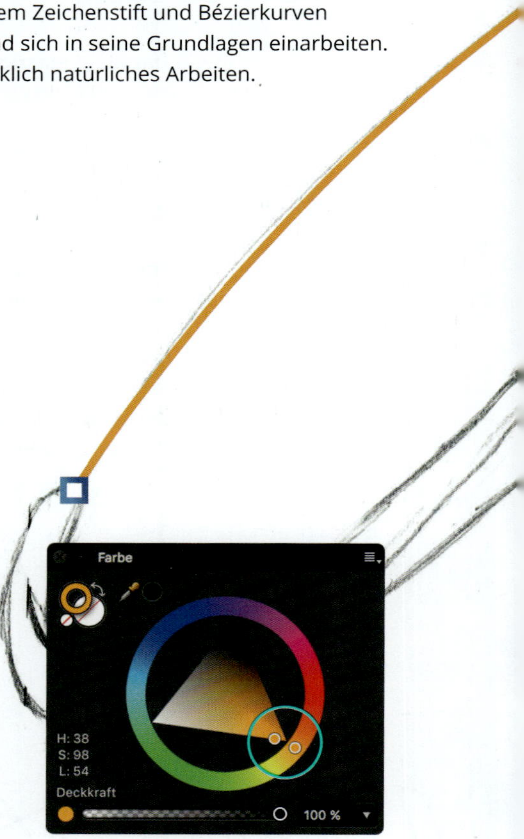

Wenn Sie während der Arbeit mit dem **Zeichenstift** eine Kurve zu einem beliebigen Zeitpunkt verändern möchten, wechseln Sie einfach kurz zum **Knotenwerkzeug**, indem Sie die cmd-Taste ⌘ (Mac) oder Strg-Taste (Win) halten. Sie können nun die Knoten und ihre Griffe verschieben, um die Kurve zu verändern.

Ressource
panther_03_inkingsubject.afdesign

> *Für das Nachzeichnen einer Bleistiftskizze verwende ich häufig eine helle Linienfarbe (nicht schwarz oder grau), damit sich meine Zeichnung am Bildschirm gut von den darunter liegenden Bleistiftstrichen abhebt.*

Zeichnen der Motivkonturen

Wir verwenden erneut den Zeichenstift, um die Formen zu definieren, aus denen unser Motiv aufgebaut ist. Damit nicht alles durcheinandergerät, zeichnen wir diese Elemente auf einer neuen Ebene.

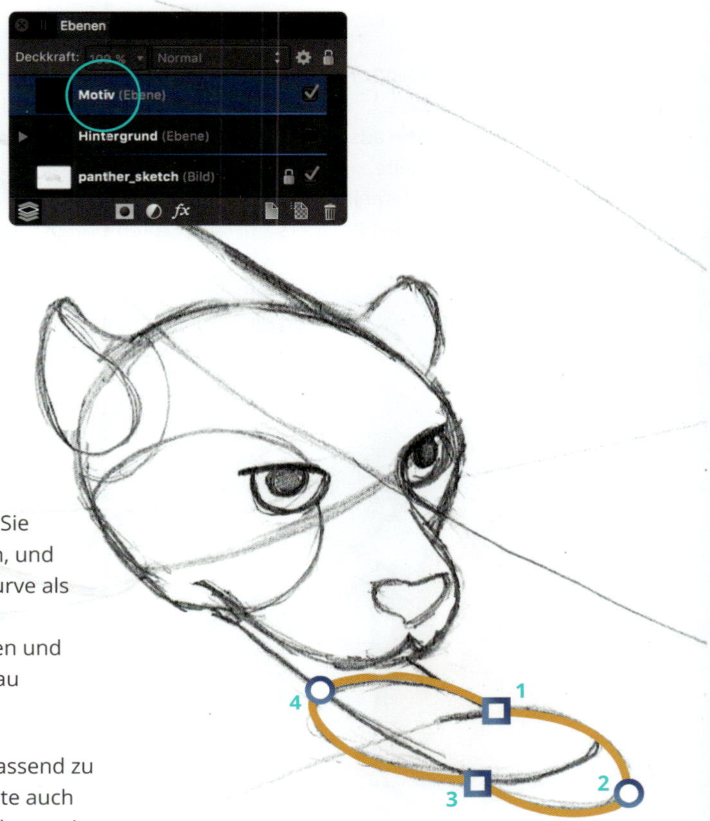

1 Erstellen Sie eine neue Ebene im Panel **Ebenen** und geben Sie ihr den Namen *Motiv*. Blenden Sie die Ebene *Hintergrund* aus, indem Sie auf ihr Häkchen klicken. Aktivieren Sie den **Zeichenstift** in der Werkzeugleiste und den **Stiftmodus** in der Kontextleiste. Klicken Sie nun, um den ersten Knoten auf der Vorderpfote (1) zu platzieren.

2 Klicken Sie erneut ein Stück die Pfote entlang und ziehen Sie nach unten (2). Hierdurch bestimmen Sie die Kurve, die Ihre Knoten verbindet. Bewegen Sie den Cursor auf die Stelle, an der die Pfotenlinie einen Bogen macht, halten Sie die Optionstaste ⌥ (Mac) oder die Alt-Taste (Win) und klicken Sie einmal, um einen spitzen Knoten zu platzieren (3).

3 Klicken Sie erneut ein Stück die Pfote entlang und ziehen Sie nach oben (4), um die Krümmung der Kurve zu definieren, und klicken Sie dann wieder auf den ersten Knoten, um die Kurve als Form zu schließen. Bereinigen Sie die Segmente mit dem **Knotenwerkzeug** (A), indem Sie die Positionen der Knoten und Griffe so ändern, dass die Form der Skizze möglichst genau entspricht.

Sie können nun alle weiteren Formen mit dem Zeichenstift passend zu der Skizze platzieren. In einigen Fällen lassen sich die Elemente auch durch geometrische Formen erstellen. Dieser Möglichkeit widmen wir uns im nächsten Abschnitt.

Ressource

panther_04_geometricshapes.afdesign

GEOMETRISCHE FORMEN

Zusätzlich zu dem Zeichenstift können Sie auch die Formwerkzeuge der Werkzeugleiste verwenden, da sich diese ideal für geometrische Formen eignen. Diese Formen lassen sich mit verschiedenen Optionen bequem verändern sowie in Kurven umwandeln und dann auf die gleiche Weise bearbeiten wie mit dem Zeichenstift erstellte Striche.

1 Wählen Sie im Einblendmenü der **Werkzeugleiste** das Formwerkzeug **Träne** aus und ziehen Sie auf der Seite, um eine Träne zu erstellen, deren Breite und Höhe dem Ohr des Panthers entspricht.

2 Klicken Sie im Panel **Farbe** auf den Selektor **Füllung** (das kreisförmige Element in der linken oberen Ecke) und dann auf den kleinen weißen Kreis mit dem roten Durchstrich (links neben den Farbselektoren), um die Füllung der Form auf *Ohne* einzustellen.

3 Ziehen Sie die roten Griffe, um die Form an die Umrisse des Ohrs anzugleichen, und klicken Sie dann in der Kontextleiste auf das Symbol **In Kurven umwandeln**.

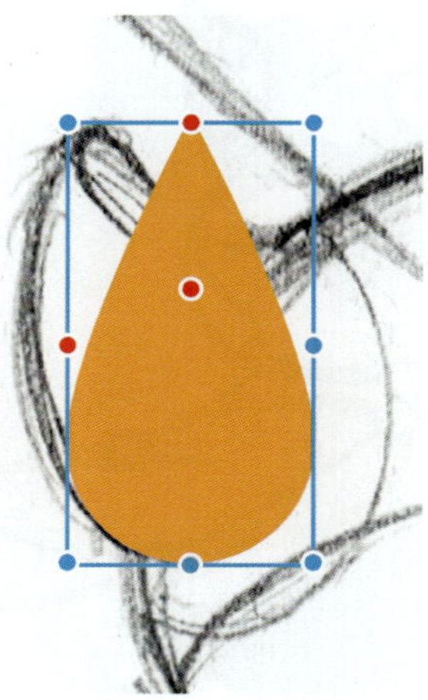

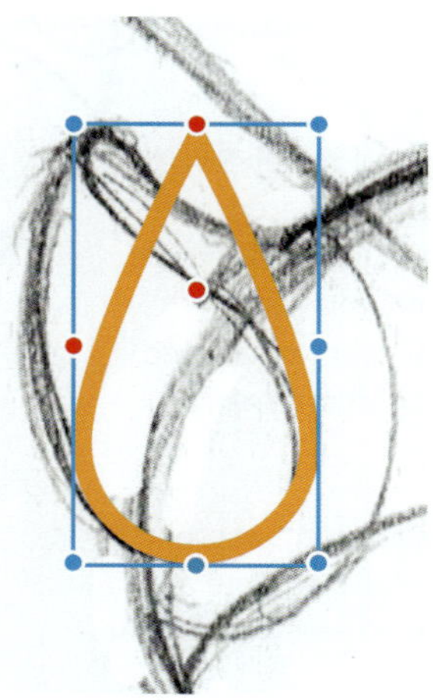

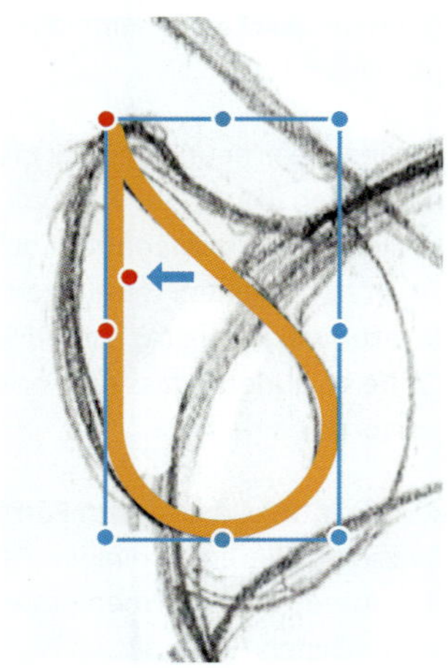

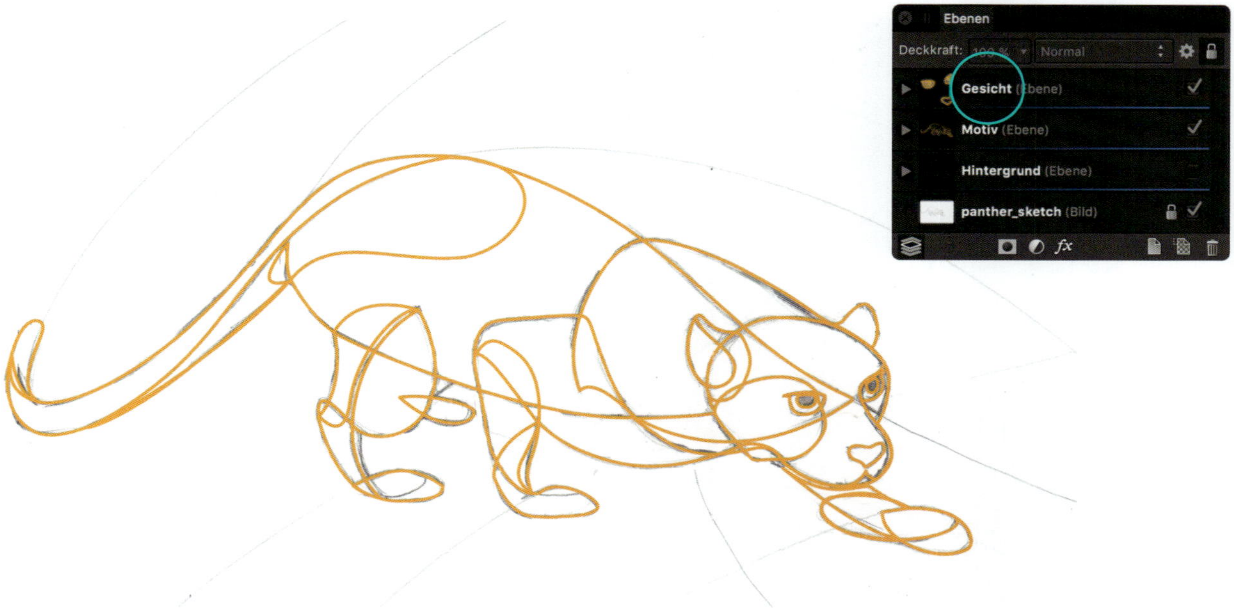

4 Passen Sie die Form mit dem **Knotenwerkzeug** genau an die Linien der Skizze an.

Erstellen Sie mit den bisher behandelten Techniken die restlichen Elemente der Skizze. Versuchen Sie jede Form mit so wenig Knoten wie möglich zu vollenden. Verwenden Sie eine neue Ebene für das Gesicht (Augen und Nase) unseres Motivs. Nennen Sie diese Ebene *Gesicht*.

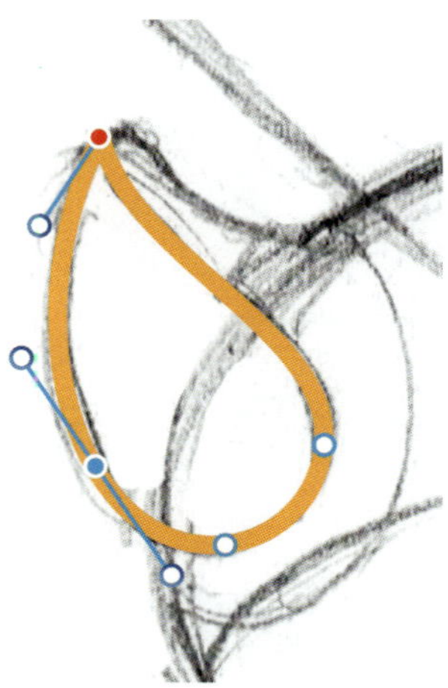

Perfekte Formen

Für unser Design werden wir den Entwurf der Skizze noch etwas erweitern, damit die Augen unseres Motivs lebendiger wirken.

1 Blenden Sie im Panel **Ebenen** die Skizze *panther_sketch* aus und wählen Sie die Ebene *Gesicht* aus. Zoomen Sie auf die Augen und aktivieren Sie das Werkzeug **Ellipse** (M) direkt in der **Werkzeugleiste**.

2 Ziehen Sie auf der Seite, um eine Ellipse im linken Auge zu erstellen. Halten Sie während des Ziehens die Umschalttaste (⇧), um die Ellipse als perfekten Kreis zu zeichnen. Stellen Sie im Panel **Kontur** die **Breite** auf *1 pt*. Wiederholen Sie diese Schritte, um insgesamt drei Kreise in jedem Auge zu zeichnen. Der untere Kreis in den Augen wird eine ringförmige Lichtspiegelung. Hierzu wandeln wir den Kreis einfach in einen Ring um.

3 Wählen Sie den unteren Kreis in einem Auge aus und klicken Sie in der Kontextleiste auf **In Ring umwandeln**. Wiederholen Sie diese Schritte mit dem unteren Kreis des zweiten Auges.

> Ringe lassen sich direkt mit dem Werkzeug „Ring“ des Einblendmenüs für Formwerkzeuge erstellen.

Als Abschluss für unsere Formen können wir noch ein Rechteck als Hintergrund hinzufügen.

4 Wählen Sie die Hintergrundebene aus, schalten Sie sie wieder sichtbar und aktivieren Sie dann in der **Werkzeugleiste** das Werkzeug **Rechteck** (M). Aktivieren Sie in der **Symbolleiste** die **Magnetische Ausrichtung** und erstellen Sie durch Ziehen ein Rechteck, das die gesamte Seite ausfüllt. Verschieben Sie diese Form ganz nach unten in der Z-Reihenfolge, indem Sie in der **Symbolleiste** auf das Symbol **Ganz nach hinten** klicken.

Ressource

panther_05_colour.afdesign

FARBEN

Nachdem wir nun mit den Linien fertig sind, müssen wir die gerade erstellten Formen mit Farben füllen.

1 Wählen Sie das Hintergrundrechteck aus und klicken Sie im Panel **Farbe** auf den Doppelpfeil oben rechts neben den Farbselektoren. Hierdurch vertauschen Sie die Kontur- und Füllungsfarbe, sodass die Kontur des Rechtecks nun unsichtbar und seine Füllung orangefarben ist.

Es hat nun vielleicht den Anschein, dass all Ihre Linien verschwunden sind. Keine Panik! Sie sind immer noch da. Sie haben lediglich dieselbe Farbe wie das Hintergrundrechteck.

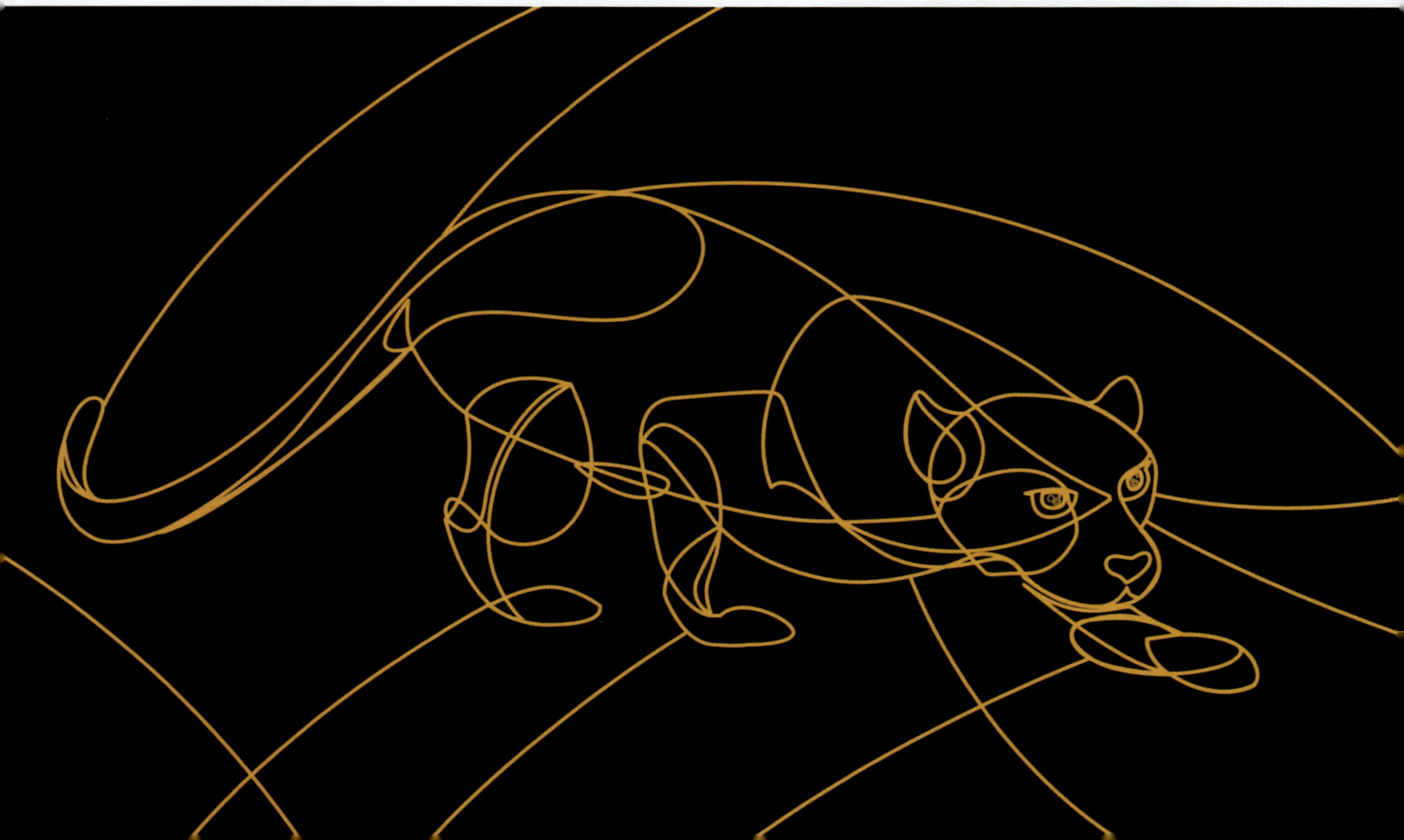

2 Klicken Sie auf den Farbselektor **Füllung**, um ihn zu aktivieren (er muss danach vor dem ringförmigen Selektor für die Kontur platziert sein), und ziehen Sie in dem inneren Dreieck des HSL-Farbrades, um die Farbe auf Tiefschwarz (*HSL 38, 100, 0*) einzustellen.

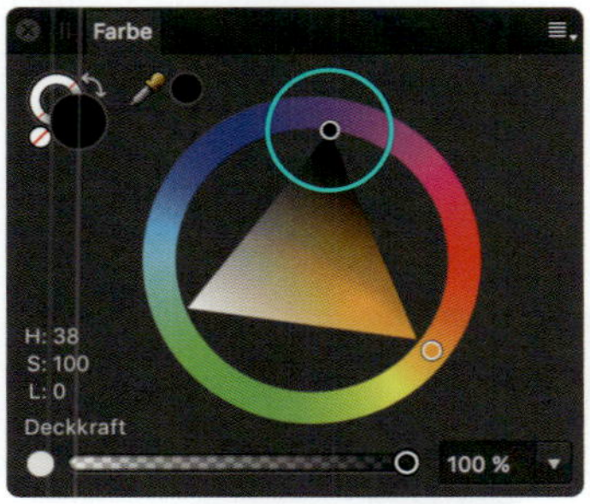

3 Schützen Sie diese Hintergrundebene, damit sie nicht versehentlich verändert wird.

> Wenn Sie tiefschwarze Töne in Illustrationen einsetzen, sollten Sie die schwarze Farbe nach der Formel für CMYK-Tiefschwarz definieren, die Ihre bevorzugte Druckerei verwendet.

“ *Für meine „Fluid Animals“-Illustrationen platziere ich die Motive immer auf einem tiefschwarzen Hintergrund. Hierdurch werden die Figuren schön untermalt und ich kann wunderbar leuchtende Farbverläufe verwenden. Um meine Motive klarer und realistischer zu porträtieren, entferne ich stets sämtliche Umrisslinien. Für schwarze Objekte verwende ich das gleiche Tiefschwarz wie im Hintergrund.*

4 Wählen Sie jedes Objekt in der Gesichtsebene aus und wiederholen Sie die Schritte 1 und 2, um ihre Konturen zu entfernen und sie mit *Schwarz*, *Weiß* oder *Rot-Orange* zu färben (siehe unten).

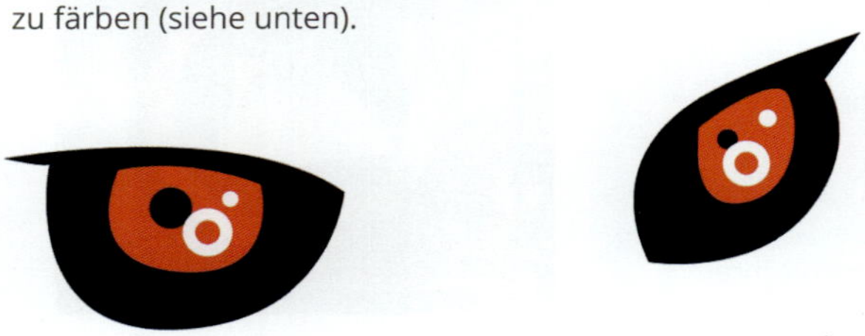

- Um schnell Weiß für die Lichtakzente auszuwählen, wechseln Sie zum Panel **Farbfelder** und klicken auf das kleine Feld *Weiß* neben den Feldern *Ohne*, *Schwarz* und *Mittelgrau*.

- Für das Rot-Orange: Wählen Sie die Irisformen aus und klicken Sie im Panel **Farbfelder** auf das Einblendmenü, in dem standardmäßig *Grautöne* angezeigt werden. Hier finden Sie alle vordefinieren und selbst erstellten Paletten. Klicken Sie auf den Eintrag **PANTONE+ Solid Coated-V2** und geben Sie in das Suchfeld am unteren Rand des Panels *1655* ein. Wählen Sie das angezeigte Farbfeld PANTONE *1655 C* aus. Löschen Sie nun den Suchbegriff.

Sollten die Namen der Farben nicht im Panel „Farbfelder“ angezeigt werden, klicken Sie auf das Symbol der Panel-Einstellungen und dann auf den Menüpunkt **Darstellung > Als Liste anzeigen**.

Sämtliche Pantone-Farben, die Sie für Ihre Objekte festlegen, werden in eine separate Dokumentpalette als globale Schmuckfarben eingetragen, damit Sie auch in Zukunft diese Farben schnell erneut auswählen können.

5 Schützen Sie die Gesichtsebene und färben Sie nun auf diese Weise alle Formen der Motivebene mit Farben aus den Panels **Farbfelder** oder **Farbe**. Die meisten meiner Formen habe ich mit der Farbe *CMYK 31, 93, 81, 62* gefüllt und kleine Akzente mit *PANTONE 1655 C*, *PANTONE 1815 C* und *PANTONE 4975 C* gesetzt.

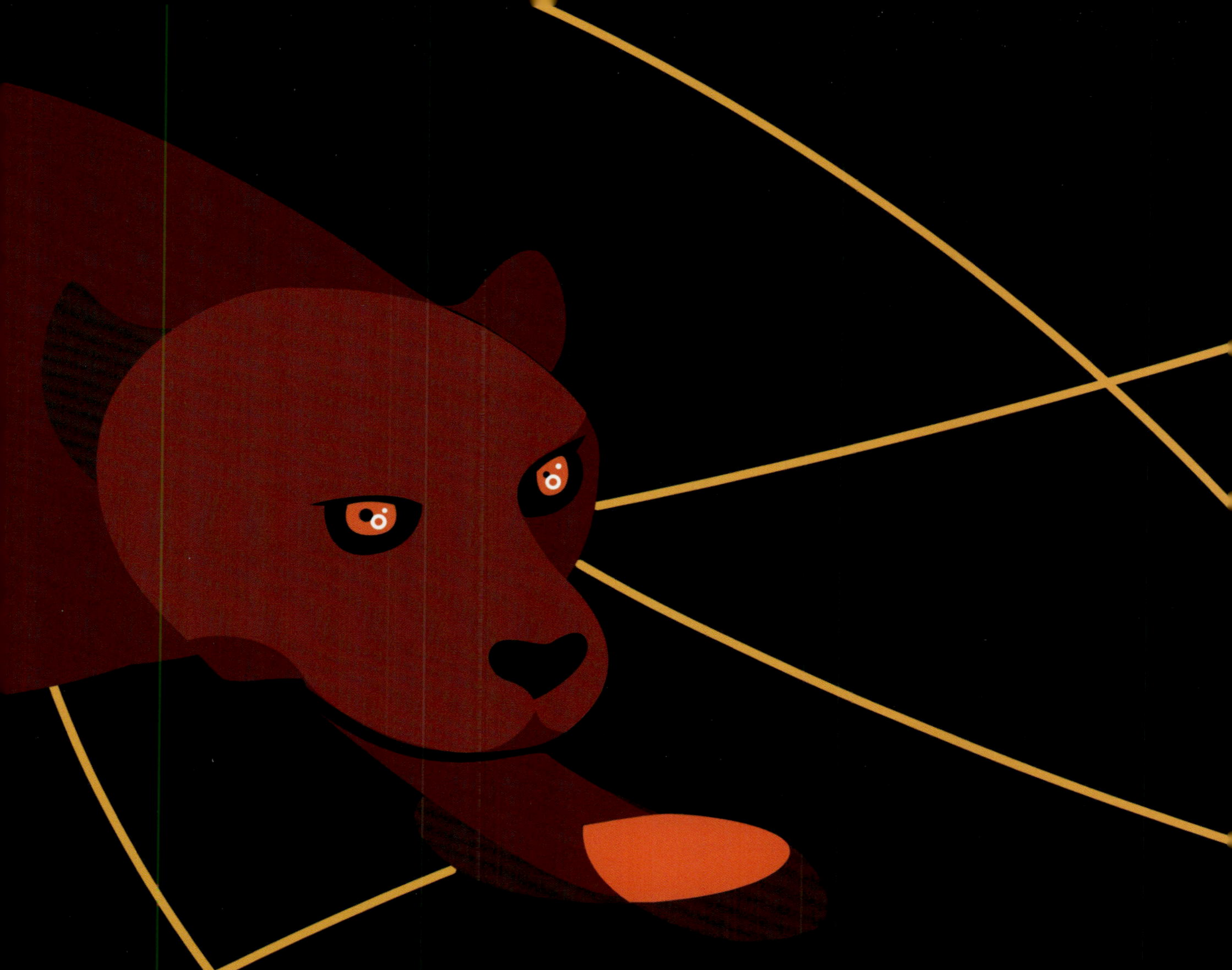

Im Panel „Farbe“ finden Sie nicht nur das HSL-Farbrad, sondern auch eine Reihe von Schiebern für verschiedene Farbmodi. Diese lassen sich über den Eintrag **Schieber** der Panel-Einstellungen aktivieren. Über ein Einblendmenü können Sie auch direkt zu einem anderen Farbmodus umschalten, wie z. B. CMYK.

Ressource

panther_06_opacity.afdesign

DECKKRAFT

Nachdem wir alle Konturen entfernt haben, fehlt es unserem Motiv jetzt an Definition. Damit die Formen, aus denen unser Motiv besteht, wieder hervorgehoben werden, arbeiten wir mit den Deckkraftwerten der Ebenen und verleihen der gesamten Illustration etwas Magisches.

> Standardmäßig ist die Option „Alle Ebenen bearbeiten" aktiviert, damit Sie sämtliche Objekte auswählen und bearbeiten können. Es spielt dann keine Rolle, auf welchen Ebenen sie liegen (eine Ausnahme hierbei sind jedoch die geschützten Ebenen). Wenn Sie die Option „Alle Ebenen bearbeiten" deaktivieren, können Sie nur mit Objekten arbeiten, die auf der aktuellen Ebene liegen.

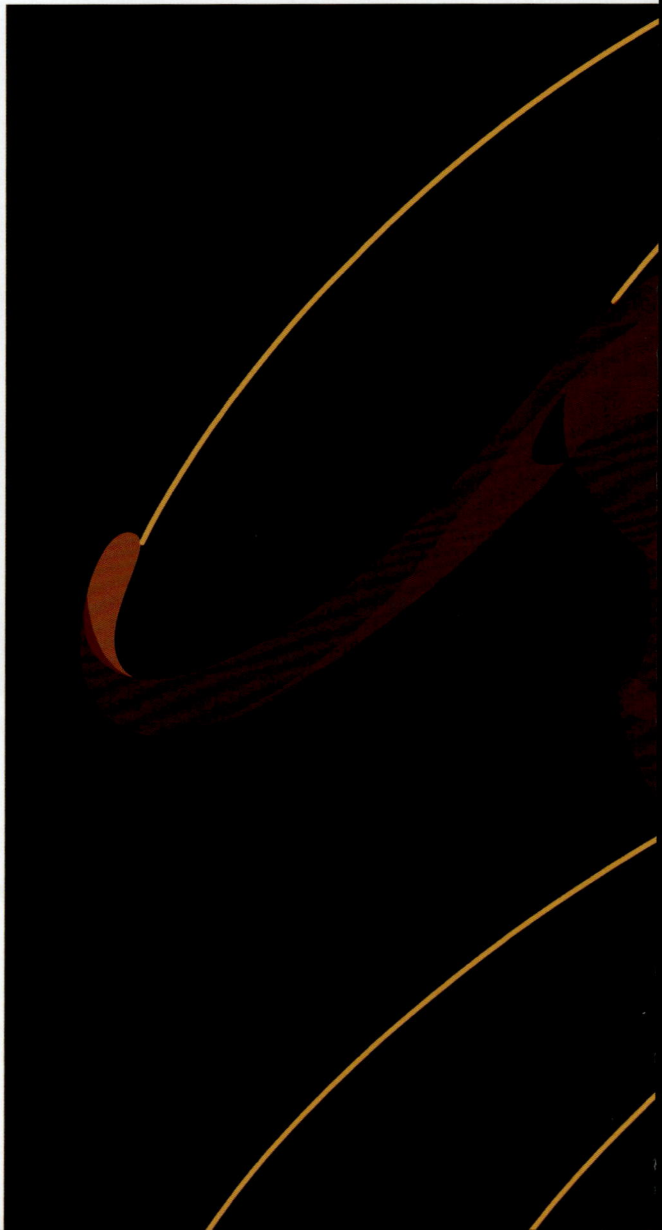

1 Klicken Sie im Panel **Ebenen** auf das Symbol **Alle Ebenen bearbeiten**, um die Funktion zu deaktivieren. Wählen Sie die Motivebene und das Werkzeug **Verschieben** aus und klicken Sie im Menü **Auswählen** auf **Alles markieren**.

2 Senken Sie über die Option oben im Panel **Ebenen** die **Deckkraft** aller Objekte auf *75 %*.

3 Überprüfen Sie, wie jedes einzelne Objekt die Darstellung der Objekte beeinflusst, die unter ihm liegen. Verlassen Sie sich ganz auf Ihr kreatives Urteil und passen Sie die Stapelordnung (Z-Reihenfolge) der Objekte an. Ziehen Sie hierzu die entsprechenden Einträge im Panel **Ebenen** nach oben oder unten. Achten Sie aber darauf, dass Sie die Einträge nicht verschachteln, d. h. unter anderen Einträgen einrücken. Alternativ können Sie auch die Symbole **Anordnen** der **Symbolleiste** verwenden oder die Einträge im Menü **Ebene > Anordnen**. Die Farben der Objekte lassen sich ebenfalls jederzeit ändern.

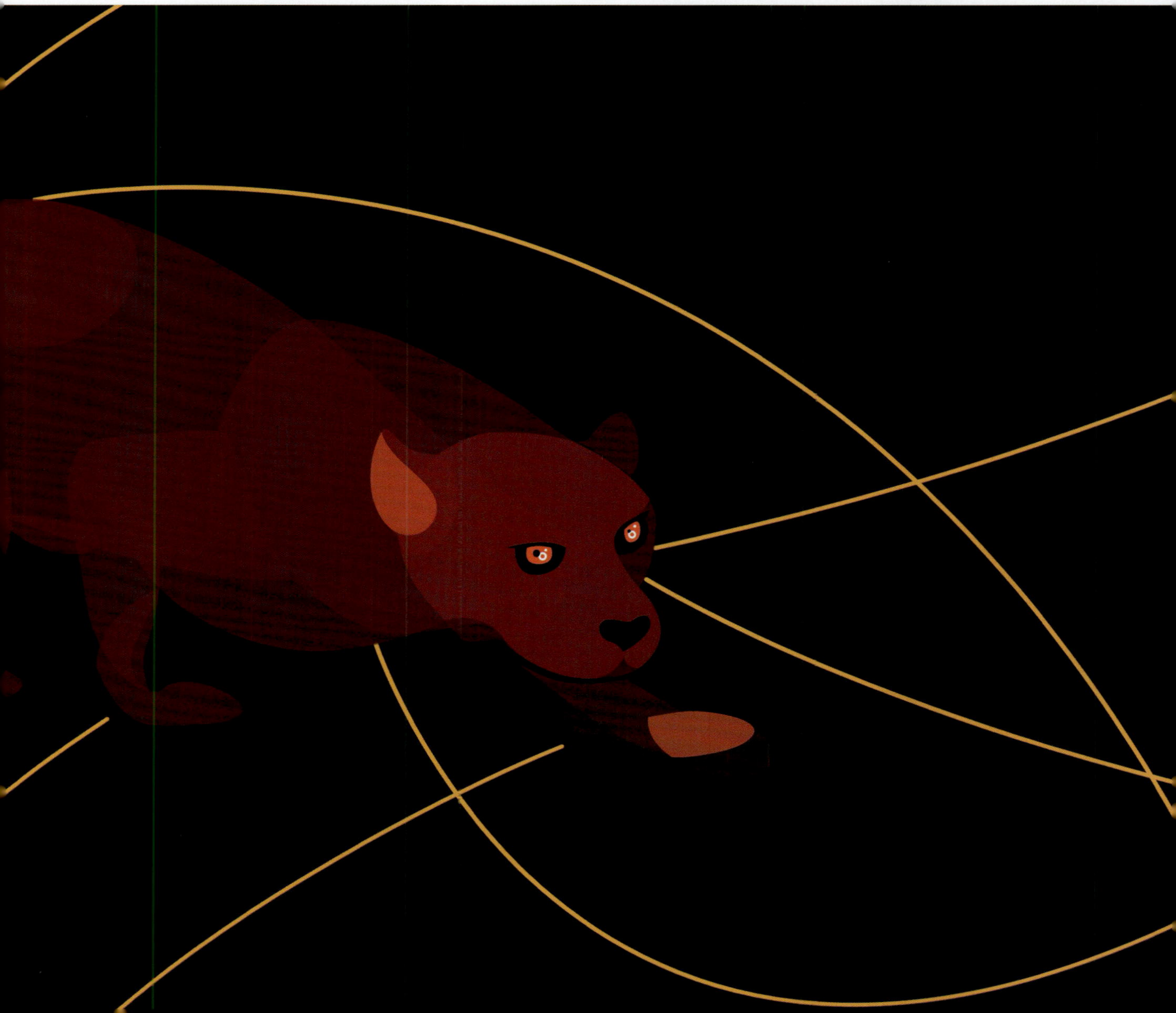

LICHTSETZUNG DURCH FARBVERLÄUFE

Ressource
panther_07_gradients.afdesign

Als Nächstes verwenden wir einige kräftige Farbverläufe, um der Illustration eine besondere Note zu verleihen.

1 Wählen Sie die Form aus, die das Innere des Ohrs definiert. Klicken Sie im Menü **Bearbeiten** auf **Duplizieren**, um eine identische Kopie direkt auf dem Original zu erstellen.

2 Aktivieren Sie das Werkzeug **Füllung** (G) in der **Werkzeugleiste** und stellen Sie in der Kontextleiste den **Kontext** auf *Füllung* und den **Typ** auf *Linear* ein. Es wird nun sofort ein horizontaler Farbverlauf auf die Form übertragen. Als Startfarbe verwendet er automatisch die ursprüngliche gleichmäßige Farbe.

3 Klicken Sie auf den rechten Marker des Verlaufspfades und legen Sie über das Panel **Farbe** eine neue Farbe fest (ich habe *CMYK 0, 92, 77, 73* verwendet) oder wählen Sie eine vordefinierte Farbe im Panel **Farbfelder** aus. Klicken Sie auf den linken Marker und weisen Sie ihm dieselbe Farbe zu wie dem rechten. Reduzieren Sie nun im Panel **Farbe** oder **Farbfelder** die **Deckkraft** auf *0 %*. Das Ergebnis ist eine schattierte Darstellung des inneren Ohrbereichs.

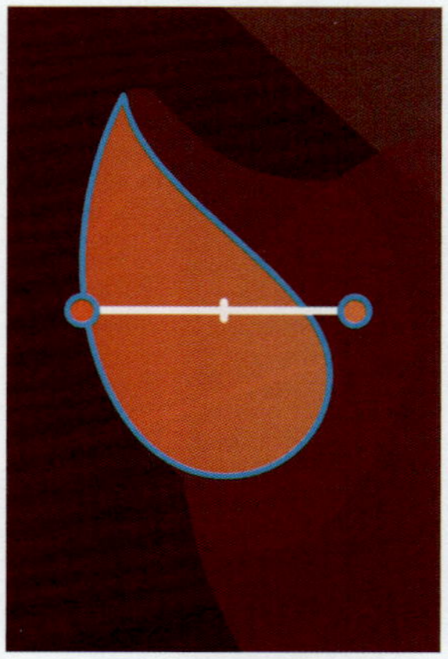

Wie Sie sehen, ist in den Panels „Farbe" und „Farbfelder" nur noch ein Farbselektor verfügbar. Der Grund ist simpel: Wenn Sie mit dem Füllungswerkzeug arbeiten, können Sie immer nur ein Attribut auf einmal ändern – die Kontur oder die Füllung.

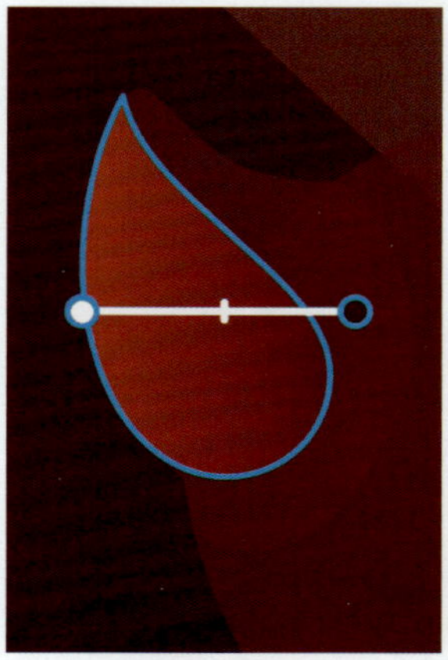

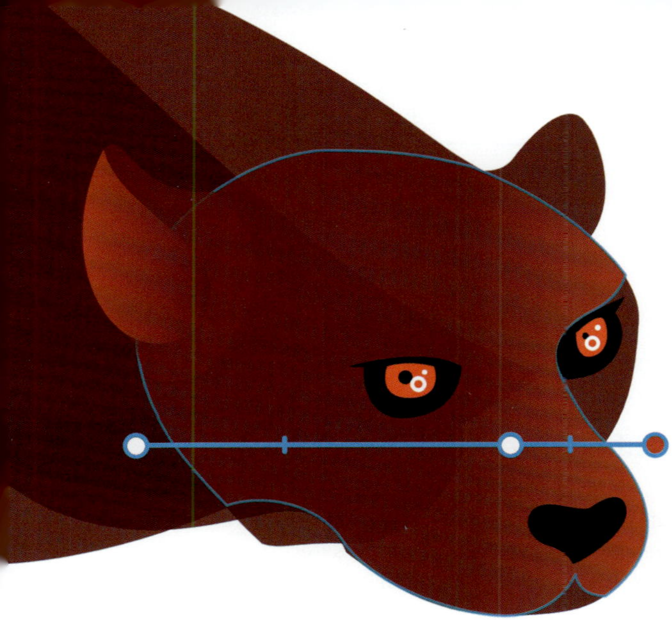

„Wenn ich an dieser Art von Illustration arbeite, bevorzuge ich Verläufe auf einer zweiten identischen Ebene, die direkt über dem Objekt mit einer gleichmäßigen Füllung platziert ist. Dann reduziere ich für ein Ende des Verlaufs die Deckkraft auf 0 %. Hierdurch entsteht eine schöne Überblendung zwischen dem Verlauf und den darunter liegenden Farben.

4 Wiederholen Sie die obigen Schritte für den Hauptteil des Kopfes, aber verwenden Sie eine hellere Farbe für den Verlauf. Klicken Sie nun direkt rechts neben dem Auge auf den Verlaufspad, um einen Zwischenmarker zu platzieren. Dieser Marker übernimmt automatisch die Eigenschaften des direkt darunter liegenden Verlaufs. Reduzieren Sie die Deckkraft für diesen Marker auf 0 %, um einen weichen Übergang nur für die rechte Seite zu erstellen.

Wiederholen Sie diese Schritte für den Rest des Motivs, aber bearbeiten Sie nicht alle Teile auf dieselbe Weise. Für manche Formen benötigen Sie keine überlagerten Verläufe, und bei anderen liefert vielleicht eine komplexere Anordnung von Objekten mit Verläufen (wie nachfolgend erläutert) sogar noch bessere Ergebnisse.

5 Wählen Sie die zwei Formen aus, aus deren die Partien Körper/Schwanz und Schultern/Nacken bestehen. Duplizieren Sie diese, wählen Sie die Duplikate aus und klicken Sie in der **Symbolleiste** auf das Symbol **Aufteilen**. Hierdurch teilen Sie die Auswahl in drei separate Formen, die auf den überlappenden Inhalten basieren. Sie können nun einzelne Deckkraftwerte (über das Panel „Ebenen") und/oder Verläufe für diese Formen festlegen.

Weitere Informationen zu dieser Funktionalität finden Sie unter dem Abschnitt Geometriewerkzeuge (Seite 95).

Ressource
panther_08_gradientstrokes.afdesign

Gruppen

In der Motivebene wird es langsam etwas voll. Wir sollten daher einige Elemente in Gruppen zusammenfassen.

1 Wählen Sie im Panel **Ebenen** alle Objekte aus, die zu dem Kopf unseres Motivs gehören und klicken Sie dann bei aktiviertem Werkzeug **Verschieben** (V) auf das Symbol **Gruppieren** der Kontextleiste. Geben Sie der Gruppe die Bezeichnung *Kopf* (genau wie bei einer Ebene).

2 Fassen Sie die restlichen Elemente in einer Gruppe für den Körper zusammen.

Verläufe für Konturen

Verläufe lassen sich sowohl für die Kontur eines Objekts festlegen als auch für seine Füllung. Als Nächstes stellen wir für alle Kurven in der Hintergrundebene Verläufe ein.

1 Wählen Sie eine beliebige Kurve im Hintergrund aus. Sollte immer noch die Option *Alle Ebenen bearbeiten* deaktiviert sein, müssen Sie zunächst die Ebene *Hintergrund* auswählen. Aktivieren Sie bei ausgewählter Kurve das Werkzeug **Füllung**. Stellen Sie in der Kontextleiste den **Kontext** auf **Kontur** und den **Typ** auf **Linear** ein.

2 Stellen Sie für die beiden Marker dieselbe Farbe ein und reduzieren Sie für den Marker, der am dichtesten bei dem Motiv liegt, die **Deckkraft** auf *0 %*. Die Farbe der Kurve wird nun immer transparenter je mehr sie sich von der Seitenkante aus dem Motiv nähert.

> Um den Verlaufspfad kurzfristig auszublenden, halten Sie die **Leertaste**.

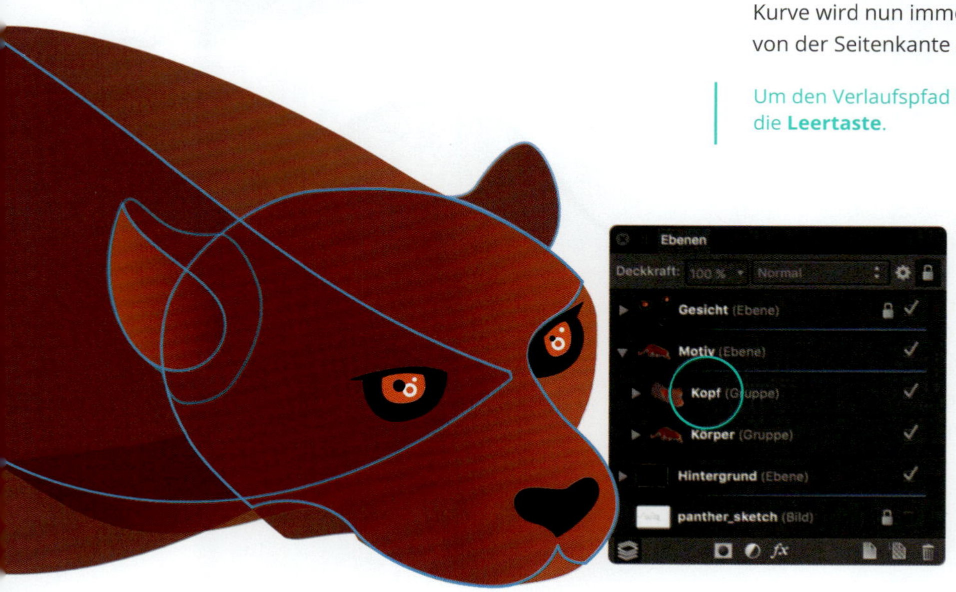

3 Fügen Sie Zwischenmarker in den Pfad ein, indem Sie einfach auf den Pfad klicken, und legen Sie dann die passende Deckkraft für die Zwischenpunkte fest. Sie können direkt auf der Seite ziehen, um die neue Länge und Richtung für den Pfad festzulegen.

Halten Sie die **Umschalttaste** (⇧), während Sie den neuen Pfad ziehen, um ihn auf Winkelschritte von *45°* zu beschränken.

4 Nachdem Sie den Verlauf auf eine Kurve angewendet haben, können Sie ihn auf die anderen Kurven übertragen. Klicken Sie hierzu bei ausgewählter Verlaufskurve auf den Menüpunkt **Bearbeiten > Kopieren**, wählen Sie eine neue Kurve aus und klicken Sie auf den Menüpunkt **Bearbeiten > Stil übertragen**. Sollte anschließend der Verlauf in der falschen Richtung verlaufen, klicken Sie in der Kontextleiste auf das Symbol **Verlauf umkehren**.

Der Feinschliff

Bei der Arbeit an den Kurven in der Hintergrundebene bekam ich den Eindruck, dass die zwei Linien unten links nicht wirklich etwas zu der Illustration beitragen. Also habe ich sie entfernt.

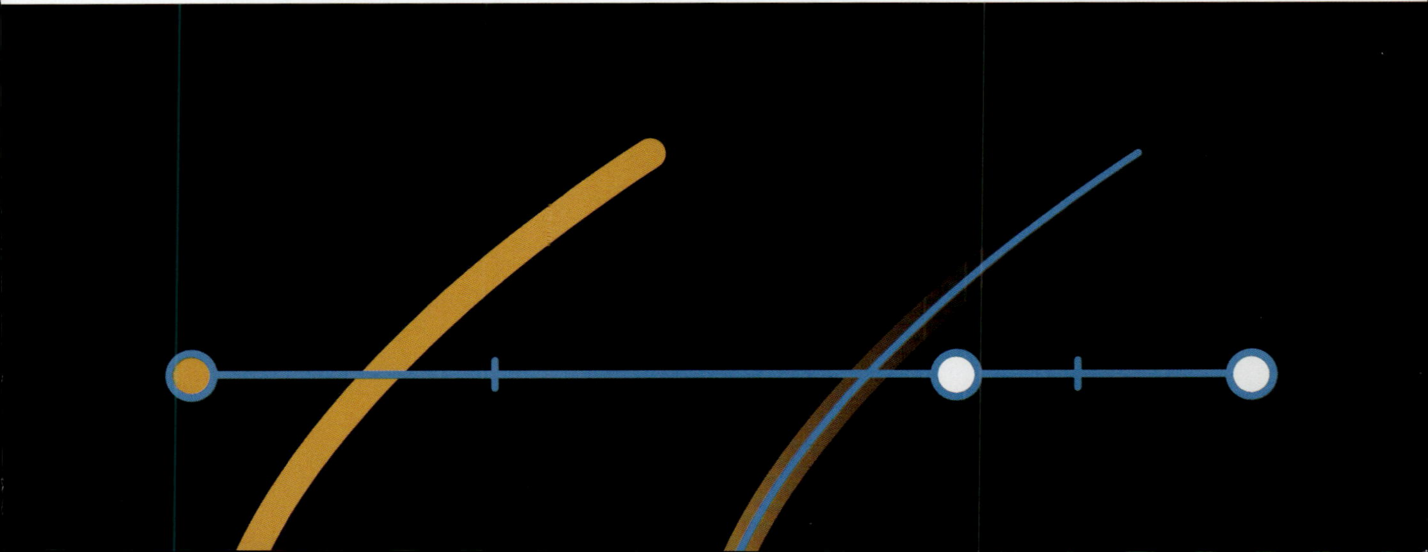

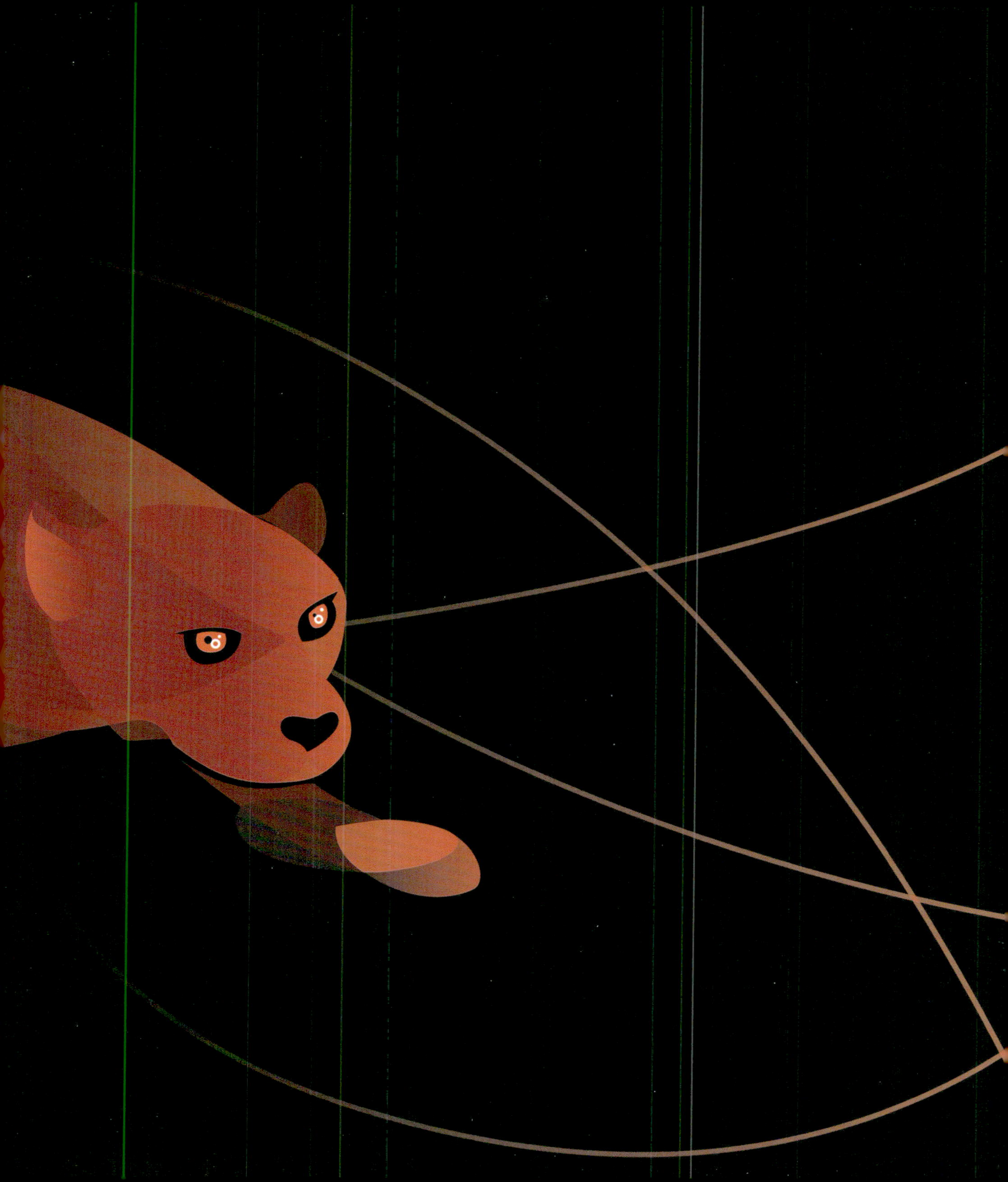

2

Reflected Skyline

Eine dramatische Umsetzung von Licht und Spiegelungen von *Romain Trystram*

Folgen Sie Romain auf seiner schöpferischen Reise durch eine vom Regen durchnässte Skyline bei Nacht, in der sich alles um Farben, Licht und Spiegelungen dreht.

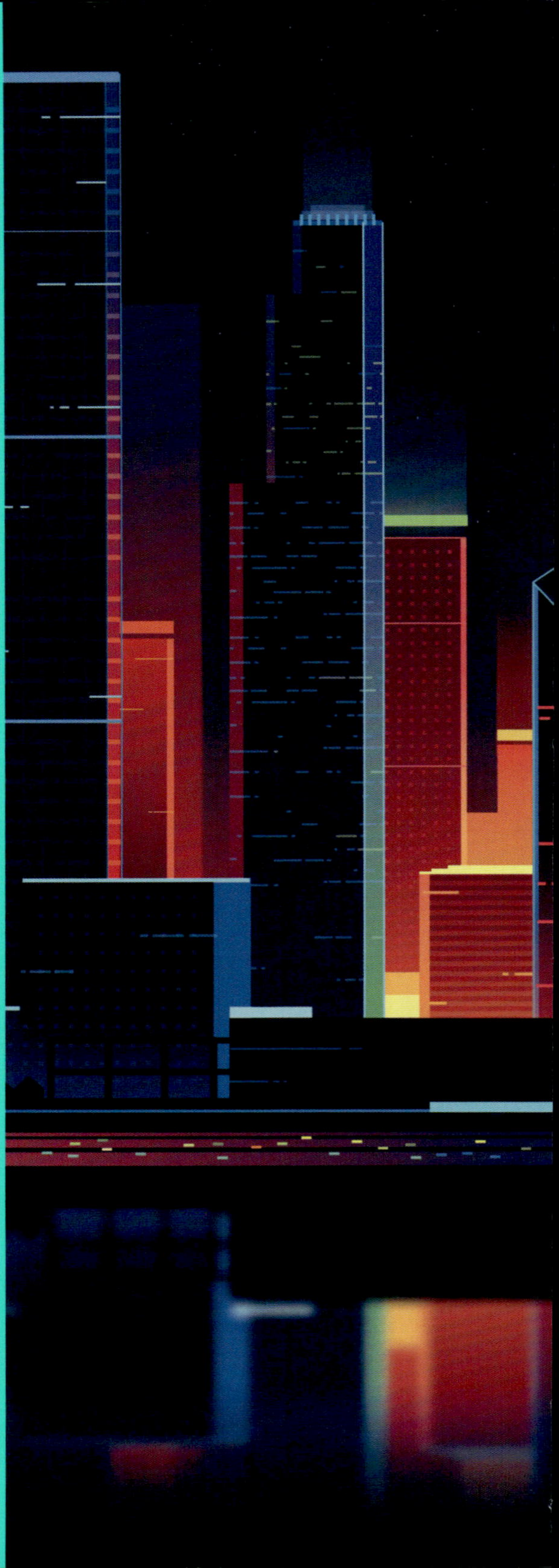

BEVOR SIE LOSLEGEN

Ressourcen

Alle in diesem Projekt verwendeten Ressourcen finden Sie unter:
https://affin.co/skylineDE

Grundwissen zu Affinity Designer

Damit Sie aus diesem Projekt möglichst viel für Ihre eigenen Arbeiten mitnehmen, sollten Sie mit folgenden Aspekten vertraut sein:

- Die Programmoberfläche von Affinity Designer. Mehr über die Programmoberfläche erfahren Sie in dem Kapitel Tour durch die Programmoberfläche, das auf Seite 13 beginnt.

- Die grundlegenden Techniken. Die folgende Tabelle zeigt Ihnen, welche Aspekte von Affinity Designer Sie zusätzlich beherrschen sollten, um dieses Projekt anzugehen:

Objekte	Seite 80
Ebenen	Seite 92
Farben & Verläufe	Seite 106

ENTWICKELN DES KONZEPTS

Das von mir angestrebte Design soll visuell ansprechend sein und den Betrachter mit einer Fülle von Lichteffekten und brillanten Farben auf den Wolkenkratzern in seinen Bann ziehen. Diese Idee habe ich mit dunklen Gebäudesilhouetten im Vordergrund kombiniert und einer Spiegelung, die das gesamte Werk hervorhebt.

> *Wenn ich meine Illustrationen erstelle, beginne ich niemals mit Fotos, Referenzmaterial oder einer Skizze. Am Anfang steht für mich immer die leere Leinwand und dann benutze ich meine Fantasie, um meine Idee kreativ umzusetzen.*

Zuerst erstelle ich die Hauptformen im Hintergrund, dann den Nachthimmel im Hintergrund gefolgt von den Formen in der Mitte und schließlich den Vordergrund. Auf eine gewisse Weise ähnelt meine Technik wohl dem Basteln mit ausgeschnittenen Papierformen. Danach kümmere ich mich während der Detailarbeiten um die „Zwischenstücke" aus Formen und Farben.

Meine Farbpalette lege ich erst im Verlauf der Illustration fest. Sie basiert hauptsächlich auf meinem Gefühl, und ich verlasse mich auf die Erfahrung, die ich bereits aus anderen Illustrationen gewonnen habe. Grundsätzlich strebe ich immer ein harmonisches Zusammenspiel der Farben an.

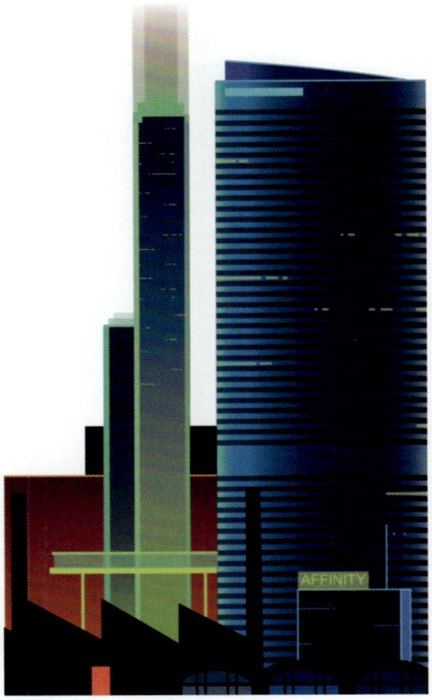

Ressource
skyline_01_documentsetup.afdesign

DOKUMENTEINSTELLUNGEN

1 Klicken Sie auf den Menüpunkt **Datei > Neu**.

2 Richten Sie das Dokument mit den empfohlenen Einstellungen ein und legen Sie **Seitenbreite** und **Seitenhöhe** als *5120 x 2880 px* fest.

3 Stellen Sie sicher, dass die **Dokumenteinheiten** auf *Pixel* eingestellt sind.

4 Um die Ausrichtung zu vereinfachen, fügen Sie eine Linealhilfslinie ein. Klicken Sie hierzu auf den Menüpunkt **Ansicht > Hilfslinien konfigurieren** und stellen Sie für eine horizontale Hilfslinie den Wert *1938 px* ein. Hierdurch kann ich die Formen an einer „Grundlinie" ausrichten und so meinen Designaufbau leichter realisieren.

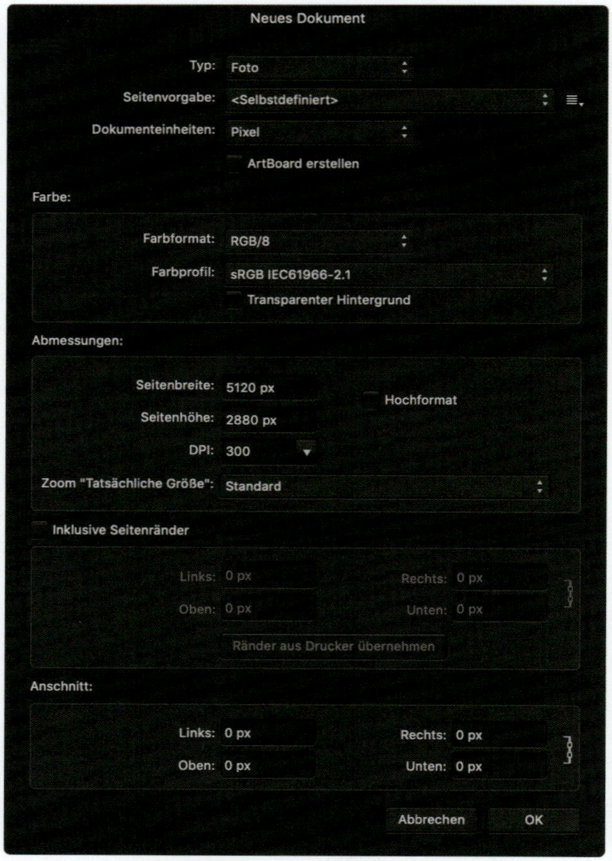

Ressource

skyline_02_backgroundscrapers.afdesign

HINTERGRUND

Die Wolkenkratzer im Hintergrund sind hohe Rechtecke und bilden eine gute Kulisse für die gesamte Szenerie.

Zunächst müssen wir die gezeichneten Rechtecke nach dem Prinzip des Block-in mit einer Füllung aus gleichmäßigen Farben versehen – dies ist jedoch nur vorübergehend. Letztendlich werden die Füllungen in Farbverläufe geändert, die sowohl den Löwenanteil der brillanten Farben des Designs liefern als auch die Illusion einer gerichteten Lichtsetzung erzeugen.

Entwickeln des Designs per Block-in

1 Klicken Sie im Panel **Ebenen** auf das Symbol **Ebene hinzufügen**.

2 Klicken Sie auf den Namen der Ebene und nennen Sie die neue Ebene *Hintere Wolkenkratzer*.

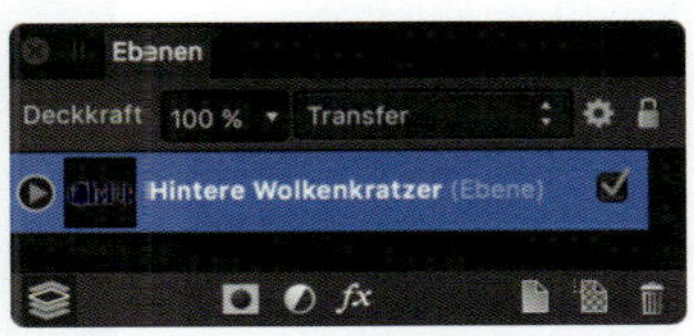

3 Legen Sie im Panel **Farbe** eine gleichmäßige Füllung fest (*HSL 255, 82, 15*) und als Konturfarbe „Ohne“.

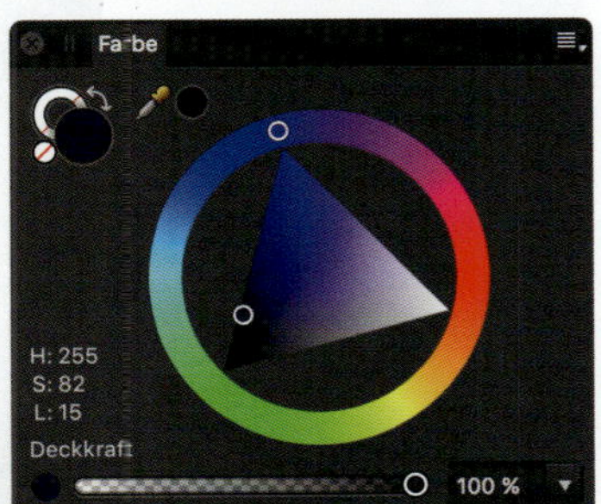

4 Aktivieren Sie das Werkzeug **Rechteck** (M) in der **Werkzeugleiste** und zeichnen Sie Rechtecke unterschiedlicher Höhe für die Wolkenkratzer. Die Rechtecke können sich ruhig ein wenig überlappen, wenn sich so einige interessante Umrisse ergeben.

Sie können zu diesem Zeitpunkt auch die Drahtgitter-Ansicht über die Symbolleiste aktivieren, um die Anordnung und Überlappung der Wolkenkratzer zu überprüfen.

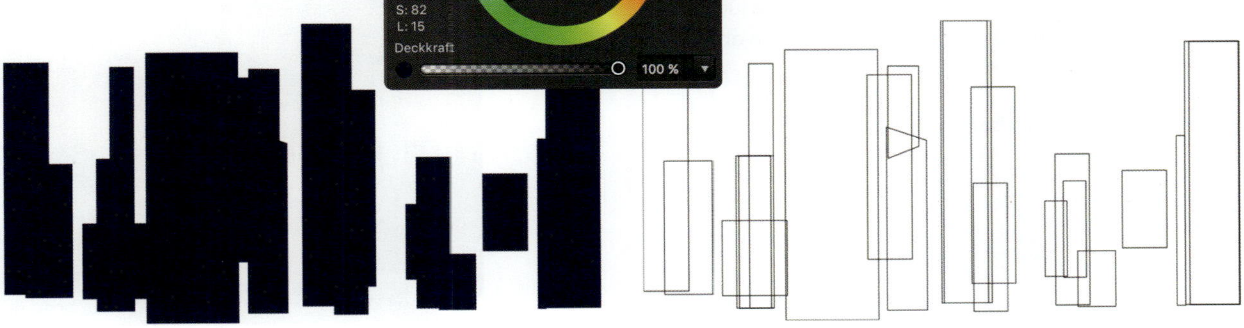

Ressource

skyline_03_nightsky.afdesign

NACHTHIMMEL

Als Nächstes möchte ich einen Hintergrund einfügen, der aus dem Nachthimmel und einem weichen pinkfarbenen Leuchten besteht, das die Stadt ausstrahlt. Für das Leuchten verwende ich eine Transparenz, damit es sich gut mit dem Himmel mischt.

1 Klicken Sie im Panel **Ebenen** auf das Symbol **Ebene hinzufügen**.

2 Klicken Sie auf den Namen der Ebene und geben Sie *Nachthimmel* ein. Ziehen Sie die Ebene unter die Ebene „Hintere Wolkenkratzer“.

Für den Nachthimmel:

3 Ziehen Sie mit dem Werkzeug **Rechteck** ein Rechteck, das sich von der linken oberen Ecke der Seite bis zur rechten unteren Ecke erstreckt.

4 Legen Sie mit dem Werkzeug **Füllung** (G) einen linearen Verlauf fest, indem Sie auf dem Rechteck nach oben ziehen. Legen Sie als obere Farbe für den Verlauf *HSL 245, 63, 9* fest und als untere Farbe *245, 63, 19*.

Für ein pinkfarbenes Leuchten, das sich mit dem dunklen Himmel mischt:

5 Zeichnen Sie ein weiteres Rechteck, das von der Seite ein wenig versetzt ist, indem Sie die entsprechenden Abmessungen in das Panel **Transformieren** eingeben (siehe nebenstehende Abbildung).

6 Legen Sie noch einen linearen Verlauf fest, indem Sie nach oben ziehen. Stellen Sie dann über das Panel **Farbe** für den unteren Endmarker Rot (*HSL 0, 100, 59*) ein und für den oberen Endmarker eine Deckkraft von *0 %*.

7 Legen Sie im Panel **Ebenen** eine Deckkraft von *42 %* für das Rechteck fest.

Ressource
skyline_04_midgroundscrapers.afdesign

DIE MITTE

Durch das Einfügen einer neuen Ebene für die Mitte können wir zusätzliche Gebäude zeichnen (hauptsächlich Wolkenkratzer) und diese vor den Wolkenkratzern im Hintergrund platzieren. Diese Elemente lassen sich ebenfalls wieder mit gleichmäßigen Füllungen als simple Blöcke erstellen.

Im späteren Verlauf der Designarbeit werde ich noch einige subtile lineare Verläufe einfügen sowie stark beleuchtete Kanten, die eine direkte Beleuchtung suggerieren. Im Gegensatz zu den hinteren Wolkenkratzern kommen hierbei sehr schwache Verläufe zum Einsatz.

Entwickeln des Designs per Block-in

1 Wählen Sie im Panel **Ebenen** die Ebene „Hintere Wolkenkratzer“ aus und klicken Sie auf das Symbol **Ebene hinzufügen**. Nennen Sie die Ebene *Mittlere Wolkenkratzer* und blenden Sie die Ebene „Hintere Wolkenkratzer“ aus.

2 Legen Sie im Panel **Farbe** eine dunkelblaue gleichmäßige Füllung fest (*HSL 240, 73, 12*).

3 Zeichnen Sie Rechtecke für die Wolkenkratzer in verschiedenen Höhen und verwenden Sie die Hilfslinie als Uferlinie. Die Rechtecke können sich ruhig ein wenig überlappen, wenn sich so einige interessante Umrisse ergeben. Ich habe ebenfalls eine „Grundlinienform“ über die Seite gelegt und für einige Formen die Füllung in *HSL 247, 100, 3* geändert. Alternativ verwenden Sie für Polygonformen den **Zeichenstift** (P) und forcieren mit gedrückter Umschalttaste (⇧) eine horizontale oder vertikale Linienführung.

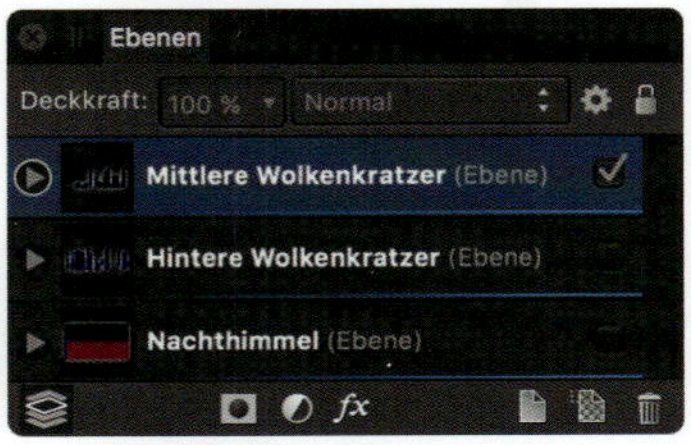

Falls sich die mittleren und hinteren Wolkenkratzer nicht sehr gut unterscheiden lassen (beide verwenden ja ähnlich blaue Füllungen), blenden Sie zur Not einfach die Ebenen für die hinteren Wolkenkratzer und den Nachthimmel aus!

Ressource

skyline_05_foregroundbuildings.afdesign

VORDERGRUND

Als Nächstes müssen wir dunklere Gebäude und Strukturen im Vordergrund der Stadt platzieren. Dieser Bereich rund um das Ufer braucht eine natürliche Beleuchtung von hinten. Die Objektfüllungen sind daher ausschließlich schwarz.

Einfügen von Gebäudesilhouetten

1 Legen Sie eine neue Ebene namens *Vordere Gebäude* an.

2 Legen Sie im Panel **Farbe** eine schwarze gleichmäßige Füllung fest (*HSL 240, 93, 5*).

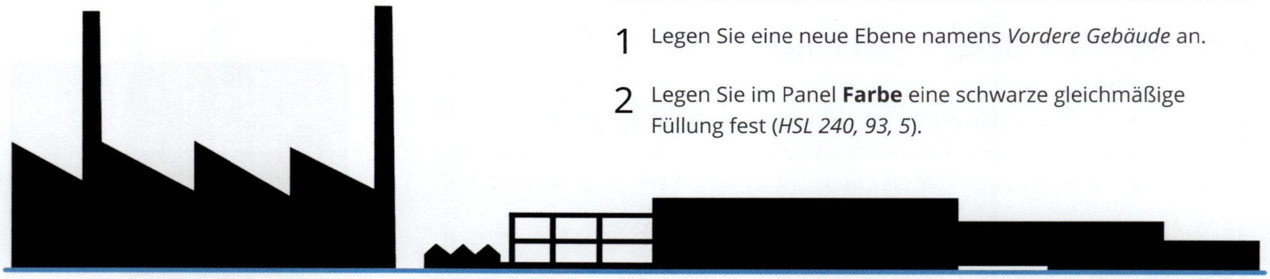

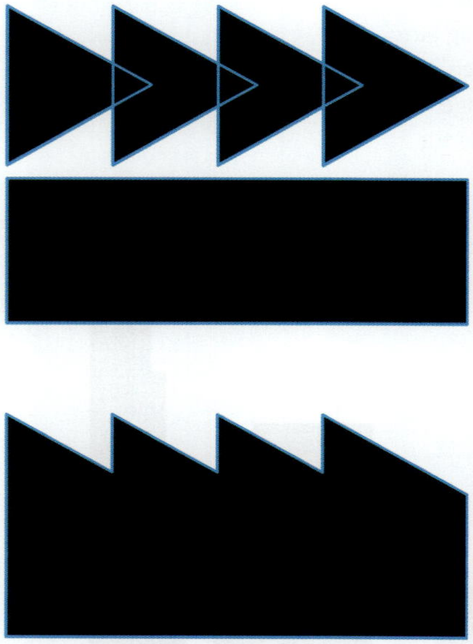

3 Zeichnen Sie Rechtecke, um die Gebäude an der gedachten Uferlinie zu platzieren. Verwenden Sie die blaue Hilfslinie, um die Gebäude zu positionieren. Sie können hierzu auch die **Magnetische Ausrichtung** in der **Symbolleiste** aktivieren.

4 Für die Winkeldächer erstellen Sie ein dickeres Rechteck und mehrere Dreiecke, die sich überlappen. Platzieren Sie die Dreiecke teilweise auf dem Rechteck, wählen Sie alle Formen aus und klicken Sie in der **Symbolleiste** auf das Symbol **Hinzufügen**.

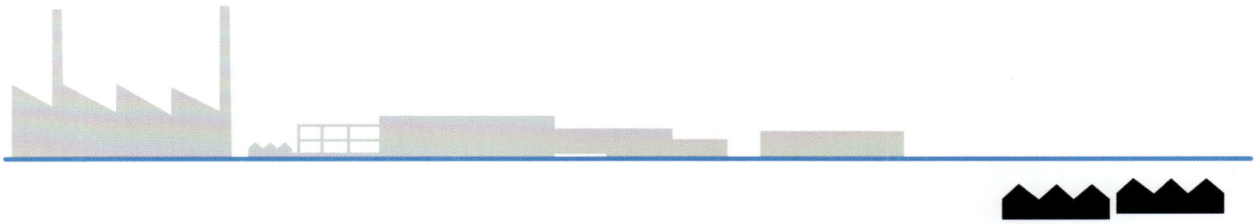

Erstellen Sie nach diesem Prinzip ein Haus mit Schrägdach, das zur späteren Verwendung im „Wasser“ bereit steht. Der Vordergrund ist nun bis auf einige Kleinigkeiten fertig, die ich vielleicht später noch ändere.

Ziehen wir doch an dieser Stelle ein kurzes Resümee. Sie haben nun ein Grunddesign aus Blöcken unterteilt in einen Hintergrund, eine Mitte und einen Vordergrund, das sich gegen einen Nachthimmel abzeichnet.

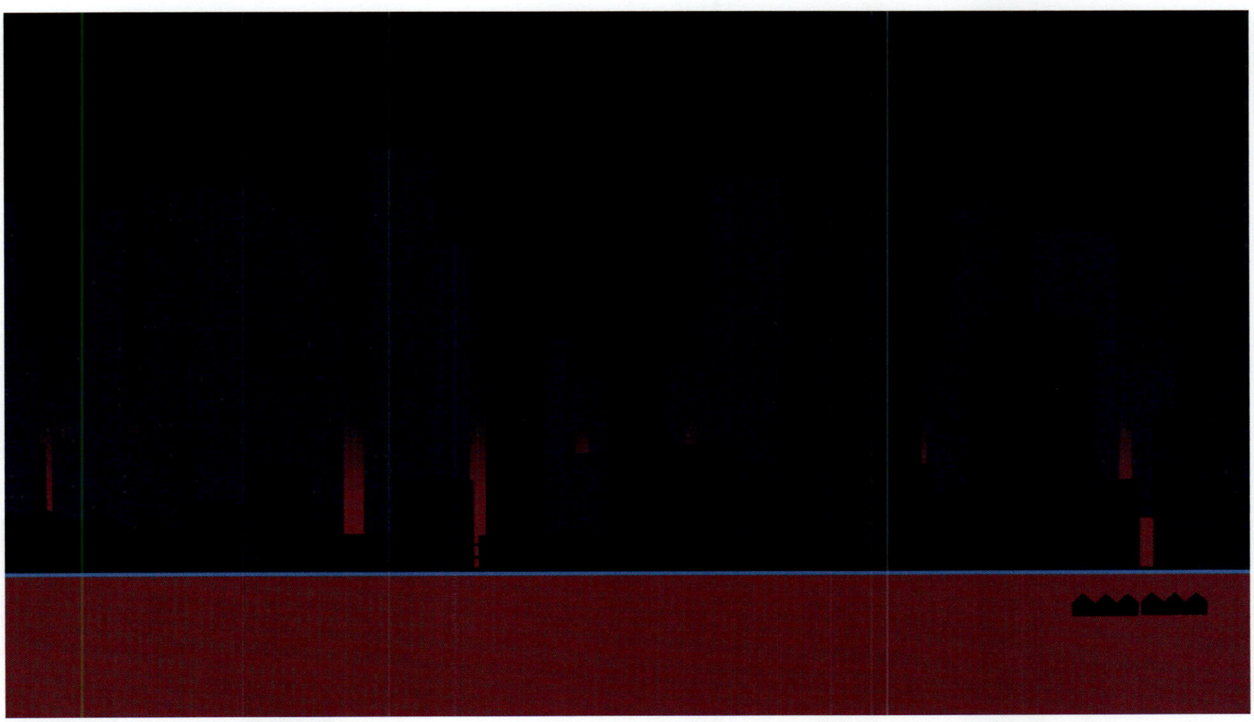

Die blauen gleichmäßigen Farben für die Wolkenkratzer wirken sehr dunkel und ähnlich, sind jedoch ein perfekter Ausgangspunkt, mit dem wir nun unsere Beleuchtung und Details entwickeln können. Ihr Design sieht im Moment vielleicht noch nicht gerade umwerfend aus, aber Sie können sich darauf verlassen, das alles nach Plan läuft!

Ressource

skyline_06_midgroundlighting.afdesign
skyline01.afpalette

LICHTSETZUNG

Ich versuche stets, meinen Arbeiten eine kreative Lichtstimmung zu verleihen, die sich von anderen Bildern unterscheidet.

In diesem Design möchte ich daher Lichter gezielt für die Wolkenkratzer in der Mitte und im Hintergrund setzen. Für die Mitte werden die Gebäude von vorn mit sehr subtilem Licht hervorgehoben – eventuell in blau oder violett, vielleicht noch mit einer angedeuteten Straßenbeleuchtung. Die Gebäude im Hintergrund strahlen ein warmes Licht in orange und rot aus und tragen somit viel zu der gesamten Lichtstimmung bei. Die verwendeten Farben ergeben sich im Verlauf des Designs, aber die Entscheidung hängt immer von den Lichtquellen ab und sollte niemals überstürzt werden.

Lichtsetzung für die mittleren Wolkenkratzer

Wir konzentrieren uns auf bestimmte Bereiche des Designs, in denen wir die Beleuchtung nur einmal festlegen müssen und dann einfach auf ähnliche Gebäude kopieren. Zwei Bereiche kommen hierfür infrage: Der Block aus vier Gebäuden ganz links und der höchste Wolkenkratzer mit den umstehenden Gebäuden rechts der Mitte.

Festlegen von Verläufen für die niedrigen Gebäude (blau beleuchtet):

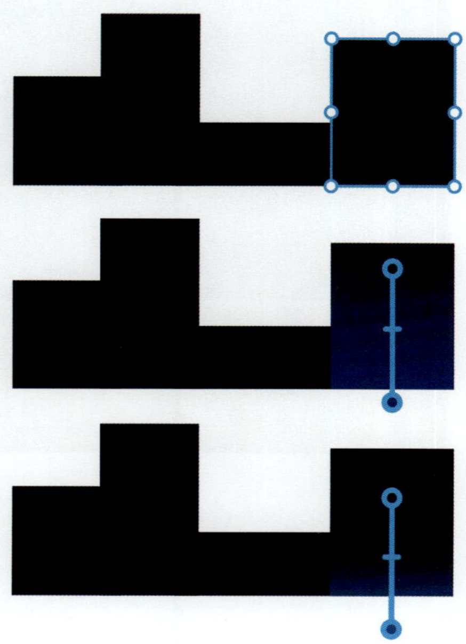

1 Wählen Sie die Ebene für die Mitte aus.

2 Wählen Sie im Gebäudeblock links das rechte Gebäude aus.

3 Ziehen Sie mit dem Werkzeug **Füllung** abwärts über die Form, um den Verlauf zu platzieren.

4 Legen Sie im Panel **Farbe** für den ausgewählten unteren Endmarker die Farbe *HSL 218, 57, 40* fest. Falls notwendig, können Sie die Endmarker durch Ziehen verschieben, bis alles perfekt ist. Später kopieren wir diesen Stil auf die anderen niedrigen Gebäude.

Für diese Gebäude müssen wir nur die Farbe in Richtung der Lichtquelle festlegen. Darum habe ich die ursprüngliche Farbe sorgfältig ausgesucht – sie ist gleichmäßig und harmoniert mit den anderen Gebäuden.

Festlegen von Verläufen für Wolkenkratzer (violett/orange beleuchtet):

Hier kommt dieselbe Technik zum Einsatz, die Verläufe müssen jedoch ausführlicher bearbeitet werden. Bei Gebäuden unterschiedlicher Höhe und verschiedener Farbanforderungen müssen die Pfade unterschiedlich lang sein und wir müssen beide Endmarker neu färben (und nicht nur einen).

1 Legen Sie mit dem Werkzeug **Füllung** einen Verlauf für das mittlere Gebäude fest.

2 Ändern Sie die Farben der Endmarker für den Verlauf (*HSL 245, 100, 15 > 5, 95, 64*) und ziehen Sie die Endmarker, um den Pfad neu zu positionieren.

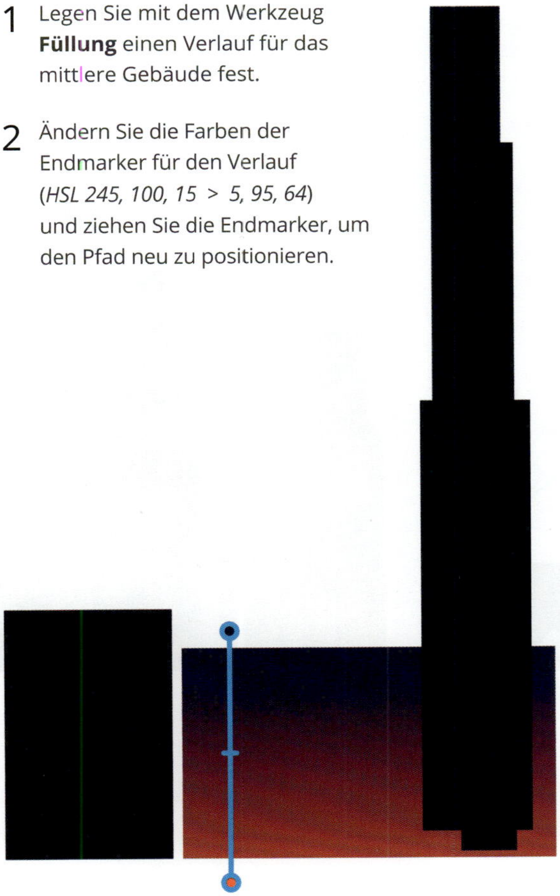

3 Wiederholen Sie diese Schritte für das linke und rechte Gebäude mit unterschiedlichen Verläufen (*HSL 245, 100, 15 > 328, 65, 23* und *HSL 253, 82, 16 > 328,65,23*).

Die Verlaufspfade von Objekten können sowohl außerhalb des Objektumrisses beginnen als auch enden.

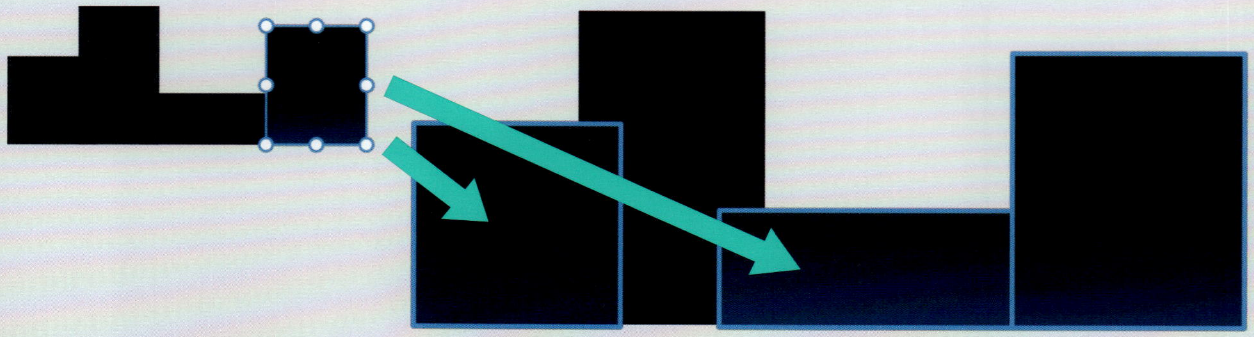

Übertragen von Stilen

Einige der Verläufe können wir für verschiedene Wolkenkratzer verwenden, indem wir einfach den Stil kopieren und übertragen. Das ist wohl die einfachste Methode, identische Verläufe für mehrere Formen gleichzeitig festzulegen.

1. Wählen Sie die „Quellform" aus.
2. Klicken Sie im Menü **Bearbeiten** auf **Kopieren**.
3. Wählen Sie alle Wolkenkratzer als „Ziele" aus, denen Sie den Verlauf zuweisen möchten.
4. Klicken Sie im Menü **Bearbeiten** auf **Stil übertragen**.
5. Justieren Sie die Verlaufspfade für die einzelnen Wolkenkratzer, um die Verläufe zu verlängern oder zu verkürzen.

Licht von der Seite

Zum Abschluss dieser Ebene platziere ich versetzte blaue Rechtecke hinter einigen der Gebäude, um eine seitliche Beleuchtung durch eine starke blaue Lichtquelle zu simulieren.

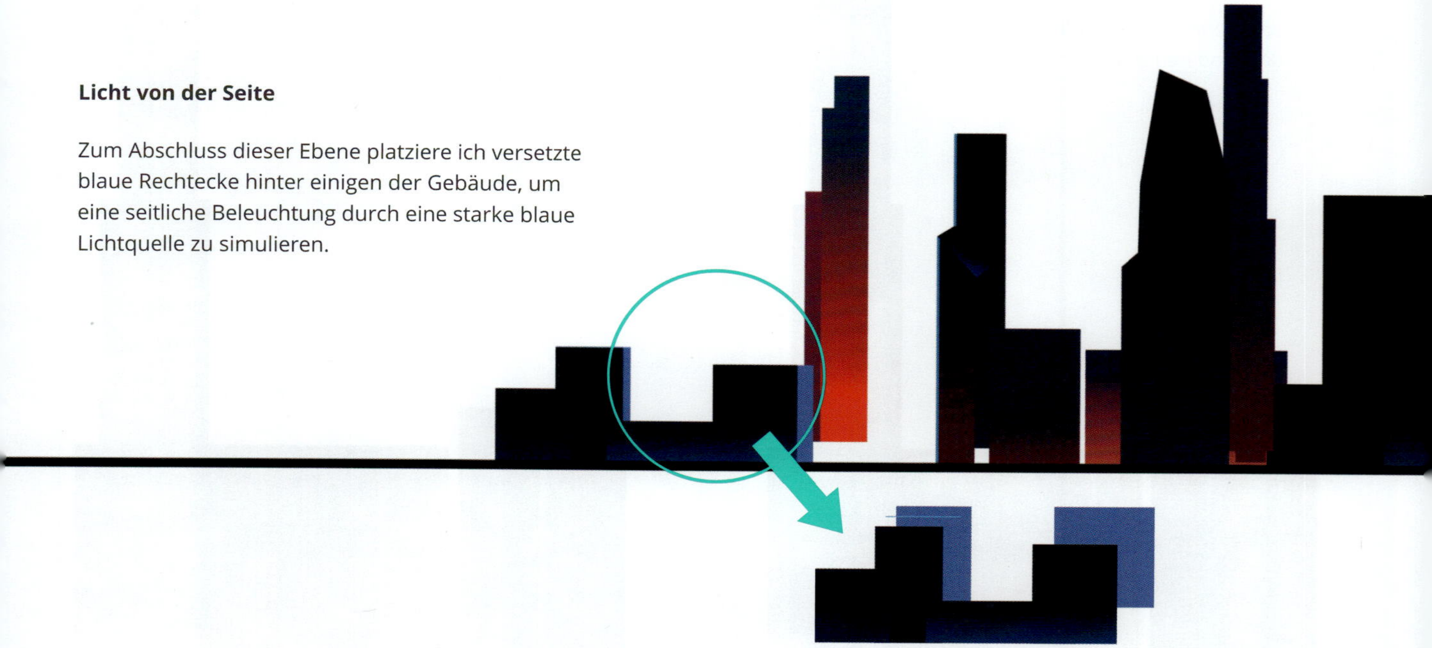

Lichtsetzung für die hinteren Wolkenkratzer

Die Lichter für die Wolkenkratzer im Hintergrund verleihen dem gesamten Design sehr viel Farbe und ein gewisses Leuchten. Diese Wolkenkratzer werden ausschließlich von mehrfarbigen Lichtern angestrahlt, die sich alle auf Straßenhöhe befinden. An dieser Stelle muss ich mir einige Gedanken um die Position, Richtung und Farben der Lichter machen.

Importieren einer Dokumentpalette

- Klicken Sie in den Panel-Einstellungen des Panels **Farbfelder** auf **Palette Importieren > Als Dokumentpalette**. Wählen Sie die Datei skyline01.afpalette aus und klicken Sie auf **Öffnen**.

Sie können nun die Farbfelder der angezeigten Palette verwenden, um Ihre Verläufe zu färben.

Meine Farben habe ich basierend auf meiner Erfahrung und meiner Inspiration gewählt. Möchten Sie etwas mit verschiedenen Farben für die Wolkenkratzer im Hintergrund experimentieren? Dann laden Sie sich einfach meine Farbwahl als Dokumentpalette herunter. Indem Sie die Palette importieren können Sie bequem aus dieser Farbzusammenstellung auswählen und so leicht reproduzierbare Ergebnisse erzielen.

Ressource
skyline_07_backgroundlighting.afdesign skyline01.afpalette

Festlegen von Verläufen für die Wolkenkratzer im Hintergrund

1 Wählen Sie die Ebene „Hintere Wolkenkratzer" aus.

2 Aktvieren Sie das Werkzeug **Füllung**, wählen Sie einen Wolkenkratzer aus und ziehen Sie nach unten, um einen Standardverlauf festzulegen.

3 Ändern Sie die Farben für die Endmarker mithilfe der Farben aus der Dokumentpalette „skyline01" des Panels **Farbfelder**.

4 Wiederholen Sie diese Schritte für die anderen Wolkenkratzer.

Nachdem ich einen Verlauf platziert habe, lege ich fast immer sofort eine hellere Farbe für den bereits ausgewählten Endmarker fest, der meiner imaginären Quellfarbe entspricht. Dann wähle ich einfach den anderen Endmarker des Verlaufs aus und stelle eine dunklere Komplementärfarbe ein.

> *„Meine Ideen für die Lichtsetzung in diesem Projekt basiert auf verschiedenen farbigen Lichtquellen in hellgrün, türkis, braun, orange und rot.*

Für das zylindrische Gebäude links in der Szene habe ich diesen Ansatz variiert, da es von beiden Seiten beleuchtet werden muss. Hier zeichne ich den Verlauf horizontal über das Gebäude und platziere durch Klicken zusätzliche Marker auf dem Pfad, die ich dann mit dem Panel **Farbfelder** neu einfärbe. Hierdurch ergibt sich eine runde Darstellung, da die Farben sowohl an der rechten als auch der linken Gebäudekante heller sind. Weitere Details finden Sie unter Farben & Verläufe auf Seite 106.

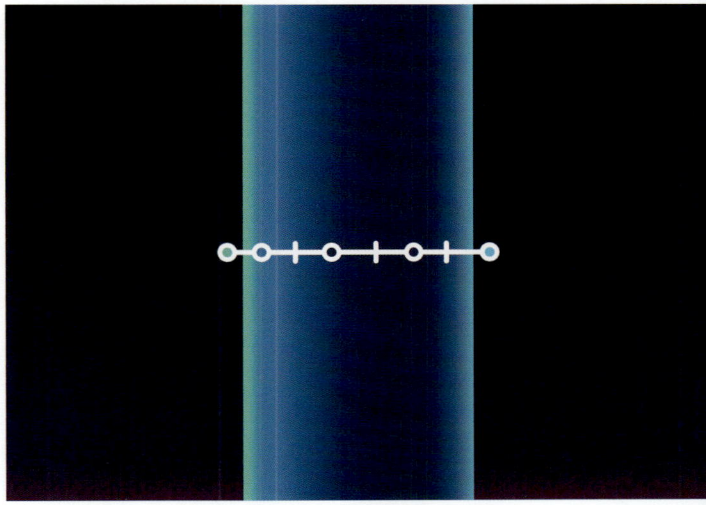

Die fertige Ebene „Hintere Wolkenkratzer" sollte viele Verläufe und warme Farben aufweisen. Nachdem wir jetzt schon ein gutes Stück vorangekommen sind, wird es Zeit für eine kleine Vorschau.

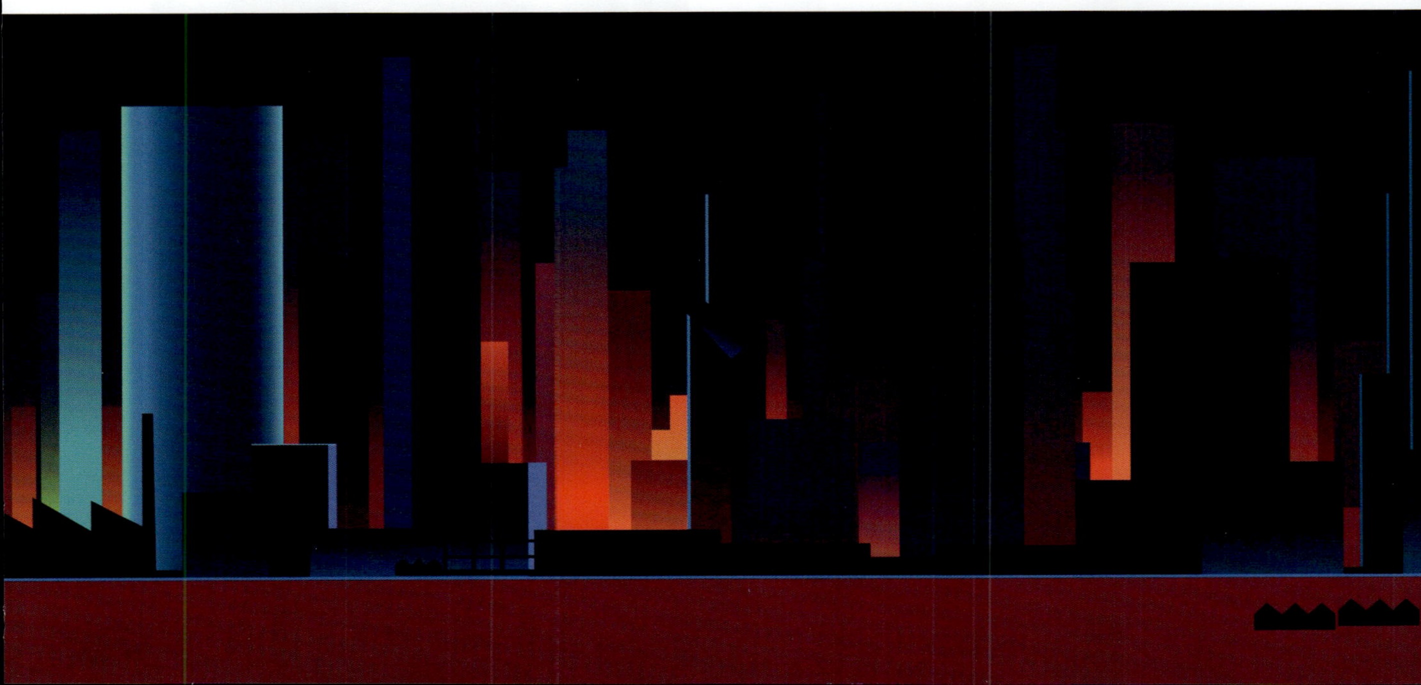

Ressource
skyline_08_highlighting.afdesign

Lichtakzente für Kanten

Nachdem die Formen und Farben nun alle an ihrem Platz sind, wenden wir uns den Lichtakzenten zu, die gezielt auf einige Wolkenkrater gesetzt werden. Wenn wir dünne Umrisslinien, Kanten unterschiedlicher Breite und Gebäudefassaden hell ausleuchten, treten die Gebäude sehr viel plastischer aus dem Nachthimmel hervor.

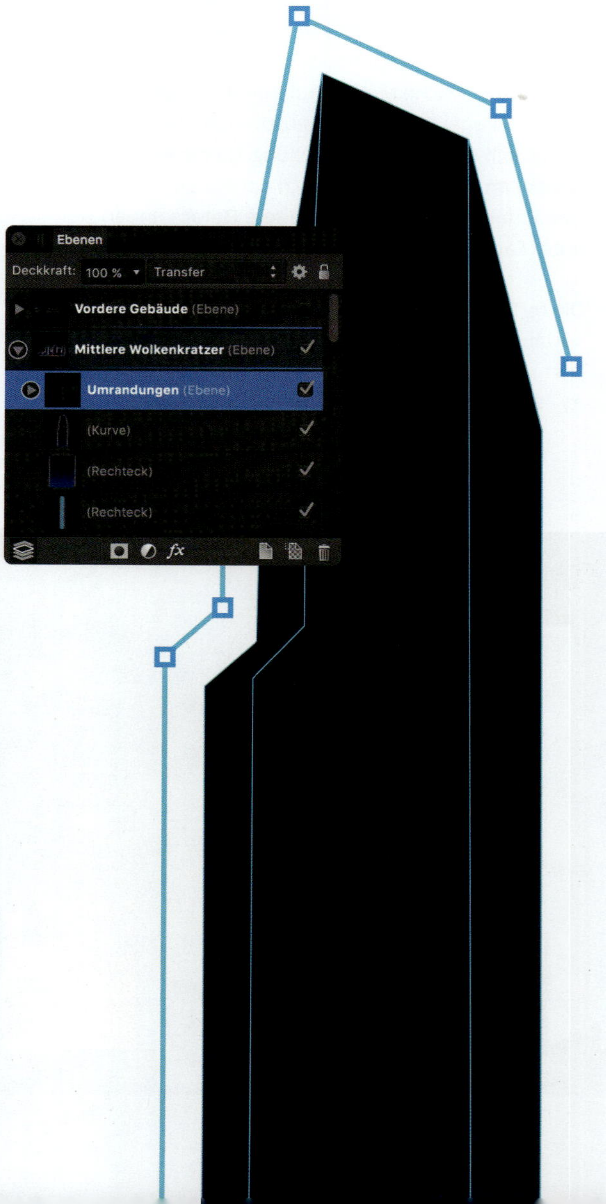

Umrandungen

1. Erstellen Sie eine neue Ebene namens *Umrandungen* und platzieren Sie sie in der Ebene „Mittlere Wolkenkratzer" und ganz oben in ihrem Elementstapel.
2. Stellen Sie im Panel **Farbe** eine türkisfarbene Kontur (*HSL 187, 100, 54*) ein und im Panel **Kontur** eine **Breite** von *0,6 pt*.
3. Wählen Sie die neue Ebene aus, aktivieren Sie den **Zeichenstift** und klicken Sie entlang der Umrisslinie einzelner Wolkenkratzer, um eine „offene" Umrandung aus geraden Segmenten zu erstellen.
4. Wiederholen Sie diesen Schritt auch für die Wolkenkratzer im Hintergrund.

Sie können die Farben noch genauer an die Lichtstimmung anpassen, aber die Kanten sollten möglichst hell sein.

> Halten Sie während des Zeichnens die **Umschalttaste** (⇧) gedrückt, um die Linie auf die Horizontale, Vertikale oder einen Winkel von *45°* zu beschränken, sodass sie gut an den Wolkenkratzern anliegt.

Kanten variabler Breite

Einigen Wolkenkratzern müssen wir durch eine starke Beleuchtung von der Seite und ein wenig Licht von oben zusätzliche Tiefe verleihen. Dies verstärkt auch den Kontrast des ganzen Bildes.

1 Wählen Sie ein Gebäude in der Ebene „Mittlere Wolkenkratzer“ aus.

2 Zeichnen Sie ein dünnes Rechteck, das der horizontalen oder vertikalen Umrisslinie des Wolkenkratzers folgt.

3 Um mehrere farbige Lichter zu simulieren, verwenden Sie Blau-, Grün- und Violetttöne wie in der Explosionszeichnung. Diese Elemente suggerieren die Farbe einer nahe gelegenen Lichtquelle.

4 Wiederholen Sie diese Schritte für mehrere Gebäude und die Ebene „Hintere Wolkenkratzer“.

Alternativ können Sie auch ganze Wolkenkratzer duplizieren und die Kopien versetzt hinter ihren Originalen anordnen. Es muss nur eine schmale Kante sichtbar sein. Der Vorteil hierbei ist, dass Sie das Rechteck später noch neu positionieren können.

Beleuchten der Gebäudefassaden

Einige Gebäudefassaden sollten wir nun mit breiteren Lichtern aufhellen.

1 Erstellen Sie eine neue Ebene *Beleuchtete Fassaden* und ziehen Sie sie unter die Ebene „Umrandungen".

2 Zeichen Sie mit dem **Zeichenstift** ein Polygon, das in den Wolkenkratzer passt. Legen Sie eine andere Farbe fest – entweder eine gleichmäßige Farbe oder einen Farbverlauf.

Die Lichtsetzung hat eine große Auswirkung auf das Design. Werfen wir mal einen Blick auf beide Ebenen („Mittlere Wolkenkratzer" und „Hintere Wolkenkratzer") und schauen uns einige der Ergebnisse an. ▶

Wenn Sie beide Ebenen einblenden, sind die Auswirkungen ganz schön beachtlich. ▶

Hintergrund

Mitte

Ressource
skyline_09_detail.afdesign

DETAILS

Wenn Sie nun Details hinzufügen, wie z. B. Etagen und Fenster, werden aus den Formen echte Hochhäuser. Die meisten Details lassen sich schnell und einfach durch Duplizieren einzelner oder gruppierter Formen realisieren. Auf diese Weise sind Muster für Etagen und Fenster überhaupt kein Problem.

Damit nicht alles gleich aussieht, sollten Sie einige unregelmäßige Anordnungen in den Gebäudefassaden verwenden. Das lässt sich mit einfachen Tricks erledigen. Dieses Design enthält so viele Details, dass ich hier nur auf einige Beispiele näher eingehe – die Etagen und Fenster. Ich habe für alle Elemente dieselben Grundtechniken verwendet.

Etagen der Wolkenkratzer

Etagen lassen sich mit dünnen Formen realisieren, die sich in regelmäßigen Abständen entlang des gesamten Wolkenkratzers wiederholen. Damit die Etagen auch gut zu der Form des Gebäudes passen, verwenden wir **Begrenzungen**. Hierdurch müssen wir nicht jede Etage ganz penibel an den Kanten des Gebäudes ausrichten.

1 Wählen Sie den blauen Wolkenkratzer in der Ebene „Hintere Wolkenkratzer" aus. Dieses Gebäude steht links im Bild und ist mit einem Verlauf versehen.

2 Zeichnen Sie mit dem Werkzeug **Rechteck** ein dünnes Rechteck oben auf dem blauen Wolkenkratzer, das horizontal über beide Seiten des Gebäudes ragt. Legen Sie einen Verlauf fest (*HSL 200, 54, 41 > 251, 71, 10*).

3 Duplizieren Sie das Rechteck über den Menüpunkt **Bearbeiten > Duplizieren** und ziehen Sie mit gedrückter Umschalttaste (⇧) die Kopie unter das oberste Rechteck. Durch die Modifier-Taste wird die Verschiebung auf die Vertikale beschränkt.

4 Für eine **Kettenduplikation** halten Sie die cmd-Taste ⌘ + J (Mac) oder die Strg-Taste + J (Win), um die gewünschte Anzahl Kopien zu erstellen. Für meine oberen Stockwerke habe ich 32 Rechtecke verwendet.

Der Abstand ist hierbei sehr wichtig. Lassen Sie sich bei der Beurteilung ruhig Zeit. Stimmt alles? Weder zu weit noch zu eng?

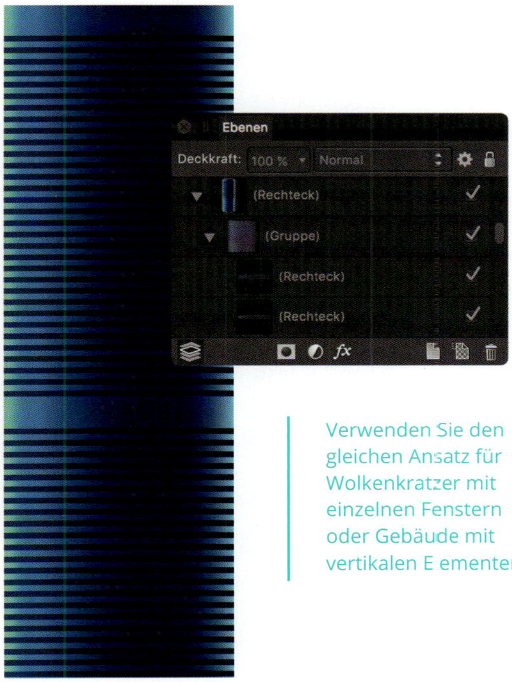

Verwenden Sie den gleichen Ansatz für Wolkenkratzer mit einzelnen Fenstern oder Gebäude mit vertikalen Elementen.

5 Wählen Sie alle dünnen Rechtecke aus, klicken Sie in der Kontextleiste auf **Gruppieren**, führen Sie einen ctrl-Klick (Mac) oder Rechtsklick (Win) aus und klicken Sie im Kontextmenü auf **Im Panel „Ebenen" suchen**.

6 Ziehen Sie im Panel **Ebenen** die ausgewählte Gruppe in das Rechteck des Wolkenkratzers. Hierdurch werden die Etagen an der Umrisslinie des Gebäudes begrenzt.

7 Kopieren Sie die Gruppe, fügen Sie die Kopie ein und ziehen Sie die Kopie abwärts, um die untere Hälfte des Gebäudes zu füllen.

Fenster für die Wolkenkratzer

Genau wie im vorangehenden Abschnitt werden auch die Fenster über viele Duplikate erstellt. Ich werde durch Duplizieren und Gruppieren die Fenster horizontal und vertikal über das Gebäude verteilen. Alle Fenster sollten den gleichen Abstand aufweisen.

1 Wählen Sie den mittelgroßen Wolkenkratzer in der Ebene „Mittlere Wolkenkratzer" aus.

2 Zeichnen Sie ein kleines Rechteck (*HSL 211, 78, 45*) oben links in dem Wolkenkratzer und erstellen Sie per Kettenduplikation fünf Kopien.

3 Gruppieren Sie die Fenster und erstellen Sie per Kettenduplikation 15 Kopien der Gruppe abwärts – wie bei den obigen Stockwerken. Gruppieren Sie diese Gruppen.

4 Erstellen Sie per Kettenduplikation zwei Kopien dieser Gruppe abwärts und gruppieren Sie dann alle drei Gruppen.

Letztendlich haben Sie nun eine Gruppe mit drei Untergruppen die jeweils 16 Gruppen enthalten. Jede dieser 16 Gruppen besteht wiederum aus 6 Fenstern.

Festlegen eines Lichtverlaufs

Im Moment sind die Fenster identisch und wirken etwas flach. Wenn wir nun einen Verlauf für die ganze Gruppe festlegen, entsteht der Eindruck, das nach oben gerichtete Licht würde sich in den Fenstern entlang des gesamten Gebäudes spiegeln.

1 Wählen Sie die Fenstergruppe aus.

2 Legen Sie mit dem Werkzeug **Füllung** einen linearen Verlauf fest, indem Sie auf dem Wolkenkratzer nach unten ziehen. Legen Sie für den unteren ausgewählten Endmarker die Farbe *HSL 244, 49, 13* fest.

Gezieltes Ausleuchten von Fenstern

Für den Feinschliff des Fensterdesigns färbe ich nun noch einige der Fenster dezent. Dies könnte zum Beispiel andeuten, dass einige Fenster teilweise geöffnet sind und daher das Licht anderes reflektieren als die geschlossenen.

1 Klicken Sie mit gedrückter cmd-Taste ⌘ (Mac) oder Strg-Taste (Win) auf ein Fenster. Wählen Sie nun mit gedrückter Umschalttaste (⇧) durch Klicken zusätzliche Fenster aus.

2 Legen Sie eine gleichmäßige Füllung für die Fenster fest, wie z. B. *HSL 192, 78, 45*. Falls gewünscht können Sie die Fenster noch etwas abdunkeln – je stärker, desto weiter unten sie sich befinden.

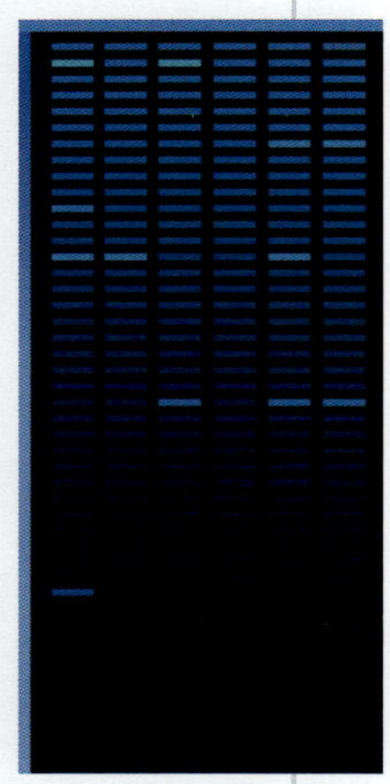

Weitere Fenster für die Wolkenkratzer

Bei mehrstufigen Gruppen ist es zuweilen nicht ganz einfach, ein gruppiertes Objekt auszuwählen. Die oben verwendeten Modifier-Tasten „bohren" sich durch die Schichten der Gruppe und wählen das Zielobjekt ohne Probleme aus.

Bisher haben wir die Etagen und Fenster in regelmäßigen Mustern angeordnet. Versuchen wir uns bei einem anderen Wolkenkratzer doch mal an einer willkürlichen Verteilung der Fenster mithilfe von Strichen.

1 Wählen Sie den abgestuften Wolkenkratzer in der Ebene „Mittlere Wolkenkratzer" aus.

2 Zeichnen Sie dünne Rechtecke (*HSL 140, 95, 61*) in horizontaler und vertikaler Richtung entlang des Wolkenkratzers. Verwenden Sie für die Rechtecke unterschiedliche Breiten aber eine gleichmäßige Höhe von ca. *10 px*.

3 Um alles etwas interessanter zu gestalten, habe ich einzelne Fenster blau (*HSL 216, 95, 61*) gefärbt.

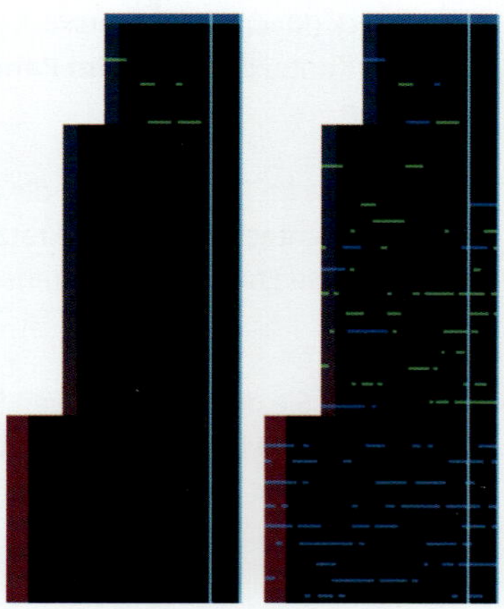

Weitere Details

Wir haben bisher drei verschiedene Varianten für Etagen und Fenster sowohl in der Mitte als auch im Hintergrund verwendet. Die übrigen Fenster und Etagen dieser Ebenen können Sie einfach füllen. Achten Sie aber darauf, dass Sie die Stile mehrfach duplizieren und natürlich wirkende Verläufe einsetzen.

Ich habe an dieser Stelle noch einige Elemente bereinigt und über den zwei Hauptebenen weitere Details in mein Design eingefügt.

Die mittlere Ebene in vollem Detail

Vordergrund-, Mitten- und Hintergrundebene mit zusätzlichen Details

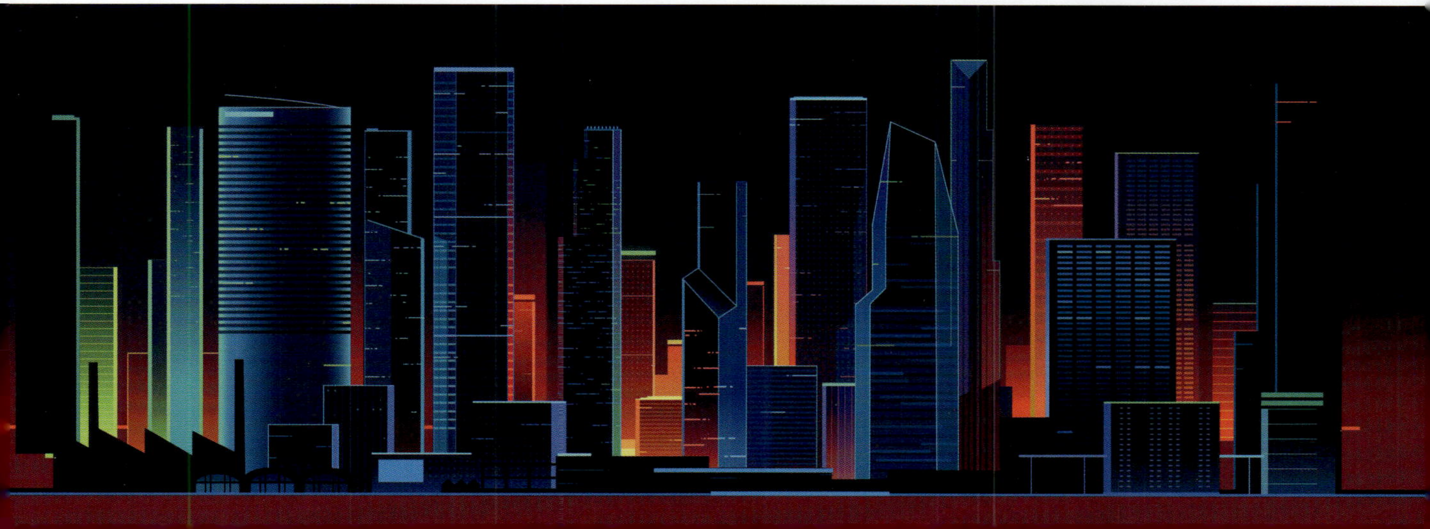

Ressource
skyline_10_nicetouches.afdesign

ANSPRECHENDE KLEINIGKEITEN

Die Details für das Design sind nun fast vollständig, aber ich möchte noch einige interessante Aspekte hinzufügen, bevor es weitergeht.

Nach oben gerichtete Beleuchtung

Ich möchte über den meisten Wolkenkratzern noch eine in den Himmel gerichtete Beleuchtung erzeugen. Hierdurch wirken sie etwas moderner und die gesamte Szenerie wird noch einmal unterstrichen. Vom Arbeitsaufwand her handelt es sich lediglich um einige Verläufe, die nach oben in Richtung Nachthimmel immer schwächer werden.

1 Zeichen Sie ein Rechteck so über einem Wolkenkratzer, dass es über die Oberkante der Seite ragt.

2 Aktivieren Sie das Werkzeug **Füllung**, ziehen Sie entlang des Rechtecks nach oben und stellen Sie den Verlauf auf *HSL 212, 69, 21 > 360, 100, 67* ein.

3 Duplizieren Sie das Rechteck und verbreitern Sie das hintere Rechteck, indem Sie mit gedrückter cmd-Taste ⌘ (Mac) oder Strg-Taste (Win) seinen Seitengriff nach außen ziehen. Hierdurch verändern Sie die Größe des Objekts von seinem Mittelpunkt aus.

4 Reduzieren Sie mit dem Panel **Farbe** die **Deckkraft** für das obere und untere Rechteck auf *20 %* und *32 %*.

Nachdem Sie alle Lichter nach oben eingefügt haben, fassen Sie sie in einer Gruppe „Flutlicht“ zusammen und platzieren sie unten in der Ebene „Hintere Wolkenkratzer“.

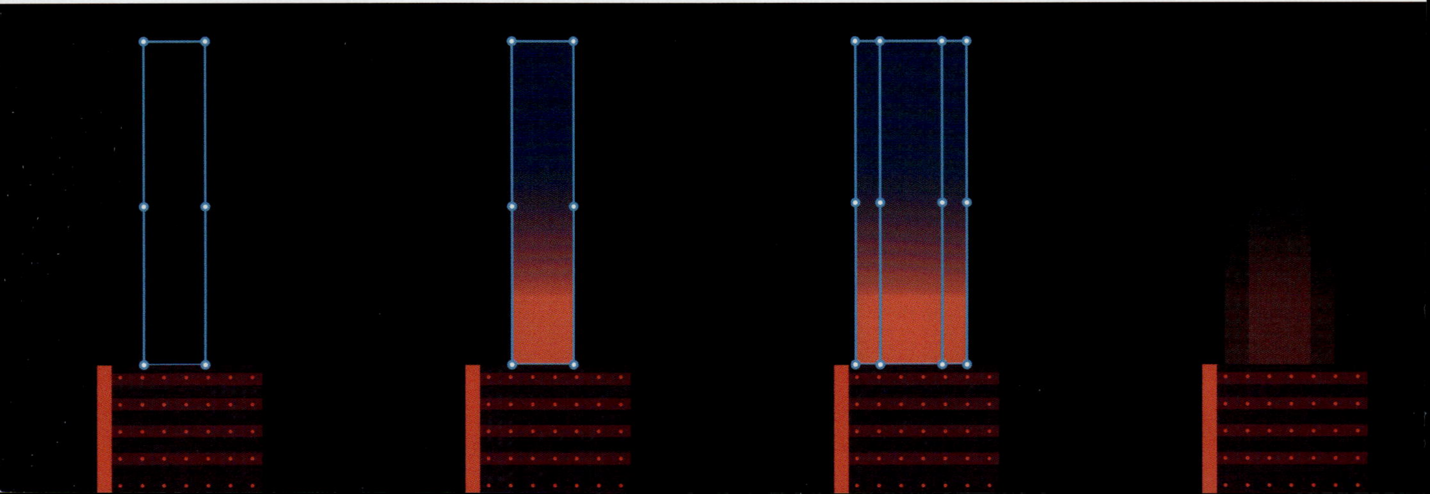

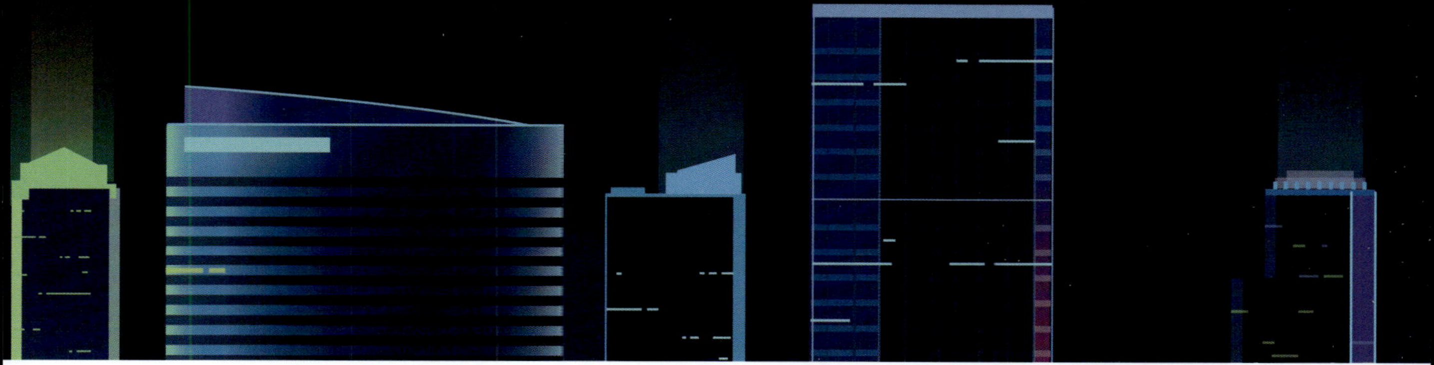

Die Dächer

Durch überlappende Formen können Sie Dächer für einige der Wolkenkratzer erzeugen.

Wenn Sie einige Exemplare noch zusätzlich mit variabler Deckkraft versehen, entsteht die Illusion von Glasdächern. Damit der Designaufbau ordentlich bleibt, sollten Sie die Dächer gruppieren. In meiner Ebene „Hintere Wolkenkratzer" habe ich daher eine Gruppe namens *Dächer* erstellt. Andere Dächer wurden in die Ebene „Mittlere Wolkenkratzer" eingefügt.

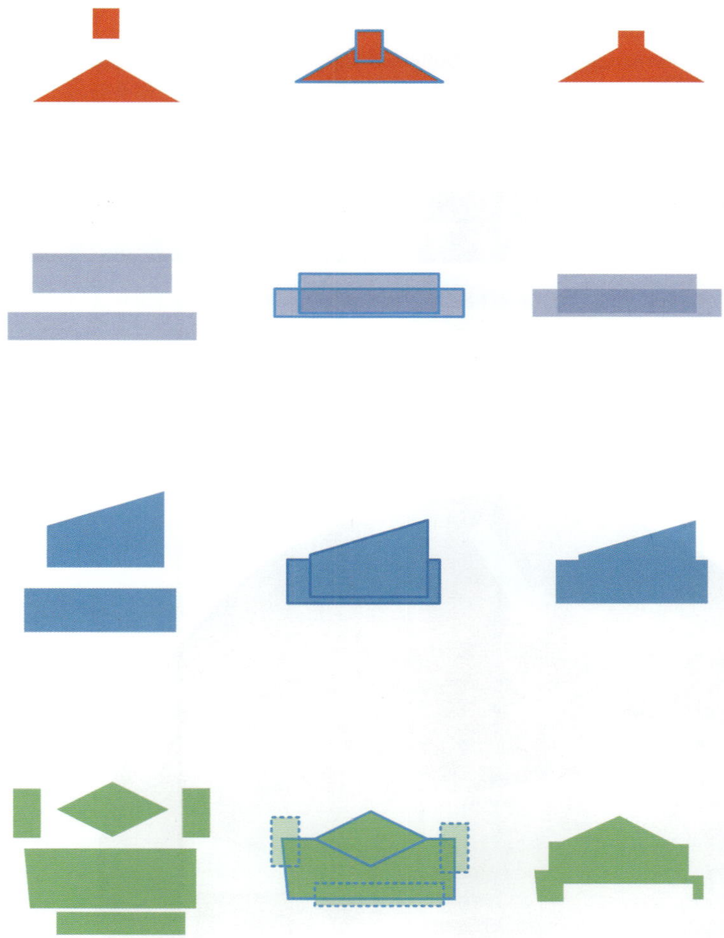

Einfügen von Sternen

Obwohl es sich bei den Sternen im Nachthimmel nur um einen subtilen Effekt handelt, sind sie einfach unverzichtbar.

1 Wählen Sie die Ebene „Nachthimmel" aus.

2 Klicken Sie in der **Symbolleiste** auf das Symbol **Pixel Persona**.

3 Wählen Sie den **Malpinsel** (B) aus und stellen Sie in der Kontextleiste die **Breite** und **Härte** ein.

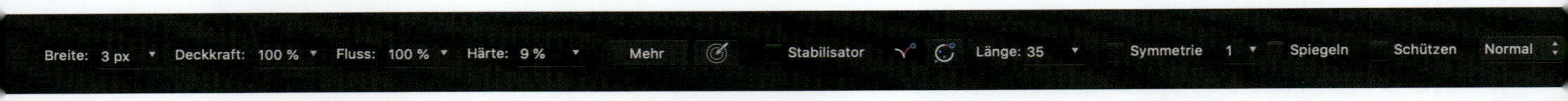

4 Legen Sie im Panel **Farbe** einen Weißton für den Pinsel fest und klicken Sie auf willkürliche Punkte im Himmel, um die Sterne zu platzieren.

Das Ufergebäude

Ich platziere nun mit den bisher verwendeten Techniken auch ein Gebäude im Vordergrund. Dieses Gebäude ist der Abschluss für unsere Skyline und erhält eine separate Ebene namens *Vorderes Haus* über der Ebene „Vordere Gebäude“.

Ressource
skyline_11_reflection.afdesign

DIE SPIEGELUNG

Ich liebe Wasserspiegelungen und verwende sie daher in vielen meiner Designs. Bei dem Design „Reflected Skyline" spiegeln sich alle Wolkenkratzer im Wasser, das wir im Vordergrund platzieren. Im Moment sieht das nach ziemlich viel Arbeit aus, aber mit einer einfachen Transformation bekomme ich genau den Look, der mir vorschwebt.

Die Grundlage der Spiegelung

Als Erstes füge ich eine dunkle Basis ein, sodass der violette Vordergrund verdeckt ist. Danach platziere ich darauf meine Spiegelungen.

- Erstellen Sie im Panel **Ebenen** eine neue Ebene namens *Spiegelung – Grundlage* über der obersten Ebene für die Lichtakzente der Dächer. Für eine dunkle Grundlage im Vordergrund zeichnen Sie ein schwarzes Rechteck (*HSL 255, 95, 5*), das die gesamte untere Hälfte der Seite abdeckt, sodass seine Oberkante gerade die Unterseite der Gebäude im Vordergrund berührt.

Erstellen der Spiegelung

1 Wählen Sie im Panel **Ebenen** bei gedrückter cmd-Taste ⌘ (Mac) oder Strg-Taste (Win) folgende Ebenen aus:

- Vorderes Haus
- Vordere Gebäude
- Mittlere Wolkenkratzer
- Hintere Wolkenkratzer

2 Duplizieren Sie die Auswahl (**Bearbeiten > Duplizieren)** und gruppieren Sie sie.

3 Klicken Sie in der **Symbolleiste** auf das Symbol **Vertikal spiegeln** und ziehen Sie die Gruppe nach unten, sodass die Illusion einer Spiegelung entsteht. Halten Sie während des Ziehens die Umschalttaste (⇧) gedrückt, um die Bewegung auf die Vertikale zu beschränken.

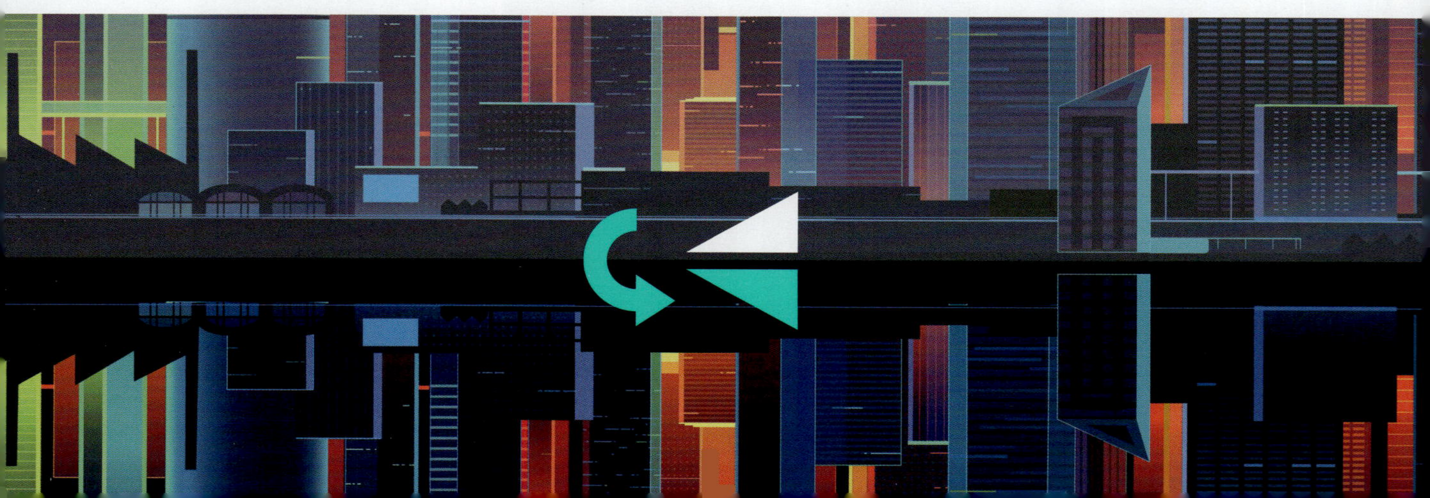

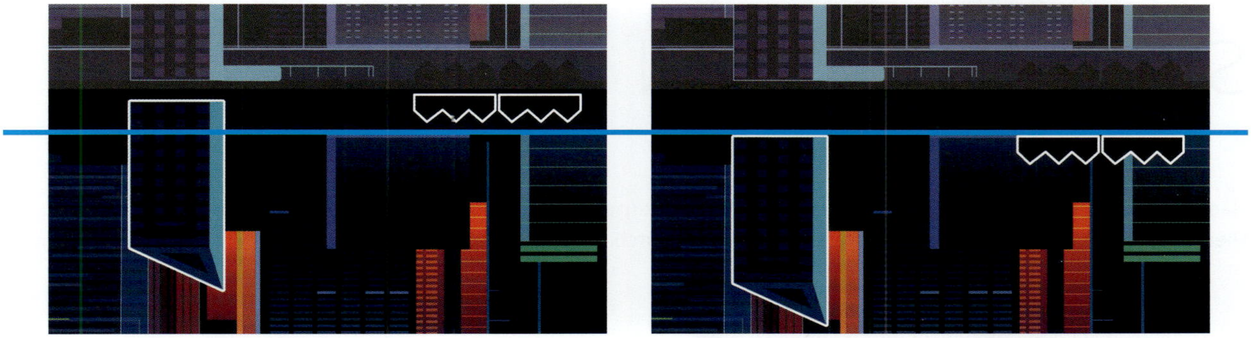

4 Erstellen Sie eine neue Ebene namens *Spiegelung* über der Ebene „Vorderes Haus" und ziehen Sie die Gruppe in diese Ebene.

Im Moment ist die Spiegelung noch nicht so nahe an der Skyline, wie ich sie gerne hätte. Das Problem ist das vordere Haus, das sich in den Vordergrund erstreckt.

5 Wählen Sie in der Spiegelungsgruppe die Ebene „Vorderes Haus" aus und ziehen Sie sie nach unten, um sie an den Unterkanten der anderen gespiegelten Formen auszurichten.

6 Die gesamte Spiegelungsgruppe lässt sich nun näher an die Skyline ziehen.

7 Damit die Spiegelung den typisch verschwommenen Look einer Reflexion im Wasser erhält, legen Sie über das Panel **Effekte** eine **Gaußsche Unschärfe** von *7,8 px* für die Gruppe fest. Für den auslaufenden Teil der Spiegelung zeichnen Sie ein dunkles Rechteck über die untere Hälfte der Spiegelung und legen einen Verlauf von *HSL 230, 81, 4* bis *0 %* **Deckkraft** fest.

Ich habe mich an dieser Stelle entschieden, einige Details aus den gespiegelten Gebäuden zu entfernen. Das vordere Gebäude ist nun zum Beispiel eine gleichmäßig gefüllte Fläche ohne Details.

Ressource
skyline_12_street.afdesign

STADTAUTOBAHN

Nach dem Einfügen der Wasserspiegelung muss noch die Grenze zwischen Stadt und Wasser definiert werden. Hierzu verwende ich eine beleuchtete Uferstraße, die sich durch die ganze Stadt zieht.

1 Wählen Sie die Ebene „Spiegelung – Grundlage" aus.

2 Für die beleuchteten Fahrspuren der Straße zeichnen Sie drei sehr dünne Rechtecke (*6,8 px, 14,7 px, 23,9 px*) in voller Seitenbreite und platzieren sie so, dass die Breite in Richtung des Vordergrunds zunimmt. Legen Sie für die erste Spur einen Verlauf *HSL 0, 85, 64 > 217, 75, 19* fest und übertragen Sie ihn auf die anderen (über **Bearbeiten > Kopieren** und **Bearbeiten > Stil übertragen**).

> “*Dieses Projekt war bestimmt eine spannende und interessante Herausforderung. Ich hoffe, es hat Ihnen gefallen und Sie können Affinity Designer nun schon viel effektiver für Ihre eigenen Kreationen einsetzen.*

3 Ohne Autos ist eine so breite Stadtstraße sehr unrealistisch. Zeichnen Sie entlang der Fahrspuren kleine Rechtecke in unterschiedlichen Farben.

AFFINITY

3

The Whittler

Ein Hybridgemälde aus Vektor- und Rasterelementen von *Paolo Limoncelli*

In diesem Projekt zeigt Ihnen Paolo, wie Sie eine futuristische Illustration mit Vektor- und Rastertechniken realisieren und in Affinity Designer eigene Pinsel erstellen.

Das Bild erzählt die Geschichte eines Roboters, der sein Bein verloren hat und nun einen Ersatz aus dem Ast eines Baumes schnitzt, den er im Wald gefunden hat.

BEVOR SIE LOSLEGEN

Ressourcen

Alle in diesem Projekt verwendeten Ressourcen finden Sie unter:
https://affin.co/whittlerDE

Grundwissen zu Affinity Designer

Damit Sie aus diesem Projekt möglichst viel für Ihre eigenen Arbeiten mitnehmen, sollten Sie mit folgenden Aspekten vertraut sein:

- Arbeiten mit dem **Zeichenstift** in Affinity Designer. Um ein Gefühl für den **Zeichenstift** zu bekommen, sollten Sie den Abschnitt Zeichenstift: Kurven & Formen auf Seite 97 studieren.

- Die Programmoberfläche von Affinity Designer. Mehr über die Programmoberfläche erfahren Sie in dem Kapitel Tour durch die Programmoberfläche, das auf Seite 13 beginnt.

- Die grundlegenden Techniken. Die folgende Tabelle zeigt Ihnen, welche Aspekte von Affinity Designer Sie zusätzlich beherrschen sollten, um dieses Projekt anzugehen:

Objekte	Seite 80	Farben & Verläufe	Seite 106
Ebenen	Seite 92	Effekte & Anpassungen	Seite 112
Geometriewerkzeuge	Seite 95	Designhilfen	Seite 118

VEKTOR ODER RASTER?

Bevor wir beginnen, widmen wir uns der Frage: „Vektor- oder Rasterdesign?"

Vektor- und Rastergrafiken sind zwei völlig unterschiedliche digitale Bildarten, die auch komplett anders hergestellt, bearbeitet und gespeichert werden. Für unser Auge lässt sich dieser Unterschied anhand eines Beispiels verdeutlichen: Eine Zeichnung ist ein Vektorbild und ein Foto ist ein Rasterbild. Beide erfüllen einen ganz bestimmten Zweck und basieren auf ganz eigenen Techniken und Technologien.

Aber nicht alle Illustratoren arbeiten ausschließlich mit Vektorgrafiken. Einige bevorzugen Rasterbilder und die entsprechenden Software-Produkte. Sie erstellen lieber sehr große Bitmaps, die dann für den endgültigen Verwendungszweck verkleinert werden, damit so viele Details wie möglich erhalten bleiben. Andere beginnen ihre Arbeiten mit einer Software für das Vektordesign und vervollständigen das Bild dann in einem zweiten Programm.

Affinity Designer bietet jedoch alle Werkzeuge für Vektor- und Rastergrafiken unter einem Dach. Mit einem Klick wechseln Sie einfach zu einer separaten Arbeitsumgebung (einer sogenannten *Persona*), die alle notwendigen Funktionen bietet. Das Dokument lässt sich somit absolut flüssig bearbeiten, bleibt frei skalierbar und muss auch nicht in verschiedene Dateiformate konvertiert werden. Hierdurch erhalten Sie die Vorzüge der frei skalierbaren Vektorgrafiken kombiniert mit Texturen, die nur mit Rasterwerkzeugen möglich sind.

Einer der wichtigsten Vorteile bei dieser kombinierten Arbeitsweise sind die besonderen Möglichkeiten von Rasterpinseln. Warum? Dazu kommen wir jetzt.

VEKTOR- & RASTERPINSEL – EINE ÜBERSICHT

Vektorpinsel

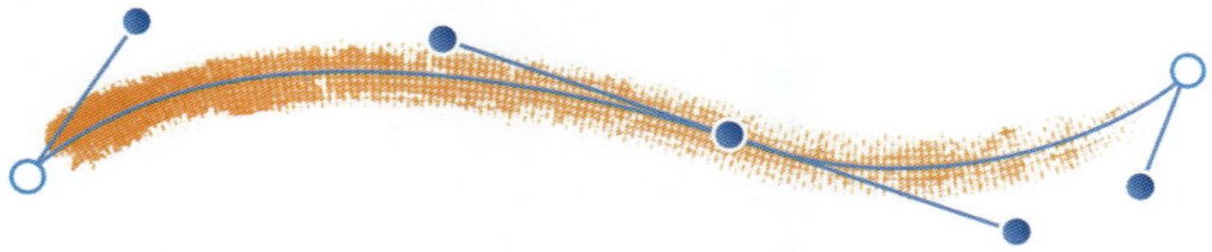

Ein Vektorpinsel besteht entweder aus einem gedehnten Bitmap oder sich wiederholenden Bitmaps, die entlang des Pfades für den Pinselstrich platziert werden. Optional lässt sich für den Pinsel noch ein Kopf- und Endstück festlegen. Diese Pinsel eignen sich daher besonders für ausdrucksvolle Linien und Striche. Deckkraft und Größe für den Pinsel lassen sich durch den aufgebrachten Druck variieren (über ein Grafiktablett) oder auch durch die Mausgeschwindigkeit.

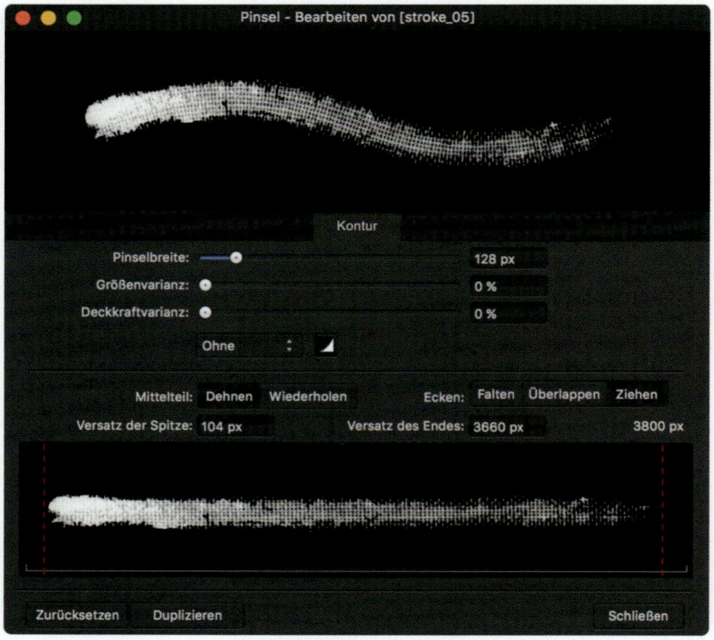

Die wichtigsten Aspekte von Vektorpinseln:

- Schnelles Arbeiten.
- Die Pinselstriche lassen sich auch auf der Seite noch verändern (Farbe, Breite, Deckkraft, Richtung des Pfades).
- Perfekte Darstellung bei allen Exportauflösungen.
- Ideal für größere Flächen (z. B. Wischtechniken mit Aquarellfarben).

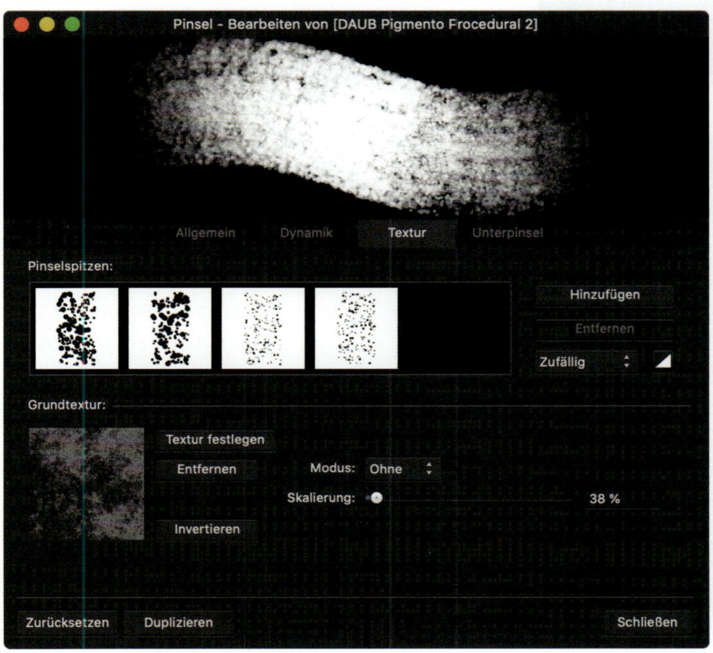

Rasterpinsel

Rasterpinsel bestehen aus einer oder mehreren Pinselspitzen, die mehrmals entlang des Pinselstrichs platziert werden. Diese Pinselspitzen werden in das Dialogfeld „Pinseleigenschaften" geladen. Die Abstände und Rotation der Pinselspitzen lassen sich frei festlegen. Darüber hinaus gibt es eine breite Palette von Abweichungseinstellungen, die sich direkt über den Pinsel steuern lassen.

Die wichtigsten Aspekte von Rasterpinseln:

- Perfekt für die realistische Darstellung von verschiedenen Medien-, Farb- und Pinseltypen.
- Ideal für sehr präzises Arbeiten und den Feinschliff von Designs.
- Komplexe Anpassungen sind möglich (für die Features von Grafiktabletts).
- Natürliche Ergebnisse mit kontrollierbaren Farbmischungen.

Ressource
nib_01.png nib_02.png paper_dark_seamless.png

ERSTELLEN VON RASTERPINSELN

In diesem Projekt erstellen wir ein kleines Set digitaler Medienpinsel, die sich sowohl für Vektor- als auch Rasterarbeiten eignen und uns später bei der Illustration „The Whittler" noch gute Dienste leisten werden. Möchten Sie diesen Teil überspringen und direkt mit der Illustration loslegen, wechseln Sie einfach zu Seite 212. Die von mir erstellten Pinsel können Sie an der entsprechend im Buch vermerkten Stelle einfach aus dem Web herunterladen und importierten.

Als Erstes beschäftigen wir uns mit dem Entwerfen von Rasterpinseln in Affinity Designer. Hierzu müssen wir in die **Pixel Persona** wechseln. Ich habe die Bilder für die Pinselspitzen bereits erstellt, damit Sie diesen Abschnitt abschließen können. Auf Seite 202 finden Sie eine Erläuterung, wie Sie eigene Pinselspitzen definieren.

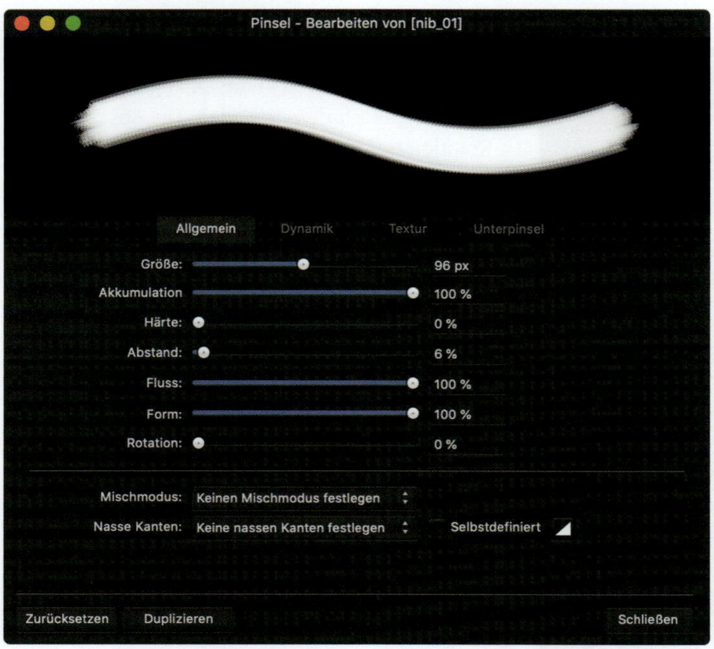

1 Wechseln Sie zu der **Pixel Persona** und öffnen Sie das Panel **Pinsel**.

2 Klicken Sie in den Panel-Einstellungen auf **Neue Kategorie erstellen**. Ändern Sie den Namen der Kategorie über die Panel-Einstellungen in *DAUB Werkbank*.

3 Klicken Sie in den Panel-Einstellungen auf **Neuer Intensitätspinsel**.

4 Wählen Sie in dem Dialogfeld die Datei nib_01.png aus. Sie haben nun einen neuen Pinsel definiert, der sich direkt im Panel **Pinsel** über seine entsprechende Miniatur auswählen und verwenden lässt.

5 Führen Sie einen Doppelklick auf die Pinselminiatur aus, um das Dialogfeld **Pinsel – Bearbeiten** zu öffnen. Legen Sie im Tab **Allgemein** die links aufgeführten Einstellungen fest. Experimentieren Sie ein wenig mit dem Abstand, um die Entfernung zwischen den sich wiederholenden Spitzen zu testen. Ein Wert zwischen 4 % und 6 % ist ideal. *6 %* sind perfekt für eine realistische Texturdarstellung.

Dynamik (druckempfindlicher Fluss)

Das Dialogfeld **Pinsel - Bearbeiten** enthält auch einen Tab namens **Dynamik**, mit dem Sie bestimmen, wie der Pinsel auf den Druck reagiert, den Sie mit einem Stift auf ein Grafiktablett aufbringen. Unseren Pinsel konfigurieren wir so, dass sich der Pinselfluss durch den Druck steuern lässt. Stellen Sie hierzu die **Flussabweichung** auf *100 %* und aktivieren Sie die Drucksteuerung.

Für eine nicht lineare Drucksteuerung klicken Sie auf das Symbol **Profil** und wählen das dritte Standardprofil (konkave Parabel) aus. Löschen Sie einen der Zwischenknoten und platzieren Sie den verbleibenden Knoten so wie in der Abbildung, um die Kurve zu formen.

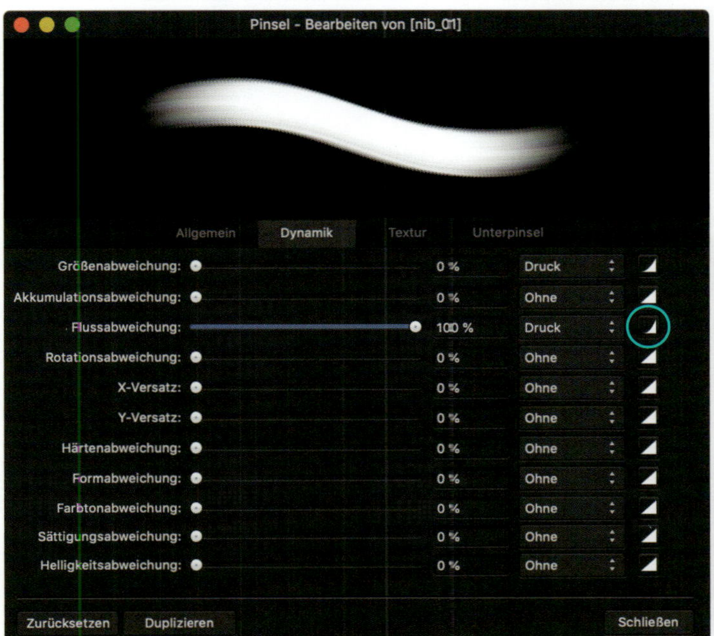

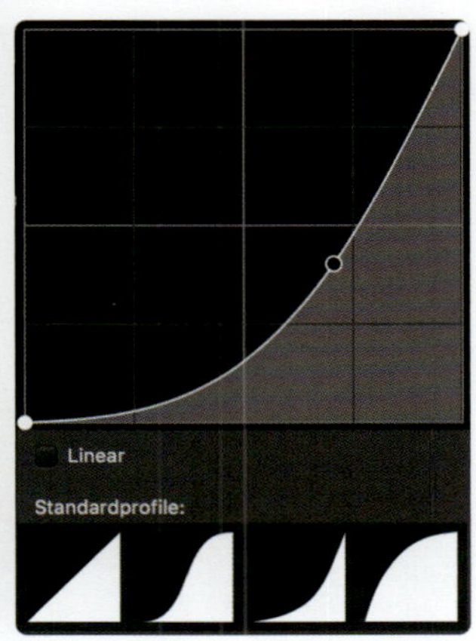

Dynamik (Spitzenrotation nach Strichrichtung)

Wiederholen Sie die Schritte für die **Rotationsabweichung**. Erhöhen Sie den Wert auf *100 %* und legen Sie als Steuerungsmethode *Richtung* fest. Hierdurch können sich die Pinselspitzen drehen und der aktuellen Richtung des Pinselstriches folgen. Die Strichbreite bleibt so weiterhin konstant.

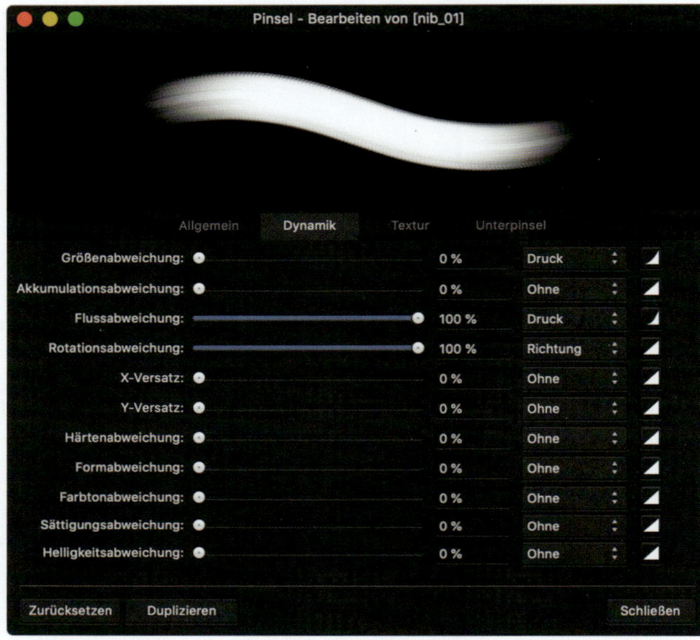

Farbmischungen

Nun konfigurieren wir den Pinsel so, dass durch das Auftragen der Pinselstriche die Farben gemischt werden. Stellen Sie im Tab **Allgemein** den **Mischmodus** auf *Durchschnitt*. Wenn Sie nun mit dem aktuellen Pinsel über einen bereits auf der Seite platzierten Pinselstrich ziehen, entsteht eine Mischfarbe.

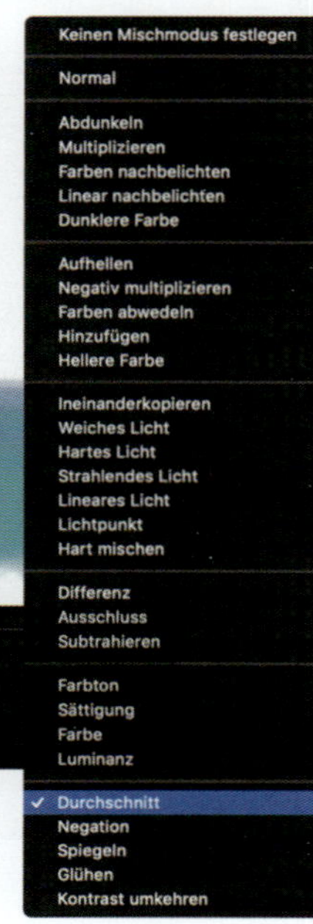

Mehrere Pinselspitzen

Der Pinsel ist fast fertig, aber wir können noch eine weitere Pinselspitze hinzufügen, um den Look möglichst natürlich zu gestalten.

1 Klicken Sie in dem Dialogfeld auf den Tab **Textur**.

2 Klicken Sie auf **Hinzufügen** und wählen Sie in dem Dialogfeld die zweite Spitze namens nib_02.png aus.

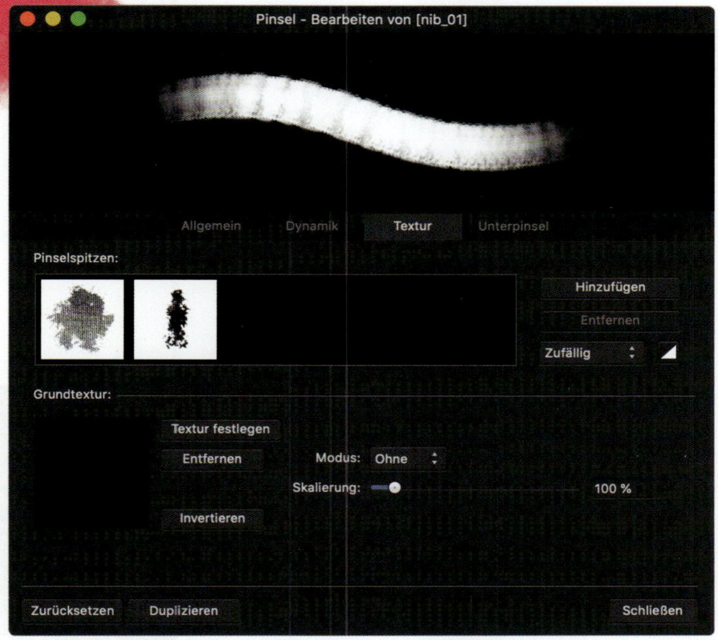

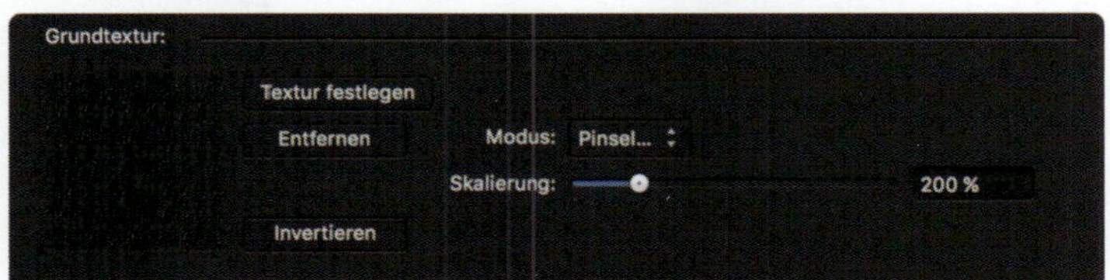

Hinzufügen einer Textur

Zum Schluss lässt sich noch eine Grundtextur einfügen, um dem Effekt mehr Tiefe zu verleihen. Die Textur habe ich aus einem nahtlosen Graustufenmuster erstellt, das aus einem gescannten Papierstück stammt.

1 Klicken Sie im Tab **Textur** des Dialogfeldes auf **Textur festlegen**.

2 Wählen Sie die Datei paper_dark_seamless.png aus und öffnen Sie sie.

3 Stellen Sie ergänzend hierzu den **Modus** auf *Pinselspitze* und die **Skalierung** auf *200 %* ein. Die erste Option überträgt die Textur auf jede Pinselspitze, damit der Strich ganz natürlich wirkt.

Festlegen des Pinselnamens

Sie sollten für Ihre Pinsel einzigartige Namen festlegen, damit Sie alle Werkzeuge stets auf einen Blick unterscheiden können. Wenn Sie den Cursor auf einer Pinselminiatur im Panel **Pinsel** platzieren, wird der Pinselname als Quickinfo angezeigt.

- Führen Sie im Panel **Pinsel** einen ctrl-Klick (Mac) oder Rechtsklick (Win) auf den Pinsel aus und nennen Sie ihn *Hauptstrich*.

ERSTELLEN EINES DETAILPINSELS

Für die Detailarbeiten definieren wir nun noch einen weiteren Pinsel. Als Ausgangsbasis verwenden wir den Pinsel, den wir zuvor erstellt haben.

1 Klicken Sie im Dialogfeld **Pinsel – Bearbeiten** auf **Duplizieren**, um eine Kopie des Pinsels *Hauptstrich* anzulegen, den Sie gerade erstellt haben.

2 Führen Sie im Panel **Pinsel** einen Doppelklick auf das Pinselduplikat aus, um es aktiv zu schalten.

3 Löschen Sie im Tab **Textur** die erste Pinselspitze (nib_01.png), indem Sie auf ihre Miniatur klicken und dann auf **Entfernen**. Löschen Sie ebenfalls die **Grundtextur** mit einem Klick auf **Entfernen**.

4 Legen Sie im Tab **Allgemein** die rechts aufgelisteten Einstellungen fest. Hierdurch erhalten Sie einen flachen Borstenpinsel, der für unsere Zwecke einfach ideal ist.

5 Führen Sie im Panel **Pinsel** einen ctrl-Klick (Mac) oder Rechtsklick (Win) auf den Pinsel aus und ändern Sie seinen Namen in *Details.*

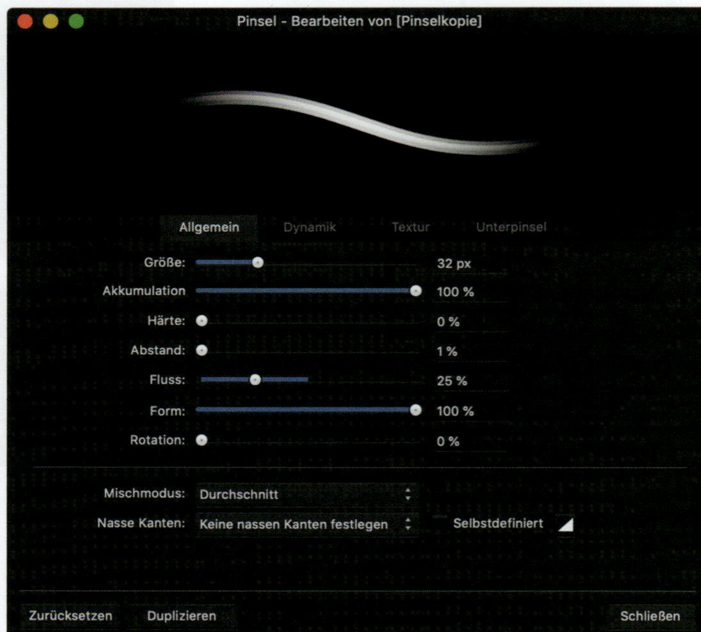

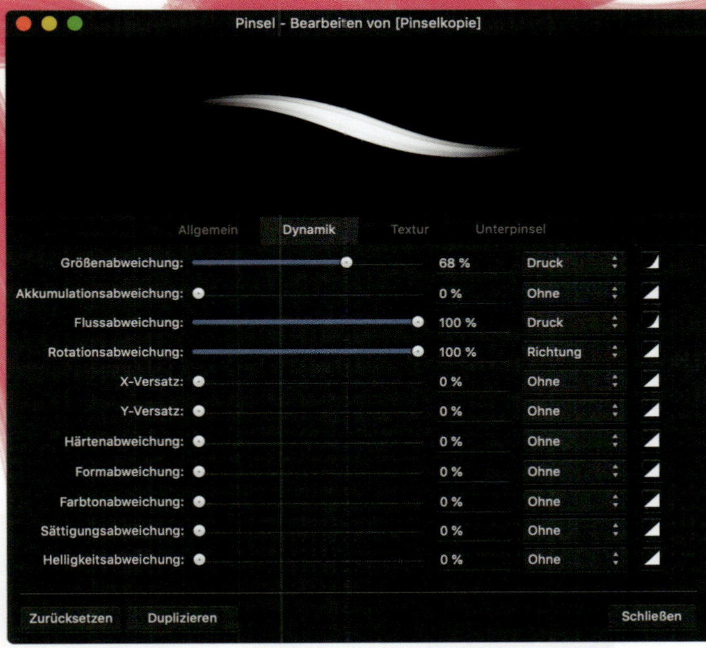

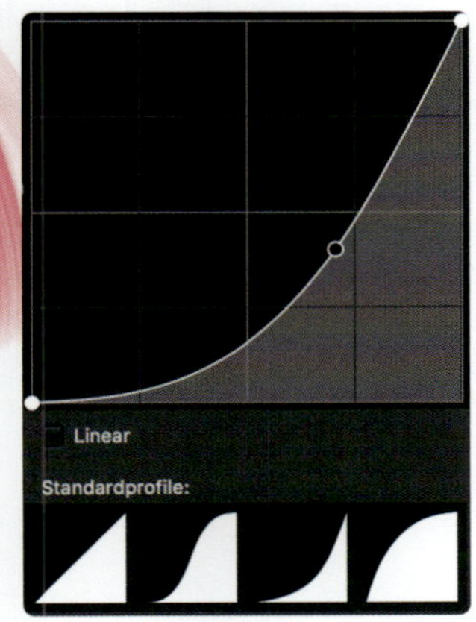

Dynamik (druckempfindliche Pinselstriche)

Für ein natürliches Arbeiten wie mit einem echten Medienpinsel muss sich die Strichgröße dieses Pinsels durch den aufgebrachten Druck verändern lassen.

1 Stellen Sie im Tab **Dynamik** die **Größenabweichung** für den Pinsel auf *68 %* und aktivieren Sie die Steuerungsmethode *Druck*.

2 Legen Sie ebenfalls ein selbst definiertes nicht-lineares Profil für die **Größenabweichung** fest.

Sie können diese Einstellungen natürlich auch weiter verändern und genau an Ihren Malstil anpassen.

fractal_texture.png

ERSTELLEN EINES TEXTURPINSELS

Unser vorletzter Rasterpinsel ist ein Texturpinsel, der auf dem zuvor erstellten Pinsel basiert.

1. Klicken Sie im Dialogfeld **Pinsel – Bearbeiten** für den Pinsel *Details* auf **Duplizieren**, um eine Kopie zu erstellen. Führen Sie dann im Panel **Pinsel** einen Doppelklick auf die Kopie aus, um das Dialogfeld für die Pinselkopie zu öffnen.

2. Klicken Sie im Tab **Textur** auf **Textur festlegen**, wählen Sie die Datei fractal_texture.png aus und öffnen Sie sie.

3. Stellen Sie den **Modus** auf *Pinselspitze* und die **Skalierung** auf *40 %* ein, um das Muster des Pinselstrichs zu verkleinern.

4. Führen Sie im Panel **Pinsel** einen ctrl-Klick (Mac) oder Rechtsklick (Win) auf den Pinsel aus und ändern Sie seinen Namen in *Details mit Textur*.

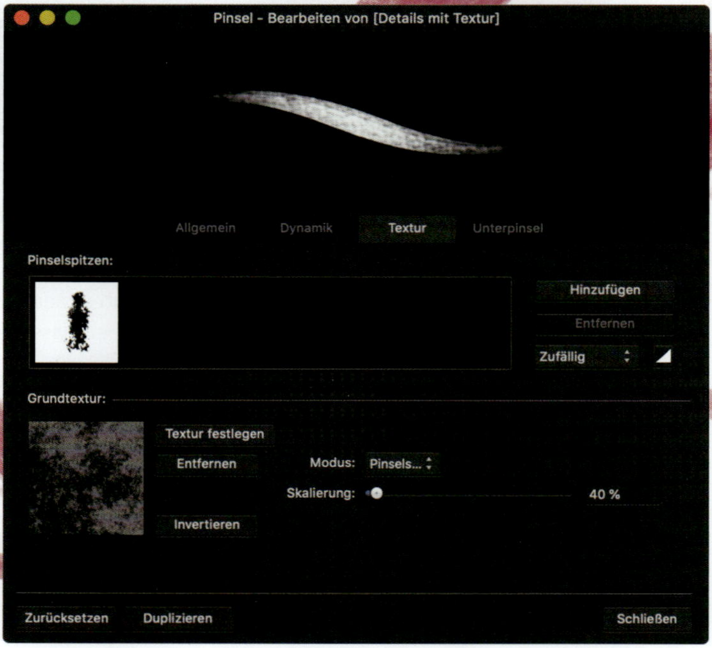

ERSTELLEN EINES SCHATTIERPINSELS

Als Letztes benötigen wir einen Rasterpinsel für alle ergänzenden Arbeitsschritte, wie z. B. Schattieren und Radieren.

Hierzu erstellen Sie einen weiteren Pinsel von Grund auf neu – dieses Mal jedoch als **Neuer runder Pinsel** und nicht als **Neuer Intensitätspinsel**. Dieser Pinsel wird nicht durch eine Textur oder ein Spitzenbild geformt.

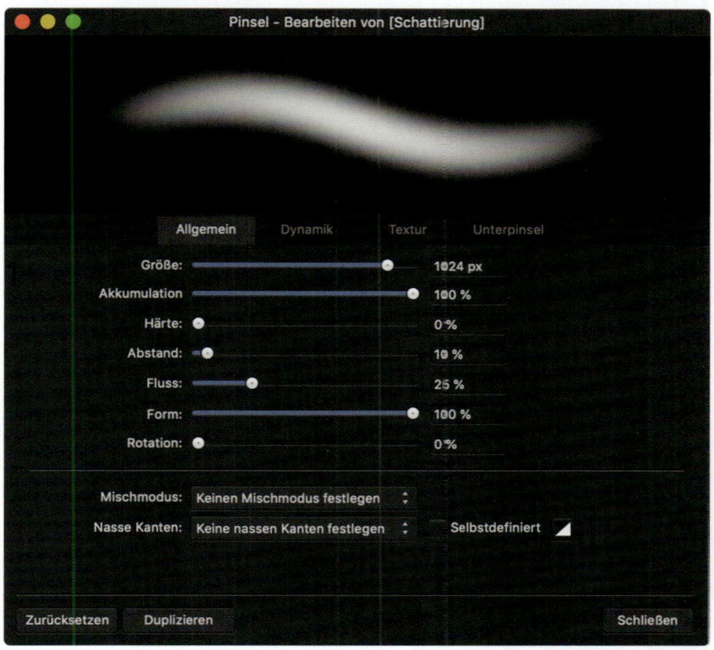

1 Klicken Sie in den Panel-Einstellungen des Panels **Pinsel** auf **Neuer runder Pinsel**. Nennen Sie den Pinsel *Schattierung* und legen Sie die oben aufgelisteten Einstellungen im Tab **Allgemein** des Dialogfelds **Pinsel – Bearbeiten** fest.

2 Stellen Sie im Tab **Dynamik** die **Flussabweichung** auf *100 %* ein und aktivieren Sie die Steuerungsmethode *Druck*.

Ressource

stroke_01.png

ERSTELLEN VON VEKTORPINSELN

Und nun erstellen wir unseren Aquarell-Vektorpinsel in einer Kategorie, die wir für ihn selbst anlegen. Für die letzten Schritte dieses Abschnitts müssen Sie zu der **Designer Persona** von Affinity Designer wechseln, da wir über das Panel **Pinsel** dieser Persona Vektorpinsel auswählen und selbst definieren können.

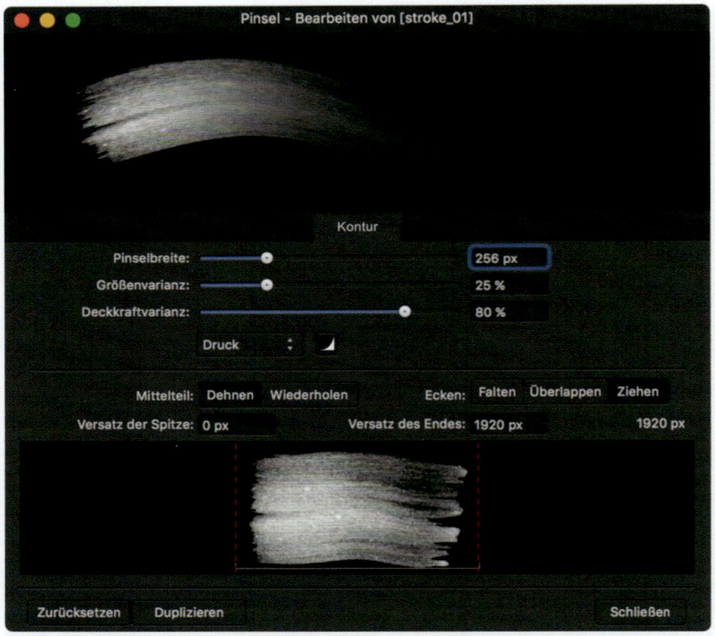

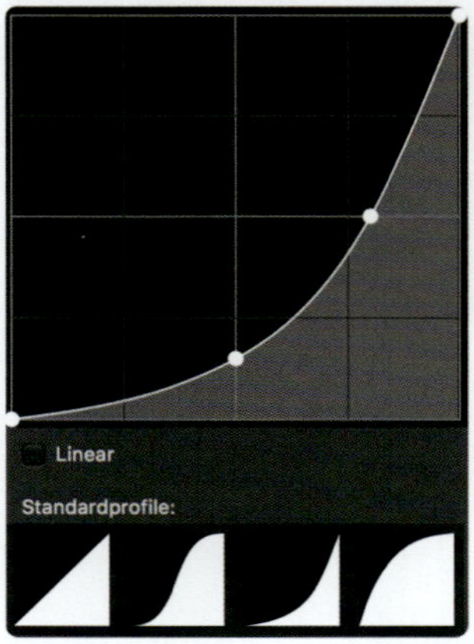

Das Dialogfeld **Pinsel - Bearbeiten** in der **Designer Persona** ist etwas einfacher aufgebaut als das für Rasterpinsel. Die grundlegenden Einstellungen und die Optionen für die Druckvarianz sind in einem Tab zusammengefasst.

1. Schalten Sie zu der **Designer Persona** um und wählen Sie das Panel **Pinsel** aus.

2. Klicken Sie in den Panel-Einstellungen auf **Neue Kategorie erstellen** und ändern Sie dann den Namen der neuen Kategorie in *DAUB Vektorwerkbank*.

3. Klicken Sie in den Panel-Einstellungen auf **Neuer Intensitätspinsel mit Textur**.

4. Wählen Sie in dem Dialogfeld die Datei stroke_01.png aus. Sie haben nun einen neuen Pinsel definiert, der sich direkt im Panel **Pinsel** über seine entsprechende Miniatur auswählen und verwenden lässt.

5. Führen Sie einen Doppelklick auf die Pinselminiatur aus, um das Dialogfeld **Pinsel – Bearbeiten** zu öffnen. Legen Sie im Tab **Kontur** die oben rechts aufgeführten Einstellungen fest. Aktivieren Sie die Steuerungsmethode *Druck* und legen Sie ein nicht lineares Kurvenprofil fest – ähnlich wie bei den Rasterpinseln.

6. Legen Sie im Panel **Pinsel** den Namen *DAUB Aquarell* für den Pinsel fest.

Textursteuerung von Vektorpinseln

Da der Pinsel für kurze Pinselstriche gedacht ist, können wir die Pinseltextur so konfigurieren, dass sie entlang des Striches gedehnt wird.

Für körnige Texturen sollten Sie die Option **Wiederholen** verwenden, da die einzelnen Körner sichtbar bleiben müssen und daher nicht gedehnt werden dürfen.

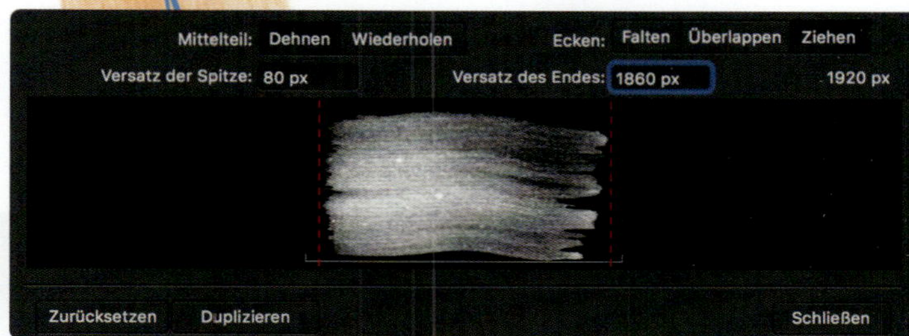

1 Stellen Sie den **Mittelteil** auf *Dehnen* ein und die **Ecken** auf *Ziehen*.

2 Ziehen Sie im unteren Vorschaufeld die roten Strichlinien an der Spitze und am Ende nach innen, um die Kontur zu trimmen. Hierdurch entfernen Sie den transparenten Bereich am Anfang und Ende des Pinselstrichs.

> *Für andere Texturen können Sie auch die Spitze und das Ende „einfrieren“, damit sie nicht wiederholt oder gedehnt werden. In diesem Projekt verzichten wir jedoch darauf, da wir Aquarellfarben simulieren. Den Mittelteil als komplett nahtloses Muster zu erstellen würde viel Aufwand erfordern, und selbst perfekte Konturen und Striche würden unnatürlich wirken. Für trockene Medien (wie z. B. Kreide) sollten Sie die Versatzwerte von Spitze und Ende durch Experimentieren ermitteln.*

ERSTELLEN IHRER EIGENEN RASTERPINSELSPITZEN

Ressource

sketch_01_documentsetup.afdesign
nibs_01_documentsetup.afdesign

Sie sollten von Anfang an eine klare Vorstellung haben, mit welchem künstlerischen Stil Sie Ihr Bild realisieren möchten. Genau wie bei der Arbeit mit „echten" Medien wählen wir auch im digitalen Design die Pinsel direkt am Anfang aus.

Für unsere Illustration haben wir fünf Pinsel erstellt: Vier Rasterpinsel für Acryl-/Ölfarben, um die Details für das Bild zu malen, und einen Vektorpinsel für Aquarellfarben, mit dem wir die Texturen und einen analogen Look erzeugen.

In diesem Abschnitt zeige ich Ihnen, wie ich die Ressourcen für unsere fünf Pinsel erstellt habe.

Das Entwerfen eigener Pinsel ist ein recht komplexer Vorgang, und Sie müssen vielleicht ein wenig experimentieren, bis das Ergebnis genau Ihren Vorstellungen entspricht. Wenn Sie sich „aufwärmen" oder einfach nur ein paar Ideen skizzieren, spielen Sie ruhig mit den Einstellungen. Sollte Ihnen eine der Kombinationen besonders gut gefallen, speichern Sie sie als Pinselduplikat.

Entwerfen einer Skizze

Zunächst richten wir ein Zeichenbrett ein, auf dem wir eine Skizze entwerfen und mit unseren Raster- und Vektorpinseln etwas experimentieren können. Eventuell benötigen die Pinsel noch etwas Feinschliff. Sie können diese Skizze jederzeit während der Arbeit an Ihrem Projekt benutzen.

1 Klicken Sie auf den Menüpunkt **Datei > Neu**.

2 Legen Sie für das Dokument die rechts aufgelisteten Einstellungen fest.

3 Speichern Sie die Datei als Skizze.afdesign.

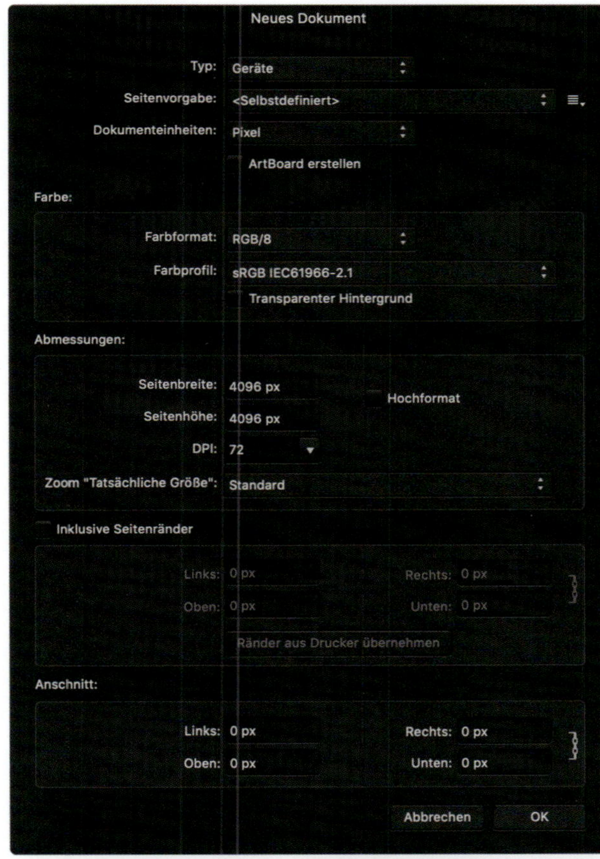

Rasterpinselspitzen – Übersicht

Um einen Rasterpinsel zu definieren, benötigen Sie eine oder mehrere Pinselspitzen. Besonders gut eignen sich Scans von Farbtupfern, die Sie mit echten Pinseln auf Papier erstellt haben.

Beginnen wir also mit einem grundlegenden Dokument, in dem Sie Ihre Pinselspitzen platzieren können.

1 Klicken Sie auf den Menüpunkt **Datei > Neu**.

2 Legen Sie die **Seitenbreite** und **Seitenhöhe** jeweils auf *512 px* fest. Stellen Sie den **DPI**-Wert auf *72* ein.

3 Wählen Sie in der **Werkzeugleiste** das Werkzeug **Rechteck** (M) aus und zeichnen Sie ein Quadrat, das die ganze Seite füllt. Legen Sie als **Füllung** für das Quadrat *Weiß* fest.

4 Speichern Sie die Datei als Pinselspitzen.afdesign.

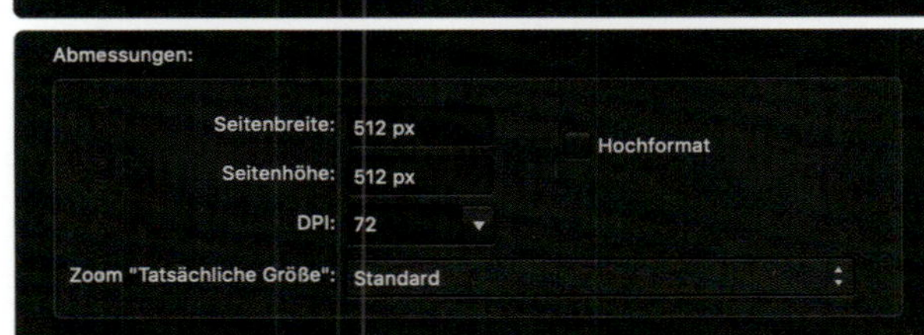

Für die einzelnen Pinselspitzen sind Abmessungen von 512 x 512 durchaus genug, da wir die Pinselgröße für Detailarbeiten gewöhnlich kleiner wählen als 200 px.

Ressource

nibs_source.tiff

Scannen

Und nun kommen unsere Pinsel zum Einsatz!

1 Tupfen Sie mit Ihrem bevorzugten Pinsel auf das Papier – einmal für jede Pinselspitze, die Sie erstellen möchten. Ein großes rundes Profil und ein kleines dünnes Profil sind für unsere zwei Pinselspitzen perfekt.

2 Nachdem die Farbe trocken ist, scannen Sie das Bild mit *600 DPI und Graustufen*.

Alternativ können Sie auch die Quellen für die Pinselspitzen mit einer Digitalkamera oder einem Smartphone fotografieren.

Öffnen des gescannten Bildes

1 Klicken Sie auf den Menüpunkt **Datei > Öffnen**.

2 Wählen Sie die Datei nibs_source.tiff aus.

3 Klicken Sie auf **Öffnen**.

Ressource

nibs_02_sources.afdesign

Erstellen der Rasterpinselspitzen

Die Quellen müssen nun getrennt werden, damit wir zwei einzigartige Bilder für die Pinselspitzen erstellen können.

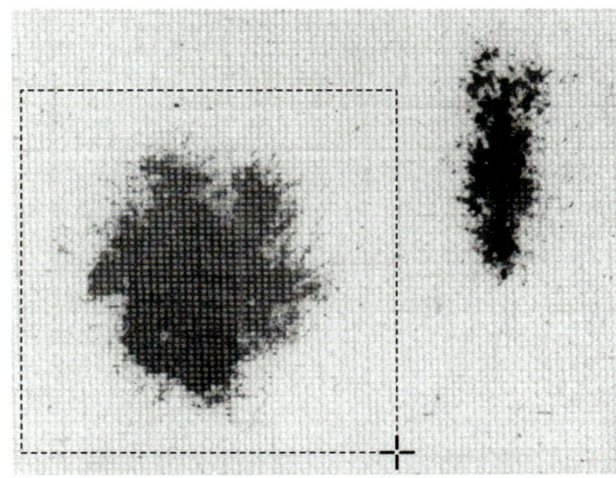

1 Wechseln Sie zu der **Pixel Persona**.

2 Aktivieren Sie das Werkzeug **Auswahlrahmen - Rechteck** (M) in der **Werkzeugleiste** und zeichnen Sie mit gedrückter Umschalttaste (⇧) einen quadratischen Auswahlrahmen um die größere Quelle.

3 Klicken Sie auf den Menüpunkt **Bearbeiten > Kopieren**.

4 Wechseln Sie zu dem bereits geöffneten Dokument für die Pinselspitzen und klicken Sie auf den Menüpunkt **Bearbeiten > Kopieren**. Es wird nun eine neue Ebene angelegt. Geben Sie ihr den Namen *Spitze_01*.

5 Platzieren und skalieren Sie das Bild so, dass es auf die Seite passt. Aktivieren Sie die magnetische Ausrichtung, damit sich das Bild genau an den Seitenkanten platziert.

6 Dieses Bild muss um 180 Grad gedreht werden. Stellen Sie über das Feld **R** (Rotation) im Panel **Transformieren** den Wert *180* ein.

Nun müssen wir das Bild der Pinselspitze noch bereinigen.

7 Wiederholen Sie diese Schritte für die andere Pinselspitze und nennen Sie die Ebene *Spitze_02*. Klicken Sie auf das Häkchen, um diese Ebene kurzfristig auszublenden.

Ressource

nibs_03_cleanup.afdesign

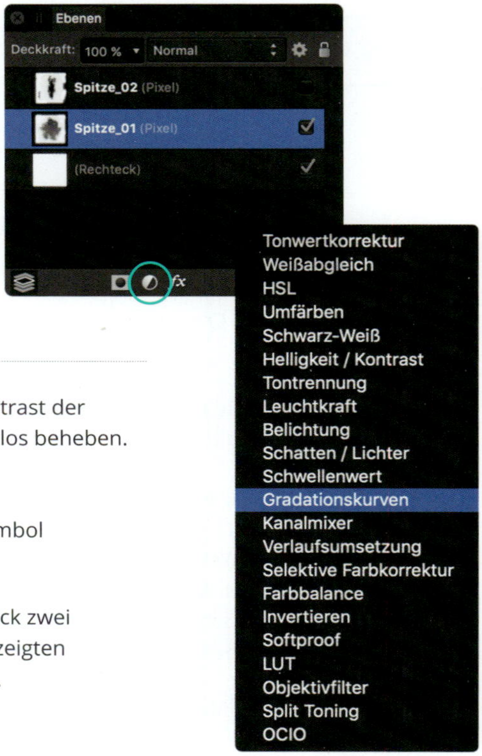

Bereinigen der Pinselspitzenbilder

Durch Manipulation der Tonwerte in dem Pinselspitzenbild können Sie den Kontrast der Pinselspitze erhöhen und unerwünschte Schattierungen der Leinwand problemlos beheben. Hierzu verwenden wir eine Anpassung des Typs **Gradationskurven**.

1 Wählen Sie im Panel **Ebenen** die Ebene *Spitze_01* aus, klicken Sie auf das Symbol **Anpassungen** und dann auf den Menüpunkt **Gradationskurven**.

2 Verstärken Sie in dem Feld **Gradationskurven** die Lichter, indem Sie per Klick zwei Knoten in den linearen Pfad einfügen und dann auf die in der Abbildung gezeigten Positionen ziehen. Die Schattierung der Leinwand sollte nun verringert sein.

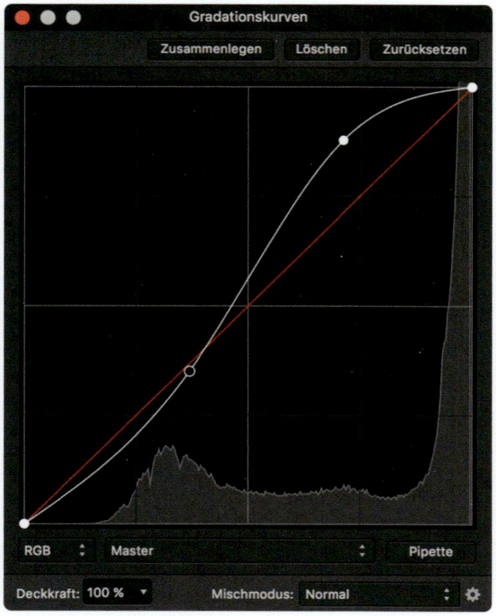

Anstelle einer Anpassungsebene „Gradationskurven" können Sie auch eine Tonwertkorrektur verwenden. Hierbei lassen sich Schwarz- und Weißpunkte festlegen. Alle Pixel außerhalb dieser „Grenzpunkte" werden dann als rein schwarz bzw. rein weiß angesehen, sodass keine Lichthöfe (Ringe) entstehen.

Exportieren der Pinselspitzen als Dateien

1 Exportieren Sie die Datei als PNG über den Menüpunkt **Datei > Exportieren** und nennen Sie die Datei Spitze_01.png.

2 Entfernen Sie im Panel **Ebenen** das Häkchen der Ebene *Spitze_01*, platzieren Sie ein Häkchen bei der zweiten Ebene und wiederholen Sie die obigen Schritte, um die Datei Spitze_02.png zu erstellen.

nib_01.png

Um sämtliche Flecken oder Staubkörner am Rand zu bereinigen, übermalen Sie sie mit der Farbe „Weiß“. Hierzu verwenden Sie den **Malpinsel** der **Werkzeugleiste** in der **Pixel Persona**.

nib_02.png

Wie Sie Ihre Pinselspitzen in Rasterpinsel verwandeln, erfahren Sie in dem Abschnitt Erstellen von Rasterpinseln auf Seite 192.

Wie Sie die Pinselspitzen für Vektorpinsel erstellen, behandeln wir im nächsten Abschnitt.

Ressource

strokes_01_documentsetup.afdesign

ERSTELLEN IHRER EIGENEN VEKTORPINSELSPITZEN

Die Herstellung von Pinselspitzen für Vektorpinsel ähnelt der für Rasterpinsel. Wir beginnen mit echten Medien – mit Wasser verdünnte schwarze Farbpigmente, ein echter Pinsel, ein Blatt Papier und ein Scanner.

Scannen

Nachdem Sie einige Striche in verschiedener Breite und Dichte auf das Papier gemalt haben, lassen Sie das Bild trocknen und scannen es anschließend. Bei dem Scanvorgang empfiehlt sich eine Auflösung zwischen 600 und 800 dpi.

Für das Erstellen von Vektorpinseln bietet das Scannen gegenüber dem Fotografieren den Vorteil, dass die Bilder gleichmäßiger ausgeleuchtet sind und natürliche und konstante Tonwerte enthalten. Die Auflösung ist ebenfalls wichtig, da wir mit den Pinseln große Flächen füllen, und die Striche und Texturen so scharf wie möglich aussehen sollten.

Als Nächstes brauchen wir ein Dokument, das unser gescanntes Bild aufnimmt.

1 Klicken Sie auf den Menüpunkt **Datei > Neu**.

2 Legen Sie die **Seitenbreite** und **Seitenhöhe** auf *1.920 x 1.080 px* und eine Auflösung von *96 dpi* fest.

3 Fügen Sie ein schwarzes Rechteck in Größe der Seite ein und speichern Sie die Datei als Pinselstriche.afdesign.

Für die Farbe empfehle ich Ihnen stark verdünnte Tusche oder Acrylfarbe, da diese Farben nach dem Scannen besonders gut auf dem Bildschirm sichtbar sind. Alternativ können Sie auch Aquarell- oder Gouache-Farben sowie auch Kaffee oder Wein verwenden. Im letzten Fall würde ich aber zu billigen Sorten raten!

Ressource
strokes_source.tiff strokes_02_scan.afdesign

Öffnen des gescannten Bildes

1 Klicken Sie auf den Menüpunkt **Datei > Öffnen**.

2 Wählen Sie die Datei strokes_source.tiff aus.

3 Klicken Sie auf **Öffnen**, um das Bild anzuzeigen.

4 Wiederholen Sie die Schritte für das Erstellen von Rasterpinselspitzen (Seite 205) und kopieren Sie dabei einen Strich als Auswahl aus der Datei strokes_source.tiff in Striche.afdesign. Verändern Sie das eingefügte Bild so, dass es gut in die Seite passt.

Als Grundlage für unseren Vektorpinsel verwenden wir den Pinselstrich oben rechts im Bild.

5 Legen Sie genau wie bei den Rasterpinseln eine Anpassungsebene vom Typ **Gradationskurven** in die Bildebene, um den Kontrast zu erhöhen.

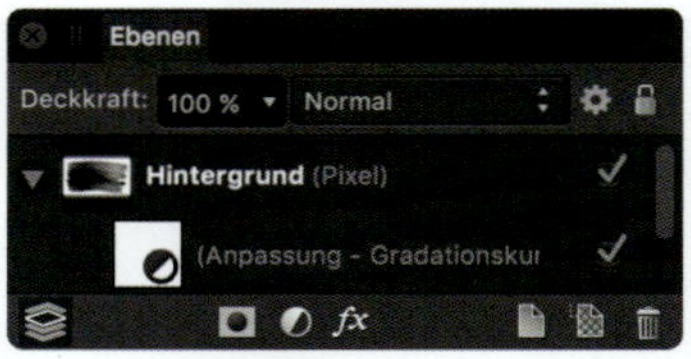

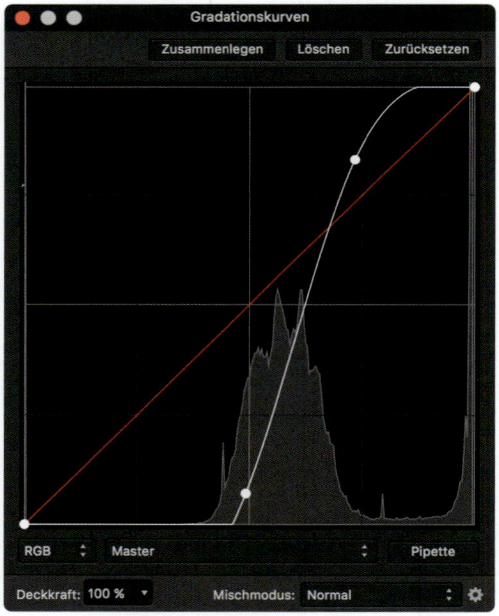

Ressource
strokes_03_invert.afdesign

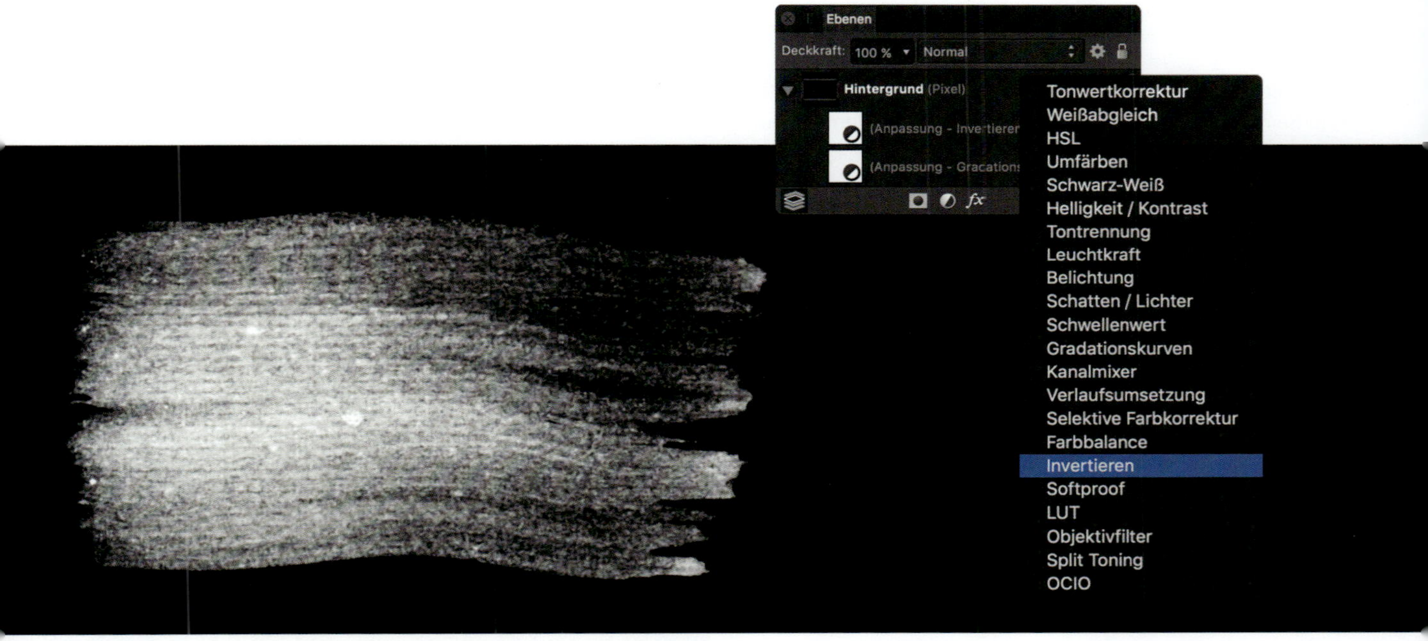

Invertieren des Pinselbildes

Da die Vektor-Engine von Affinity Designer dunkle Bereiche des Bildes als transparent und weiße Bereiche als gedeckt ansieht, müssen wir die Bildebene unbedingt invertieren. Mit einer Anpassung ist das schnell erledigt.

- Wählen Sie im Panel **Ebenen** die Bildebene aus, klicken Sie auf das Symbol **Anpassungen** und dann auf den Menüpunkt **Invertieren**.

Exportieren des Pinselstrichs als Datei

- Exportieren Sie die Datei als PNG über den Menüpunkt **Datei > Exportieren** und nennen Sie die Datei Strich_01.png.

Wir können aus diesen Quellen nun unsere eigenen Pinsel erstellen. Nähere Infos hierzu finden Sie unter Erstellen von Vektorpinseln auf Seite 200.

Ressource

whittler_01_documentsetup.afdesign

THE WHITTLER

In diesem Abschnitt erstellen wir die Illustration „The Whittler“. Das Bild erzählt die Geschichte eines Roboters, der sein Bein verloren hat und nun einen Ersatz aus dem Ast eines Baumes schnitzt, den er im Wald gefunden hat.

1 Erstellen Sie für unser Design ein Dokument mit den Maßen *6.000 x 4.000 px* und legen Sie *RGB/8* als **Farbformat** fest. Stellen Sie die **Dokumenteinheiten** auf *Pixel* ein.

Die fertige Illustration schneiden wir auf 5.120 x 2.880 Pixel zu, aber Sie sollten grundsätzlich mit etwas mehr Platz beginnen, damit sich kleine Probleme bei der Bildkomposition sofort beheben lassen.

2 Damit Sie die als endgültig geplante Größe nicht aus den Augen verlieren, erstellen Sie mit dem Werkzeug **Rechteck** (M) ein Rechteck in den Abmessungen *5.120 x 2.880 px* und zentrieren es über das Einblendpanel **Anordnen** der **Symbolleiste** auf der Seite.

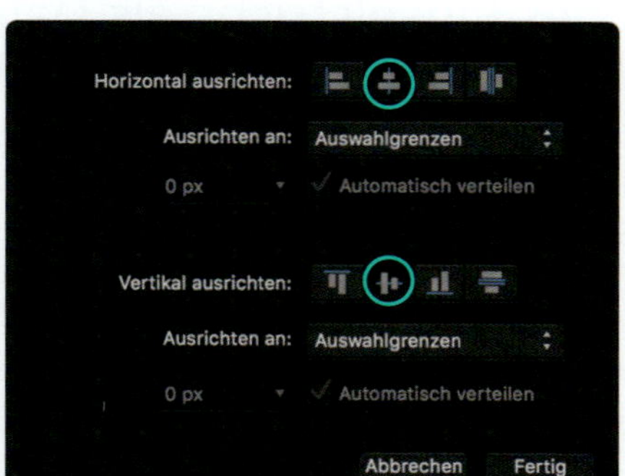

3 Orientieren Sie sich an diesem Rechteck und platzieren Sie über **Ansicht > Hilfslinien konfigurieren** ein Drittelraster, um sich die Bildkomposition bereits in diesem frühen Stadium des Designs zu erleichtern.

4 Nachdem das Raster fertig ist, löschen Sie das Rechteck.

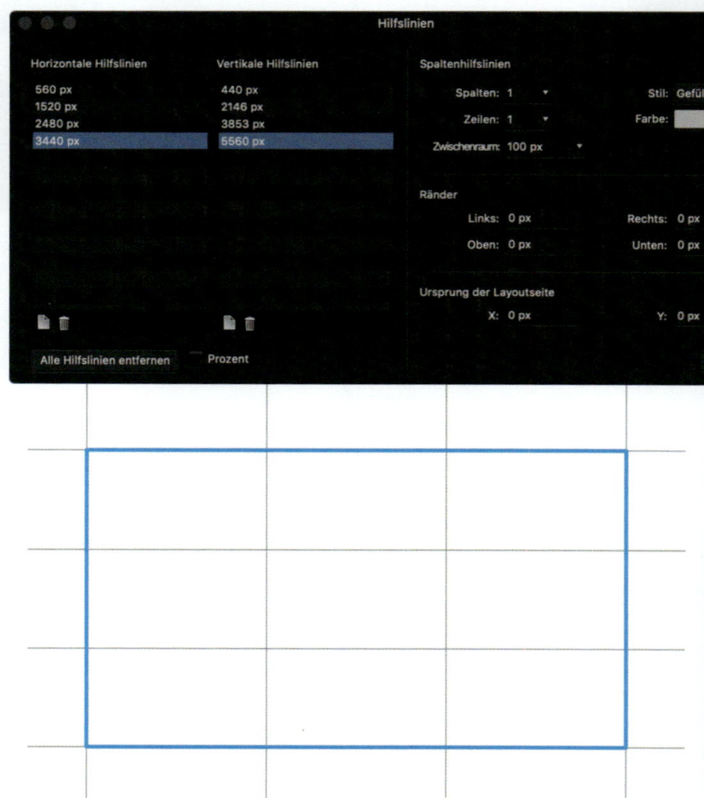

Ressource
whittler_02_sketch.afdesign

DIE KONZEPTSKIZZE

Um eine Konzeptskizze zu erstellen, wechseln Sie zur **Pixel Persona** und zeichnen mit dem einfachen Pixelpinsel alles grob vor. Skizzieren Sie das Bild mithilfe eines fotografischen Ansatzes. Verwenden Sie perspektivische Verzerrungen und skalieren Sie die Bildelemente leicht, während Sie von vorn bis zum Hintergrund durcharbeiten.

Dies ist meine Konzeptskizze. Zu diesem Zeitpunkt kommt es mir nicht auf Präzision an. Sie können aber bereits erkennen, wie ich verschiedene Ebenen und Farben einsetze, um Fokusebenen und Perspektiven zu trennen.

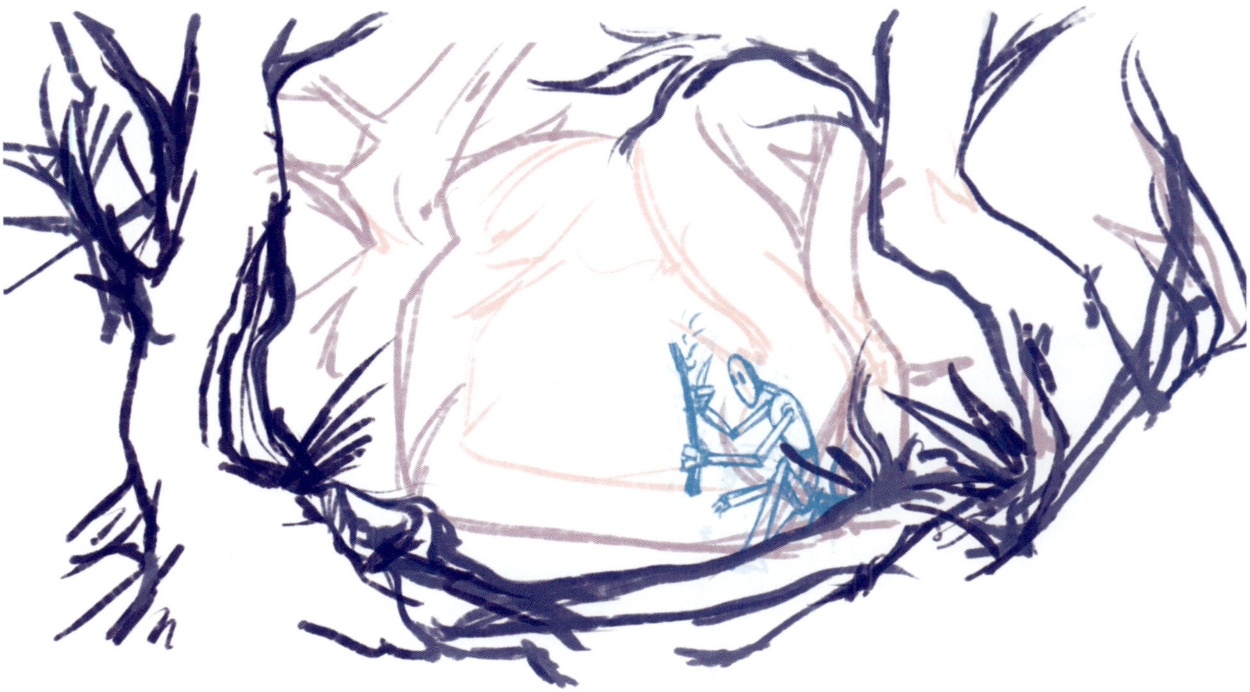

Skizzieren in Schritten

1 Klicken Sie im Panel **Ebenen** auf das Symbol **Ebene hinzufügen** und nennen Sie die Ebene „Skizze“.

2 Erstellen Sie nun eine Pixelebene namens *Vordergrund* per Klick auf das Symbol **Pixelebene hinzufügen** des Panels **Ebenen**. Diese Pixelebene wird als Unterebene der Ebene „Skizze“ angelegt.

3 Wechseln Sie zu der **Pixel Persona**, wählen Sie den **Malpinsel** (B) aus und dann im Panel **Pinsel** einen Pinsel der Kategorie *Einfach*. Skizzieren Sie mit einem violetten Ton Bäume und Gras an den Kanten Ihrer Leinwand.

4 Sobald die Skizze für den Vordergrund fertig ist, skizzieren Sie den Roboter und dann noch zwei weitere perspektivische Ebenen (Mitte und Hintergrund) auf jeweils einer separaten Pixelebene. Verwenden Sie für jede perspektivische Ebene eine andere Farbe, um sich die Bildkomposition zu erleichtern.

Überprüfen der Komposition

Erstellen Sie einen Rahmen, damit Sie die Wirkung der Illustration beurteilen können, nachdem sie auf die endgültigen Abmessungen zugeschnitten ist.

1 Wechseln Sie wieder zur **Designer Persona** und erstellen Sie im Panel **Ebenen** oben auf dem Ebenenstapel eine neue Ebene namens *Rahmen*.

2 Zeichnen Sie mit dem Werkzeug **Rechteck** ein Rechteck in der Größe des Dokuments *6.000 x 4.000 px*. Legen Sie die genauen Abmessungen für das Rechteck über das Panel **Transformieren** fest. Füllen Sie dieses Rechteck mit Schwarz und zentrieren Sie es mit den Anordnungsoptionen auf der Seite.

3 Zeichnen Sie mit dieser Methode ein weiteres Rechteck in den Abmessungen *5.120 x 2.880 px*.

4 Wählen Sie beide Rechtecke aus und klicken Sie in der **Symbolleiste** auf das Symbol **Subtrahieren** um die endgültige Rahmenform zu erstellen.

5 Wenn Sie mit dem Rahmen zufrieden sind, entfernen Sie im Panel **Ebenen** das Häkchen für die Ebenen *Rahmen*.

Die letzten Anpassungen für das Konzept

Fügen Sie zum Abschluss eine **Anpassungsebene „Schwarz-Weiß“** in die Ebene *Skizze* ein. Dies geschieht aus zwei Gründen: Wir müssen überprüfen, ob die Perspektive funktioniert und uns einen Eindruck von den Tonwerten verschaffen, die wir später für die Atmosphäre benötigen

1 Wählen Sie die Ebene *Skizze* aus und klicken Sie auf das Symbol **Anpassungen** des Panels **Ebenen**.

2 Klicken Sie in dem Einblendmenü auf *Schwarz-Weiß*.

> Stellen Sie sicher, dass sowohl die Ebene *Skizze* als auch die Rahmenebene geschützt sind.

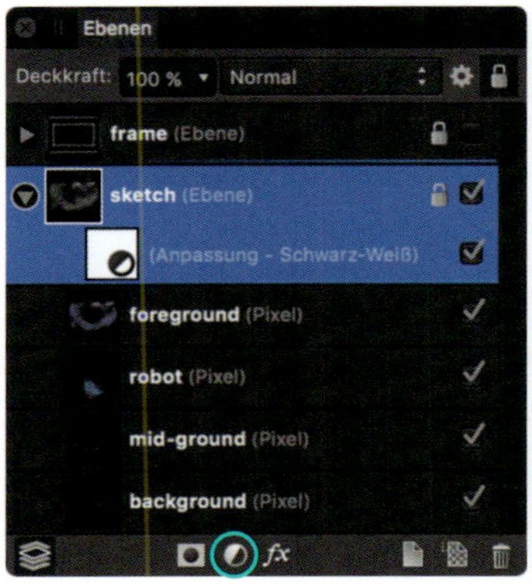

ERSTELLEN VON FORMEN UND EBENEN

Ressource

whittler_03_shapes.afdesign

Nun müssen wir die Ebenen und Formen für unsere Illustration definieren.

Die Grundeinstellungen

1 Wählen Sie die Ebene *Skizze* aus und erstellen Sie zwei neuen Ebenen namens *Illustration* und *Leinwand.*

2 Ziehen Sie im Panel **Ebenen** die Leinwandebene in die Illustrationsebene, um eine verschachtelte Unterebene zu erstellen.

3 Wechseln Sie zu der **Designer Persona** und zeichnen Sie in der Ebene *Leinwand* mit dem Werkzeug **Rechteck** ein Rechteck, das größer ist als die Seite. Legen Sie eine elliptische Verlaufsfüllung von Grau nach Weiß fest. Schützen Sie diese Ebene und blenden Sie sie aus, damit sie nicht „im Weg steht".

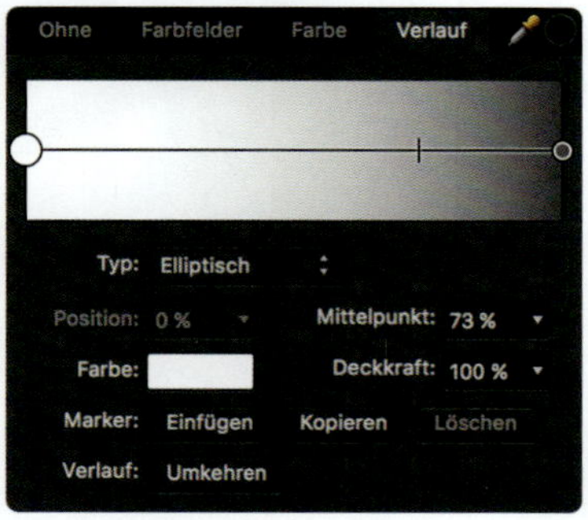

Vektorisieren der Szene

Nun werden wir mit dem **Zeichenstift** unsere Szene vektorisieren.

1 Blenden Sie in der Skizzenebene alle verschachtelten Ebenen aus bis auf die Ebene *Vordergrund*. Erstellen Sie nun eine neue verschachtelte Ebene in der Illustrationsebene namens *Vordergrund* (passend zu den Ebenen in der Skizzenebene).

2 Wählen Sie diese neue Ebene aus, aktivieren Sie den **Zeichenstift** (P) und dann seinen **Polygon-Modus**. Ziehen Sie die Linien der Vordergrundskizze nach. Fügen Sie bei diesem Schritt direkt auch einige Details ein, wie z. B. Blätter und Gras.

3 Legen Sie für die Form eine graue Füllung fest *(RGB 64, 64, 64)*.

4 Mit dem **Knotenwerkzeug** (A) können Sie Ihre Kurven jederzeit korrigieren und glätten.

5 Sie müssen Sie nicht an die Struktur der Skizze halten. Verwenden Sie einfach so viele Ebenen, wie Sie möchten. Ich musste letztendlich drei Illustrationsebenen für den Vordergrund verwenden, um die Tiefe der Illustration umzusetzen, die ich mir bei meiner ursprünglichen Skizze vorgestellt hatte.

6 Wiederholen Sie diese Schritte für die anderen zwei perspektivischen Ebenen. Legen Sie aber für jede neue Ebene eine etwas hellere graue Füllung fest. Den Roboter überspringen Sie einfach. Mit ihm beschäftigen wir uns später.

Keine Sorge, falls mal etwas daneben geht! Da Sie mit Vektorelementen arbeiten, können Sie sämtliche Formen jederzeit mit dem ***Knotenwerkzeug*** *korrigieren.*

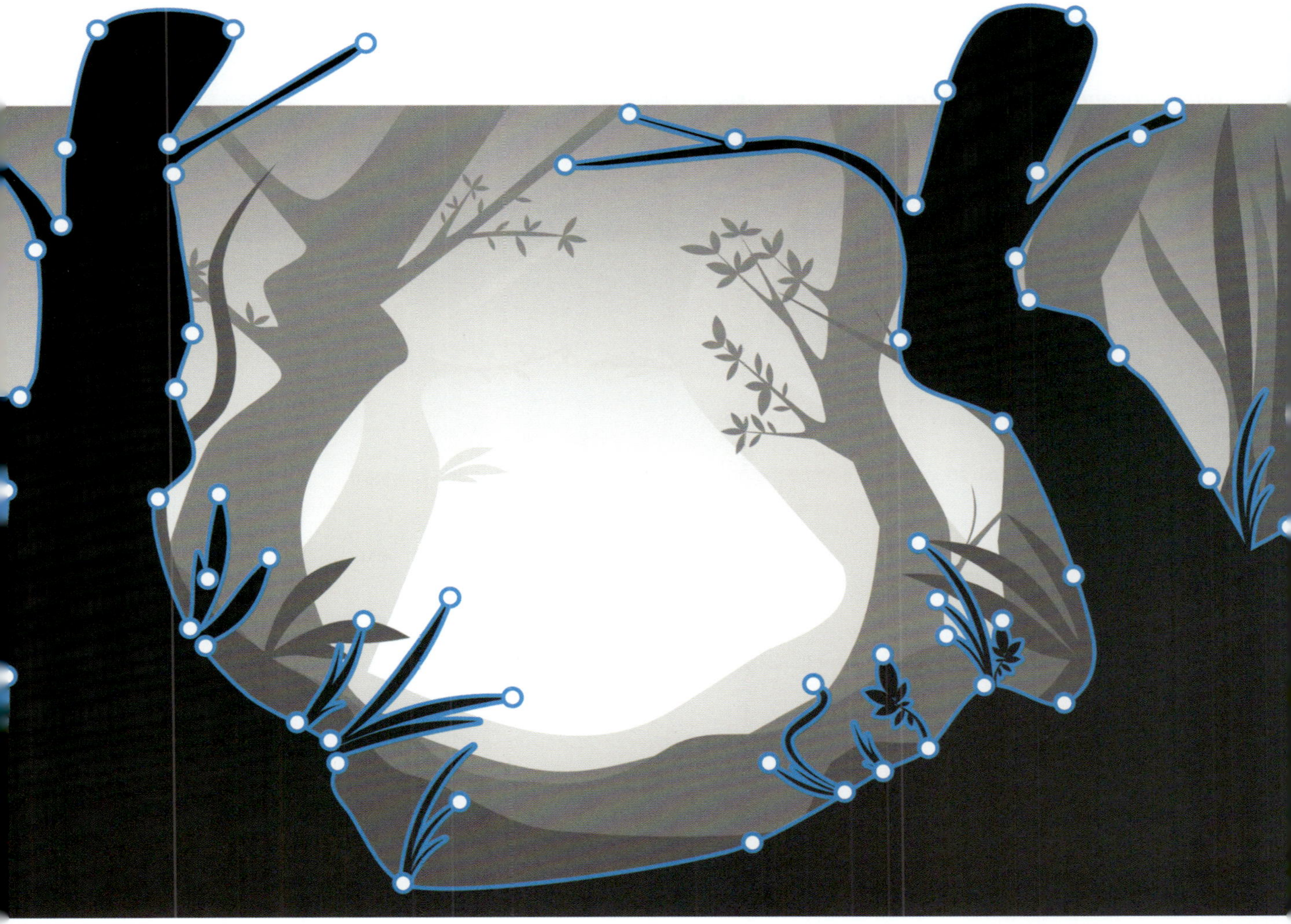

> *Ich empfehle Ihnen, zu diesem Zeitpunkt alle untergeordneten Ebenen Ihrer Illustrationsebene auszublenden, damit Sie einfacher an dem Roboter arbeiten können.*

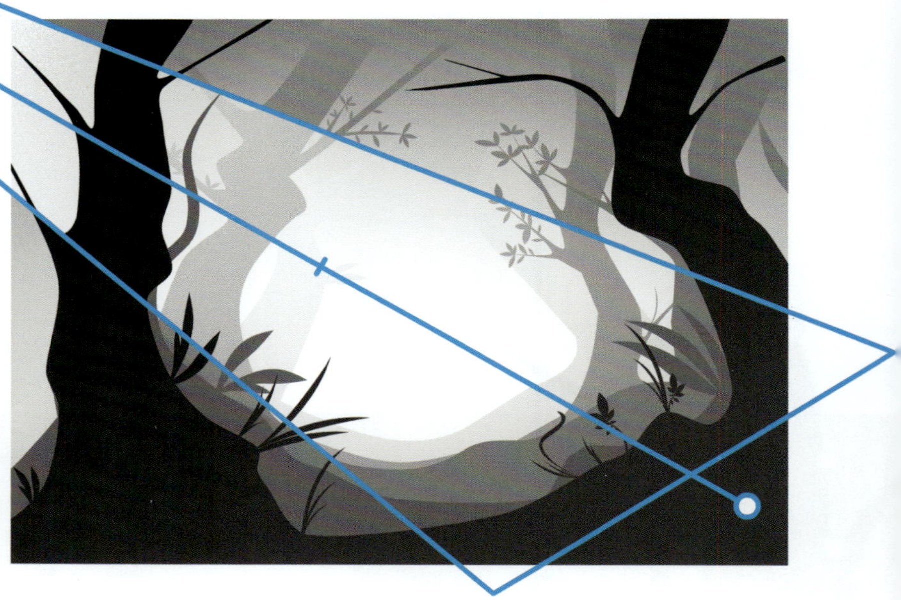

Einfügen einer Lichtquelle

Als Nächstes sollten wir das Licht in unserer Szene setzen.

1 Erstellen Sie in der Illustrationsebene eine Ebene namens *Strahl* direkt unter der/den Ebene(n) für den Vordergrund.

2 Zeichnen Sie mit dem **Zeichenstift** eine dreieckige Form von der linken oberen Ecke der Seite zu der Position, an der später der Roboter sitzt.

3 Legen Sie eine rein weiße Füllung *(RGB 255, 255, 255)* für die Form fest und lassen Sie mit dem Werkzeug **Transparenz** (Y) das Licht sanft in Richtung der rechten unteren Ecke der Seite auslaufen.

4 Wählen Sie die alle Formen in der Ebene *Illustration* aus und legen Sie eine lineare Füllung fest, die zu unserer gerade eingefügten Lichtquelle passt.

Nachdem wir mit der Umgebung nun fertig sind, wenden wir uns dem Roboter zu.

Vektorisieren des Roboters

1 Stellen Sie in der Skizzenebene sicher, dass nur die Ebene für den Roboter sichtbar ist. Reduzieren Sie die Deckkraft für diese Ebene, damit Sie die darüber liegende Vektorillustration leichter zusammensetzen können.

2 Blenden Sie in der Ebene *Illustration* alle verschachtelten Ebenen aus und erstellen Sie eine neue verschachtelte Ebene namens *Roboter*.

3 Aktivieren Sie den **Zeichenstift** und seinen **Polygon-Modus** und zeichnen Sie die Roboterskizze nach.

4 Legen Sie wie zuvor für jede der Formen eine graue Füllung fest. Verwenden Sie dunkle Graustufen für die näher zum Betrachter liegenden Körperteile und helle Grauwerte für die weiter entfernten. Der rechte Arm (mit dem Messer) sollte zum Beispiel heller sein als der linke (mit dem Ast).

5 Wenn Sie fertig sind, wählen Sie im Panel **Ebenen** alle in dieser Ebene erstellten Objekte aus und fassen sie in einer Gruppe zusammen.

Überprüfen Sie die Bildkomposition. Hierzu können Sie auch die Ebene *Rahmen* verwenden. Nun wird es Zeit, die Farben der Formen genau abzustimmen, weitere Details (Gras, Pflanzen usw.) einzufügen und den Lichtstrahl an den Stellen zu verfeinern, an denen er auf die größten Äste des Baums trifft.

Als Nächstes verleihen wir unserer Illustration Texturen. Hierzu verwenden wir sowohl Vektorelemente als auch Rasterfarben.

Kombinieren Sie die neuen Formen über die Geometriefunktion „Hinzufügen" mit Ihren bereits platzierten Formen.

Ressource

DAUB Vector Workbench.afbrushes
whittler_04_vectorpainting.afdesign

MALEN MIT VEKTORWERKZEUGEN

Nun werden wir mithilfe von digitaler Farbe und Vektorpinseln einige Texturen für unsere Illustration erstellen. Hierzu verwenden wir den Vektorpinsel, den wir vorhin selbst definiert haben (Seite 200). Falls Sie diesen Abschnitt übersprungen oder noch nicht beendet haben, können Sie einfach die Pinsel aus der bereitgestellten Ressource importieren.

Importieren von Pinseln

- Klicken Sie in den Panel-Einstellungen des Panels **Pinsel** auf **Pinsel importieren**. Wählen Sie die Datei DAUB Vector Workbench.afbrushes aus und klicken Sie auf **Öffnen**.

Die Vektorpinsel werden nun in das Panel **Pinsel** der **Designer Persona** importiert.

Malen von Vektorpinselstrichen

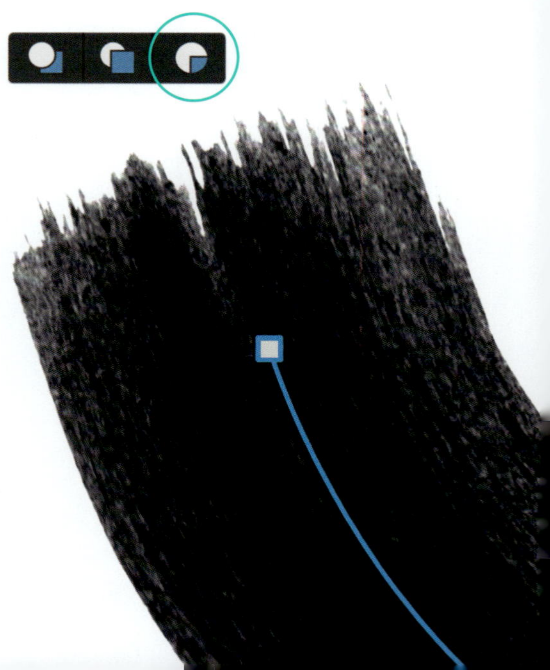

1 Wählen Sie die Form für die vordersten Bäume aus und klicken Sie in der **Symbolleiste** auf das Symbol **In der Auswahl einsetzen**. Diese Form fungiert als Begrenzungsebene für unsere Pinselstriche.

2 Aktivieren Sie den **Vektorpinsel** (B), öffnen Sie im Panel **Pinsel** die Kategorie *DAUB Vektorwerkbank* („DAUB Vector Workbench“, wenn Sie die Pinsel importiert haben) und klicken Sie auf den Pinsel *DAUB Aquarell* („DAUB Watercolour“ bei importierten Pinseln).

3 Stellen Sie im Einblendmenü **Steuerung** der Kontextleiste die Option **Pinselstandards** ein. Hierdurch aktivieren Sie die Druckempfindlichkeit Ihres Grafiktabletts.

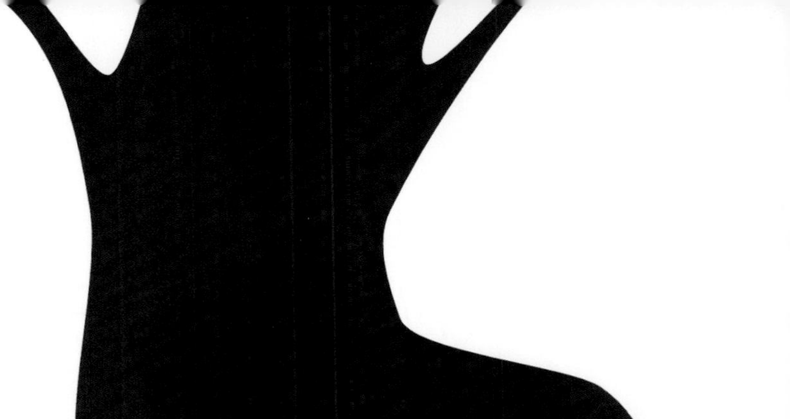

4 Nehmen Sie mit der **Farbpipette** (I) eine dunkelgraue Farbe aus dem Verlauf der Baumform auf und übertragen Sie die Farbe auf den Pinsel.

5 Malen Sie einige willkürliche Striche auf die Seite, um den Bäumen eine ansprechende Textur zu verleihen. Experimentieren Sie ein wenig mit der Strichstärke, indem Sie den Wert **Breite** der Kontextleiste variieren.

6 Wählen Sie im Panel **Ebenen** alle gemalten Kurven aus und stellen Sie ihren Mischmodus über das Einblendmenü auf *Multiplizieren*.

7 Gruppieren Sie alle Pinselstriche, damit im Panel **Ebenen** alles schön übersichtlich bleibt.

Bisher haben wir nur Vektorelemente in die Ebene *Vordergrund 1* gemalt. Der große Vorteil des Malens mit Vektorwerkzeugen liegt darin, dass Sie alle gezogenen Pinselstriche jederzeit skalieren und verformen können. Rasterpinsel (die Pixel auf eine Seite auftragen) erzeugen jedoch einen Look, der etwas natürlicher wirkt. Als Nächstes werden wir daher nun einige Rasterpinselstriche in unsere Ebenen integrieren.

> “ *Sollte die Textur der Pinselstriche Sie etwas „erschlagen“, verringern Sie einfach die Deckkraft der Gruppe, um den Effekt abzuschwächen.*

Ressource

DAUB Raster Workbench.afbrushes
whittler_05_rasterpainting.afdesign

MALEN MIT RASTERWERKZEUGEN

Wir verwenden für die nächsten Schritte die Rasterpinsel, die wir zuvor selbst entworfen haben (Seite 192). Falls Sie diesen Abschnitt übersprungen oder noch nicht abgeschlossen haben, importieren Sie einfach die Pinsel aus den bereitgestellten Ressourcen.

Importieren von Pinseln

- Klicken Sie im Panel **Pinsel**, auf das Symbol der Panel-Einstellungen und in dem Menü auf **Pinsel importieren**. Wählen Sie die Datei DAUB Raster Workbench.afbrushes aus und klicken Sie auf **Öffnen**.

Die Rasterpinsel werden in das Panel **Pinsel** der **Pixel Persona** importiert.

Malen von Rasterpinselstrichen

1 Wechseln Sie zu der **Pixel Persona** und aktivieren Sie das Werkzeug **Pixel** (B).

2 Wählen Sie im Panel **Ebenen** die Gruppe mit den Vektorpinselstrichen aus, die wir gerade in der Ebene „Vordergrund 1" erstellt haben, und klicken Sie in der Symbolleiste auf das Symbol **Hinter der Auswahl einsetzen**. Legen Sie nun eine neue **Pixelebene** für die Schatten und Zwischentöne an.

3 Öffnen Sie im Panel **Pinsel** die Kategorie *DAUB Werkbank* („DAUB Workbench" bei importierten Pinseln), wählen Sie den Pinsel *Hauptstrich* („Main Stroke") aus, und legen Sie eine dunkelgraue Farbe fest. Die Farbe können Sie während des Malens jederzeit variieren. Malen Sie die Schatten- und Zwischentonbereiche in das Bild. Variieren Sie zwischendurch immer wieder die **Breite** in der Kontextleiste, sodass die Textur des Baums ganz natürlich wirkt.

4 Wählen Sie im Panel **Ebenen** erneut die Gruppe mit Vektorpinselstrichen aus und fügen Sie eine neue **Pixelebene** für die Lichtakzente hinzu.

5 Öffnen Sie im Panel **Pinsel** die Kategorie *DAUB Werkbank*, wählen Sie den Pinsel *Details mit Textur* („Details Textured") aus, und legen Sie als Pinselfarbe reines Weiß fest. Bevorzugen Sie einen flacheren Look, verwenden Sie einfach den Pinsel *Details* (bzw. „Detail" bei importierten Pinseln).

6 Malen Sie einige Lichtakzente in die Bereiche des Baums, die von der Lichtquelle angestrahlt werden. Verringern Sie die Deckkraft der Pixelebene mit der entsprechenden Option des Panels **Ebenen**, damit der Effekt ganz natürlich wirkt. Ein Wert von ca. *18 %* sollte ausreichen.

Um eine möglichst authentische Darstellung zu erreichen, sollten Sie für allgemeine Arbeiten eine Zoomstufe von 25 – 30 % verwenden und 60 – 70 % für Details. Wenn Sie bei einer Zoomstufe von 100 % oder sogar mehr arbeiten, fügen Sie wahrscheinlich mehr Details als notwendig ein und die Illustration sieht dann „künstlich" aus. Mit dem **Zoomwerkzeug** und dem Panel **Navigator** können Sie die Zoomstufe für all Ihre Arbeitsschritte schnell und einfach anpassen.

7 Wiederholen Sie diese Schritte für alle Ebenen Ihrer Szene, um graue Rasterschatten und lichter zu platzieren. Um diffusere Lichtbereiche zu simulieren, experimentieren Sie einfach mit dem Pinsel *Schattierung* („Shade") des Pinselsets *DAUB Werkbank*. Für einige Ebenen müssen Sie vielleicht die Deckkraft variieren und den Mischmodus auf *Multiplizieren* setzen.

8 Sobald Sie der Ansicht sind, dass alles fertig ist, überprüfen Sie den Gesamtlook, indem Sie die Ebenen für den Strahl und den Roboter ausblenden.

*Ich bevorzuge für meine gemalten Pixel eine etwas härtere Darstellung. Das **Pixelwerkzeug** erzeugt Striche ohne Antialiasing, die dadurch automatisch etwas härter wirken. Alternativ können Sie auch den **Malpinsel** verwenden, der Striche mit Antialiasing aufträgt.*

DER ROBOTER ERWACHT ZUM LEBEN

Ressource
whittler_06_robot.afdesign

Wenn Sie nun die Roboterebene wieder sichtbar schalten, sehen Sie, wie seltsam er in der vollständig texturierten Umgebung aussieht. Wir werden daher dem Roboter noch einige Detailschatten spendieren und hierzu hauptsächlich in einer Begrenzungsebene arbeiten. Beginnen wir also mit dieser Ebene.

Schattierungen für den Roboter

1 Wählen Sie die gruppierten Formen in der Roboterebene aus und duplizieren Sie die Gruppe über den Menüpunkt **Bearbeiten > Duplizieren**

2 Wählen Sie alle Formen der oberen duplizierten Gruppe aus und klicken Sie in der **Symbolleiste** auf das Symbol **Hinzufügen**, um alle Formen zu einer einzigen Kurve zu kombinieren.

3 Entfernen Sie die Füllung der neuen Form und stellen Sie den Mischmodus der Ebene auf *Multiplizieren* ein.

Die gerade neu erstellte Ebene begrenzt automatisch alle Pinselstriche, die wir in ihr platzieren, und überträgt den Mischmodus **Multiplizieren** auf die Striche. Auf diese Weise können wir die schattierten Bereiche des Roboters sehr präzise definieren.

> Zu diesem Zeitpunkt habe ich durch Zeichnen von Formen über der Begrenzungsebene noch weitere Details für den Hals des Roboters eingefügt. Die Formen habe ich dann zu einer Kurve kombiniert, damit ich in ihr auch Rasterpinselstriche begrenzen kann.

4 Wechseln Sie zu der **Pixel Persona** und fügen Sie eine neue Pixelebene als Unterebene in der Begrenzungsebene hinzu. Malen Sie die Schatten des Roboters mit dem Pinsel *Hauptstrich* und mittel- bis dunkelgrauen Farben und dann die Lichtakzente mit dem Pinsel *Details* und Hellgrau bis Weiß.

5 Vertiefen Sie auf einer weiteren Pixelebene mit dem Pinsel *Schattierung* die Schatten für die rechte Seite des Roboters und den Stein, auf dem er sitzt. Verschachteln Sie eine Rasterebene in der Astform der Grundlagenebene und malen Sie wie zuvor die Schatten und Lichtakzente ein. Wiederholen Sie dies für die Detailform des Halses, falls Sie diese vor Schritt 3 gezeichnet haben.

Der Roboter sieht nun zu dunkel aus, da er ja direkt in dem Lichtstrahl sitzt. Wir müssen also mit einer Ebene einige Lichtakzente setzen, um diese Beleuchtung zu berücksichtigen.

Bei den Schattierungen für Ihren Roboter sollten Sie stets dunklere Grautöne für alle Bereiche verwenden, die näher am Vordergrund liegen, und hellere Töne für die weiter im Hintergrund.

6 Duplizieren Sie die ursprüngliche Grundlagenebene für die Robotergruppe und verschieben Sie sie in der Ebene *Roboter* nach oben. Die Struktur im Panel **Ebenen** sollte nun dem folgenden Screenshot entsprechen.

7 **Rastern** Sie die Ebene für die Lichtakzente (Highlights) über den entsprechenden Eintrag des Menüs **Ebene**. Stellen Sie nun ihren Mischmodus auf *Hinzufügen* und ihre **Deckkraft** auf *30 %* ein.

8 Stellen Sie im Panel **Ebenen** sicher, dass die Ebene für die Lichtakzente aktiv ist und klicken Sie auf das Symbol **Maskierungsebene**. Malen Sie auf dieser Maskierungsebene mit dem Pinsel *Schattierung* und der Farbe „Schwarz", um unerwünschte Lichtakzente zu entfernen. Variieren Sie die Pinselgröße, um subtile Schatten zu erzeugen, wie zum Beispiel unter dem linken Arm.

Ressource

whittler_07_details.afdesign

EINFÜGEN VON DETAILS IN DIE SZENE

Nun werden wir mit den bisher vorgestellten Maltechniken noch einige letzte Details einfügen.

Malen von Dunst

1 Wechseln Sie wieder zur **Designer Persona** und fügen Sie zwei neuen Ebenen namens *Dunst* hinzu. Platzieren Sie diese Ebenen über der Ebene *Roboter*.

2 Aktivieren Sie wieder den **Vektorpinsel**, legen Sie *RGB 81, 60, 72* als Konturfarbe fest und stellen Sie im Panel **Pinsel** den Pinsel *DAUB Aquarell* ein. Erhöhen Sie die Pinselbreite auf *1.204 pt*, indem Sie den Wert einfach in das Feld **Breite** eingeben.

3 Malen Sie in der unteren Ebene *Dunst* einige Striche über die untere Hälfte der Illustration und legen Sie für alle Striche eine **Deckkraft** von *50 %* fest. Wiederholen Sie dies für die obere Dunstebene, aber konzentrieren Sie die Pinselstriche dieses Mal auf die rechte Bildseite.

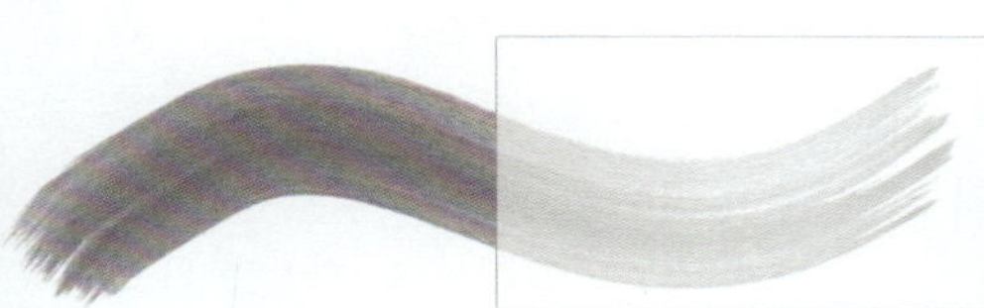

„Zu diesem Zeitpunkt füge ich noch einige zusätzliche Details in mein Bild ein, wie z. B. etwas Gras. Ob Sie für Ihre Details Vektor- oder Rasterwerkzeuge verwenden, hängt von den Details ab, die Sie einfügen möchten, und der beabsichtigten Wirkung.

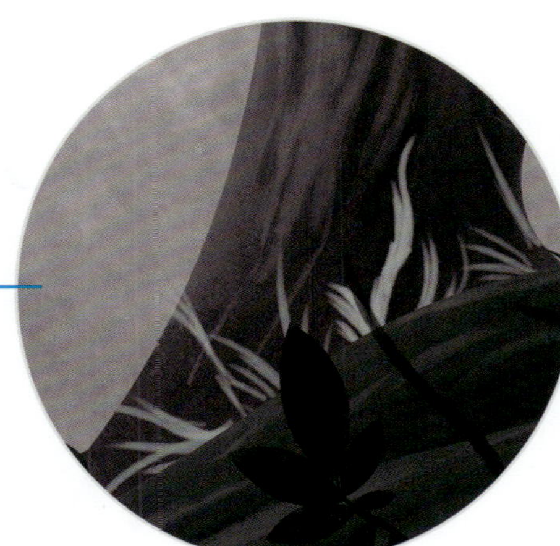

Figurdetails

Um die Geschichte dieser Illustration etwas zu untermalen, müssen wir die Illusion einer Bewegung erzeugen und dem Roboter eine Seele verleihen.

1 Erstellen Sie in der **Pixel Persona** eine neue Pixelebene direkt unter der Ebene für die Lichtakzente innerhalb der Roboterebene. Ich habe diese Ebene *Späne* genannt.

2 Malen Sie mit dem Werkzeug **Pixel** und dem Pinsel *Details* Holzspäne, die durch die Luft fliegen. Achten Sie darauf, dass die Holzspäne einen ähnlichen Grauton haben wie der Ast, den der Roboter festhält.

3 Malen Sie über die Kante des Astes, damit er etwas rauer aussieht, und fügen Sie einen Bereich hinzu, der gerade geschnitzt wird.

4 Wählen Sie die Ebene des oberen Auges in der Kopfebene des Roboters aus und kopieren Sie sie in die Zwischenablage (**Bearbeiten > Kopieren**).

5 Wählen Sie die Kurvenebene in der Schattengruppe aus und klicken Sie auf den Menüpunkt **Bearbeiten > Innerhalb einfügen**. Klicken Sie bei ausgewählter neuer Augenebene erneut auf den Menüpunkt **Bearbeiten > Innerhalb einfügen**. Hierdurch erhalten Sie eine Ellipse, die in der anderen verschachtelt ist.

6 Wählen Sie die übergeordnete Augenebene aus und stellen Sie ihre Füllung auf Dunkelgrau. Stellen Sie anschließend die Ebenenfüllung des verschachtelten Auges auf reines Weiß. Verschieben Sie die verschachtelte Ellipse mit dem Werkzeug **Verschieben** (V) und ändern Sie ihre Größe.

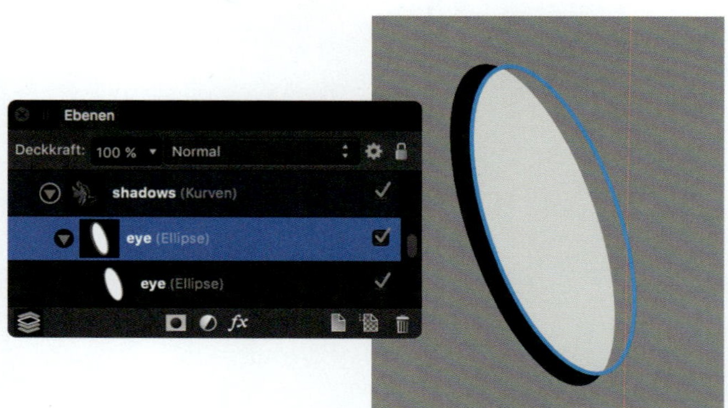

7 Fügen Sie eine neue Pixelebene unter der verschachtelten Ellipse hinzu (aber innerhalb der übergeordneten Augenebene) und malen Sie Lichtakzente unten in der Ellipse, um eine Beleuchtung der Augenhöhle durch das Auge des Roboters zu simulieren.

8 Wiederholen Sie diese Schritte, um das zweite Auge zu definieren.

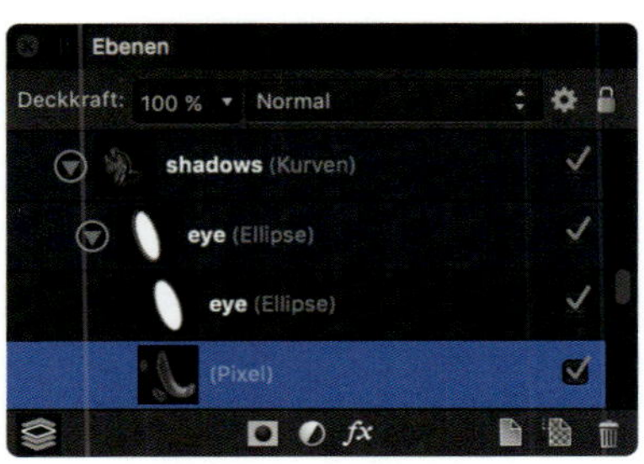

EINFÜGEN VON TÖNEN UND ATMOSPHÄRE

Ressource
whittler_08_tone.afdesign

Im Moment sind alle „Malerarbeiten“ beendet. Wir sollten daher alle Ebenen sichtbar schalten und den Fortschritt der gesamten Illustration überprüfen.

Da wir in einer Graustufenumgebung gearbeitet haben, lassen sich die Tonwerte unserer Illustration nun sehr leicht ändern. Mithilfe von Anpassungsebenen bringen wir zusätzlich Farbe in das Bild.

Einfügen der Anpassung „Gradationskurven“

1 Wählen Sie im Panel **Ebenen** die oberste Illustrationsebene aus und klicken Sie auf das Symbol **Anpassungen**. Klicken Sie in dem Einblendmenü auf **Gradationskurven**.

2 Verschieben Sie die Kurve in dem Dialogfeld, um die gesamte Tonalität zu korrigieren und die Grauverläufe zu verfeinern. Heben Sie die Schatten ein wenig an, um den Look analoger Filmaufnahmen zu simulieren.

> Die Ebene „Gradationskurven“ wird automatisch auf die Illustrationsebene angewendet und beeinflusst somit die gesamte Komposition.

3 Wärmen Sie nun die Lichter etwas auf und kühlen Sie die Schatten etwas ab. Wählen Sie hierzu einen Kanal in dem Einblendmenü aus. Erhöhen Sie den Wert für **Rot** und **Grün** in den Lichtern und erhöhen Sie den Wert für **Blau** in den Schatten.

4 Fügen Sie weitere Anpassungsebenen für **Gradationskurven** in andere Ebenen ein, um ihre Tonwerte zu justieren und Farbakzente zu setzen. Ich habe die **Gradationskurven** für die Ebenen „Vordergrund 1“, „Vordergrund 3“ und „Mitte“ eingesetzt.

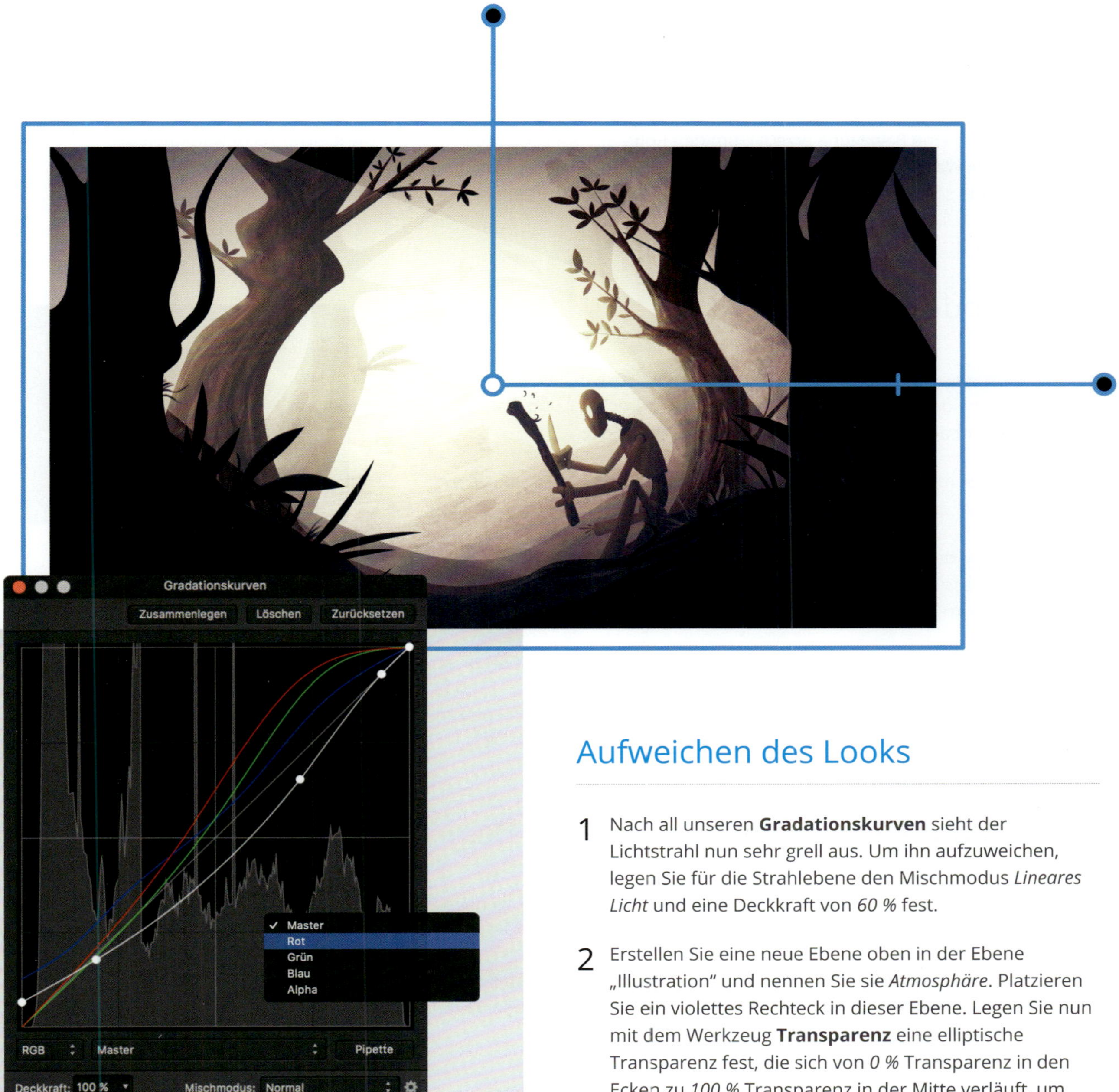

Aufweichen des Looks

1 Nach all unseren **Gradationskurven** sieht der Lichtstrahl nun sehr grell aus. Um ihn aufzuweichen, legen Sie für die Strahlebene den Mischmodus *Lineares Licht* und eine Deckkraft von *60 %* fest.

2 Erstellen Sie eine neue Ebene oben in der Ebene „Illustration" und nennen Sie sie *Atmosphäre*. Platzieren Sie ein violettes Rechteck in dieser Ebene. Legen Sie nun mit dem Werkzeug **Transparenz** eine elliptische Transparenz fest, die sich von *0 %* Transparenz in den Ecken zu *100 %* Transparenz in der Mitte verläuft, um eine Vignette zu erzeugen.

Ressource

whittler_09_finaltouches.afdesign

DER FEINSCHLIFF

Vorhin haben wir eine Bewegung erzeugt, um den Roboter zum Leben zu erwecken. Die gleiche Technik können wir auch für die Waldumgebung verwenden. Wir fügen einfach einige Staubpartikel ein, die das einfallende Licht reflektieren, und so der gesamten Szene eine realistische Tiefe verleihen.

Leuchtender Staub

1 Wechseln Sie wieder zur **Designer Persona** fügen Sie eine neue Ebene hinzu (Ich habe meine *spots* genannt. Wie wäre es mit *Körnchen*?) und platzieren Sie sie hinter der am nächsten gelegenen Hintergrundebene.

2 Zeichnen Sie mit dem Werkzeug **Ellipse** (M) einen kleinen Kreis von *20 px* Durchmesser auf der Seite. Legen Sie ein helles Grau (fast weiß) als Füllung fest.

3 Kopieren Sie den Kreis mehrmals und verteilen Sie die Kopien willkürlich so auf der Seite, dass sie von dem Lichtstrahl erfasst werden. Verkleinern Sie einige der Kreise, um den natürlichen Look von beleuchtetem Staub zu erreichen.

4 Wenn alles fertig ist, stellen Sie den Mischmodus der Ebene auf *Glühen* ein.

Wiederholen Sie diese Schritte, um Staubkörner zwischen anderen Ebenen zu platzieren. Ich habe noch einige vor der Ebene *Roboter* eingefügt.

Die Lichtpunkte auf dem gebrochenen Bein

1 Fügen Sie direkt über der Ebene *Strahl* eine neue Pixelebene ein. Nennen Sie diese Ebene „Lichtpunkte".

2 Aktivieren Sie in der **Pixel Persona** das **Pixelwerkzeug** sowie den Pinsel *Details* und malen Sie einige leuchtende Stellen am Ende des gebrochenen Beins. Als Füllung verwenden Sie ein helles Grau (fast weiß).

Tiefenwirkung

Wir haben bereits durch die Tonwerte der Ebenen eine Tiefenwirkung erzielt, da die weiter vorne liegenden Ebenen dunkler sind. Dieser Eindruck lässt sich jedoch noch verstärken, indem wir zerstörungsfrei einige der Details etwas weicher gestalten, als würden sie außerhalb der Fokusebene des Betrachters liegen.

1 Wählen Sie die am nächsten gelegene Vordergrundebene aus und wechseln Sie zum Panel **Effekte**. Legen Sie eine **Gaußsche Unschärfe** fest und erhöhen Sie ihren **Radius** auf ca. *4 px*. Hierdurch sollte der Vordergrund leicht unscharf werden, die Details sind aber immer noch erkennbar.

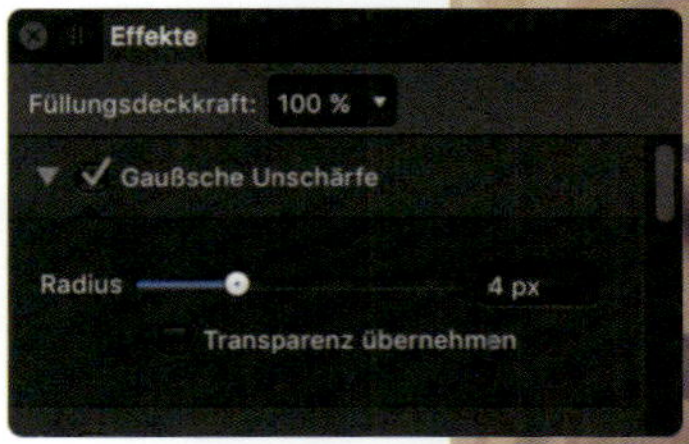

2 Wiederholen Sie diesen Schritt für die Vordergrund-, Hintergrund- und Strahlebene sowie alle Staubkornebenen. Verwenden Sie jeweils Radiuswerte von *2 – 4 px*.

Der Feinschliff

Wenn Sie das Projekt abgeschlossen haben, lassen Sie den Bildaufbau etwas ruhen. Wenn Sie nach einer Pause mit „frischem Blick“ zurückkehren, können Sie alles viel objektiver beurteilen.

Als ich mich nach der Pause wieder an die Zeichnung setzte, entschied ich mich für eine **Selektive Farbkorrektur** der Beleuchtung, um die Rot- und Blautöne etwas zu betonen.

4

Wine Cellar

Isometrische Illustration von *Kevin House*

In diesem Projekt zeigt Ihnen Kevin, wie man isometrische Illustrationen erstellt und dann mit Farben, Schattierungen und Texturen dem ganzen Werk Leben einhaucht und es „auf den Kopf stellt".

BEVOR SIE LOSLEGEN

Ressourcen

Alle in diesem Projekt verwendeten Ressourcen finden Sie unter:
https://affin.co/winecellarDE

Grundwissen zu Affinity Designer

Damit Sie aus diesem Projekt möglichst viel für Ihre eigenen Arbeiten mitnehmen, sollten Sie mit folgenden Aspekten vertraut sein:

- Arbeiten mit dem **Zeichenstift** in Affinity Designer. Um ein Gefühl für den **Zeichenstift** zu bekommen, sollten Sie den Abschnitt Zeichenstift: Kurven & Formen auf Seite 97 studieren.

- Die Programmoberfläche von Affinity Designer. Mehr über die Programmoberfläche erfahren Sie in dem Kapitel Tour durch die Programmoberfläche, das auf Seite 13 beginnt.

- Die grundlegenden Techniken. Die folgende Tabelle zeigt Ihnen, welche Aspekte von Affinity Designer Sie zusätzlich beherrschen sollten, um dieses Projekt anzugehen:

Objekte	Seite 80
Geometriewerkzeuge	Seite 95
Farben & Verläufe	Seite 106
Effekte & Anpassungen	Seite 112
Designhilfen	Seite 118

ENTWICKELN DES KONZEPTS

Die Idee für Wine Cellar begann als simple Skizze eines Weinguts für einen Kunden. Danach habe ich die Skizze verändert, um sie an ein isometrisches Raster anzupassen, und dann mit der Komposition gespielt, um die verschiedenen Perspektiven umzusetzen.

Ich liebe die Idee eines unmöglichen Raums wie in den Lithografien von M. C. Escher.

Der Vorteil bei einem isometrischen Bild liegt darin, dass es für das Auge und somit unser Gehirn optisch relativ einfach ist, die Ansicht von oben, von der Seite und von unten zu erkennen und zu begreifen.

Bei senkrechten Projektionen können Sie keine traditionelle perspektivische Tiefe einsetzen. Wir müssen daher unserem Bild mithilfe von Farben, Schatten und Texturen etwas unter die Arme greifen, damit es durch eine Tiefenwirkung das Auge des Betrachters ganz natürlich durch die Komposition führt.

All dies und noch einige weitere Aspekte behandeln wir in diesem Projekt.

Ressource

winecellar_lockin_01_documentsetup.afdesign
winecellar_lockin_sketch.jpeg

DOKUMENTEINSTELLUNGEN

Beginnen wir also mit einem Dokument, in dem wir unsere gescannte Skizze platzieren können.

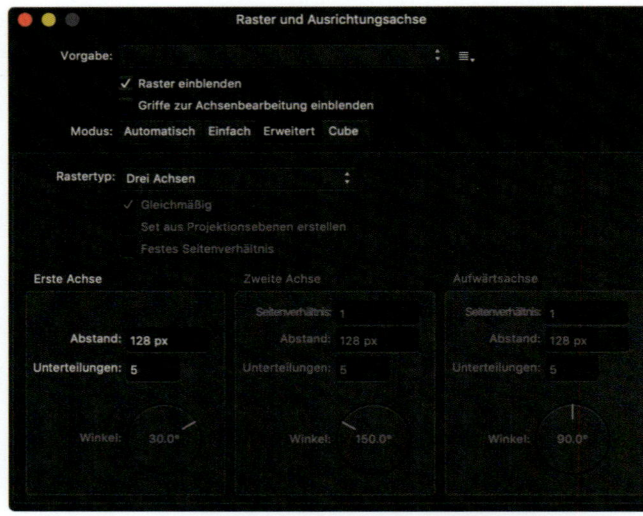

1 Klicken Sie auf den Menüpunkt **Datei > Neu**.

2 Legen Sie den **Typ** als *Drucken (Druckerei)* fest und richten Sie ein CMYK-Dokument ein. Stellen Sie die **Dokumenteinheiten** auf *Pixel* ein und die **Seitenbreite** und **Seitenhöhe** jeweils auf *5.120 px*.

3 Klicken Sie auf den Menüpunkt **Ansicht > Raster und Achsen konfigurieren** und aktivieren Sie die Option **Raster einblenden**. Klicken Sie auf den Modus **Erweitert**, stellen Sie den **Rastertyp** auf *Drei Achsen* ein, den **Abstand** auf *128 px* und die **Unterteilungen** auf *5*.

Ich weiß, was Sie jetzt denken: „Warum drei Achsen und nicht isometrisch?" Das isometrische Raster besitzt nur schiefwinklige Hilfslinien, und ich will auch mit vertikalen Hilfslinien arbeiten. Das dreiachsige Raster bietet all die Hilfslinien des isometrischen Rasters plus die vertikalen Linien, auf die es mir ankommt.

Ich habe den Abstand auf das Doppelte der Standardvorgabe erhöht, da unsere Illustration recht groß ist. Durch die zusätzlichen Unterteilungen können wir mit der magnetischen Ausrichtung alles sehr viel präziser anordnen.

4 Klicken Sie in der **Symbolleiste** auf den Pfeil des Symbols **Magnetische Ausrichtung**, um die rechts aufgelisteten Einstellungen festzulegen.

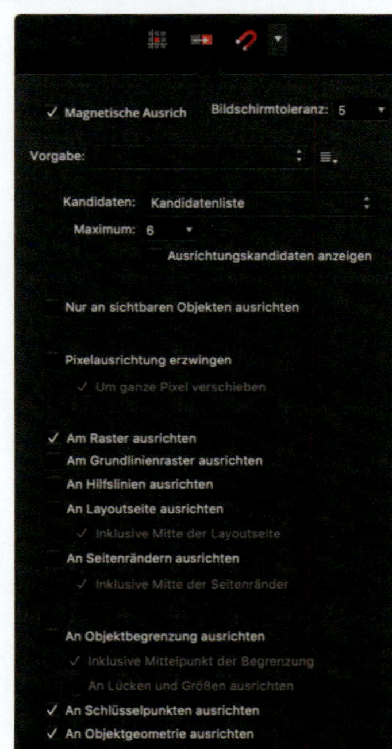

Sie können das Raster jederzeit über den entsprechenden Eintrag im Menü **Ansicht** ein- und ausblenden. Behalten Sie stets im Hinterkopf, dass nicht alles genau an dem Raster ausgerichtet werden muss. Mit dem Raster können Sie Ihre Formen jedoch präzise anordnen und leichter die isometrische Perspektive wahren.

5 Klicken Sie im Menü **Datei** auf **Platzieren**. Wählen Sie nun die Datei winecellar_lockin_sketch.jpeg (oder Ihre eigene gescannte Skizze) aus und klicken Sie auf **Öffnen**.

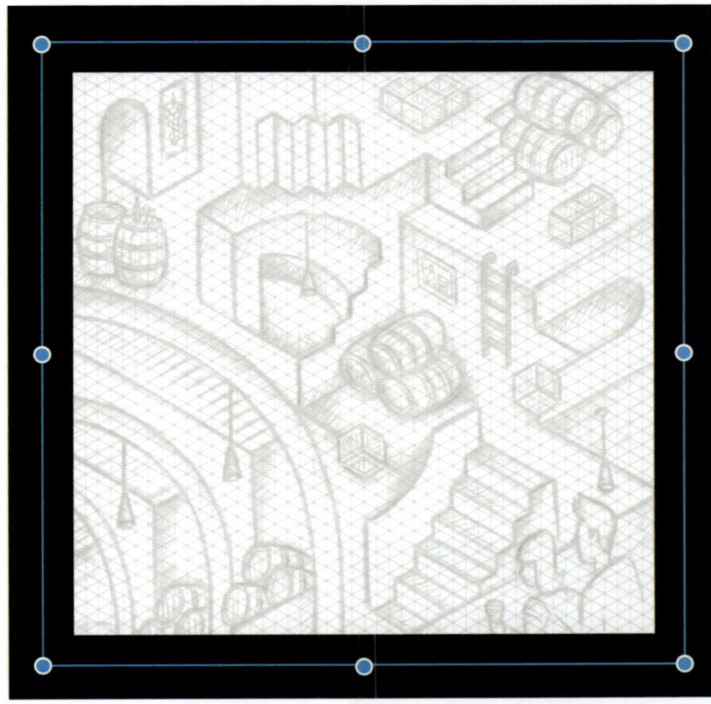

6 Klicken Sie auf einen beliebigen Punkt, um das Bild abzusetzen. Ziehen Sie die Ecken des Bildes, um es leicht zu vergrößern und platzieren Sie es so, dass die Bleistiftlinien der Außenkanten für die Skizze leicht über die Seitenkanten des Dokuments hinausgehen.

Deaktivieren Sie im Menü **Ansicht** die Option **Ansichtsmodus > An Leinwand begrenzen**, um die Leinwand einzublenden. Hierdurch können Sie die Bildgröße leichter festlegen.

7 Stellen Sie bei ausgewähltem Bild im Panel **Ebenen** die **Deckkraft** auf *75 %* ein und den Mischmodus auf *Multiplizieren*. Schützen Sie dann die Ebene mit dem Symbol **Schützen/Schutz aufheben**.

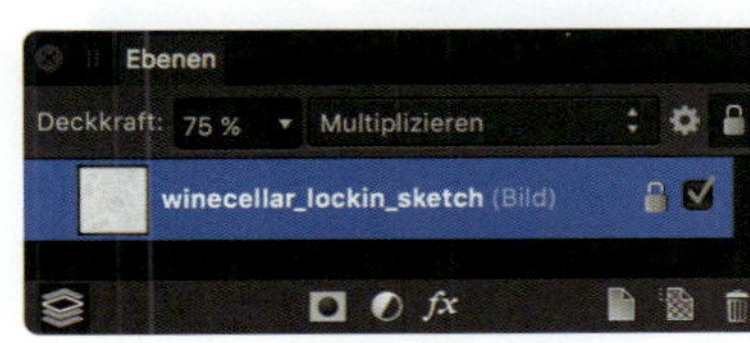

Wir lassen diese Ebene während der gesamten Designarbeit oben im Ebenenstapel, damit wir stets einen Blick auf die Skizze werfen können, wenn wir all die Formen erstellen. Über ihr Häkchen können Sie die Ebene jederzeit ein- und ausblenden.

8 Klicken Sie im Panel **Ebenen** auf das Symbol **Ebene hinzufügen**, um eine neue Ebene zu erstellen, und klicken Sie dann in der **Symbolleiste** auf das Symbol **Ganz nach hinten**. Diese neue Ebene nimmt alle Formen auf, die wir für die Vektorisierung der Skizze benötigen.

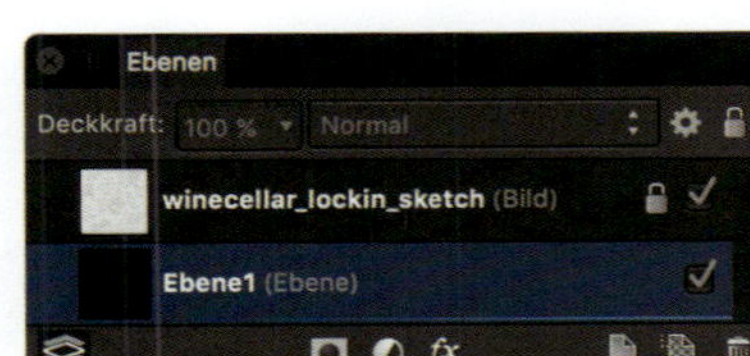

Ressource

winecellar_lockin_02_drawing.afdesign

ZEICHNEN

Den Großteil meiner Zeichenarbeiten erledige ich mit dem Zeichenstift. Da sich bei diesem Projekt aber alles um die Darstellung isometrischer Perspektiven dreht, werde ich die Funktionsweise und Bedienung des Zeichenstiftes nicht sehr detailliert behandeln. Falls Sie noch nicht viel mit dem Zeichenstift gearbeitet haben, empfehle ich Ihnen einen Blick in den Abschnitt Zeichenstift: Kurven & Formen auf Seite 97.

Ich verwende ebenfalls einige der Formwerkzeuge aus der Werkzeugleiste. Komplizierte Formen setze ich mithilfe der booleschen Funktionen von Affinity Designer aus einfach Grundformen zusammen, die sich gegenseitig überlappen.

> Ihnen ist wahrscheinlich aufgefallen, dass sich in diesem Projekt einige Elemente wiederholen, wie z. B. die Bögen, Fässer, Kisten und Treppen. Für all diese Elemente müssen Sie jeweils nur eine Instanz erstellen und diese dann einfach duplizieren.

Anhand der Skizze, unserer Einstellungen für das Raster und der magnetischen Ausrichtung zeige ich Ihnen jetzt in einem Beispiel, wie isometrische Zeichnungen funktionieren. Dazu konzentrieren wir uns auf das Fass in der oberen rechten Ecke der Skizze.

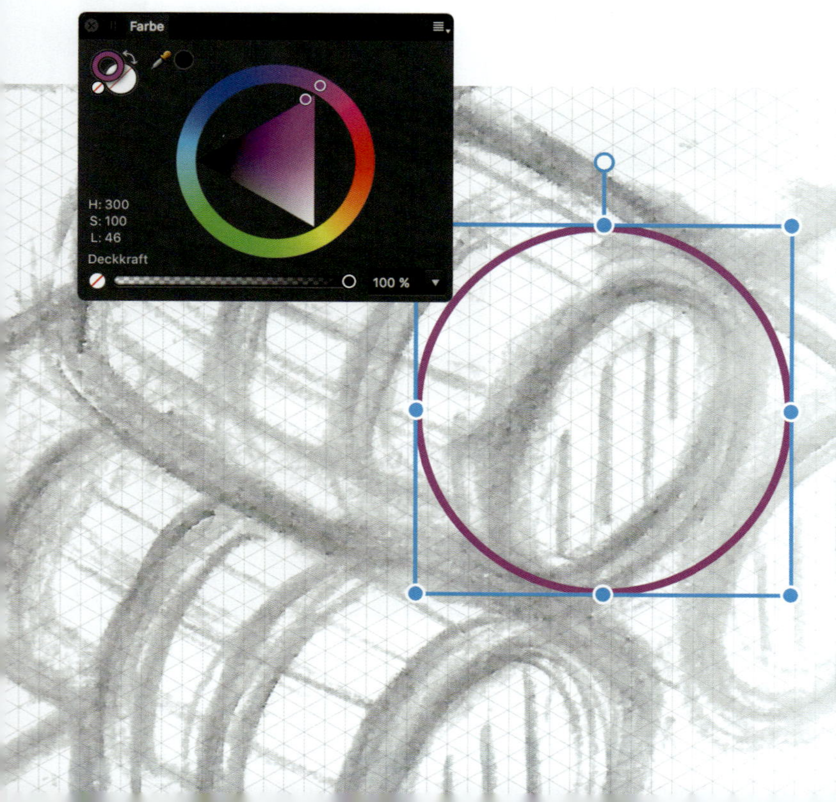

Fass

1 Klicken Sie im Panel **Ebenen** auf *Ebene 1*, um sie auszuwählen und aktivieren Sie dann das Werkzeug **Ellipse** (M) in der **Werkzeugleiste**.

2 Ziehen Sie mit gedrückter Umschalttaste (⇧) über das Fassende, um die Form in einen Kreis zu zwingen. Entfernen Sie nun im Panel **Farbe** die Füllung der Form und legen seine eine helle Farbe für die Kontur fest. Ich habe mich für Magenta entschieden.

> Über die Kontextleiste habe ich die Kontur für meine Form auf *2 pt* erhöht, damit alles etwas deutlicher wird. Sie können aber für Ihre Zeichnung die Konturbreite auch bei *1 pt* belassen.

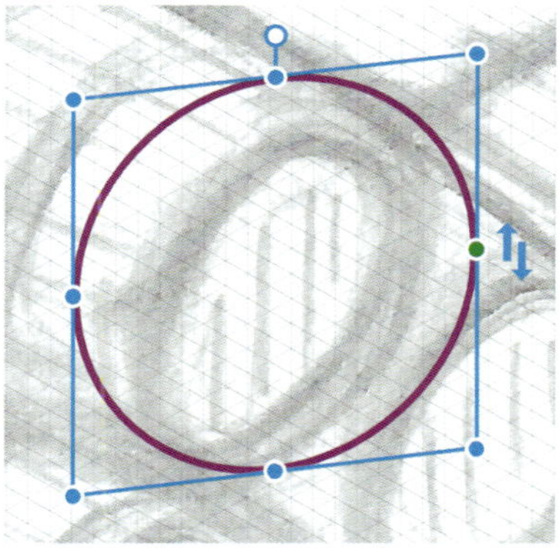

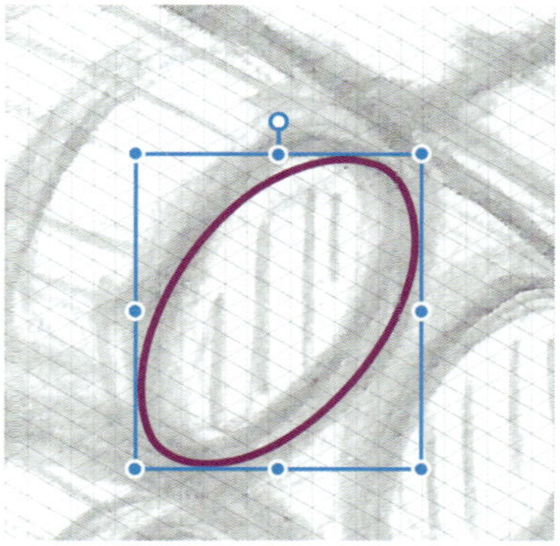

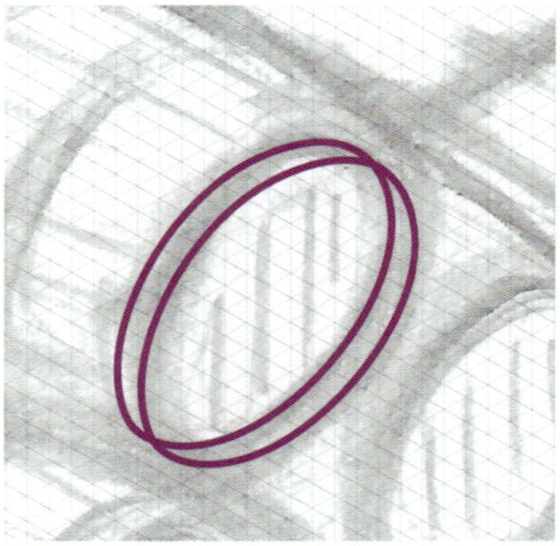

3 Neigen Sie den Kreis, sodass er im richtigen isometrischen Winkel platziert ist, indem Sie den Cursor knapp außerhalb der Objektbegrenzung neben einem Seitengriff platzieren und ziehen, sobald der Doppelpfeil eingeblendet wird.

4 Ändern Sie die Neigung, Größe und Position des Kreises so lange, bis er genau zu dem Raster und der Skizze passt.

5 Duplizieren Sie den geneigten Kreis über den Menüpunkt **Bearbeiten > Duplizieren** und versetzen Sie das Duplikat leicht nach links und oben zu dem Original.

6 Duplizieren Sie dieses Set Kreise und ändern Sie seine Position. Teilen Sie anschließend jedes Set mithilfe der Funktion **Aufteilen** (Seite 96).

Damit das Positionieren etwas leichter fällt, können Sie durch Drücken der Optionstaste ⌥ (Mac) oder Alt-Taste (Win) die magnetische Ausrichtung bei dem Verschieben der Objekte kurzfristig ausschalten.

7 Definieren Sie mit dem **Zeichenstift** (P) den Rest des Fasses.

Nachdem wir die Farben, Schattierungen und Textur für das Fass festgelegt haben (dazu kommen wir später), können wir durch Duplizieren, Verschieben und Spiegeln alle anderen Fässer erstellen, die auf ihren Seiten liegen. Die aufrecht stehenden Fässer müssen wir wie zuvor beschrieben aufbauen. Aber auch hier benötigen wir wieder nur ein Exemplar, das wir anschließend duplizieren.

Decke

Ein weiterer Teil des Designs, den ich hier gerne näher erläutern möchte, ist die Decke in dem Gewölbe unten links.

1 Zeichnen Sie eine Ellipse, deren Krümmung dem Bogen des Durchgangs folgt, und dann ein dünnes Rechteck, das etwas breiter ist als die Ellipse und etwa *100 px* hoch. Drehen Sie es um *30 Grad* und platzieren Sie es auf halber Höhe der Ellipse, sodass es zu dem Brett passt, das der Wand am nächsten liegt (siehe Skizze).

2 **Duplizieren** Sie das Rechteck mit dem entsprechenden Eintrag im Menü **Bearbeiten** und platzieren Sie das Duplikat etwas höher auf der Ellipse. Aktivieren bei ausgewähltem Duplikat erneut den Befehl „Duplizieren“, um ein weiteres Rechteck zu erstellen. Verschieben Sie dieses Rechteck um dieselbe Distanz. Durch dieses **Kettenduplikation** können Sie die gesamte obere Hälfte der Ellipse bequem mit Rechtecken abdecken.

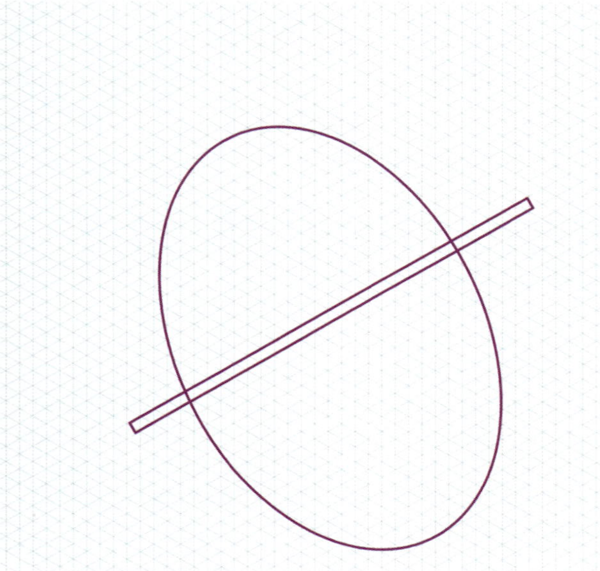

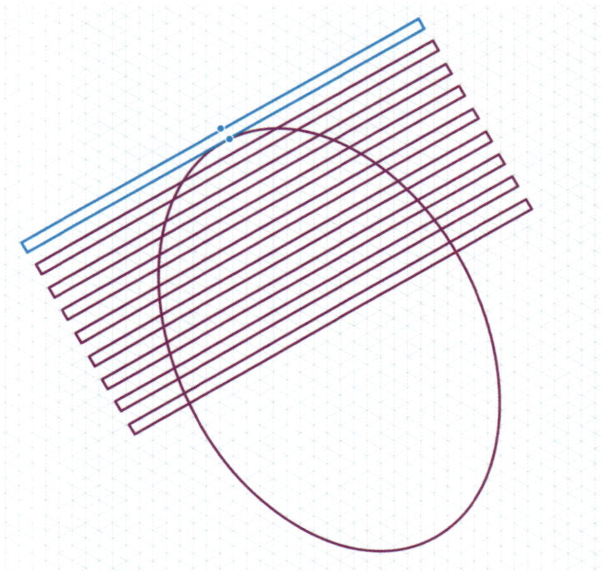

3 Wählen Sie die Ellipse und alle Rechtecke aus und erstellen Sie durch **Aufteilen** (siehe Seite 96) neue Formen, die uns als Deckenvertäfelung und untere Wand dienen. Alle Formen außerhalb der Ellipse können Sie löschen.

> Wir mussten lediglich jedes zweite Rechteck definieren, da durch das Aufteilen die dazwischen liegenden Rechteckformen automatisch erstellt werden.

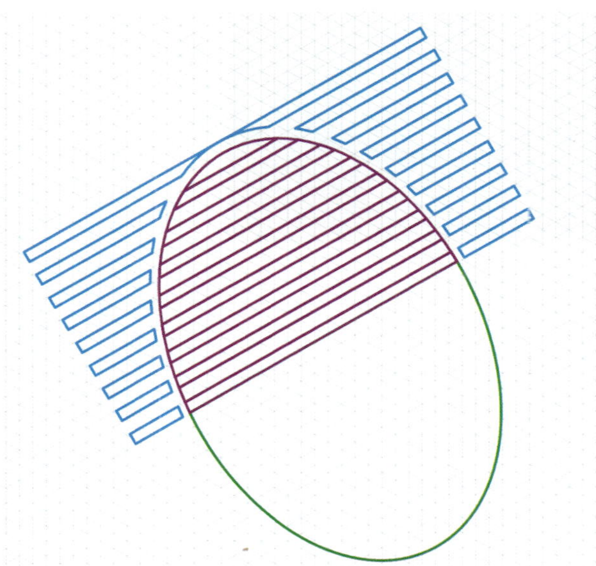

Zeichnen Sie mit den bisher verwendeten Techniken und den geometrischen Formen der **Werkzeugleiste** alle verbleibenden Objekte.

- Den Durchgang können wir aus einer geneigten Ellipse und einem geneigten Rechteck erstellen, die wir einfach per **Hinzufügen** (siehe Seite 95) kombinieren. Die resultierende Form für den Durchgang lässt sich dann von dem Rechteck für die Wand subtrahieren, und schon ist die endgültige Form fertig.

- Der Bogen des Durchgangs lässt sich wie die Fassreifen aus überlappenden geneigten Ellipsen aufbauen. Die Wand erstellen Sie, indem Sie zwei Rechtecke zeichnen und dann das eine von dem anderen subtrahieren. Die einzelnen Teile für den Durchgang lassen sich mit der Funktion **Aufteilen** aus dem Bogen und der Wand erstellen. Löschen Sie die unnötigen Formen und kombinieren Sie dann die verbleibenden Formen mit der Funktion **Hinzufügen**.

- Die Kisten können Sie mithilfe von geneigten Rechtecken und der Funktion **Aufteilen** erstellen.

- Die Hängelampe besteht aus einer Ellipse, einem Dreieck, einem Rechteck und einer mit dem Zeichenstift erstellten Form.

- Die Treppen (nicht dargestellt) wurden aus geneigten Rechtecken zusammengesetzt.

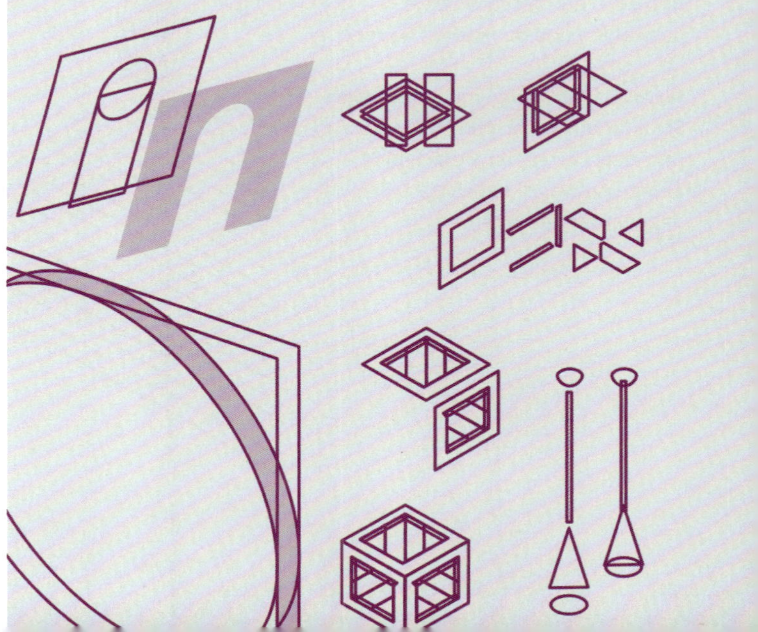

Ressource
winecellar_lockin_03_structure.afdesign

STRUKTUR

Ich gehe davon aus, dass mit dem Aufbau Ihrer sich wiederholenden Objekte alles gut geklappt hat. Damit wird es Zeit für eine kleine Zeichenpause. Wir sollten uns jetzt um die richtige „Sortierung" der Ebenen kümmern.

Momentan haben Sie eine Menge Objekte in derselben Ebene (Ebene 1) unter der Scan-Ebene. Wenn wir weiterhin auf einer Ebene zeichnen, bekommen wir sehr bald Probleme, da das Design immer komplexer wird. Arbeiten Sie an bestimmten Einzelheiten (z. B. einem Fass), ist es wirklich praktisch, wenn Sie auch nur diese Teile auswählen und gezielt bearbeiten können, ohne dass Sie ständig andere überlappende oder darunter liegende Objekte greifen und versehentlich ändern.

Zum Glück lassen sich mit dem Panel „Ebenen" alle zu einem bestimmten Teil oder Bereich gehörenden Objekte auf separaten Ebenen mit eigenen Namen platzieren, sodass Sie sich schnell und einfach auf bestimmte Bereiche konzentrieren und auch nur deren Objekte auswählen und bearbeiten können.

Wenn Sie Ihr Design mit einer klaren Struktur aus mehreren Ebenen umsetzen, ersparen Sie sich eine Menge Aufwand und es lässt sich viel angenehmer arbeiten.

> *Für mich ist der wichtigste Aspekt der geordneten Ebenenstruktur, dass sich alle Ebenen individuell schützen lassen und ich mich so ganz auf die Ebene konzentrieren kann, die ich bearbeiten will. Gerade bei komplexen Designs wie diesem hat sich dieser Workflow schon oft bewährt.*

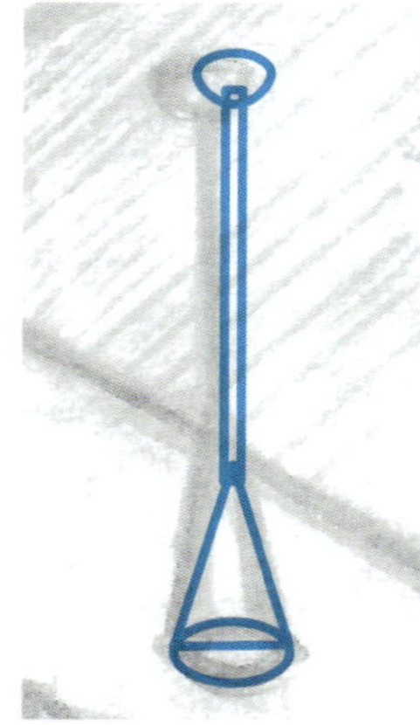

1. Wählen Sie im Panel **Ebenen** die Ebene 1 aus und fügen Sie eine neue Ebene hinzu. Die neue Ebene sollte zwischen Ebene 1 und der Skizzenebene liegen.

2. Klicken Sie auf den Namen der Ebene und legen Sie eine anschaulichere Bezeichnung fest, wie z. B. „Hängelampe rechts“.

3. Wählen Sie auf der Seite die Objekte für die Hängelampe aus und klicken Sie im Menü **Bearbeiten** auf **Ausschneiden**.

4. Wählen Sie im Panel **Ebenen** die Ebenen für die rechte Hängelampe aus und klicken Sie im Menü **Bearbeiten** auf **Einfügen**.

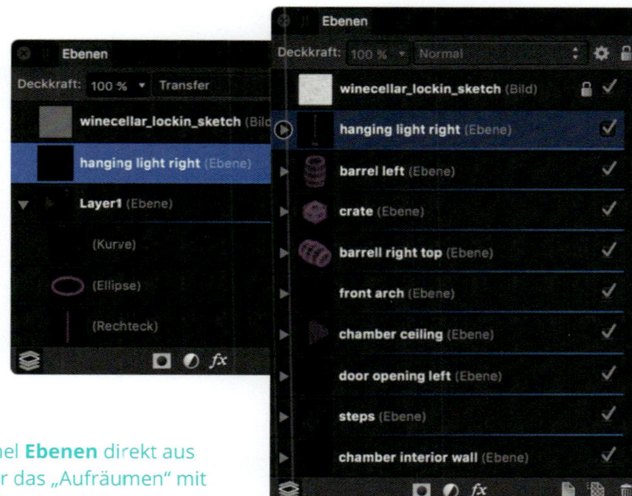

> Alternativ können Sie die ausgewählten Objekte auch im Panel **Ebenen** direkt aus einer Ebene in eine andere Ebene ziehen. Ein kleiner Trick für das „Aufräumen“ mit Ebenen: Wenn Sie Objekte auf eine eigene Ebene verlegen, blenden Sie diese Ebene anschließend aus. So behalten Sie stets den Überblick, was Sie noch alles sortieren müssen.

Werfen Sie einen kritischen Blick auf Ihre Zeichnung. Welche Objekte oder Formen „verdienen“ eine eigene Ebene? Ich habe zum Beispiel die Objekte für das Gewölbe auf zwei verschiedene Ebenen verteilt – eine für die Wand (*chamber interior wall*) und eine für die Decke (*chamber ceiling*).

Sie können alle Ebenen im Panel „Ebenen“ beliebig auf- und abwärts verschieben, duplizieren, löschen usw. und somit den Aufbau Ihrer Illustration ganz genau steuern. Alternativ können Sie auch die Option **Alle Ebenen bearbeiten** des Panels **Ebenen** verwenden. Ist diese Option deaktiviert, lässt sich nur die aktuell aktive Ebene bearbeiten. Dies ist besonders praktisch, wenn Sie in einem Design mit vielen Objekten auf engem Raum sehr kleine Elemente auswählen müssen. Noch ein Grund, Motive und Elemente auf separaten Ebenen zu lagern.

Nicht vergessen: Alle weiter oben im Panel „Ebenen“ platzierten Objekte werden vor den Objekten der darunter liegenden Ebenen dargestellt und verdecken diese. Bei diesem Bild ist das Trennen von Objekten und die Sortierung in verschiedene Ebenen aufgrund der unterschiedlichen Perspektiven etwas kniffelig. Geizen Sie auf keinen Fall mit den Ebenen! Sie können so viele Ebenen anlegen, wie Sie möchten und die Sortierung und Trennung der Objekte jederzeit ändern.

Ressource

winecellar_lockin_04_puzzle.afdesign

ZUSAMMENSETZEN DES PUZZLES

Zeichnen Sie nun mit dem Zeichenstift und den Formwerkzeugen alle verbleibenden einzigartigen Objekte der Skizze auf separaten Ebenen.

Die meisten Elemente der Skizze müssen Sie als geschlossene Formen erstellen, damit sie sich anschließend mit Farben füllen lassen. Viele der Kanten einzelner Elemente in dem Bild passen zusammen – genau wie die Teile bei einem Puzzle. Stellen Sie sicher, dass Ihre Formen so genau wie möglich dem Raster entsprechen. Dank der magnetischen Ausrichtung sollten Sie eigentlich alle Kanten der Formen so platzieren können, dass sie ohne Lücken zueinander passen.

Gelegentlich müssen Sie vielleicht mit gedrückter Optionstaste ⌥ (Mac) oder Alt-Taste (Win) arbeiten, um die magnetische Ausrichtung kurzfristig zu deaktivieren. So können Sie die Einschränkungen des Rasters ignorieren und ganz nach Ihrem kreativen Auge zeichnen.

> Möchten Sie überprüfen, ob die Objekte alle perfekt ausgerichtet sind, aktivieren Sie in der **Symbolleiste** einfach die **Drahtgitter-Ansicht**. Hierdurch werden alle Objekte als Pfade (ohne Konturen und Füllungen) angezeigt, sodass Sie die Platzierung der Objektkanten genau sehen.

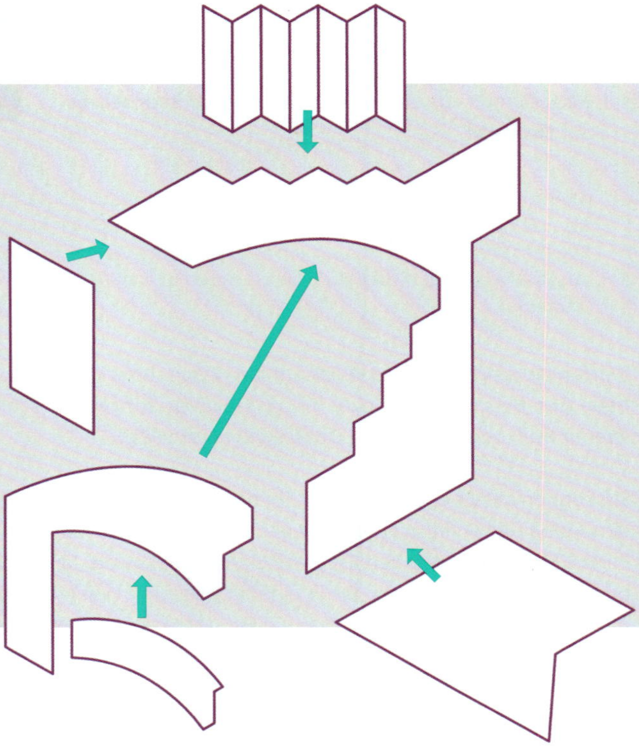

Ressource
winecellar_lockin_05_colour.afdesign

FARBE

Ob Sie nun mit dem Panel „Farbe", dem Panel „Farbfelder" oder der Farbpipette arbeiten, um Ihr Farbschema zusammenzustellen – ich empfehle Ihnen, alle Grundfarben in einer selbst definierten Palette des Panels „Farbfelder" zu speichern.

1 Klicken Sie in den Panel-Einstellungen des Panels **Farbfelder** auf **Dokumentpalette hinzufügen**, klicken Sie dann in diesem Menü auf **Palette umbenennen** und nennen Sie die neue Palette *Weinkeller*.

2 Legen Sie eine neue Ebene namens *Farbfelder* über der Skizzenebene an und blenden Sie alle darunter liegenden Ebenen aus. Erstellen Sie nun mit dem Werkzeug **Rechteck** (M) einige kleine Quadrate auf der Seite.

3 Füllen Sie über das Panel **Farbe**, das Panel **Farbfelder** oder das Werkzeug **Farbpipette** (I) die Quadrate mit den gewünschten Farben und stimmen Sie die Farben ab, bis Sie mit dem grundlegenden Farbschema zufrieden sind.

4 Wählen Sie alle Farbquadrate aus, öffnen Sie per ctrl-Klick (Mac) oder Rechtsklick (Win) auf die Auswahl ihr Kontextmenü und klicken Sie auf den Eintrag **Zu Farbfeldern hinzufügen > Aus Füllung als global**.

Alternativ können Sie auch eine Palette erstellen, die für alle Dokumente in Affinity Designer verfügbar ist, indem Sie auf **Programmpalette hinzufügen** klicken.

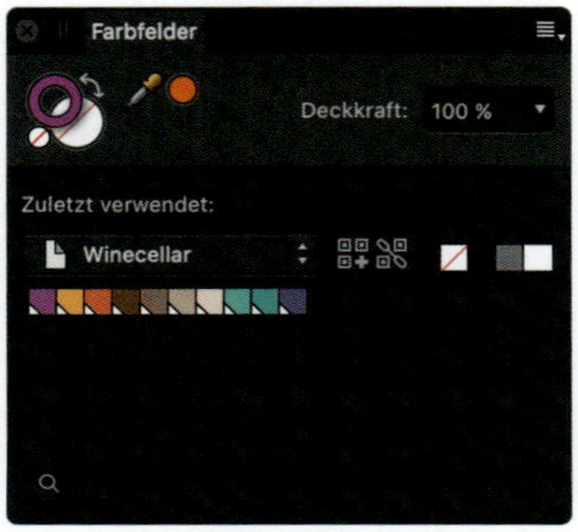

Hierdurch legen Sie die Farben Ihrer Palette als globale Farben fest.

Sie können eine globale Farbe jederzeit ändern. Alle Objekte, die mit dieser globalen Farbe gefärbt sind, übernehmen dann automatisch Ihre Änderungen.

Ich habe mir eine ganze Bibliothek von Bilddateien mit ansprechenden Farbschemata angelegt, die mir im Laufe der Zeit aufgefallen sind, damit ich sie später mal für eins meiner Projekte verwenden kann. Für diese Illustration habe ich ein sehr kleines Farbschema gewählt, das ich schon seit längerer Zeit einmal einsetzen wollte.

Nun können wir mit den gerade erstellten Farbfeldern all unsere Formen und Objekte einfärben. Zu Beginn lege ich stets flache Grundfarben für die Objekte fest, die eine ansprechende Komposition unterstützen und das Auge des Betrachters sanft durch das Bild führen.

Fügen Sie weitere Farbverläufe hinzu, um der Illustration Tiefe zu verleihen. Ziehen Sie mit dem Werkzeug **Füllung** (G) einen Verlaufspfad über jedes einzelne Objekt und legen Sie für die runden Endmarker der Verläufe Farben über das Panel **Farbe** oder **Farbfelder** fest.

Da ich später noch weitere Hängelampen platzieren werde, muss ich diese Verläufe passend zu der neuen Beleuchtung justieren.

Halten Sie die Umschalttaste (⇧) und wählen Sie durch Klicken mehrere Objekte aus. Sollte Ihnen hierbei ein Fehler unterlaufen, entfernen Sie die „Ausrutscher“ einfach mit einem erneuten Klick wieder aus der Auswahl. Legen Sie anschließend eine globale Farbe für die Objekte fest.

Ressource
winecellar_lockin_06_gradienteffects.afdesign

SCHATTIERUNG UND EFFEKTE

Nun zeige ich Ihnen, wie wir die Fässer mit Schattierungen und Effekten „zum Leben erwecken“.

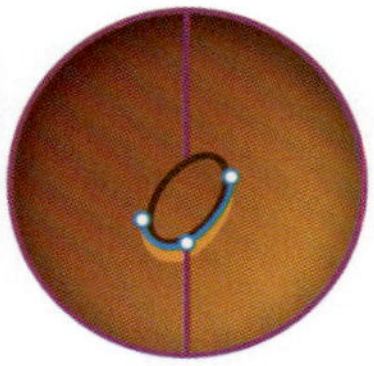

Ich blende dafür alle anderen Elemente aus, sodass nur die Ebene für das Fass in der rechten oberen Ecke übrig ist. So kann ich mich ungestört auf dieses Element konzentrieren.

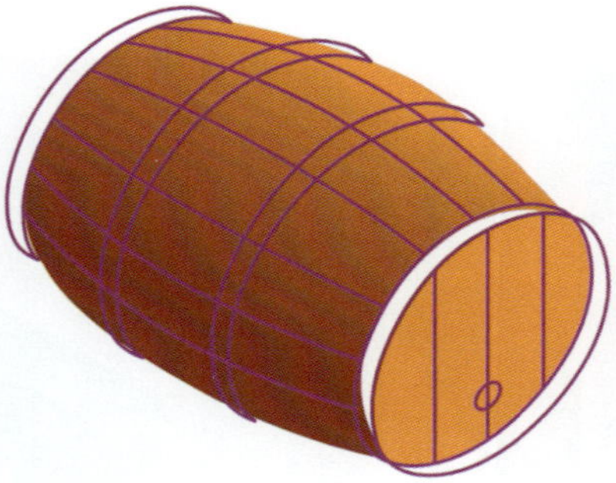

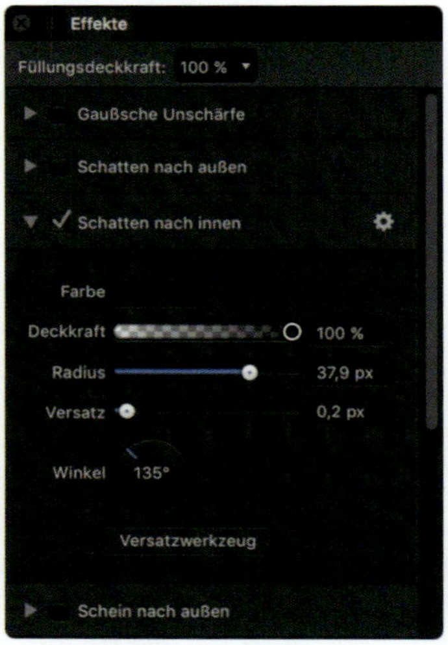

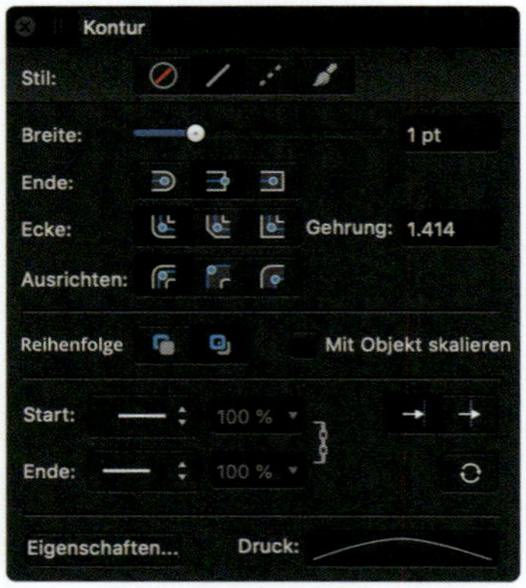

1 Wählen Sie die Form für den Fasskörper aus und legen Sie mit dem Werkzeug **Füllung** einen Verlauf fest, um eine grundlegende Beleuchtung von oben zu erzeugen.

2 Klicken Sie im Panel **Effekte** auf **Schatten nach Innen** und legen Sie die abgebildeten Einstellungen fest. Als Farbe habe ich *CMYK 66, 71, 60, 53* verwendet.

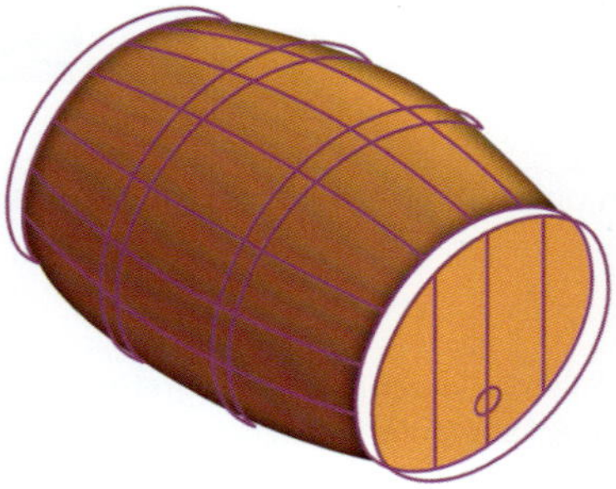

3 Wiederholen Sie den vorangehenden Schritt für den Deckel und fügen Sie eine Verlaufsfüllung für das Loch hinzu. Zeichnen Sie eine Kurve in heller Farbe unter das Loch und weisen Sie ihr ein **Druckprofil** über das Panel **Kontur** zu.

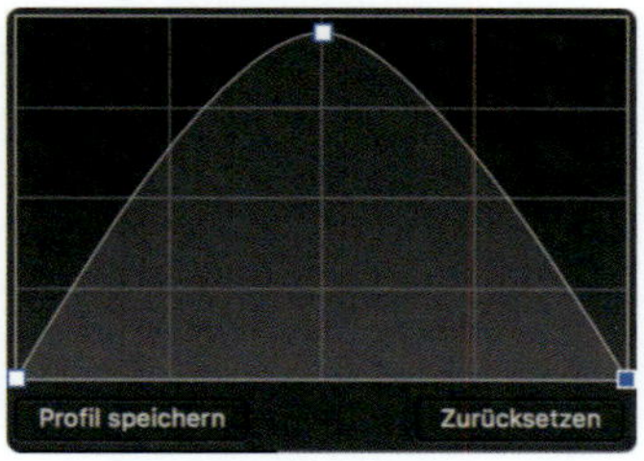

> *Für mich fängt der Spaß so richtig bei Schattierungen und Effekten an!*

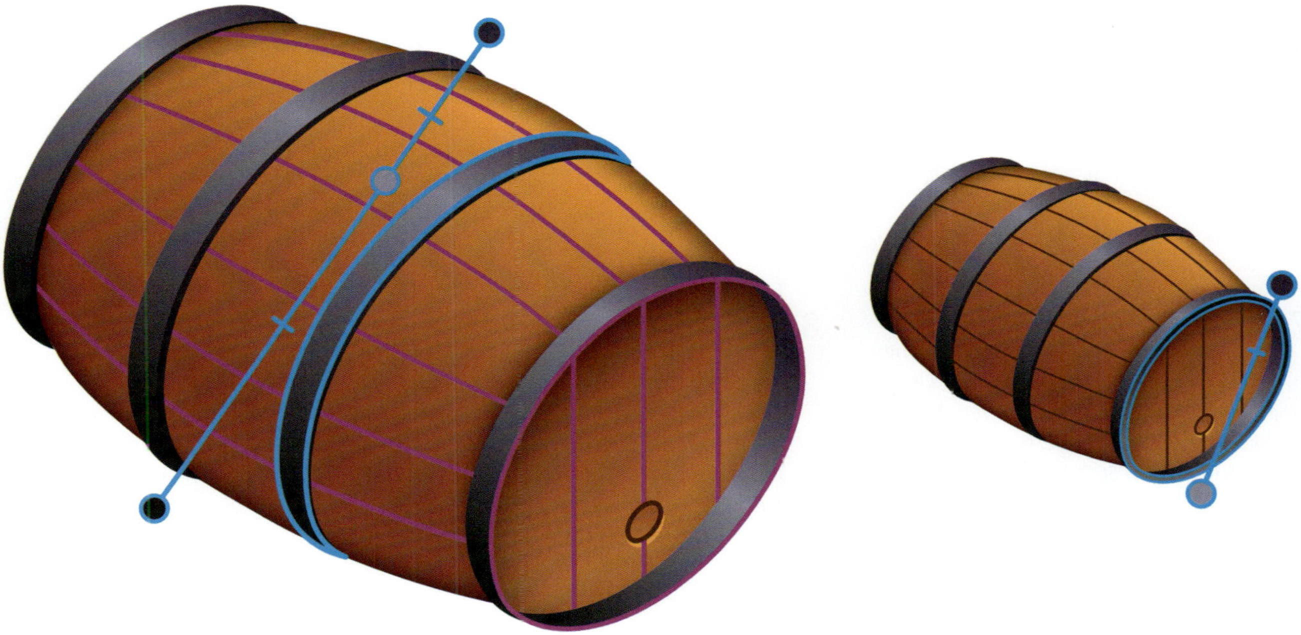

4 Legen Sie einen Verlauf für die Fassreifen fest, um die metallische Struktur anzudeuten, indem Sie Lichtakzente in der Mitte setzen, wo das Licht auf die Reifen trifft. Schattieren Sie dann die beiden „Enden“, an denen die Reifen aus dem Blickfeld verschwinden.

5 Duplizieren Sie alle Reifen bis auf den obersten, ändern Sie die Farbe der unteren Ebenen in Dunkelgrau und versetzen Sie sie leicht unter dem Originalreifen, um dem Material eine Stärke zu verleihen. Sortieren Sie die duplizierten Reifen über das Symbol **Eins nach hinten** der **Symbolleiste**.

6 Wählen Sie die Ellipse für die Oberseite des obersten Reifens aus und legen Sie für ihre Kontur einen metallischen Farbverlauf fest. Stellen Sie hierzu bei ausgewählten Werkzeug **Füllung** in der Kontextleiste die Option **Kontext** auf **Kontur** ein. Färben Sie nun die verbleibenden Kurven braun, damit die Fassdauben ganz natürlich aussehen.

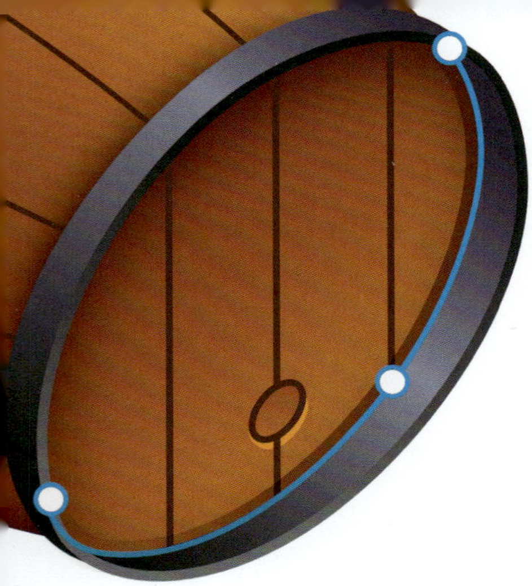

7 Um den Schatten zu simulieren, den die Fassreifen auf das Holz werfen, zeichnen Sie Kurven mit dunkler Kontur und legen im Panel **Ebenen** für die Kurven den Mischmodus *Multiplizieren* und eine **Deckkraft** von *50 %* fest.

Legen Sie im Panel **Effekte** eine **Gaußsche Unschärfe** von *2 – 3 px* für jede Kurve fest.

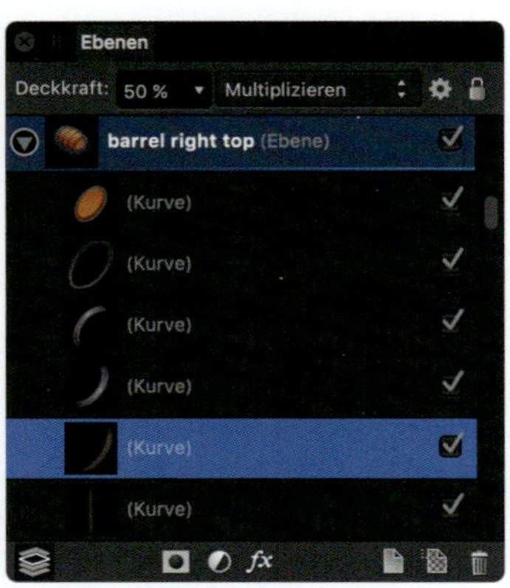

8 Indem Sie die Kurven, die zur Definition der Dauben verwendet werden, duplizieren, neu färben, versetzt anordnen und dann weichzeichnen können Sie sehr einfach weiche Lichtakzente setzen. Stärkere Lichtakzente lassen sich auf ähnliche Weise mit dem Werkzeug **Transparenz** (Y) erzeugen, indem Sie die Lichtakzente auslaufen lassen anstatt sie weicher zu gestalten. Diese Methode ist ideal, um den Fassdauben Tiefe zu verleihen.

Variieren Sie bei dem Einfügen von Schatten und Lichtakzenten ruhig öfter die Konturbreite, um alles genau abzustimmen.

Das Fass sieht nun ziemlich gut aus, aber wenn ich die Skizzenebene einblende, scheint es in der Luft zu schweben. Wir müssen es daher „auf dem Boden absetzen", indem wir darunter einige Schatten hinzufügen.

9 Damit das Holz natürlich aussieht, wählen Sie den Fasskörper aus und klicken im Panel **Farbe** auf das Schaltersymbol unter dem Wort **Deckkraft**, um den Schieber für das **Rauschen** einzublenden. Legen Sie nun für die Füllung des Objekts ein **Rauschen** von *40 %* fest. Wiederholen Sie diese Schritte für den Deckel und das Loch.

10 Zeichnen Sie eine runde Form unter dem Fass, verleihen Sie ihr eine dunkle Farbe, eine **Gaußsche Unschärfe**, den Mischmodus *Multiplizieren* und eine **Deckkraft** von *43 %*. Wiederholen Sie diese Schritte, um eine weitere Form näher zur Basis des Fasses zu erstellen. Für diese Form können Sie eine schärfere Kante festlegen als für die erste.

Im Laufe der Jahre habe ich gelernt, dass mein keine Angst vor der Dunkelheit haben muss. Schatten – insbesondere Schatten auf dem Boden oder in Ecken und Nischen – sind ziemlich dunkel. Verwenden Sie eine sehr dunkle Farbe (oder Schwarz) und stellen Sie den Mischmodus immer auf „Multiplizieren" ein, um ein realistisches Ergebnis zu erhalten.

Effekte – handgemacht oder „von der Stange“?

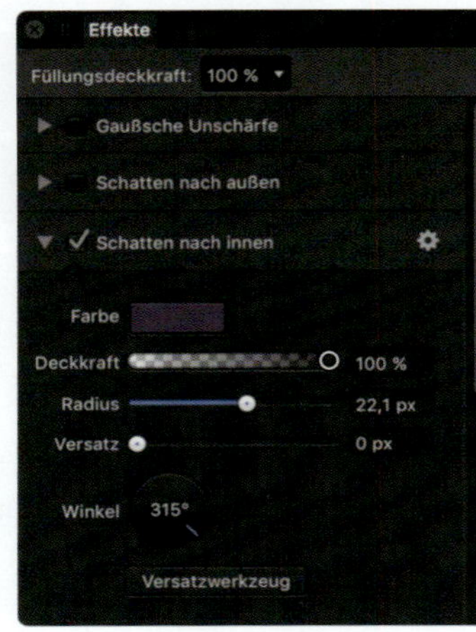

Für gewöhnlich erzeuge ich meine visuellen Effekte von Hand mit den hier bereits erläuterten Techniken und verzichte auf die oft billig wirkenden 3D- und Reliefeffekte. Da die Effekte in Affinity Designer jedoch sowohl subtil als auch ausdrucksstark sind, greife ich ab und zu auf sie zurück, um meinen Workflow zu beschleunigen. Sie sollten ruhig einmal mit all den Effekten und ihren Optionen experimentieren. Vielleicht finden Sie ja für Ihren ganz persönlichen Stil auch ein paar „kleine Helferlein“.

1 Für das Bild der Trauben legen Sie nach dem linearen Farbverlauf einen **Schatten nach innen** für eine Traube fest, um ihr eine dunkle und runde Oberfläche zu verleihen. Fügen Sie dann einen **3D-Effekt** hinzu, um einen Lichtakzent und die Gesamtschattierung festzulegen.

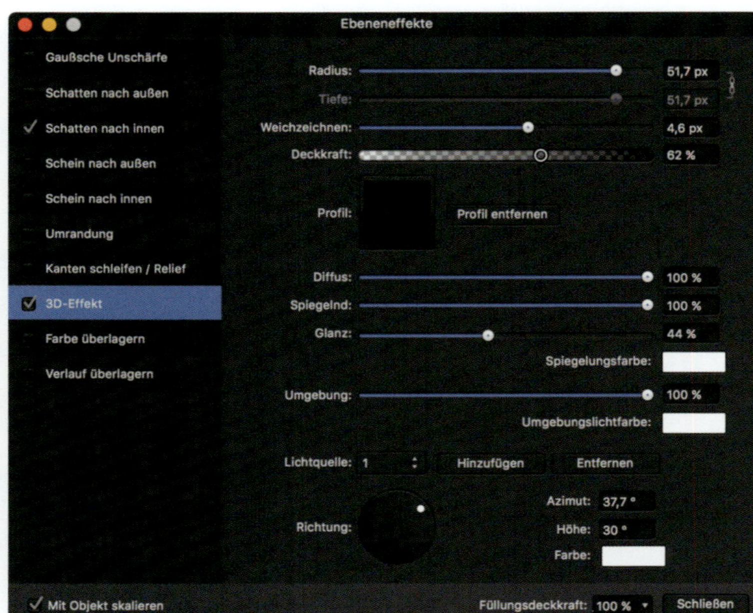

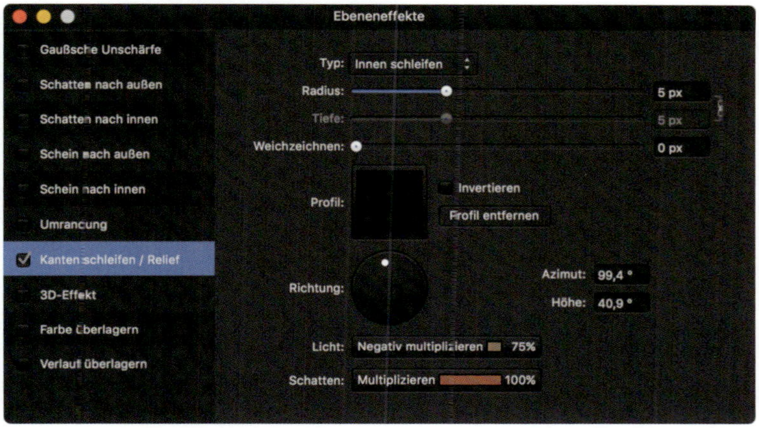

2 Der Effekt **Kanten schleifen / Relief** lässt sich hervorragend für den Stiel der Trauben verwenden.

3 Die Schattierung und Lichtakzente für die Deckenvertäfelung können Sie ebenfalls sehr effizient per **Kanten schleifen / Relief** erzeugen.

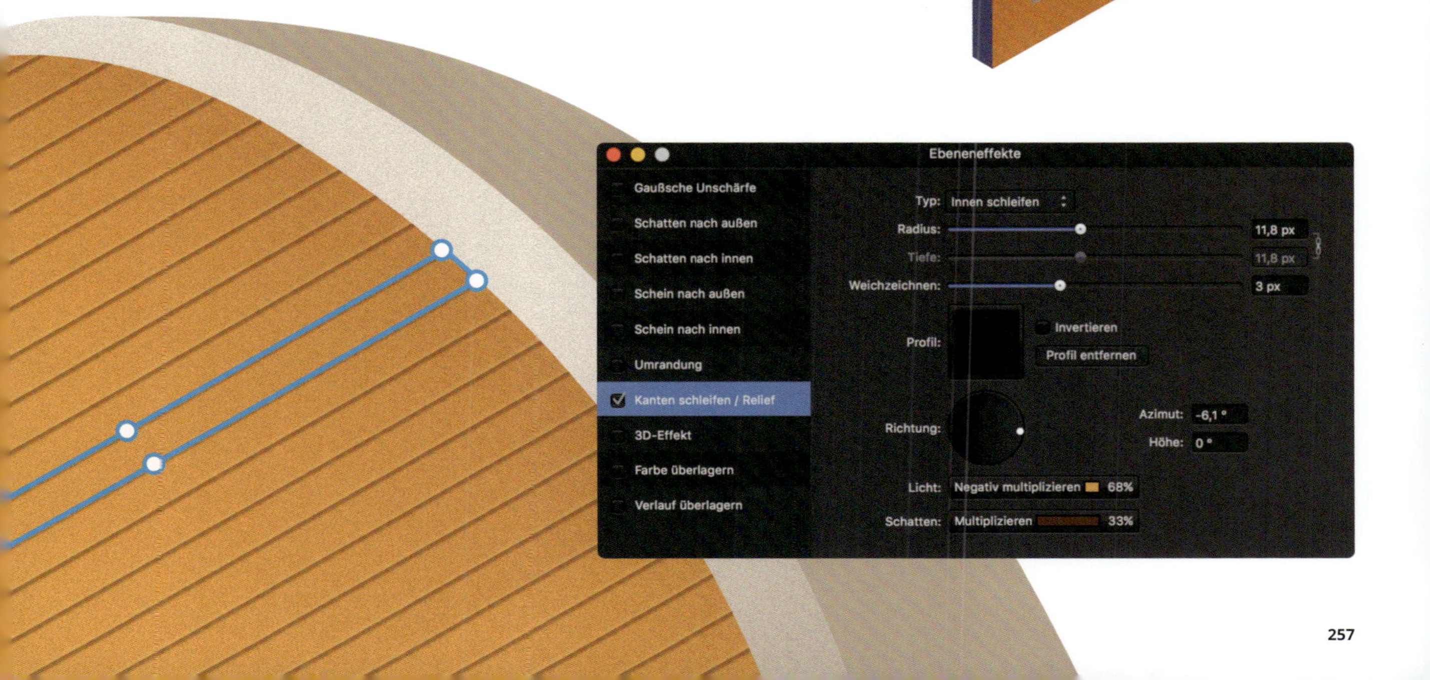

Ressource

winecellar_lockin_07_transparency.afdesign

TRANSPARENZ

Mit zusätzlichen Schatten, Lichtakzenten und anderen Beleuchtungseffekten oben in den Ebenen lassen sich die dimensionalen Zusammenhänge noch realistischer darstellen.

1 Wählen Sie die Ebene mit der Hängelampe aus und zeichnen Sie mit dem **Zeichenstift** oder dem Formwerkzeug **Trapez** ein einfaches Trapez, das an der Unterkante der Lampe beginnt. Legen Sie für die Form eine *weiße* Füllung fest und stellen Sie das **Rauschen** auf *40 %* ein Verschieben Sie den Lichtstrahl in der Ebene ganz nach unten.

2 Wählen Sie in der **Werkzeugleiste** das Werkzeug **Transparenz** aus und ziehen Sie auf dem Trapez von oben nach unten.

Hierdurch verblasst die Füllung der Form von *100 %* Deckkraft oben bis auf *0 %* Deckkraft unten, sodass ein angenehmer Lichtabfall entsteht, wenn sich das Licht im Raum ausbreitet.

Sobald Sie mit dem Look der sich wiederholenden Elemente (Fässer, Lampen usw.) zufrieden sind, können Sie die Originale duplizieren und dann ihre Kopien in dem Design verteilen. Einige der Instanzen müssen Sie natürlich entsprechend der Perspektive drehen und/oder spiegeln. Ändern Sie die Füllungsfarbe für den Lichtstrahl, damit er die dahinter liegenden Objekte gut ergänzt. Falls notwendig müssen Sie noch die Farbverläufe an den Wänden an die neue Lichtrichtung anpassen.

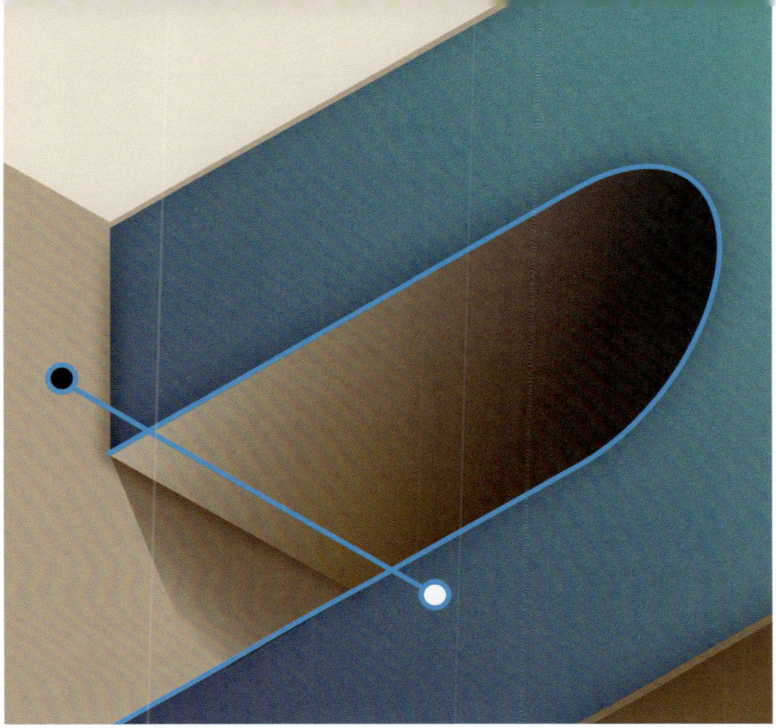

Mit dieser Technik lassen sich auch auslaufende Schattenbereiche erstellen – zum Beispiel unter den Bögen der Durchgänge.

Damit die Effekte möglichst realistisch wirken, duplizieren Sie den bereits bestehenden gleichmäßigen Schatten. Legen Sie dann für das überlagerte neue Objekt eine weiße Füllung fest und erstellen Sie mit dem Werkzeug **Transparenz** einen linearen Transparenzverlauf (*0 %* bis *100 %*).

Ressource

winecellar_lockin_08_texture.afdesign
winecellar_lockin_texture.png
DAUB Dry Media.afbrushes

TEXTUR

Indem Sie ein paar Texturen geschickt einsetzen, lässt sich die Gesamtwirkung gut unterstreichen. Visuelles Rauschen haben wir ja bereits vorhin schon eingesetzt. An dieser Stelle befassen wir uns mit zwei anderen Techniken.

Einfügen eines Bildes

1 Platzieren Sie die Datei winecellar_lockin_texture.png mit derselben Methode auf Ihrer Seite, die Sie für den Import der ursprünglichen Skizze verwendet haben.

Klicken Sie dann auf den Menüpunkt **Bearbeiten > Ausschneiden**, um das Bild in die Zwischenablage zu verschieben.

2 Wählen Sie eine der Wandformen aus, denen Sie eine Textur verleihen möchten, und klicken Sie auf den Menüpunkt **Bearbeiten > Innerhalb einfügen**. Ziehen Sie das eingefügte Bild so auf die Wandform, dass die Textur gut sichtbar ist und neigen Sie das Bild so, dass es passend über der Form liegt.

3 Stellen Sie im Panel **Ebenen** den Mischmodus für die Texturebene auf *Multiplizieren*. Sollte der Effekt etwas zu stark sein, reduzieren Sie die Deckkraft der Ebene oder schwächen ihn mit dem Transparenzwerkzeug gezielt ab.

> Sie können natürlich auch einen anderen Mischmodus verwenden. Die Modi liefern sehr unterschiedliche Ergebnisse.

Das Einfügen von Rauschen ist wohl die einfachste und schnellste Methode, um eine gleichmäßige Textur zu erzeugen. Ich verwende diese Technik sehr häufig für meine Arbeiten. Mir gefällt das Ergebnis. Das Malen von Pixeln ist eine etwas komplexere Technik, liefert aber häufig sehr professionelle Ergebnisse.

Sie können durch Ziehen mit gedrückter Optionstaste ⌥ (Mac) oder Alt-Taste (Win) alternativ auch eine Farbe von einem beliebigen Punkt der Seite auswählen.

Pixelmalerei

1 Wechseln Sie per Klick auf das gleichnamige Symbol der **Symbolleiste** zur **Pixel Persona**.

2 Klicken Sie in den Panel-Einstellungen des Panels **Pinsel** auf **Pinsel importieren**. Wählen Sie die Datei DAUB Dry Media.afbrushes aus und klicken Sie auf **Öffnen**.

3 Wählen Sie im Panel **Ebenen** eine Ebene aus, in die Sie eine Textur einfügen möchten, und klicken Sie in der **Symbolleiste** auf das Symbol **In der Auswahl einsetzen**.

4 Wählen Sie in der **Werkzeugleiste** den **Malpinsel** (B) aus, dann einen der Pinsel im Panel **Pinsel** sowie eine Farbe im Panel **Farbe** oder **Farbfelder** und ziehen Sie auf der Seite, um die Textur aufzutragen. Die gemalten Striche bleiben auf das zuvor ausgewählte Objekt begrenzt. Für diesen Zweck eignet sich der Pinsel *Scatter Chalk* sehr gut. Legen Sie für den Pinsel die **Breite** auf *100 px* fest, die Farbe *Globale Farbe 6* und einen **Fluss** von ca. *32 %*. Stellen Sie außerdem den Mischmodus der Ebene auf *Multiplizieren* ein.

Die „DAUB Dry Media"-Pinsel wurden von Paolo Limoncelli entworfen. Weitere Informationen zu dem Erstellen und dem Einsatz von Rasterpinseln finden Sie in den Abschnitten The Whittler: Erstellen von Rasterpinseln und The Whittler: Malen mit Rasterwerkzeugen auf Seite 192 und Seite 222.

DER FEINSCHLIFF

Ich habe noch ein Textobjekt in meine Illustration eingefügt und dann passend zu dem isometrischen Raster geneigt.

- Wählen Sie die Ebene für den Rahmen der Trauben aus und aktivieren Sie das Werkzeug **Grafiktext** (T). Klicken Sie auf die Seite und legen Sie die Schrift und Größe über die Kontextleiste fest. Tippen Sie das Wort *Wein* ein und neigen Sie das Textobjekt passend zu dem Raster.

Zum Schluss justiere ich gern noch einige Eigenschaften für das gesamte Bild, nachdem alle Zeichen-, Malerei- und Textarbeit beendet ist. Manchen Werken verleihe ich einen wärmeren Ton, oder ich ändere für das ganze Bild die Helligkeit oder den Kontrast. Hierzu lege ich einfach eine Anpassungsebene ganz oben auf den Ebenenstapel. In dieser Illustration habe ich eine Anpassung für **Helligkeit und Kontrast** und eine für die **Leuchtkraft** verwendet.

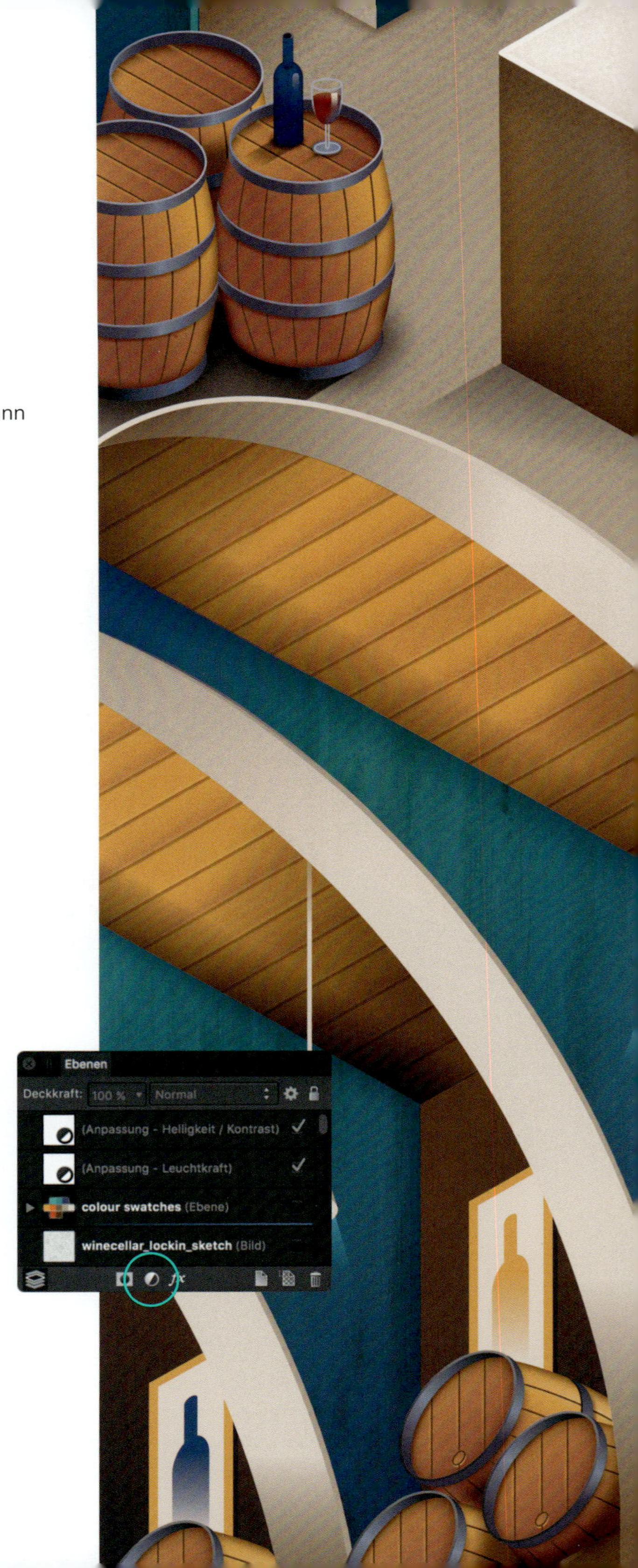

Ich hoffe, unser kleiner Ausflug in die Welt der isometrischen Illustrationen hat Ihnen gefallen, und Sie konnten die eine oder andere Technik für Ihre Arbeiten in Affinity Designer mitnehmen.

5

The Fisherman

Figurenillustration in 3D von *pokedstudio*

pokedstudio zeigt Ihnen in diesem Projekt, wie man eine Figur mit 3D-Look zeichnet, die einen förmlich aus dem Bild anspringt!

BEVOR SIE LOSLEGEN

Ressourcen

Alle in diesem Projekt verwendeten Ressourcen finden Sie unter:
https://affin.co/fishermanDE

Grundwissen zu Affinity Designer

Damit Sie aus diesem Projekt möglichst viel für Ihre eigenen Arbeiten mitnehmen, sollten Sie mit folgenden Aspekten vertraut sein:

- Arbeiten mit dem **Zeichenstift** in Affinity Designer. Um ein Gefühl für den **Zeichenstift** zu bekommen, sollten Sie den Abschnitt Zeichenstift: Kurven & Formen auf Seite 97 studieren.

- Die Programmoberfläche von Affinity Designer. Mehr über die Programmoberfläche erfahren Sie in dem Kapitel Tour durch die Programmoberfläche, das auf Seite 13 beginnt.

- Die grundlegenden Techniken. Die folgende Tabelle zeigt Ihnen, welche Aspekte von Affinity Designer Sie zusätzlich beherrschen sollten, um dieses Projekt anzugehen:

Objekte	Seite 80
Begrenzungen	Seite 90
Geometriewerkzeuge	Seite 95
Farben & Verläufe	Seite 106
Effekte & Anpassungen	Seite 112

ENTWICKELN DES KONZEPTS

Ich beginne jedes Projekt mit einer Konzeptskizze, die ich per Bleistift zu Papier bringe. So lassen sich meine Ideen frei entwickeln, und ich muss mich noch auf gar nichts festlegen. Skizzen sind außerdem ideales Anschauungsmaterial für Kunden, die diese dann auch direkt per Unterschrift genehmigen können.

Ein paar Gedanken zum Licht

Entscheiden Sie sich, wo Ihre Lichtquelle liegt und aus welcher Richtung das Licht auf die Szene trifft (von vorn, hinten, oben, unten usw.). Zeichnen Sie nun Pfeile in Ihre Skizze, die für den Lichtverlauf stehen. So können Sie leichter erkennen, wo Sie Schatten einfügen und Lichtakzente platzieren müssen, damit alles natürlich aussieht.

Zeichnen und Scannen einer Skizze

Einige Designer verwenden gerne gescannte Skizzen als Ausgangspunkt für ihre Werke – sowohl als Orientierungshilfe und Referenz als auch für das Nachzeichnen der Elemente. Andere Designer zeichnen lieber „frei Hand" als eine Skizze durchzupausen. Welche Methode Sie verwenden, liegt ganz bei Ihnen.
Sobald Sie sich ein Konzept und einen Bildaufbau für Ihr Werk überlegt haben, können Sie eine endgültige Skizze anfertigen und scannen.

> Konfigurieren Sie Ihre Scan-Software so, dass sie das Bild mit einer Auflösung von 300 dpi und Graustufen einliest, und speichern Sie das Bild als JPG-Datei.

Ressource

fisherman_01_sketch.afdesign
scan_390.jpeg

DOKUMENTEINSTELLUNGEN

Richten Sie das Dokument so ein, dass es Ihre gescannte Skizze aufnehmen kann.

1 Klicken Sie auf den Menüpunkt **Datei > Neu**.

2 Stellen Sie die **Dokumenteinheiten** auf *Pixel* ein.

3 Verwenden Sie das **Farbprofil** namens *sRGB IEC61966-2.1* und stellen Sie **Seitenbreite** und **Seitenhöhe** auf *5.120 x 3.475* Pixel ein.

4 Klicken Sie auf **OK**, um eine leere Seite zu öffnen.

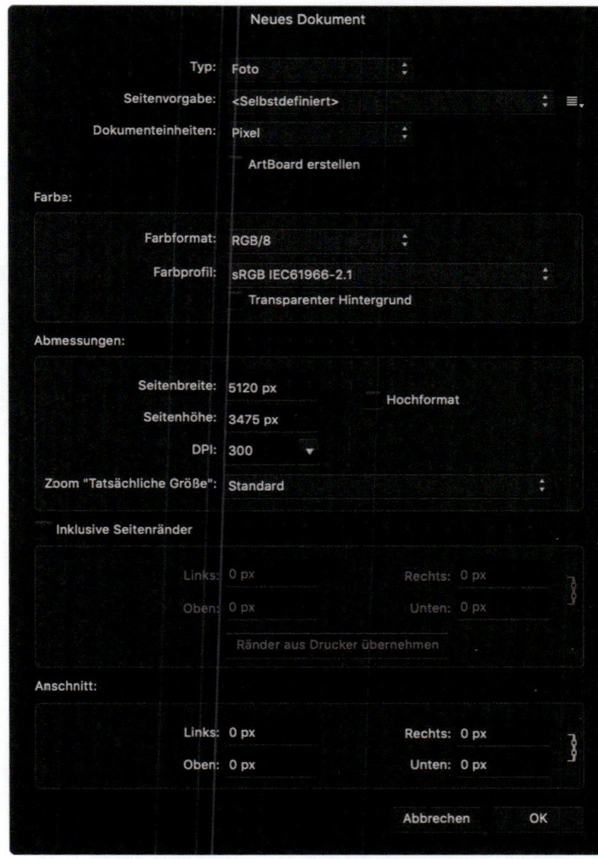

Importieren der Skizze

1 Aktivieren Sie in der **Werkzeugleiste** das Werkzeug **Bild platzieren**.

2 Öffnen Sie das gescannte Bild scan_390.jpeg.

3 Aktivieren Sie die **Magnetische Ausrichtung** in der **Symbolleiste**.

4 Ziehen Sie den Cursor von der linken oberen Ecke nach unten, bis das Bild an der unteren Seitenkante einrastet.

5 Ziehen Sie den Griff für die rechte obere Bildecke nach oben und nach rechts, bis das Bild an der rechten Seitenkante einrastet. Wie Sie im Panel **Ebenen** sehen, wurde das Bild auf einer neuen Ebene platziert, die automatisch nach dem Dateinamen benannt ist.

6 Schützen Sie die Ebene mit einem Klick auf das Symbol **Schützen/Schutz aufheben.**

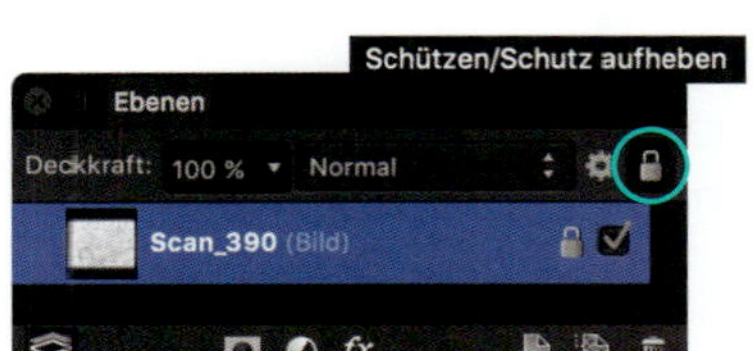

Wenn Sie ein Design für die professionelle Drucklegung, den Fotodruck, das Web oder Mobilgeräte entwerfen, sollten Sie stets die passende Kombination von Typ und Seitenvorgabe verwenden. Hierdurch stellen Sie das Dokument direkt richtig für die vorgesehene Verwendung ein.

Ressource

fisherman_02_drawingcurves.afdesign

ZEICHNEN DES ANGLERS

Hinzufügen von Ebenen

Damit Ihr Design ordentlich strukturiert bleibt, müssen Sie separate Ebenen für die verschiedenen Objekte und Elemente Ihres Designs anlegen. Als Faustregel gilt: Jedes neue Element Ihres Designs gehört auf eine eigene Ebene.

1 Klicken Sie im Panel **Ebenen** auf das Symbol **Ebene hinzufügen**.

2 Klicken Sie auf den Namen der Ebene und legen Sie eine aussagekräftige Bezeichnung fest, wie z. B. *Körper*.

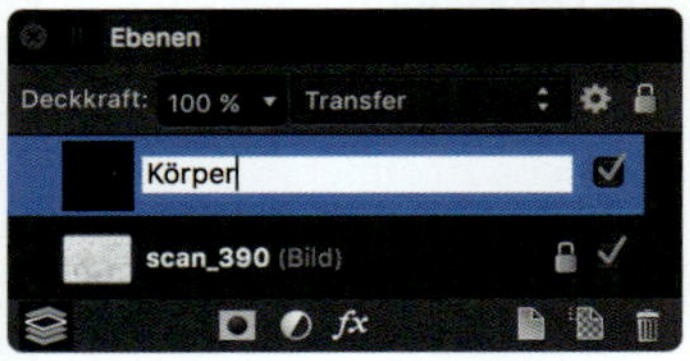

Zeichen von Kurven über Umrisse

Zeichnen Sie nun mit dem **Zeichenstift** über die Konturen der Figur in dem gescannten Bild.

1 Klicken Sie in der **Werkzeugleiste** auf das Symbol für den **Zeichenstift** (P).

2 Klicken und ziehen Sie auf der Seite, um die Merkmale der Figur aus Ihrer Skizze zu übertragen. Schließen Sie dabei alle gezeichneten Kurven zu Formen. Mit dem Werkzeug **Ellipse** (M) der **Werkzeugleiste** können Sie die Augen erstellen.

3 Sortieren Sie die Formen im Panel **Ebenen** durch Ziehen nach oben/unten so, dass sie vor oder hinter dem Hauptkörper liegen.

4 Legen Sie über das Panel **Farbe** nach dem Konzept des „Block-in“ eine gleichmäßige Füllung fest. Diese Füllung ist nur eine Übergangslösung. Wir werden sie später noch anpassen. Färben Sie den Körper und die Ohren (*HSL 120, 100, 35*), die Augen und die Arme (*HSL 124, 100, 20*) sowie die Beine (*HSL 120, 87, 22*). Den Mund können Sie komplett schwarz gestalten.

„Wir verwenden unsere Skizze als Orientierungshilfe, damit wir direkt darüber zeichnen können. Häufig gibt es aber in meinen Projekten einen Punkt, an dem ich mich von der Skizze löse und den Rest der Illustration „improvisiere“. Manchmal muss ich Objekte ein wenig verschieben oder ihre Größe ändern, damit die gesamte Komposition stimmt.

Ressource

fisherman_03_basicshadows.afdesign

Hinzufügen der Grundschatten

Unser Projekt soll eine gewisse Tiefe und einen 3D-Look aufweisen. Nachdem wir jetzt die Grundform für unsere Figur definiert haben, müssen wir uns noch einmal Gedanken über die Ausleuchtung machen.

Orientieren Sie sich an den in der Skizze notierten Lichtquellen. Wo würden sie Schatten werfen? Nachdem Sie alle Stellen identifiziert haben, erstellen Sie nach der folgenden Methode die Grundschatten.

1 Zeichen Sie die Schattenformen die durch den Lichteinfall aus den bestehenden Formen entstehen.

2 Sortieren Sie die Reihenfolge der Formen durch Ziehen im Panel **Ebenen**.

3 Legen Sie für die Formen eine dunkelgrüne Füllung fest (*HSL 125, 100, 20*), um die Schatten zu kolorieren.

Um sich das Zeichnen der Kurven zu erleichtern, können Sie vorübergehend einfach im Panel „Ebenen" die Deckkraft der Skizze verringern. Nachdem Sie die Grundzüge festgelegt haben, verwenden Sie diese Methode im Panel „Ebenen" für alle Objekte.

Verwenden Sie tiefe Schatten unter den Stellen, an denen die Teile verbunden sind. Halten Sie diese aber so klein, dass sie nur unter den Kanten liegen. Die Richtung der Schatten legen Sie entsprechend zu der Richtung des direkten Lichts (siehe Skizze) fest.

Ressource

fisherman_04_realisticshadows.afdesign

Realistische Schatten (direktes Licht)

Unsere Schatten sind noch sehr einfach, aber für die endgültige Illustration müssen sie natürlich wirken – d. h., sie müssen von den Schatten werfenden Formen aus gesehen auslaufen. Diesen Look erzeugen wir mithilfe der **Deckkraft**.

1 Wählen Sie einen Grundschatten mit dem Werkzeug **Füllung** (G) der **Werkzeugleiste** aus. Wir legen nun einen Schatten für das rechte Auge fest.

2 Ziehen Sie über den Schatten von der direkten Lichtquelle weg (in diesem Fall also nach unten und links), um einen **linearen Verlauf** zu erstellen.

3 Stellen Sie für den ausgewählten Endmarker im Panel **Farbe** die **Deckkraft** auf *0 %*, um den Marker transparent zu schalten. Der Schatten läuft nun schön gleichmäßig aus.

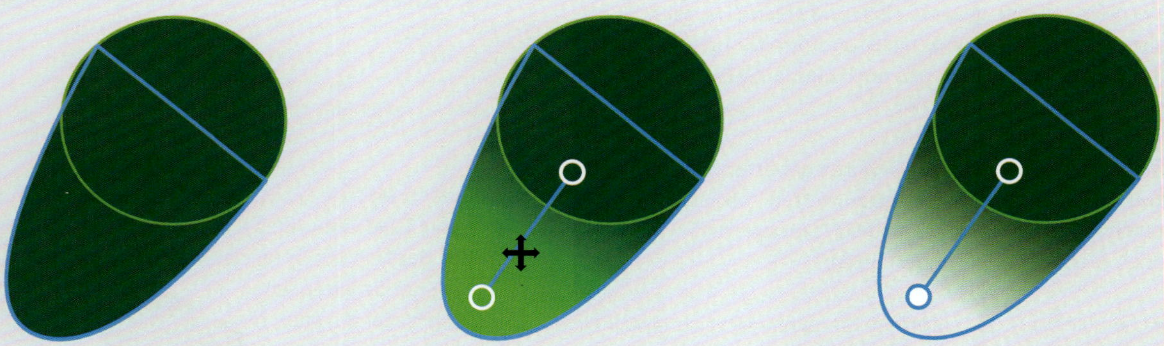

Um alles etwas zu beschleunigen, kopieren Sie die erste Form mit dem gewünschten radialen Verlauf (**Bearbeiten > Kopieren**), wählen alle anderen Formen aus und klicken dann auf den Menüpunkt **Bearbeiten > Stil übertragen**. Passen Sie anschließend einfach für jedes Objekt den Verlaufspfad mit dem Werkzeug **Füllung** an.

Experimentieren Sie bei den Schatten ruhig ein wenig mit Unschärfen und den verschiedenen Verlaufsoptionen, bis Sie mit dem Look zufrieden sind. Häufig müssen Sie für die einzelnen Verläufe die Richtung und Länge der Pfade anpassen, damit alles perfekt ist.

4 Damit der Schatten diffus und etwas weicher wirkt, legen Sie über das Panel **Effekte** eine **Gaußsche Unschärfe** fest. Ändern Sie ebenfalls im Panel **Ebenen** die **Deckkraft** der Form auf *60 %* und stellen Sie den Mischmodus auf *Multiplizieren* ein.

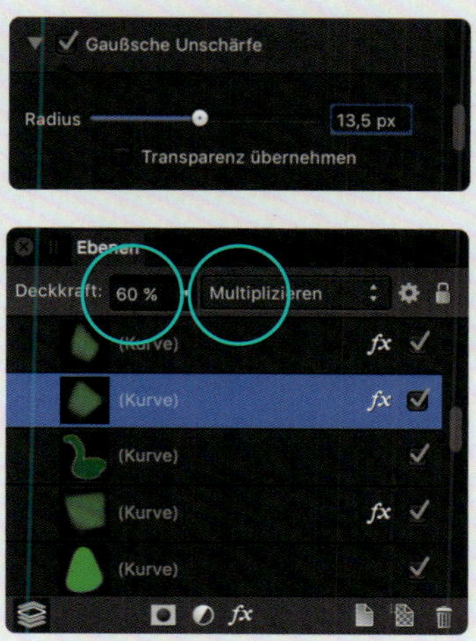

5 Wiederholen Sie dies für die anderen Schatten, die durch das direkte Licht erzeugt werden.

Ressource

fisherman_05_highlightareas.afdesign

Hinzufügen beleuchteter Bereiche zu Formen

Um ihren flachen Look zu beseitigen, verwenden wir nun eine Verlaufsfüllung für alle Formen, die von einer Lichtquelle (direkt oder indirekt) angestrahlt werden. Orientieren Sie sich für die Platzierung der Lichtakzente an dem Pfeil in Ihrer Skizze, der die Einfallsrichtung des Lichts kennzeichnet.

Das Grundprinzip ist, dass Sie einen Verlauf erstellen, der in Richtung der Lichtquelle immer heller wird.

Radiale Verläufe sind perfekt für die natürliche Ausleuchtung runder Formen. Der Hauptkörper gibt ein gutes Beispiel für diese Technik ab. Also los!

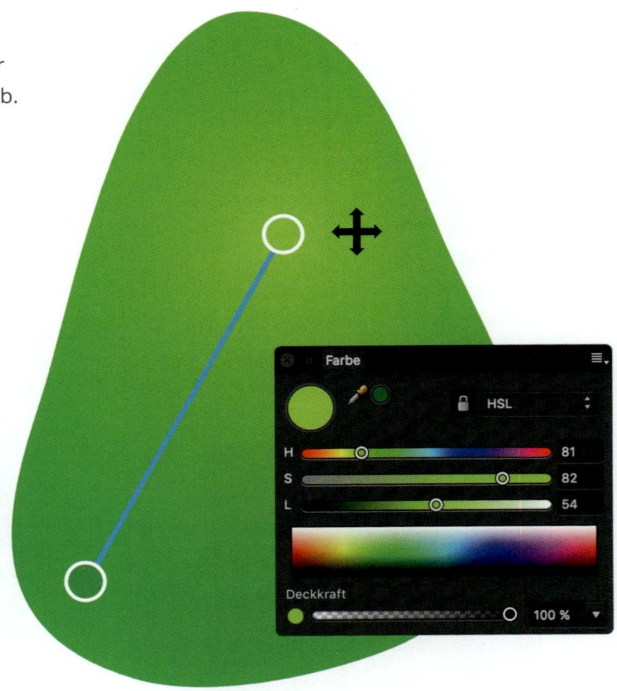

1 Wählen Sie den Hauptkörper aus.

2 Klicken Sie in der **Werkzeugleiste** auf das Symbol für das Werkzeug **Füllung**.

3 Stellen Sie in der Kontextleiste den **Typ** auf *Radial* ein und klicken Sie auf die Option **Verlauf umkehren**. Es wird nun ein **radialer Verlaufspfad** eingeblendet, dessen Endmarkerfarben vertauscht sind.

Die meisten der Formen sind rund. Ein Radialer Verlauf ist also perfekt. Für flachere Formen verwenden Sie einen linearen Verlauf.

4 Ziehen Sie den Cursor von oben rechts über den Körper, sodass er sich von der Lichtquelle entfernt und Sie bei der Basis des Körpers enden.

5 Wählen Sie den gegenüberliegenden Endmarker des Pfades aus und legen Sie im Panel **Farbe** eine passende helle Farbe fest. Versuchen Sie es einmal mit *HSL 81, 82, 54*.

6 Wiederholen Sie diese Schritte für die anderen Formen.

Ressource

fisherman_06_highlightoverlaid.afdesign

Überlagern von Lichtakzenten und Schatten

Sie können mehrere Lichtakzente und Schatten auch als separate unabhängige Formen zeichnen und dann auf Ihren Hauptformen platzieren. Zeichnen Sie diese Elemente in Bereichen, auf die sehr viel Licht fällt und legen Sie die Elementform entsprechend fest.

Für Lichtakzente:

1 Zeichnen Sie Formen und füllen Sie sie mit einer gleichmäßigen „Lichtfarbe" (*HSL 65, 84, 70*).

2 Erstellen Sie mit dem Werkzeug **Füllung** eine radiale Füllung, die mit *0 %* Deckkraft ausläuft. Um die Elemente etwas weicher zu gestalten, legen Sie eine **Gaußsche Unschärfe** mit *37 px* fest und stellen den **Mischmodus** auf *Normal* ein.

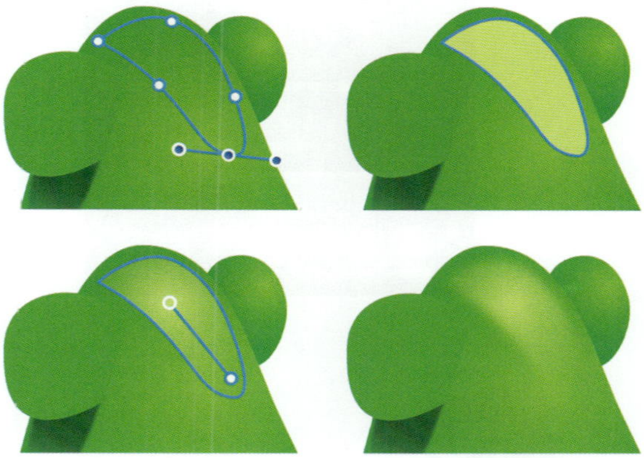

Für die Schattierungen verwenden wir das gleiche Prinzip, zeichnen die Formen aber mit einer radialen Füllung gefärbt in *HSL 120, 100, 27*, die mit *0 %* Deckkraft in Richtung der direkten Lichtquelle endet.

Einige Lichtakzente – die Reflexionen – lassen sich als simple Ellipsen mit einem linearen Verlauf erstellen, der mit 100 % Weiß beginnt und mit *0 %* Deckkraft endet.

Ressource

fisherman_07_mergingarms.afdesign

Kombinieren von Armen und Körper

Durch die eingefügten Schatten sieht die Verbindung zwischen dem rechten Arm und dem Körper jetzt unnatürlich aus. Bevor wir uns weiter mit den Lichtakzenten beschäftigen, sollten wir dieses Problem beseitigen.

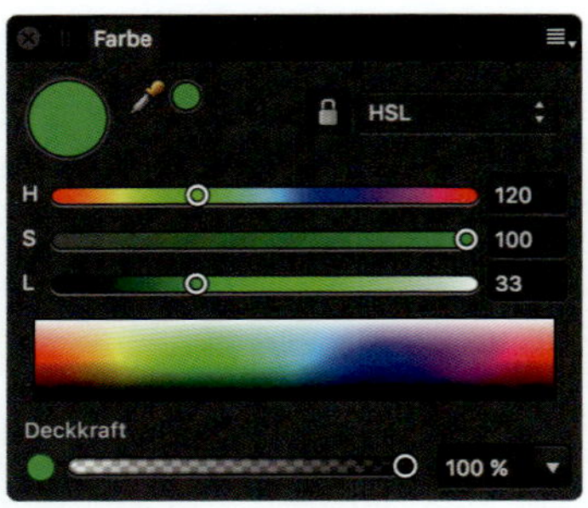

1. Klicken Sie im Panel **Farbe** auf die **Farbpipette** und halten Sie die Maustaste gedrückt.
2. Ziehen Sie den Cursor auf einen Punkt des Körpers, der nahe an der Verbindung zum Arm liegt. Lassen Sie die Maustaste los.
3. Wählen Sie das Werkzeug **Füllung** aus und klicken Sie auf den rechten Arm.
4. Klicken Sie auf den Marker, der am nächsten zu der Verbindung von Körper und Arm liegt, um ihn auszuwählen.
5. Klicken Sie im Panel **Farbe** auf das Farbfeld der **Farbpipette**. Hierdurch übertragen Sie die mit der Pipette ausgewählte Farbe auf die Füllung, sodass sich der Arm in den Körper einfügt.

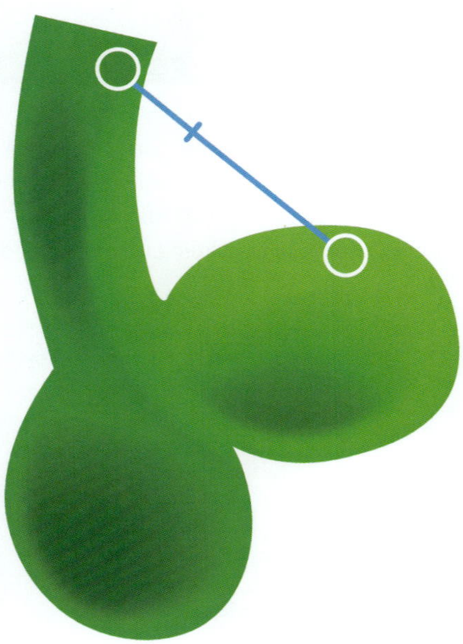

Setzen von Lichtakzenten an Kanten

Lichtakzente lassen sich gezielt an den Kanten von Objekten einsetzen, um ihnen realistische Details zu verleihen. Zum Beispiel:

- Von der direkten Lichtquelle werden Lichtakzente oben auf den Ohren und dem Kopf erzeugt.

- Das indirekte Licht erzeugt Lichtakzente unter dem rechten Ohr.

Für das direkte Licht benötigen wir einen **linearen Verlauf mit drei Markern**, um das Abfallen des Lichts an beiden Enden der Form zu simulieren. ▶

Für das indirekte Licht (d. h. die Spiegelung aus dem Fluss) können Sie lineare Verläufe von Hellblau (*HSL 184, 100, 50*) bis *0 %* **Deckkraft** verwenden. Zunächst kümmern wir uns um die Stelle unter dem rechten Ohr. Die Partien unter den Augen folgen später. ▼

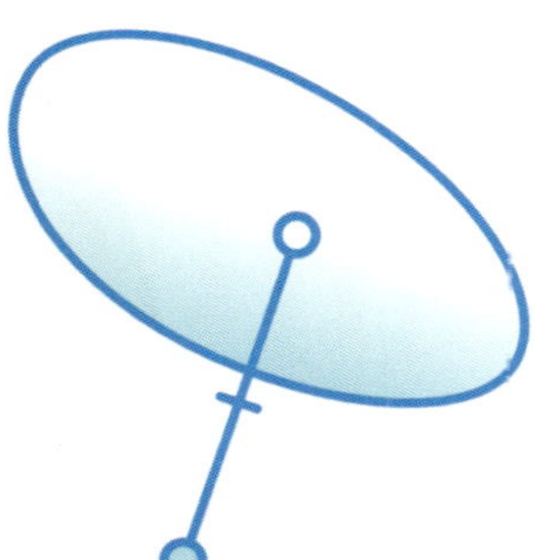

Klicken Sie in der **Werkzeugleiste** auf das Symbol für den **Zeichenstift**. Zeichnen Sie eine Wurst-ähnliche Form an der hervorstechenden Kante Ihrer Form. Die Kugel steht in diesem Beispiel für die Ohren oder den Kopf.

Ziehen Sie mit dem Werkzeug **Füllung** entlang der Form, um einen einfachen linearen Verlauf zu erzeugen. Führen Sie einen Doppelklick in die Mitte des Pfades aus, um einen neuen Marker zu platzieren.

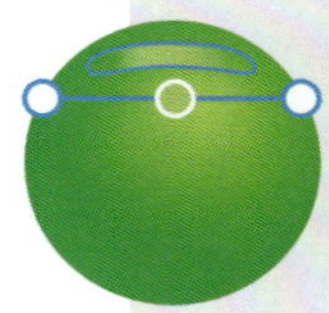

Stellen Sie im Panel **Farbe** als neue Farbe für den Marker *HSL 72, 58, 62* ein. Wählen Sie die Endmarker aus und reduzieren Sie im Panel **Farbe** ihre **Deckkraft** auf *0 %*.

Legen Sie zum Schluss noch eine subtile Unschärfe fest (**Gaußsche Unschärfe** mit *0,3 px*).

Ressource
fisherman_08_darkenedges.afdesign

Abdunkeln der Kanten

Damit alles mehr Tiefe bekommt, können wir die Kanten abdunkeln, sodass sie runder wirken. Benutzen wir diese Technik doch einfach mal für den Körper des Anglers.

1 Klicken Sie im Panel **Effekte** auf **Schein nach innen**.

2 Stellen Sie die **Farbe** auf *HSL 71, 85, 21* ein und den **Radius** auf *59,2 px*.

3 Klicken Sie auf das **Zahnradsymbol** und ändern Sie den **Mischmodus** in *Multiplizieren*.

4 Wiederholen Sie dies für den linken Arm und das linke Ohr.

Entlang der Kanten vieler Formen können Sie den Effekt „Schein nach innen" mit einer Farbe festlegen, die dunkler als die Füllung der Form ist. In Kombination mit dem Mischmodus „Multiplizieren" erhalte ich so natürlich gerundete dunklere Kanten. Auch wenn der „Schein nach innen" nach einer hellen Kante klingt, für meine Illustration ist die dunklere Kante besser.

Ressource
fisherman_09_makingeyes.afdesign

Modellieren der Augen

Bisher haben wir die Augen übersprungen. Aber jetzt sind sie dran!

Nach dem gleichen Prinzip wie zuvor fügen Sie eine Ellipse über der Grundform des Auges hinzu und färben sie mit einem radialen Verlauf (*HSL 318, 100, 41 > 301, 100, 80*) und einem dunkelblauen (*HSL 223, 49, 23*) Schein nach innen. Die Schatten, Lichtakzente und Reflexionen werden alle mit linearen oder radialen Verläufen erstellt, von denen einige bei *0 %* enden (siehe Explosionsdarstellung). Für die Iris habe ich eine lineare Füllung mit dem Effekt **Schein nach innen** in Rot festgelegt.

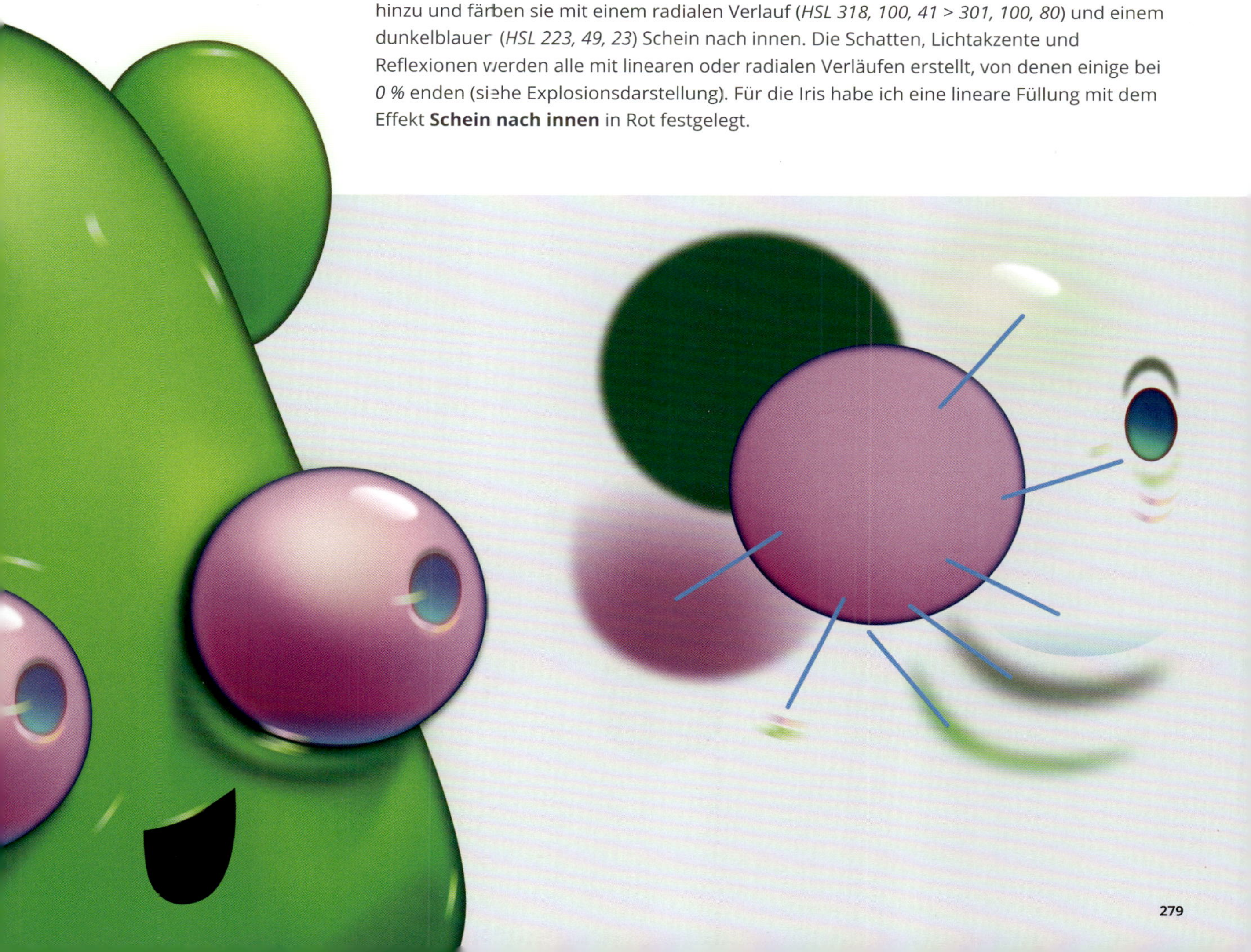

Ressource

fisherman_10_makingspots.afdesign

Einfügen der Flecken

Die Flecken auf dem Körper lassen sich durch eine interessante Kombination aller Techniken erstellen, die wir bisher behandelt haben plus eine neue Funktion namens **Aufteilen**. Hierdurch teilen Sie überlappende Formen in separate kleinere Formen, von denen wir einige gut verwenden können, um eine räumliche Tiefe zu erzeugen.

1 Zeichnen Sie mit dem Werkzeug **Ellipse** (**Werkzeugleiste**) eine Ellipse und verleihen Sie ihr eine gleichmäßige Füllung (*HSL 91, 100, 50*).

2 Duplizieren Sie die Form und färben Sie die darunter liegende Form in einem dunkleren Grünton (*HSL 125, 88, 32*). Dehnen Sie sie dann gleichzeitig oben und unten, indem Sie mit gedrückter cmd-Taste ⌘ (Mac) oder Strg-Taste (Win) den mittleren oberen Griff nach oben ziehen. Ziehen Sie bei weiterhin gedrückter Taste den rechten Seitengriff leicht nach innen.

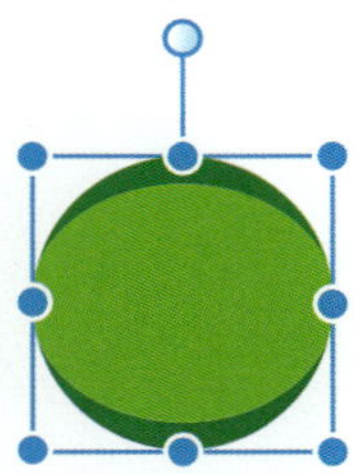

3 Wählen Sie beide Ellipsen aus und klicken Sie in der **Symbolleiste** auf das Symbol **Aufteilen**. Es entstehen nun drei Hauptformen.

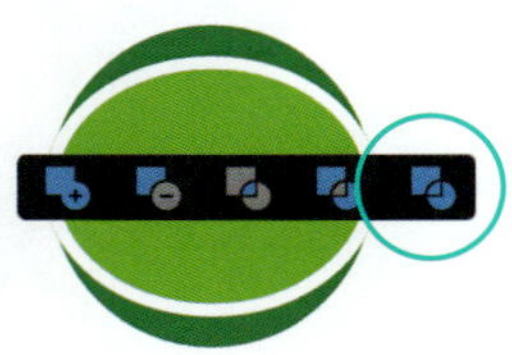

4 Wählen Sie die verbleibende hellgrüne Ellipse aus und klicken Sie in der **Symbolleiste** auf das Symbol **Ganz nach hinten**, um sie ganz unten in der Z-Reihenfolge zu platzieren.

Es gibt noch zwei andere Techniken, mit denen Sie ähnliche Flecken erzeugen können:

Durch Begrenzen von Formen: Duplizieren Sie eine Ellipse, versetzen Sie die Kopie leicht und legen Sie für die obere Ellipse eine radiale Füllung fest. Ziehen Sie im Panel **Ebenen** die Ebene der oberen Ellipse in die der unteren Ellipse, sodass die Ellipse begrenzt wird. Experimentieren Sie etwas mit Schein- und Schatteneffekten.

Nur durch Effekte: Zeichnen Sie eine Ellipse und legen Sie für die Form die zwei Ebeneneffekte **Schatten nach außen** und **Schatten nach innen** fest und stellen Sie für beide Schatten den Winkel auf *270°* ein. Legen Sie die Option **Versatz** entsprechend der gewünschten Perspektive fest.

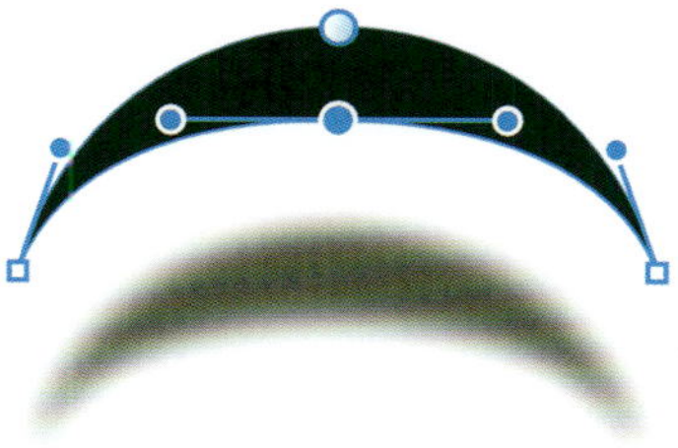

Obere Sichel

Aktivieren Sie das **Knotenwerkzeug** klicken Sie auf die abwärts gedrehte Sichel, ziehen Sie den unteren Mittelknoten nach unten und ändern Sie seine Farbe in *HSL 101, 62, 17*.

Legen Sie im Panel **Ebenen** den Mischmodus **Multiplizieren** fest, klicken Sie auf das Symbol **Ebeneneffekte** und erstellen Sie eine **Gaußsche Unschärfe** mit einer **Füllungsdeckkraft** von *64 %*.

Ellipse

Legen Sie einen **linearen Verlauf** fest (*HSL 91, 100, 50 > 120, 100, 27*) und als Effekt einen **Schein nach innen** (*HSL 118, 22, 23*) mit einem Radius von *20 px*.

Untere Sichel

Um einen Lichtakzent zu setzen, legen Sie für die untere Sichel einen gelben **linearen Verlauf** (*HSL 74, 100, 53*) mit drei Markern fest, der bei jedem Pfadende mit *0 %* **Deckkraft** ausläuft.

Für die anderen Flecken kopieren Sie einfach den Originalfleck, fügen ihn an den gewünschten Stellen des Körpers ein und verändern dann je nach Lage des Fleckens seine Drehung und Form mithilfe der Griffe. Eventuell müssen Sie einige der linearen Füllungspfade noch an die Richtung der jeweiligen Lichtquellen angleichen.

Ressource
fisherman_11_podguy.afdesign

DAS PODKERLCHEN

Der Angler hatte Glück und sich einen Pod an Land gezogen! Wir konzentrieren uns nun auf den Pod in seiner Hand und darauf, wie das Licht auf seine flachen Oberflächen fällt.

1 Wählen Sie im Panel **Ebenen** die Ebene für den Körper aus und klicken Sie auf das Symbol **Ebene hinzufügen**. Ziehen Sie diese Ebene unter die Körperebene und nennen Sie sie *Pod*.

2 Wir verlegen nun den linken Arm und die Finger des Anglers in diese Ebene. Klicken Sie mit der rechten Maustaste auf den Arm und in seinem Kontextmenü auf **Im Panel „Ebenen" suchen**. Wählen Sie ebenfalls die Fingerebene mithilfe der cmd-Taste ⌘ (Mac) oder Strg-Taste (Win) aus und übertragen Sie dann beide Formen per Ausschneiden und Einfügen in die Ebene *Pod*.

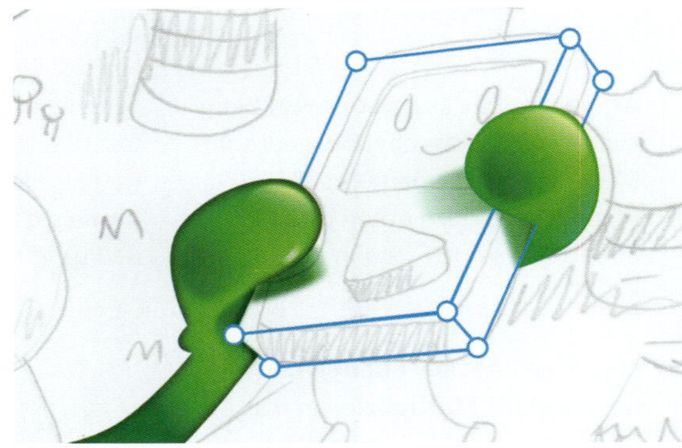

> Nachdem Sie nun mit der Körperebene fertig sind, sollten Sie ihren Schutz aktivieren, damit Sie ihre Inhalte nicht versehentlich verschieben.

Das Podgehäuse

1 Blenden Sie Ihre Skizze ein und erstellen Sie mit dem **Zeichenstift** die drei Flächen für den Pod.

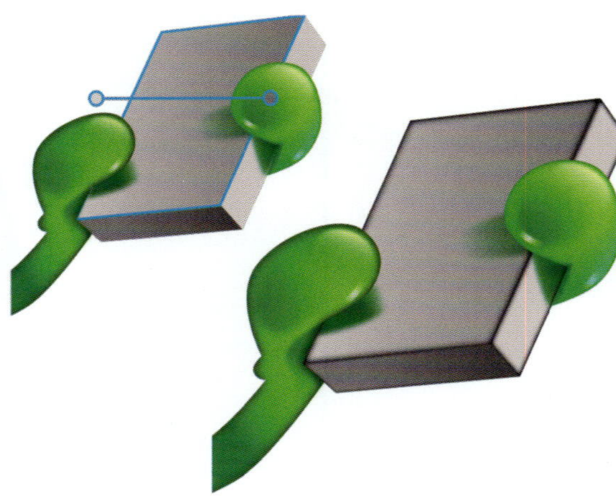

2 Legen Sie mit dem Werkzeug **Füllung** einen subtilen linearen Verlauf für jede der drei Flächen fest, die in Richtung der direkten Lichtquelle etwas dunkler werden. Die Farben der Endmarker setzen sich hierbei von einer Fläche zur anderen fort (die rechte Seite: *HSL 0, 11, 81* > *0, 11, 83*, die Oberseite: *0, 11, 83* > *0, 4, 52* und die Unterseite: *0, 4, 52* > *0, 5, 30*).

3 Legen Sie für jede Fläche im Panel **Effekte** einen **Schein nach innen** fest, damit sie etwas plastischer wirken.

Anstatt symmetrische Formen mit dem **Zeichenstift** zu erstellen, können Sie auch das Werkzeug **Rechteck** verwenden. Die gezeichneten Rechteckflächen lassen sich drehen und neigen, sodass die korrekte Geometrie erhalten bleibt.

Der Podbildschirm

1. Zeichnen Sie den Bildschirm mit dem **Zeichenstift** so, dass seine Form zu der Vorderseite des Pods passt.

2. Legen Sie einen **linearen Verlauf** (*HSL 136, 100, 50 > 165, 100, 33*) und einen starken blauen **Schein nach innen** fest (*HSL 220, 100, 36*).

3. Um die Vertiefung anzudeuten, zeichnen Sie eine L-Form (*HSL 203, 100, 50*), die an der linken und oberen Kante des Bildschirms anliegt, mit einem **Schein nach innen** (*HSL 258, 99, 61*).

4. Der Mund ist eine gezeichnete geschlossene Form mit gleichmäßiger Füllung.

Die Augen

Jedes der Augen auf dem Bildschirm besteht aus zwei Ellipsen, von denen jeweils eine durch die andere begrenzt wird, um den Endruck räumlicher Tiefe zu erzeugen.

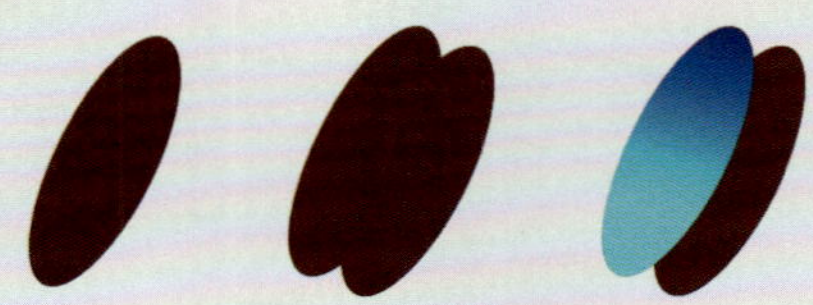

1. Erstellen Sie eine Ellipse mit gleichmäßiger Füllung (*HSL 12, 67, 21*) und drehen Sie sie um *-25°* über den Rotationsgriff oben an der Form. Erstellen Sie nun ein Duplikat und versetzen Sie die obere Ellipse nach links.

2. Legen Sie für die obere Ellipse eine **lineare Füllung** (*HSL 232, 82, 29 > 178, 100, 50*) fest.

3. Um die untere Form an der oberen zu begrenzen, ziehen Sie die Ebene der unteren Ellipse in die Ebene der oberen Ellipse.

4. Zum Schluss legen Sie als Effekt noch einen weißen **Schein nach außen** fest.

5. Wiederholen Sie diese Schritte für das andere Auge.

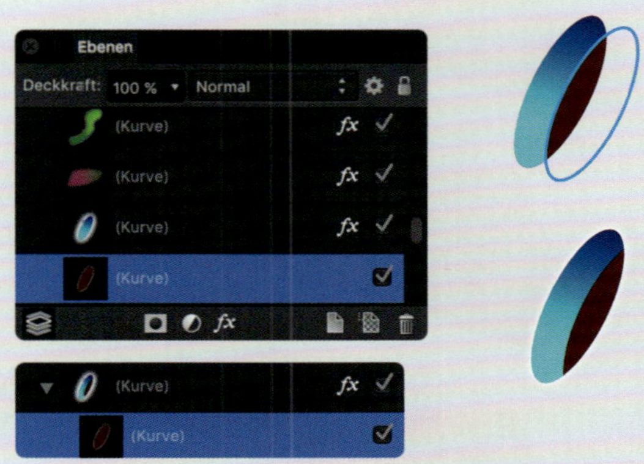

> Dieses Ziehen entspricht der Funktion **In der Auswahl einsetzen**. In unserem Fall replizieren wir aber die ursprüngliche Ellipse.

Die Play-Taste

Die Play-Taste besteht aus einfachen und komplexen linearen Verläufen, warmen abgerundeten Ecken und verschiedenen Lichtakzenten. Hierdurch wirkt die Taste sehr plastisch.

Um einen komplexen linearen Verlauf zu erstellen, platzieren wir einfach einen normalen Verlauf, fügen zusätzliche Marker in seinen Pfad ein und versehen diese mit neuen Farben.

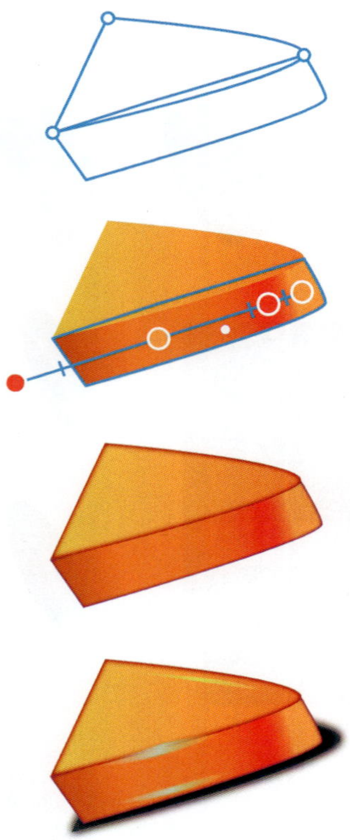

1 Zeichnen Sie die obere „Bügeleisenform" und die überlappte Seitenform mit dem **Zeichenstift** und legen Sie für die obere Form einen linearen Verlauf (*HSL 48, 100, 50* > *27, 100, 50*) fest.

2 Für die Seitenform legen Sie zuerst einen normalen Verlauf mit *HSL 357, 100, 39* > *32, 100, 57* fest und fügen dann auf der Hälfte des Verlaufspfades per Klick einen neuen Marker ein und setzen seine Farbe auf *HSL 28, 100, 50*. Fügen Sie noch einen Marker kurz vor dem rechten Endmarker ein und färben sie ihn mit *HSL 348, 100, 50*. Hierdurch erhält der Verlauf einen tiefen Rotschimmer. Schieben Sie die lotrechten Griffe zu beiden Seiten des tiefroten Markers näher an den Marker. Hierdurch wird der Rotanteil des Verlaufs auf eine kleinere Fläche begrenzt.

3 Legen Sie einen **Schein nach innen** für beide Objekte fest. Stellen Sie für diesen Effekt die Farbe auf *HSL 327, 79, 41* ein und den **Mischmodus** auf *Normal*.

4 Setzen Sie wie zuvor drei Lichtakzente an den Kanten (siehe Seite 277), indem Sie für jeden Akzent einen linearen Verlauf mit drei Markern festlegen. Als Farbe für den mittleren Marker bietet sich *HSL 56, 100, 50* an.

5 Legen Sie den Hauptschatten mithilfe der Effekte **Schein nach innen** und **Schein nach außen** fest.

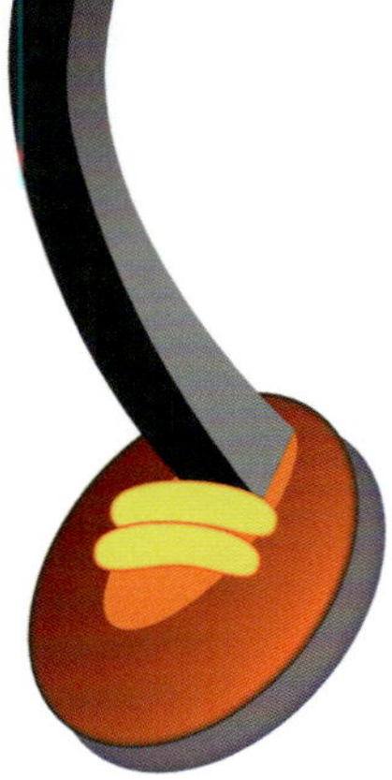

Die Beine

Zum Schluss spendieren wir dem Pod noch zwei Beinchen. Hierzu sind keine neuen Techniken erforderlich. Die Explosionszeichnung zeigt, wie ich diese Beinelemente zusammengesetzt habe.

Ressource

fisherman_12_backgroundlandriver.afdesign

ENTWICKELN DES HINTERGRUNDS

Kein Design kommt ohne einen Hintergrund aus, der die Hauptfigur passend ergänzt oder unterstreicht. Wir erschaffen für den Hintergrund zuerst Land, Ufer, Bäume und den Fluss, bevor wir unseren Protagonisten fertigstellen.

Hintergrund

Als Erstes legen wir eine neue Ebene für die Hintergrundelemente unseres Designs an.

1 Wählen Sie die Ebene für den Pod aus.

2 Klicken Sie im Panel **Ebenen** auf das Symbol **Ebene hinzufügen**.

3 Nennen Sie die Ebene „Hintergrund" und ziehen Sie sie unter die Pod-Ebene.

Land

Das Land besteht aus mehreren duplizierten Formen, die sich gegenseitig überlappen. Jede der Formen ragt umso weiter hervor, desto tiefer sie platziert ist. Hierdurch erzeugen wir die Grundlage für die Uferkante.

1 Zeichnen Sie mit dem **Zeichenstift** eine Form über den ganzen Seitenhintergrund. Lassen Sie aber unten rechts noch Platz für einen dreieckigen Bereich, in den wir später den Fluss einsetzen. Der gezackte Teil der Uferlinie lässt sich schnell und einfach zeichnen, wenn Sie einfach per Klick Punkte in entgegengesetzten Richtungen absetzen. Legen Sie für die Form eine **lineare Füllung** (*HSL 28, 67, 27* > *52, 65, 67*) fest.

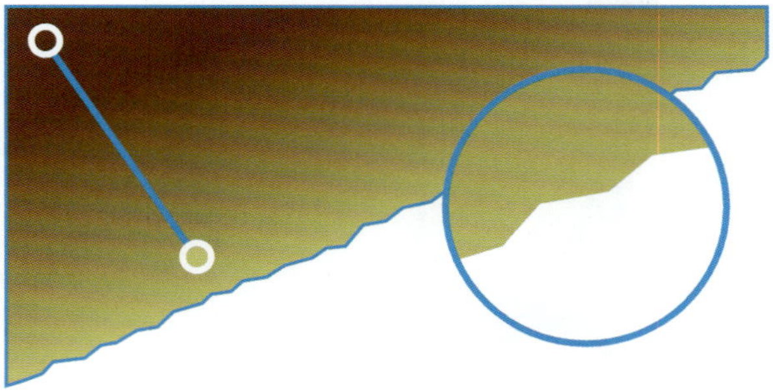

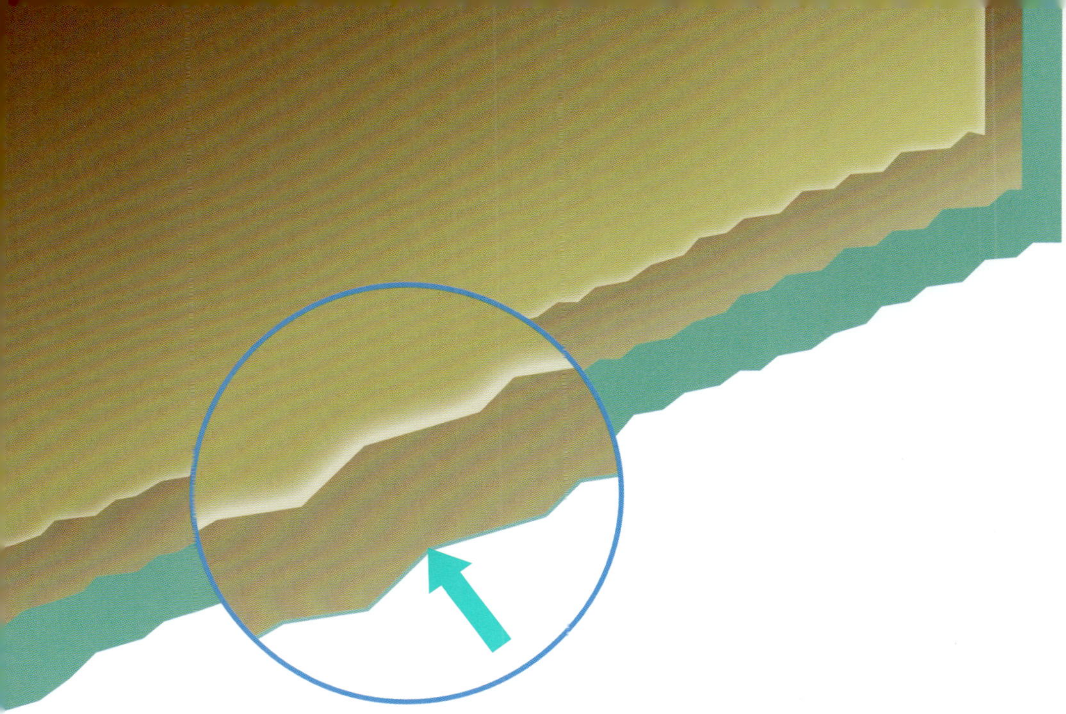

2 Erstellen Sie zwei Kopien der Form und versetzen Sie beide durch Ziehen.

3 Ordnen Sie den Verlauf der mittleren Form mit dem Füllungswerkzeug so an, dass die Kante einen dunkleren Braunton erhält.

4 Legen Sie für die obere Form einen weißen **Schein nach innen** und für die mittlere Form eine subtile **Gaußsche Unschärfe** fest. Für die untere Form verwenden Sie einen Türkiston (*HSL 167, 100, 47*), um die indirekte Beleuchtung durch den Fluss (folgt in Kürze) zu simulieren. Platzieren Sie sie so, dass nur eine dünne Kante sichtbar ist (siehe Kreismarkierung).

Die großen Formen, aus denen der Löwenanteil des Hintergrunds besteht, können ruhig über die Seitenkante hinaus ragen. Alternativ können Sie auch die **Magnetische Ausrichtung** in der **Symbolleiste** aktivieren, um die Formen präzise an der Seitenkante auszurichten.

5 Die kleinen Kanäle, die zum Ufer führen lassen sich als spitze gleichschenklige Dreiecke mit gleichmäßiger Füllung (*HSL 49, 61, 82*) erstellen.

6 Um die Landmasse abzuschließen, setzen Sie noch ein Dreieck (*HSL 48, 32, 68*) in den leeren Teil des Hintergrunddesigns ein.

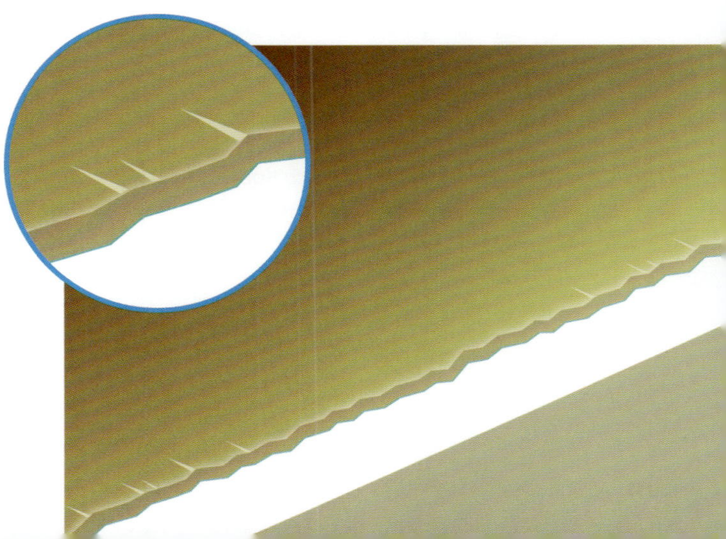

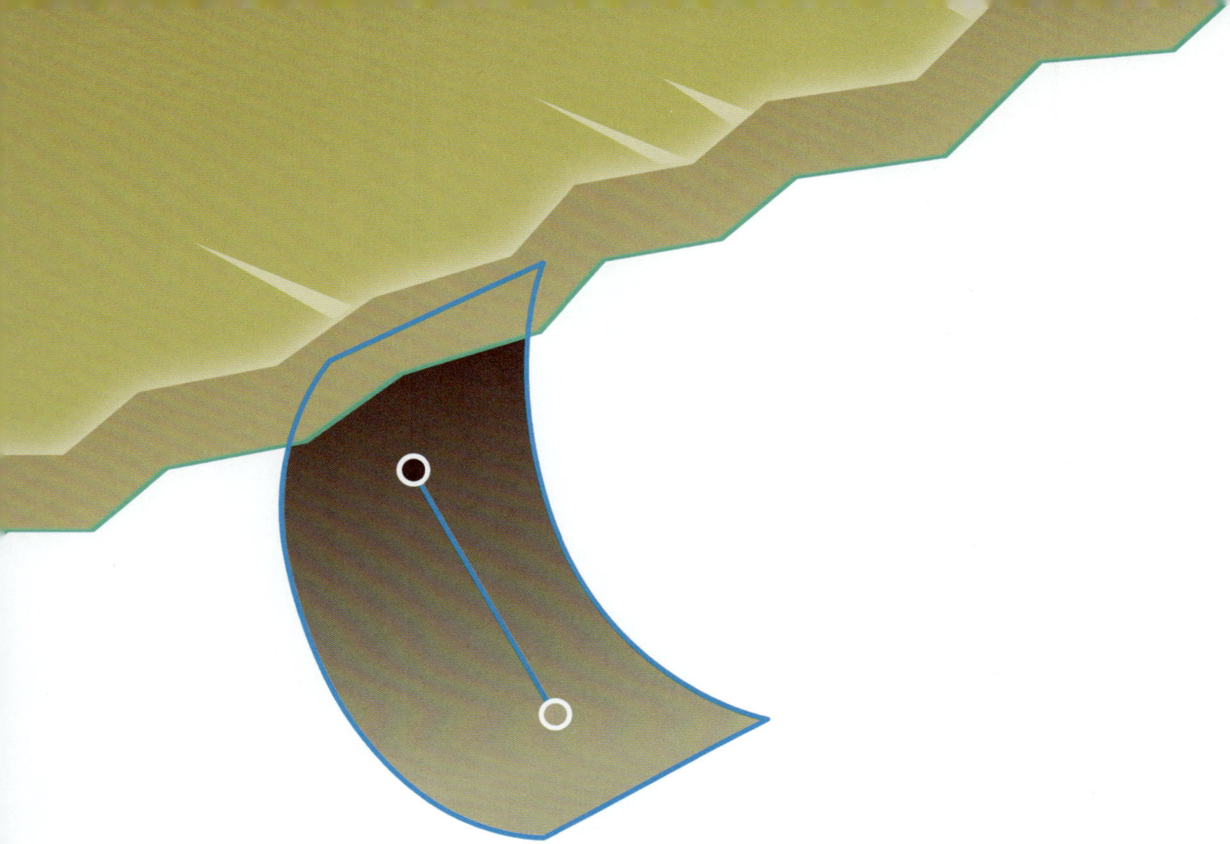

Formen des Ufers

Als Nächstes bauen wir das Ufer etwas aus, indem wir eine gekrümmte Form erstellen und duplizieren. Die Duplikate platzieren wir dann so an der Uferkante, dass sie sich leicht überlappen.

1 Wählen Sie im Panel **Ebenen** die türkisfarbene Hintergrundform aus.

2 Klicken Sie in der **Symbolleiste** auf die Option **In der Auswahl einsetzen**.

3 Zeichnen Sie eine gekrümmte Form mit linearem Farbverlauf (*HSL 48, 32, 68 > 12, 22, 30*), die von dem Land überlappt wird.

4 Vervielfältigen Sie die Form durch Kopieren und Einfügen und platzieren Sie die Duplikate entlang der Uferkante. Ordnen Sie alle Formen so an, dass sie sich überlappen. Verschieben Sie anschließend einige der Formen, damit sie nicht alle ganz gleichmäßig platziert sind.

Der Fluss

Wenn Sie einen Fluss einfügen, der ganz natürlich auf die Uferkante trifft, erfordert das einiges an Arbeit mit dem Zeichenstift. Generell sollten Sie das Wasser so formen, dass es dem Verlauf der Uferkante natürlich folgt.

1 Erstellen Sie eine neue Ebene oben im Ebenenstapel und nennen Sie sie *Fluss*.

2 Zeichnen Sie die Form des Flusses mit dem **Zeichenstift** und stellen Sie sicher, dass Sie an jedem Grat einmal klicken, der an einer imaginären geraden entlang des Ufers Linie liegt. Halten Sie während des Zeichnens die Umschalttaste (⇧) gedrückt, sodass die gerade Linie sich komplett entlang des ganzen Ufers erstreckt.

3 Legen Sie für die Form eine gleichmäßige Füllung mit *HSL 180, 74, 56* fest sowie eine Deckkraft von *59 %* und als Effekt einen **Schein nach innen** (*HSL 226, 65, 33*).

4 Um jedes Segment an der Uferkante zu biegen, ziehen Sie mit gedrückter cmd-Taste ⌘ (Mac) oder Strg-Taste (Win) von der Mitte jedes Segments aus nach oben, sodass die Kurve genau zu der Umrisslinie des Ufers passt. Aus den geraden Segmenten werden so gekrümmte Segmente.

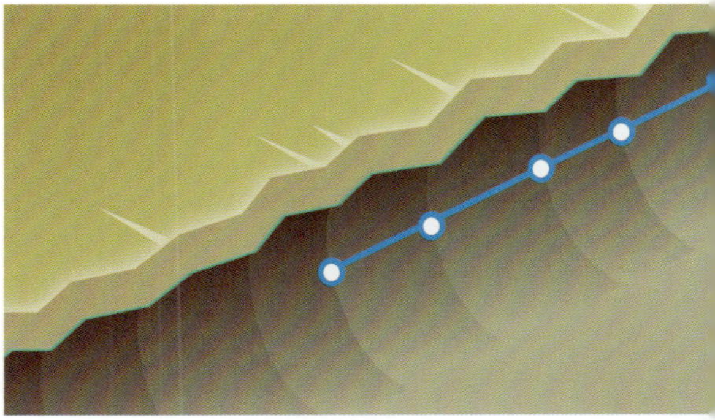

Wellen und Wasserstrudel lassen sich aus schmalen Formen erstellen. Legen Sie für jede Form einen **linearen Verlauf** mit drei Markern fest, der an jedem Pfadende in *0 %* **Deckkraft** ausläuft (siehe Beschreibung Seite 272).

Nachdem die Ebene nun fertig ist, aktivieren Sie ihren Schutz im Panel **Ebenen**.

Ressource
fisherman_13_backgroundtrees.afdesign

Bäume

Als Nächstes pflanzen wir den Wald! Hierzu erstellen wir nur einen Baum, duplizieren ihn mehrmals und platzieren die Kopien in verschiedenen Größen.

1 Wählen Sie die Ebene *Hintergrund* aus.

2 Klicken Sie im Panel **Ebenen** auf das Symbol **Ebene hinzufügen** und nennen Sie die Ebene *Bäume*.

3 Zeichnen Sie einen Kreis mit dem Werkzeug **Ellipse** (**Werkzeugleiste**). Um die Ellipse während des Zeichnens in einen Kreis zu zwingen, halten Sie einfach die Umschalttaste (⇧) gedrückt.

4 Damit der Kreis sich vollständig bearbeiten lässt, klicken Sie in der Kontextleiste auf die Option **In Kurven umwandeln**. Aktivieren Sie das **Knotenwerkzeug** (**Werkzeugleiste)** und ziehen Sie mit gedrückter Umschalttaste (⇧) den obersten Knoten nach oben. Durch die Umschalttaste (⇧) wird die Verschiebung des Knotens auf die Vertikale beschränkt.

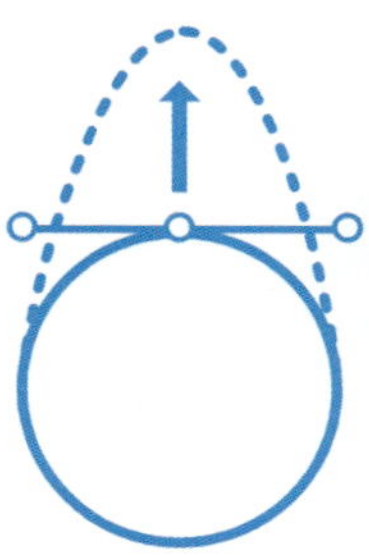

5 Legen Sie für die Form einen radialen Verlauf (*HSL 224, 4, 38 > 182, 100, 43*) fest und als Effekt einen **Schein nach innen** (*HSL 309, 80, 24*). Als **Mischmodus** verwenden Sie *Multiplizieren*. Der helle Bereich sollte in Richtung der direkten Lichtquelle zeigen. Der dunkle Bereich sollte kurz vor dem Unterteil des Baums aufhören, um ein wenig indirektes Licht zu suggerieren.

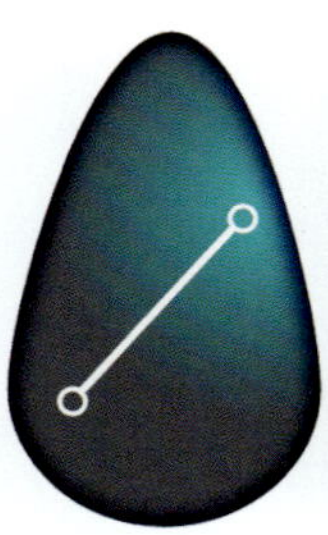

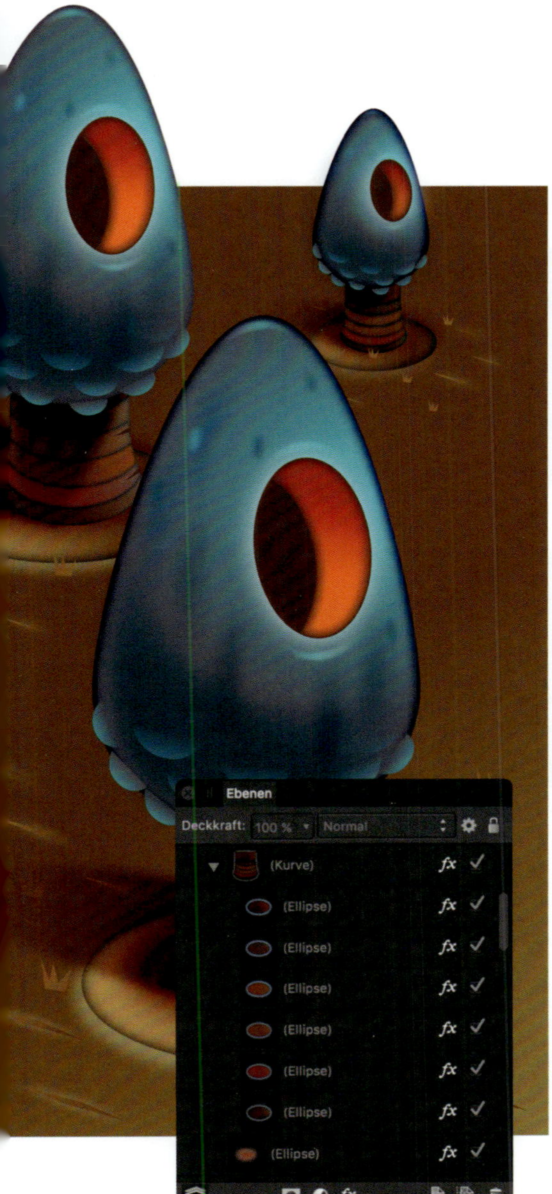

Für den Baumstamm verwenden wir eine **begrenzende Ebene**, sodass wir später die Stammsektionen bequem neu positionieren können. Dies wäre unmöglich, wenn wir die zerstörend arbeitende (und wesentlich komplexere) boolesche Funktion „Aufteilen" verwenden:

1 Zeichnen Sie die Stammform mit dem **Zeichenstift**.

2 Klicken Sie in der **Symbolleiste** auf das Symbol **In der Auswahl einsetzen**.

3 Zeichnen Sie eine Ellipse über die Basis des Stamms und legen Sie einen **linearen Verlauf** (*HSL 25, 100, 16 > 16, 17, 50*) fest sowie die beiden Effekte **Schein nach innen** und **Schein nach außen**. Verwenden Sie für beide Effekte die Farbe *HSL 204, 100, 62* und den **Mischmodus** *Multiplizieren*.

4 Duplizieren Sie diese Ellipse und fügen Sie die Kopien aufwärts den Stamm entlang ein. Verändern Sie für jede Ellipse ganz subtil die Farben der Endmarker ihrer **linearen Verläufe**. Experimentieren Sie einfach mit verschiedenen Farben. Wie Sie sehen, werden die Stammsektionen automatisch an der St
ammform begrenzt.

5 Legen Sie zum Abschluss für den „Grenzstamm" noch den gleichen **Schein nach innen** fest wie für die Stammsektionen.

Das „Auge“ lässt sich bequem durch Begrenzen der „Pupille“ in der Augenhöhle realisieren. Hierzu verwenden Sie einfach die gleiche Technik wie bei den Augen für die Pods.

1 Zeichnen Sie eine Ellipse für die Augenhöhle und duplizieren Sie sie.

2 Versetzen Sie die obere Ellipse etwas nach rechts und oben gegen die untere Ellipse. Legen Sie für die untere Ellipse die Farbe *HSL 25, 100, 16* und als Effekt **Schein nach außen** mit *HSL 29, 91, 19* fest.

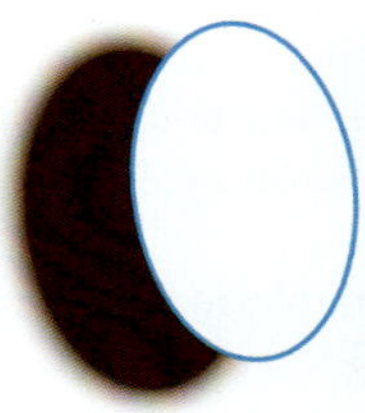

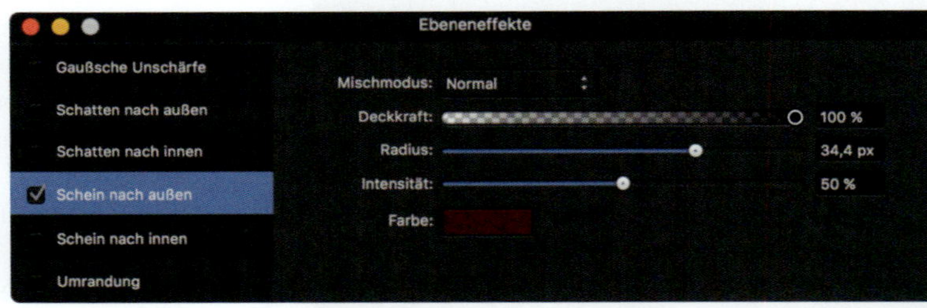

Legen Sie dann für die obere Ellipse einen **linearen Verlauf** (*HSL 23, 100, 50 > 0, 100, 36*) und die Effekte **Schein nach außen** (mit Weiß) und **Schein nach innen** (*HSL 29, 91, 19*) fest.

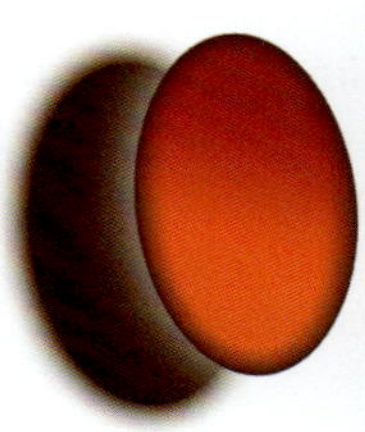

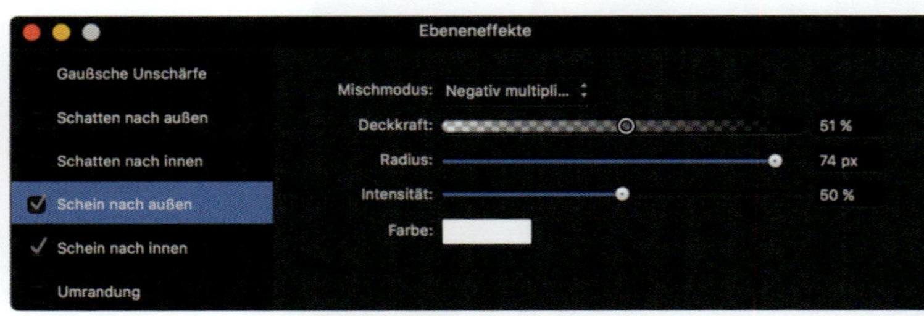

3 Ziehen Sie im Panel **Ebenen** die untere Ellipse in die obere Ellipse, sodass ihre Einträge verschachtelt sind und die untere Ellipse von der oberen begrenzt wird.

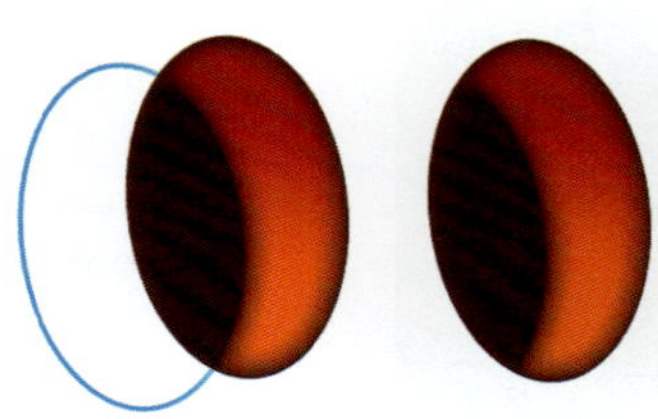

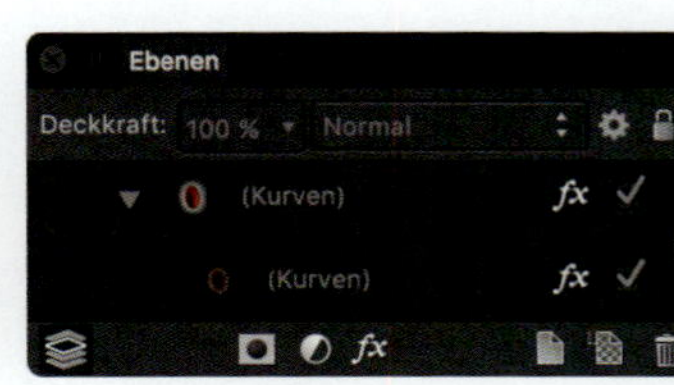

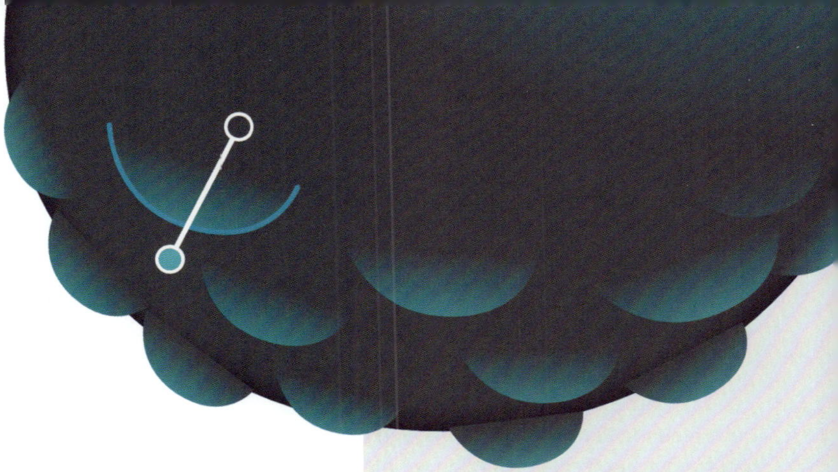

Die „Beulen“ an der Unterseite des Baums sind offene Kurven mit einen linearen Verlauf von *HSL 182, 100, 43 > 224, 4, 38*. Damit sie sich auch gut in den Körper einfügen, nehmen Sie mit der **Farbpipette** (I) der **Werkzeugleiste** eine Farbprobe von der Körperfarbe und legen Sie für den Endmarker des Verlaufs fest.

Verleihen Sie dem Baum mit subtilen Füllungen einige Muster und Texturen und platzieren Sie auch einige Formen unten am Baum. Fügen Sie unter dem Baum einen tiefen Schatten ein und dann einen langen Schatten, der sanft ausläuft. Achten Sie darauf, dass die Richtung der Schatten zu dem einfallenden Licht passt.

Ressource
fisherman_14_floatingpod.afdesign

DER TREIBENDE POD

Der treibende Pod hat wohl zu viel von dem Flusswasser getrunken. Aus handwerklicher Sicht verwenden wir hier keine neuen Techniken. Wir verlassen uns ganz auf die bekannten Prinzipien von Seite 282. Eine Ausnahme ist der Schatten des Pods unterhalb der Wasseroberfläche, um den wir uns genauer kümmern müssen.

1 Legen Sie im Panel **Ebenen** eine neue Ebene namens *Treibender Pod* über der Ebene *Fluss* an.

2 Zeichnen Sie den Pod auf ähnliche Weise wie das aus dem Wasser gefischte Exemplar vorhin.

3 Erstellen Sie unter der Flussebene eine weitere Ebene namens *Treibender Pod – Schatten*.

4 Verlängern Sie die Seiten des Pods in das Wasser, indem Sie neue Formen erstellen und mit *HSL 356,19,20* färben, damit die Seiten durchgängig wirken. Wie Sie sehen, lasen sich die neuen Formen durch die halbtransparente Form für den Fluss gut erkennen. Fügen Sie einen versetzten Schatten unter dem Pod ein, sodass er zu treiben scheint.

> Verfeinern Sie Ihr Design laufend während Ihrer Arbeit – viele Dinge erkennt man erst nach und nach. Ich musste mein Design zum Beispiel etwas nach oben verschieben, damit meine Hauptfigur mehr in der Mitte saß, was die Bildkomposition viel ansprechender macht.

Nun fehlen noch einige Details.

Ressource

fisherman_15_drinkscan.afdesign

GETRÄNKEDOSE

Zum Schluss platzieren wir noch eine Getränkedose, die sich langsam aber sicher in das Gewässer unseres Anglers leert. Wir konzentrieren uns hierbei auf die zylindrische Form der Dose und erzeugen mithilfe eines mehrfarbigen linearen Verlaufs die Lichtspiegelung auf ihrer Oberfläche. Hierzu lassen sich auch die Techniken für Schatten und Lichtakzente verwenden, die wir bereits behandelt haben.

- Legen Sie im Panel **Ebenen** eine neue Ebene namens *Getränkedose* über der Ebene *Treibender Pod* an.

Für die Dosenform:

1 Zeichnen Sie eine Ellipse mit **linearer Füllung** (*HSL 315, 0, 64* > *182, 100, 50*) und dem Effekt **Schein nach innen** (*HSL 171, 0, 35*) für die Vorderseite der Dose.

2 Drehen Sie mit dem oberen Rotationsgriff *gegen den Uhrzeigersinn* und neigen Sie das Objekt dann mit dem Mittelgriff der oberen Kante nach rechts. In Ihrem Panel **Transformieren** sollten folgende Werte stehen.

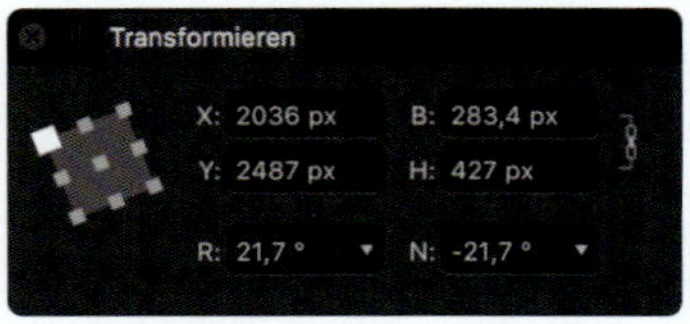

3 Duplizieren Sie diese Form und verschieben Sie sie an die passende Position für die Rückseite der Dose.

4 Klicken Sie in der Kontextleiste auf die Option **In Kurven umwandeln**, damit sich die Form vollständig bearbeiten lässt.

5 Wählen Sie das **Knotenwerkzeug** (**Werkzeugleiste**) aus und klicken Sie oben und unten auf die Form, um neue Knoten einzufügen. Hierdurch bleibt die Rückseite der Dose symmetrisch zur Vorderseite.

6 Verschieben Sie die zwei Knoten, die am nächsten zur Vorderseite der Dose liegen so, dass sie die Vorderseite der Dose oben und unten berühren. Eventuell müssen Sie die Griffe dieser beide Knoten justieren und die Kurven neu formen, damit die beiden Seiten der Dosen linear und parallel verlaufen.

7 Klicken Sie in der **Symbolleiste** auf das Symbol **Eins nach hinten**, um die Form nach hinten zu verschieben.

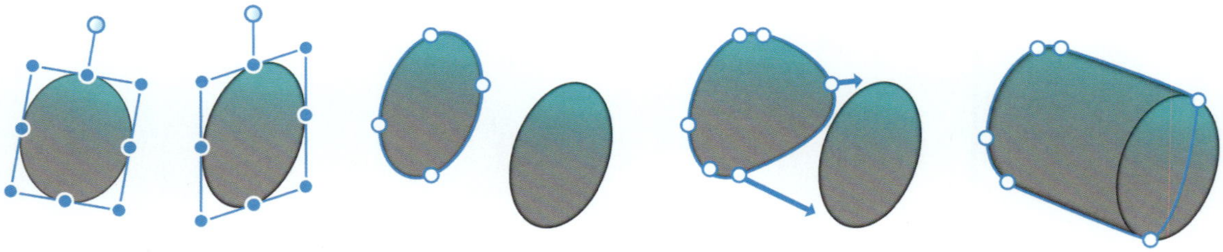

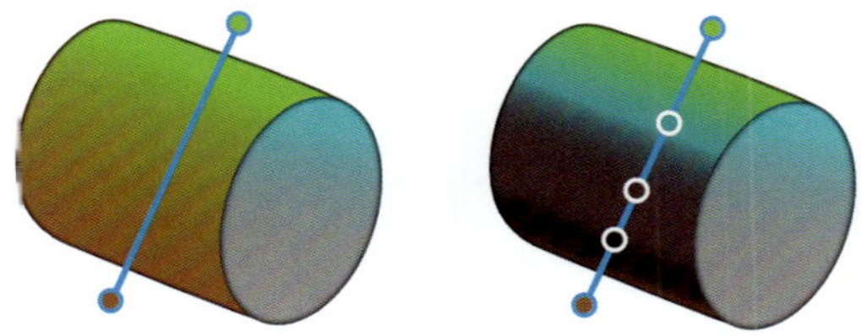

Für den mehrfarbigen linearen Verlauf:

1 Wählen Sie den Dosenkörper aus.

2 Klicken Sie in der **Werkzeugleiste** auf das Werkzeug **Füllung** und ziehen Sie von unten nach oben über den Dosenkörper.

3 Legen Sie die Endfarben für die **lineare Füllung** so fest, dass sie gut zu der direkten Lichtquelle passen (*HSL 28, 52, 42 > 80, 100, 45*).

4 Nun können wir noch weitere Farben entlang des Füllungspfades einsetzen, um die Beleuchtung zu simulieren. Klicken Sie einfach auf den Pfad, um einen neuen Marker zu platzieren und legen Sie dann seine Farbe fest.

5 Die Position der Marker lässt sich durch simples Ziehen sehr genau einstellen. Um die Ausdehnung einer Farbe zu verändern, verschieben Sie einfach die zwischen zwei Markern platzierten Griffe.

Ergänzen Sie die Vorderseite der Dose um ein paar Details:

- Zeichnen Sie eine überlagerte geneigte Ellipse über die Vorderseite der Dose mit einem **elliptischen Verlauf** (*HSL 175, 83, 73 > 315, 0, 55*) und dem Effekt **Schein nach innen** (*HSL 215, 26, 47*). Hierdurch erhält die Vorderseite der Dose einen realistisch gewölbten Rand.
- Erzeugen Sie mit der Funktion „Aufteilen“ eine dunkle geschliffene Kante (siehe Seite 280).
- Erstellen Sie aus einer verlängerten Ellipse ein Trinkloch in Tränenform (*HSL 0, 0, 11*) mit einem weißen Effekt **Schein nach innen**.
- Platzieren Sie gekrümmte Lichtakzente (Seite 277) auf der Vorderkante der Dose.
- Platzieren Sie einige unscharfe Schatten unter der Dose.

Für das auslaufende Getränk:

- Zeichnen Sie mit dem **Zeichenstift** etwas von dem Getränk, wie es in den Fluss läuft. Stellen Sie sicher, dass die Winkel zu der Form des Dosenrands, dem Boden, dem Ufer und der Flussoberfläche passen. Fügen Sie Details ein, wie Schattierungen und Lichtakzente.

Ressource
fisherman_16_fishingrod.afdesign

ANGEL UND SCHNUR

Ein Angler ohne Angel ist kein Angler! Für dieses relativ unkomplizierte Design verwenden wir die gleichen Prinzipien wie für die Getränkedose. Hierbei kommt jedoch auch eine neue Funktion zum Einsatz. Mithilfe von **Kontur erweitern** verwandeln wir die mit dem Zeichenstift erstellte Schnur in Kurven. Hierdurch können wir einen linearen Verlauf festlegen, sodass die Schnur ganz natürlich ausgeleuchtet wird.

- Legen Sie im Panel **Ebenen** eine neue Ebene namens *Angel* zwischen den Ebenen *Getränkedose* und *Treibender Pod* an.

Das Grunddesign der Angel:

1. Zeichnen Sie ein elliptisches Ende für die Angel, duplizieren Sie es und versetzen Sie das Duplikat so, dass es auf dem Boden liegt (dies ist das Endstück der Angel). Verlängern Sie wie vorhin für die Dose (Seite 296) die Segmente der Knoten auf dem hinteren Duplikat, sodass sie das andere Ende der Angel oben und unten berühren.

2. Legen Sie entlang der Angel einen **linearen Verlauf** (*HSL 39, 100, 50* > *13, 77, 35*) fest.

3. Erzeugen Sie helle und dunkle Streifen entlang der gesamten Länge der Angel, damit das Holz natürlich wirkt. Die Ringe sind gezeichnete Formen mit linearen Verläufen. Legen Sie für jeden Streifen eine subtile Unschärfe fest.

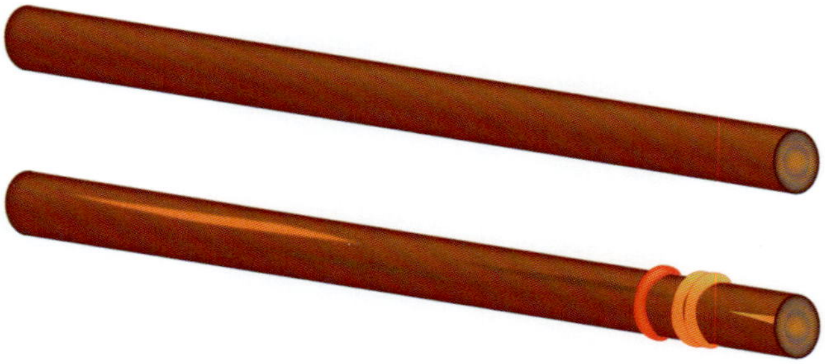

Ressource
fisherman_17_extracharacters.afdesign

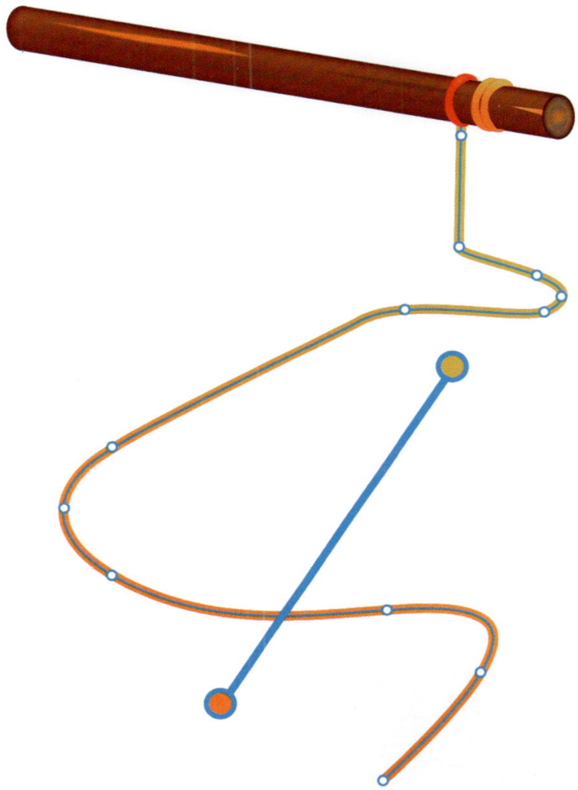

Für die Angelschnur:

1 Stellen Sie im Panel **Farbe** eine orangefarbene Kontur (*HSL 27, 100, 50*) und als Füllung „Ohne" ein und im Panel **Kontur** eine *Breite* von 5 pt.

2 Zeichnen Sie mit dem **Zeichenstift** die Angelschnur so, dass sie von der Spitze der Angel vertikal in das Wasser verläuft und dann natürlich auf der Wasseroberfläche treibt.

3 Klicken Sie Menü **Ebene** auf **Kontur erweitern**, um die Linie in Kurven zu verwandeln.

4 Legen Sie zum Schluss noch einen **linearen Verlauf** fest (*HSL 27, 100, 50 > 42, 87, 59*).

Legen Sie die Schatten wie zuvor fest, aber erzeugen Sie auch einen subtilen Schatten für die Angelschnur – jedoch nicht in der Ebene *Angel*, sondern in der Ebene *Treibender Pod – Schatten*.

Zusätzliche Figuren

Die kleine Kassette und den Kassenrekorder (Willkommen in den 70ern!) habe ich nach den gleichen Prinzipien entworfen wie die Pods (Seite 282).

> Sie könnten beide Designs in separaten .afdesign-Dateien erstellen, um sich ganz auf diese Figuren zu konzentrieren. Sobald Sie mit den Designs zufrieden sind, legen Sie sie per **Datei > Platzieren** als **eingebettete Dokumente** in die Hauptillustration.

Ressource

fisherman_18_drips.afdesign

Tropfen

Ein paar Tropfen lassen den ganzen Angelausflug etwas realistischer wirken. Die Tropfen sollten sich unter dem frisch gefangenen Podkerlchen befinden sowie auch verteilt auf dem Angler.

Alle Tropfendesigns verbinden zwei Hauptmerkmale: Ihre Mitte ist transparent (genau wie bei echten Tropfen) und sie wurden aus einer vordefinierten Tränenform erstellt und sind somit kinderleicht zu zeichnen. Und genau das machen wir nun.

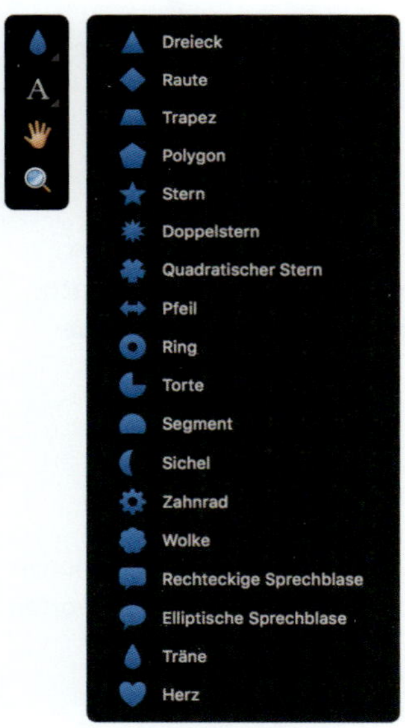

1 Legen Sie im Panel **Ebenen** eine neue Ebene namens *Tropfen* über der Ebene *Kassettenrekorder* an.

2 Wählen Sie in der **Werkzeugleiste** das Formwerkzeug **Träne** aus.

3 Ziehen Sie über die Seite, um eine Tränenform zu erstellen. Legen Sie für den Anfang eine gleichmäßige Füllung fest (*HSL 192, 100, 47*).

4 Ziehen Sie den roten Griff an der linken Kante der Auswahlbegrenzung für die Form, um den oberen Bereich leicht zu verbreitern.

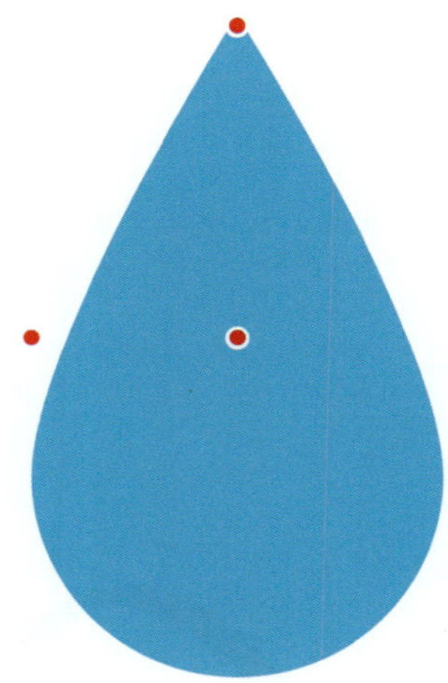

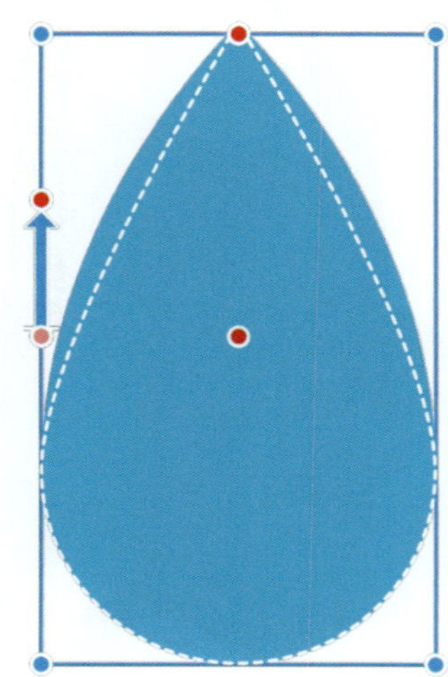

Die Tropfen sehen schon ganz gut aus, aber sie könnten noch einen kleinen Kick vertragen, damit sie sich besser von der Seite abheben. Ein guter Trick für solche Gelegenheiten ist, einfach die Ebene *Tropfen* zu duplizieren und so eine Ebene namens *Tropfen-Turbo* zu erstellen. Das Ergebnis lässt sich so schnell, einfach und wirkungsvoll unterstreichen.

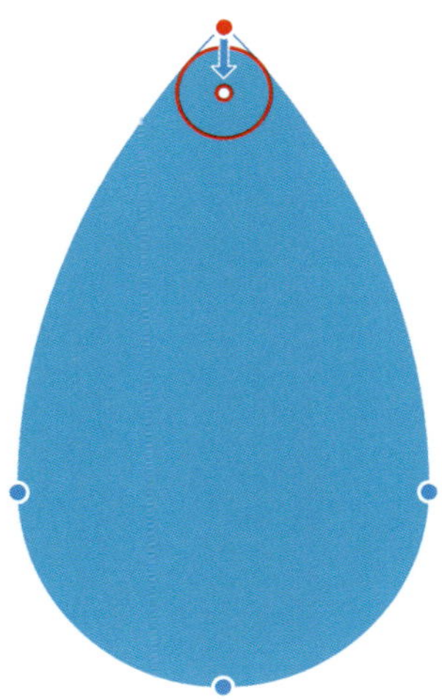

Das **Eckenwerkzeug** ist hier sehr praktisch, da das spitze Ende der Träne etwas runder ausfallen muss, damit die Form eher wie ein Tropfen aussieht.

1 Wählen Sie in der **Werkzeugleiste** das **Eckenwerkzeug** (C) aus und ziehen Sie den Knoten des oberen Endes nach unten, um die Spitze abzurunden.

2 Wir müssen für den Tropfen noch einen **radialen Verlauf** mit drei Markern festlegen (*HSL 192,100,47*) der auf beiden Enden des Pfades mit *0 %* **Deckkraft** ausläuft.

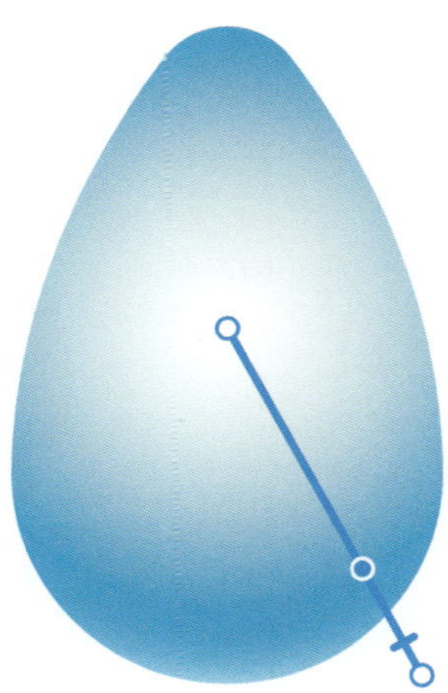

Sobald die Tropfenform fertig ist, drehen und skalieren Sie den Tropfen passend und legen dann Lichtakzente für die direkte und indirekte Beleuchtung fest sowie einen unscharfen Schatten, den der Tropfen wirft. Beachten Sie, dass die Farbe der darunter liegenden Form durchscheint.

DER FEINSCHLIFF – GLITZERN UND STIMMUNG

Ressource
fisherman_19_finishingoff.afdesign

Nun können wir ein paar kleine Extras platzieren, um dem Design den letzten Schliff zu geben. Hierzu gehört farbiges Glitzern in den Bäumen und eine dunkle Vignette, um die Mitte des Designs etwas hervorzuheben.

Einfügen des Glitzerns

1 Legen Sie oben im Ebenenstapel mehrere Ebenen an und nennen Sie sie *Glitzern 1*, *Glitzern 2* usw.

2 Zeichnen Sie mit dem Werkzeug **Ellipse** (**Werkzeugleiste**) und gedrückter Umschalttaste (⇧) einige willkürliche Kreise in jede Ebene. Indem wir die Kreise auf verschiedenen Ebenen lagern, können wir sie später einfacher verändern und zur Not auch ausblenden.

3 Experimentieren Sie mit einigen kontrastreichen gleichmäßigen Farbfüllungen für die Kreise und legen Sie dann für jede Ebene als Effekt eine **Gaußsche Unschärfe** fest, damit die Spiegelungen etwas diffus erscheinen.

Einfügen einer Vignette

1 Legen Sie oben im Ebenenstapel eine neue Ebene an und nennen Sie sie *Vignette*.

2 Zeichen Sie ein Rechteck in der Ebene, das ein wenig größer ist als die Seite.

3 Wählen Sie das Werkzeug **Füllung** aus und stellen Sie in der Kontextleiste den **Typ** auf **Radial** ein.

4 Ziehen Sie von der Mitte der Seite in ihre linke obere Ecke. Hierdurch legen Sie den Pfad für die Füllung fest.

5 Legen Sie über das Panel **Farbe** einen Grünton (*HSL 130, 78, 15*) für den ausgewählten Endmarker oben links fest und eine **Deckkraft** von *0 %* für den entgegengesetzten Endmarker.

6 Stellen Sie im Panel **Ebenen** den Mischmodus *Multiplizieren* ein.

Nehmen Sie sich nun ein wenig Zeit, Ihre Arbeit zu beurteilen. Jetzt ist die Zeit, um vielleicht noch die Position einiger Schatten und Lichtakzente zu ändern, damit der Bildaufbau auch wirklich perfekt sitzt.

Wenn Sie zufrieden mit allem sind, dann ist es geschafft! Herzlichen Glückwunsch und weiterhin gut Strich!

KAPITEL 4

Designprojekte

In diesem Kapitel zeigt Ihnen der kreative Leiter des Affinity-Teams, wie man Markenmaterial und Logos sowie Designs für die Drucklegung entwirft.

Außerdem gibt Ihnen Tom Koszyk, der leitende Designer bei Hologram, einige Tipps zu UI- und UX-Design und dem Entwerfen von Icons in Affinity Designer.

1

Lace Frame Galleries 1

Entwerfen von Markenmaterial und Logos mit *Neil Ladkin*

In diesem Projekt dreht sich alles um die Beziehung zwischen Designer und Kunden und um die Realisierung eines Designs nach kundenspezifischen Wünschen. Neil zeigt Ihnen außerdem, wie Sie ein ausgewähltes Logodesign umsetzen.

LACE FRAME
GALLERIES

BEVOR SIE LOSLEGEN

Ressourcen

Alle in diesem Projekt verwendeten Ressourcen finden Sie unter:
https://affin.co/lace1DE

Grundwissen zu Affinity Designer

Damit Sie aus diesem Projekt möglichst viel für Ihre eigenen Arbeiten mitnehmen, sollten Sie mit folgenden Aspekten vertraut sein:

- Die Programmoberfläche von Affinity Designer. Mehr über die Programmoberfläche erfahren Sie in dem Kapitel Tour durch die Programmoberfläche, das auf Seite 13 beginnt.

- Die grundlegenden Techniken. Die folgende Tabelle zeigt Ihnen, welche Aspekte von Affinity Designer Sie zusätzlich beherrschen sollten, um dieses Projekt anzugehen:

ArtBoards	Seite 74
Objekte	Seite 80
Geometriewerkzeuge	Seite 95
Farben & Verläufe	Seite 106

SIE UND IHR KUNDE

Die Arbeit mit Kunden kann manchmal etwas kompliziert sein – vor allem, wenn es sich um einen neuen Kunden handelt. Ich rate Ihnen daher, besonders viel Wert auf eine klare Kommunikation zu legen. Sammeln Sie während der ersten Besprechung so viele Informationen wie möglich. Fragen Sie, falls der Kunde nicht alle Informationen liefert, die Sie benötigen.

Hören Sie gut zu, wenn der Kunde etwas erzählt! Er kennt sein Unternehmen und seine Kundschaft. Versuchen Sie die einzigartige Hintergrundgeschichte Ihres Kunden in Ihr Design einfließen zu lassen.

> *„Sie müssen dem Kunden neue Perspektiven aufzeigen und ihm helfen, ein klares Image für seine Marke aufzubauen.*

Falls Ihr Kunde mit einer festen Idee zu Ihnen kommt, was seine Marke aussagen soll und wie das Design aussehen muss, und Sie sind der Ansicht, dass diese Umsetzung ein Fehler wäre, ist es Ihre Aufgabe, ihm die Gründe darzulegen. Vergessen Sie niemals: Nur weil Ihre Idee absolut bahnbrechend ist, muss der Kunde nicht automatisch darauf anspringen und Ihnen alle Finanzmittel zur Verfügung stellen, diese Idee auch umzusetzen. Manche Kunden müssen erst überzeugt werden.

Ein Trick bei dieser Überzeugungsarbeit ist, Ihre eigenen Ideen zu präsentieren und gleichzeitig die Ideen des Kunden so weiter zu entwickeln, wie es in Ihrem Auftrag steht. Präsentieren Sie anhand dieser Vorgaben klare Gründe, warum das Produkt, die Dienstleitung oder die Marke des Kunden von Ihren Ideen profitiert. In 90 % der Fälle wird der Kunde Ihnen zustimmen, wenn Ihre Idee tatsächlich besser ist.

Sieben wichtige Fragen für Ihren Kunden

1. Was stellt Ihr Unternehmen her bzw. welche Produkte verkauft es oder welche Dienstleistungen bietet es an?
2. Wer gehört momentan zu Ihrem Kundenkreis, und welche Kunden möchten Sie in Zukunft gewinnen?
3. Welche Probleme lösen Sie, und welche Vorteile erhält der Kunde dadurch?
4. Welche grundlegende Aussage möchten Sie Ihren Kunden vermitteln?
5. Darf ich einen Blick in Ihre Marktforschungsunterlagen zu potenziellen Kunden werfen?
6. Wer sind Ihre fünf größten Konkurrenten?
7. Warum entscheiden sich Kunden für Sie anstatt für die Konkurrenz bzw. warum sollten die Kunden sich für Sie entscheiden?

DER AUFTRAG

Am Ende der Anfangsbesprechung sollten Sie mit Ihrem Kunden zusammen einen klaren Auftrag ausgearbeitet haben. So wissen Sie genau, was der Kunde von dem Projekt erwartet, und eine Menge an Kommunikationsproblemen sowie Zeitverlust sind direkt aus der Welt geschafft.

Sieben wichtige Fragen für Ihren Kunden

1 Welchen Zweck verfolgt das Projekt, wie lautet seine Zielsetzung und in welchem Kontext steht es?

2 Welche Leistungen und Lieferungen werden im Rahmen des Projekts erwartet?

3 Was soll ich Ihnen liefern?

4 Gibt es ganz bestimmte Aspekte, die Ihr Design auf jeden Fall bzw. auf keinen Fall beinhalten soll?

5 Welche Marken, Logos und Websites gefallen Ihnen und welche nicht?

6 Wer ist mein Hauptansprechpartner bei diesem Projekt, und wer trifft bei diesem Projekt die Entscheidungen?

7 Welchen Zeitplan und welches Budget stellen Sie sich für das Projekt vor?

Nachdem Sie den klar umrissenen Auftrag erhalten und auch ein Gefühl für das Geschäft Ihres Kunden gewonnen haben, können Sie mit Ihrem Design beginnen.

Wenn Ihr Kunde bereits eine bestehende Marke hat, fragen Sie ihn, warum diese Marke/Identität nicht funktioniert und ob es aktuelles Material gibt, das mit der neuen Identität aktualisiert werden soll.

> *Je mehr Inspirationsquellen Sie haben, desto einfacher wird Ihre Arbeit.*

DER ANFANG

Für den Rest dieses Abschnitts setzen wir uns ein festes Ziel, indem wir den Auftrag eines fiktiven Kunden umsetzen.

Name:	Lace Frame Galleries
Kundendetails:	Galerie und Händler für zeitgenössische Kunst mit separatem Café und Verkaufsraum für innovative und kreative Produkte. Galerie und Ladengeschäft sind gerade neu gegründet und befinden sich in einem alten Lagerhaus im Lace Market von Nottingham, Großbritannien.
Ihr Auftrag:	Ein Design für ein zeitgenössisches Logo, das sowohl an die Geschichte des Standorts erinnert aber auch dem modernen Look des Unternehmens Rechnung trägt. Das Logo sollte außerdem flexibel einsetzbar sein und die unterschiedlichen Aspekte der Marke unterstreichen können – das heißt, sowohl die Galerie als auch das Café.

Wenn Sie an einem Markenprojekt arbeiten, schauen Sie sich nicht nur genau in Ihrer Umgebung und in Ihrem Alltag um. Versuchen Sie, alles aus einer neuen Perspektive zu betrachten. Versetzen Sie sich in die Lage der Kunden Ihres Auftraggebers. Als Designer sollten Sie so viele Einflüsse wie möglich in sich aufnehmen. Die Inspiration kann aus den seltsamsten Dingen entstehen und Sie an völlig unerwarteten Orten „überfallen".

Schießen Sie einige Fotos, denken Sie über Farben nach und erstellen Sie einige Moodboards. Überstürzen Sie in dieser Projektphase auf keinen Fall Ihre Entscheidungen, und versteifen Sie sich auch nicht zu früh auf besonders gute Einfälle. Bleiben Sie für alle Möglichkeiten offen.

> *Sie sollten nicht nur an Ihrem Arbeitsplatz Skizzen erstellen, sondern auch in völlig anderen Umgebungen.*

Wenn Ihnen etwas Gutes einfällt, skizzieren Sie die Idee. So können Sie jederzeit und überall kreativ arbeiten und sind nicht an Ihren Computer gefesselt.

Arbeiten Sie mit einfachen Formen, machen Sie es nicht zu kompliziert und entwickeln und verfeinern Sie neue Ideen während Sie skizzieren. Legen Sie sich keine zu engen Beschränkungen auf, und werfen Sie auf keinen Fall etwas weg! Übertreiben Sie es nicht mit der Präzision. Solange Sie später noch wissen, was eine Skizze oder handschriftliche Notiz bedeuten soll, ist alles gut. Die Feinheiten können Sie später noch ausarbeiten.

Beginnen Sie mit einer einfachen Form. Denken Sie über den Markennamen nach und Ihre Moodboards – aber denken Sie nicht nur in linearen Bahnen. Was ist zum Beispiel mit dem übertragenen Sinn von Worten oder Formen? Machen Sie sich während der Arbeit an Ihrer Skizze Notizen zu Farbe und Formen. Manchmal können sich aus einzelnen Wörtern großartige Ideen entwickeln – auch wenn sie im ersten Moment zusammenhanglos erscheinen.

Sind Sie mit Ihren skizzierten Ideen zufrieden, scannen oder fotografieren Sie die Papiervorlagen und platzieren die Scans in Affinity Designer, um die Rohfassungen Ihrer Designs zu entwerfen.

Wenn Sie Ihre Rohfassungen zusammenstellen, denken Sie stets an ihren geplanten Verwendungszweck. Passen sie zu der Marke, die Ihnen vorschwebt? Vermitteln sie den Eindruck und die Aussage, die Ihr Auftraggeber bei seinen Kunden erreichen will? Stützen Sie sich bei all Ihren Entscheidungen auf Ihre Moodboards, Skizzen und Ideen.

Jetzt ist auch der perfekte Zeitpunkt, um sich ein paar Gedanken um die Schriftstärke zu machen. Die Schrift muss schließlich in allen Größen „funktionieren" – von kleinen Etiketten auf Kaffeebechern zum Mitnehmen bis hin zu großen Schildern an Gebäuden.

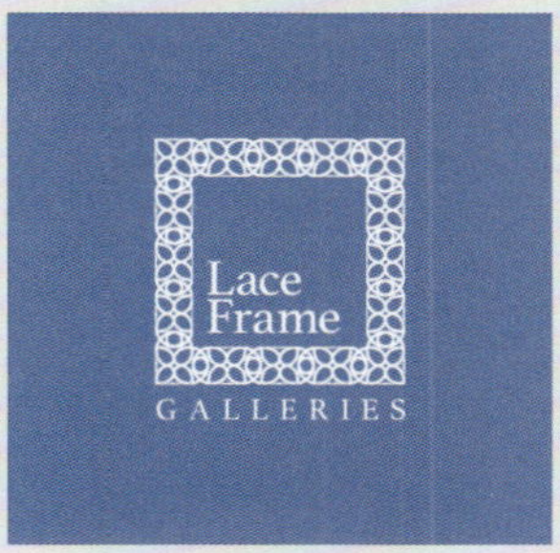

Sobald Sie einige gute Kandidaten gefunden haben, z. B. drei Vorstellungen in „Rohfassung", melden Sie sich bei Ihrem Kunden.

IHR KUNDENVORSCHLAG

Achten Sie in diesem Stadium des Projekts stets darauf, dass Sie Ihren Kunden sämtliche Aspekte Ihrer kreativen Ideen absolut verständlich machen. Schicken Sie nicht einfach nur ein PDF ohne weitere Erklärung. Nehmen Sie sich die Zeit, all die Schritte zu erläutern, die zu diesem speziellen Design geführt haben. Das wird Ihnen später eine Menge Kopfschmerzen ersparen. Ich finde, die besten Ergebnisse erzielt man mit einer gut vorbereiteten und umfassenden Präsentation, die nicht nur auf die heutigen Anforderungen eingeht, sondern auch Möglichkeiten für die zukünftige Entwicklung der Marke zeigt.

Meiner Ansicht nach war das erste Design mit sechs Kreisen das Beste. Die Anordnung der Kreise um einen zentralen Punkt hat zwei Bedeutungen, welche die Geschichte des Standorts und des Firmennamens unterstreichen, für die sich der Kunde entschieden hat:

- Die Kreise symbolisieren sowohl die Muster und Verbindungen in typischen Produkten aus Spitze als auch die Rollen in der zur Herstellung des Spitzenstoffes verwendeten Maschine, welche in Nottingham erfunden wurde.
- Durch die verknüpfte Struktur der Kreise entsteht ein Rahmen.

Nachdem der Kunde das erste Design begutachtet hatte, wollte ich die Schrift noch etwas überarbeiten, bevor ich mir sein Okay für die endgültige Fassung hole.

Ich ließ mich daher von den Schriften alter Schilder inspirieren. Mir gefiel besonders der schnörkellose Stil der festbreiten Schriften, die früher direkt auf alte Industriegebäude und Lagerhäuser gemalt wurden. Genau in solch einem Gebäude befindet sich heute die Galerie. Auf diese Weise konnte ich den historischen Charakter des Stadtteils mit dem modernen Look verbinden, den mein Kunde im Sinn hatte.

Ich überzeugte den Kunden, dass mit ein wenig Entwicklungsarbeit das geänderte Design die passende Lösung für seine Bedürfnisse war.

> *Wenn Sie eine Schrift auswählen, sollten Sie stets bedenken, wie sie letztendlich verwendet wird. Die Schrift muss in kleinen Größen noch lesbar sein und in großen Größen trotzdem elegant wirken. Für die Hauptschrift des Logos sollten Sie die Zeichenabstände und Kurven manuell anpassen, wenn Sie keine Schrift speziell für diese Marke entworfen haben.*

FONT: MONTSERRAT - BOLD

FONT: MONTSERRAT - REGULAR

LACE FRAME

GALLERIES

Als Nächstes zeige ich Ihnen, wie das endgültige Design erstellt wurde, experimentiere mit einigen Techniken für den Feinschliff und exportiere das Design dann für die spätere Verwendung.

Ressource

laceframe_logo_01_layout.afdesign

DAS GRUNDLEGENDE LAYOUT

Nachdem der Kunde das Designkonzept und Ihre Rohfassung genehmigt hat, können Sie mit der Ausarbeitung des endgültigen Designs beginnen. Ich empfehle Ihnen, das Logo komplett neu in Affinity Designer aufzubauen. Hierdurch erhalten Sie ein klares Design und können sich leichter von der Rohfassung lösen, wenn Sie einige Aspekte verändern möchten.

1 Klicken Sie auf den Menüpunkt **Datei > Neu** und richten Sie das Dokument mit den unten abgebildeten Einstellungen ein. Aktivieren Sie anschließend in der **Symbolleiste** die **Magnetische Ausrichtung**.

2 Aktivieren Sie in der **Werkzeugleiste** das Werkzeug **Rechteck** (M) und ziehen Sie mit gedrückter Umschalttaste (⇧) auf der Seite, um ein Quadrat von *60 mm* Kantenlänge zu zeichnen.

Über das Panel **Transformieren** können Sie die Größe der Objekte jederzeit präzise festlegen.

3 Legen Sie für das Quadrat eine mittelgraue Füllung *(CMYK 0, 0, 0, 50)* fest und zentrieren Sie es mit dem Einblendpanel **Anordnen** der **Symbolleiste** auf der Seite.

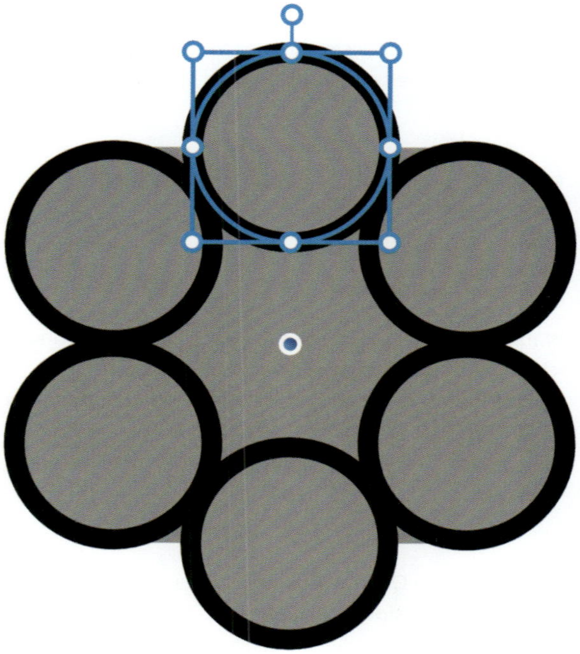

4 Aktivieren Sie das Werkzeug **Ellipse** (M), zeichnen Sie mit gedrückter Umschalttaste (⇧) einen Kreis von *29 mm* Durchmesser und platzieren Sie ihn mittig über dem Quadrat. Legen Sie im Panel **Kontur** eine **Breite** von *10 pt* fest.

5 Klicken Sie bei ausgewähltem Kreis in der Kontextleiste auf das Symbol **Rotationsmittelpunkt anzeigen** und verschieben Sie den Rotationsmittelpunkt des Kreises auf den Mittelpunkt des Quadrats.

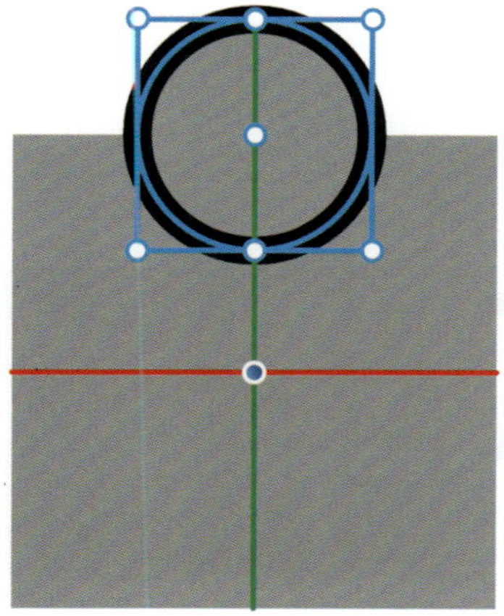

6 **Duplizieren** Sie den Kreis mit dem gleichnamigen Befehl im Menü **Bearbeiten** und drehen Sie ihn bei gedrückter Umschalttaste (⇧) um *-60°*. Lassen Sie den Kreis ausgewählt und duplizieren Sie ihn noch viermal mithilfe der Tastenkombination cmd-Taste ⌘ + J (Mac) oder Strg-Taste + J (Win). Affinity Designer dupliziert den Kreis nun inklusive der festgelegten Rotation. Diese Funktion nennt man auch Kettenduplikation (**Power Duplicating**).

ARBEITEN MIT BOOLESCHEN FUNKTIONEN

Ressource
laceframe_logo_02_boolean.afdesign

Mithilfe der Formwerkzeuge von Affinity Designer konnten wir die Grundstruktur unseres Logos durch wenige Handgriffe umsetzen. Aber nun müssen wir uns von den simplen Grundzügen lösen, um das Design so zu realisieren, wie ich es mir vorgestellt hatte. Durch Geometriefunktionen (auch boolesche Funktionen genannt) kann ich Formen bequem und sehr präzise innerhalb der Kreise erstellen.

> Eine Einführung in die booleschen Funktionen von Affinity Designer finden Sie auf Seite 95.

1 Wählen Sie im Panel **Ebenen** alle sechs Kreise aus und icken Sie in der **Symbolleiste** auf das Symbol **Hinzufügen**. Klicken Sie nun im Menü **Ebene** auf **Kontur erweitern**. Wie Sie im Panel **Ebenen** sehen, haben wir nun eine separate untere Füllungsebene und eine einzige Vektorform für die Konturen der Kreise.

2 Wählen Sie das Quadrat aus und klicken Sie in der Symbolleiste auf das Symbol **Eins nach vorn**, um es auf der „Füllungsform" zu platzieren. Halten Sie bei ausgewähltem Quadrat die Umschalttaste (⇧) gedrückt und wählen Sie die „Füllungsebene" darunter aus. Klicken Sie nun in der **Symbolleiste** auf das Symbol **Subtrahieren**. Sie haben nun zwei klare Formen.

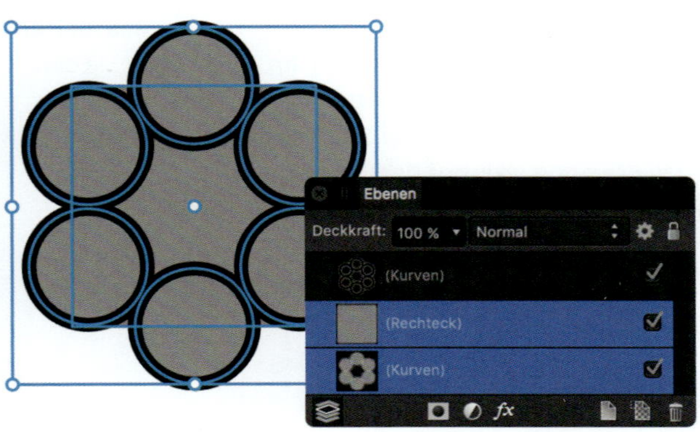

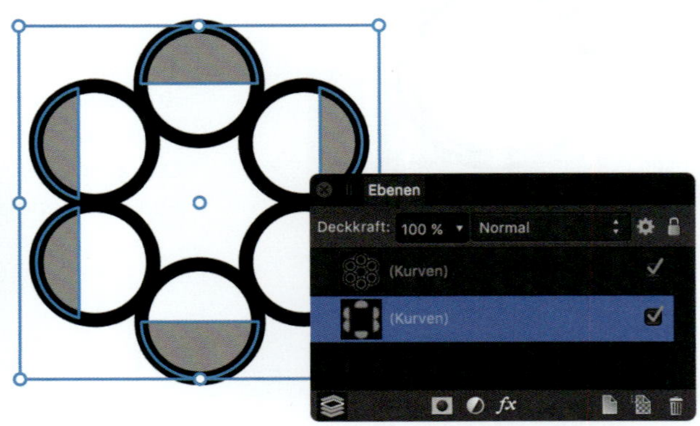

3 Legen Sie bei ausgewählter neuer „Füllungsebene" eine weiße Kontur von *18 pt* Breite fest und stellen Sie im Panel **Transformieren** den Wert **Y** auf *35 mm*.

4 Klicken Sie im Menü **Ebene** auf **Kontur erweitern**, wählen Sie die zwei resultierenden Formen aus und klicken Sie erneut auf das Symbol **Subtrahieren**. Wählen Sie nun die zwei endgültigen Ebenen aus und klicken Sie auf das Symbol **Hinzufügen**. Sie haben nun eine simple Form für das Hauptlogo.

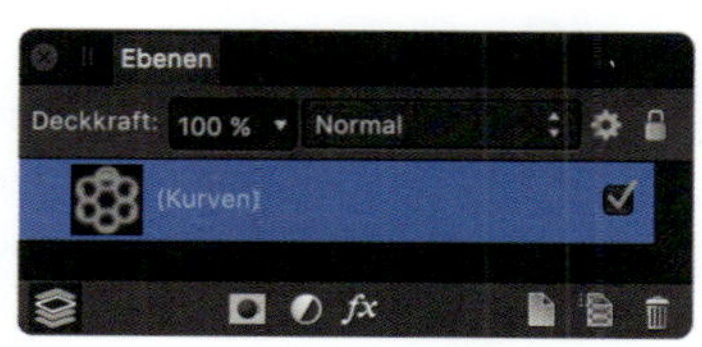

Ressource

laceframe_logo_03_type.afdesign

DIE SCHRIFT FÜR DAS LOGO

Als ich den Text in meinem Design platzierte, verwarf ich die Schriftart, die ich in meiner ursprünglichen Rohfassung verwendet hatte. Ich hielt mich an das Konzept eines zeitgenössischen Looks, den ich auch dem Kunden vorgestellt hatte und der an die Blockschrift auf alten Industriegebäuden (Seite 316) erinnert. Allerdings entschied ich mich für die Schriftfamilie „Montserrat" (mit einigen Änderungen). Um das komplette Logo möglichst präzise aufzubauen, habe ich Hilfslinien verwendet.

Herunterladen und Installieren von Schriften

1 Besuchen Sie die Website fonts.google.com (oder suchen Sie online nach *Google Fonts*) und laden Sie die Schriftfamilie **Montserrat** (Regular und Bold) herunter.

2 Öffnen Sie das heruntergeladene Zip-Archiv und lesen Sie die Datei **OFL.txt**.

3 *Für Mac:* Führen Sie einen Doppelklick auf die heruntergeladenen Schriftdateien aus und klicken Sie auf **Schrift installieren**.
Oder
Für Windows: Führen Sie einen Rechtsklick auf die heruntergeladenen Schriftdateien aus und klicken Sie auf **Installieren**.

Einfügen der Logoschrift

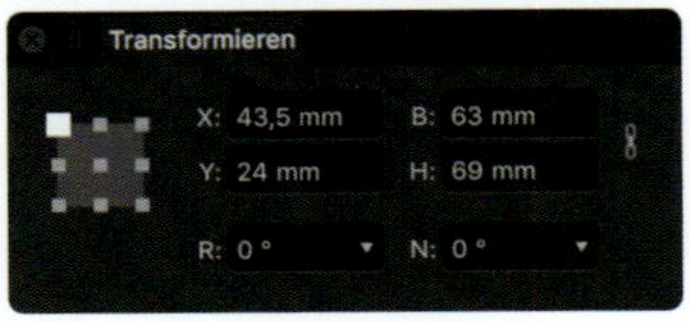

1 Wählen Sie die Hauptebene aus und legen Sie im Panel **Transformieren** die abgebildeten Werte fest.

2 Schalten Sie die Lineale sichtbar (**Ansicht > Lineale einblenden**) und ziehen Sie eine horizontale Hilfslinie von dem oberen Lineal zur Unterkante des Hauptlogos, sodass sie bei *93 mm* platziert ist und eine weitere Hilfslinie auf die Position *103 mm*.

Über **Ansicht > Hilfslinien konfigurieren** können Sie auf Bruchteile von Millimetern genau arbeiten.

3 Aktivieren Sie das Werkzeug **Grafiktext** (T) in der **Werkzeugleiste**, klicken Sie auf die Seite und geben Sie *LACE FRAME* ein. Markieren Sie den Text und legen Sie in der Kontextleiste die Schriftart *Montserrat* über das Einblendmenü **Schrift** fest und als Variante *Fett*. Stellen Sie die Schriftgröße auf *48 pt* ein und als Ausrichtung *Zentriert*.

4 Wechseln Sie zum Werkzeug **Verschieben** (V) und platzieren Sie die Oberkante der Wörter mit der magnetischen Ausrichtung an der unteren Linealhilfslinie mittig auf der Seite.

Überprüfen Sie die Zeichenabstände. Wie Sie sehen, gibt es hier einige Probleme, die wir beseitigen müssen, um den klaren Look einer festbreiten Schrift zu erzielen. Für diese Korrektur können wir die einzelnen Buchstaben in jedem Wort auswählen und manuell die Abstände anpassen.

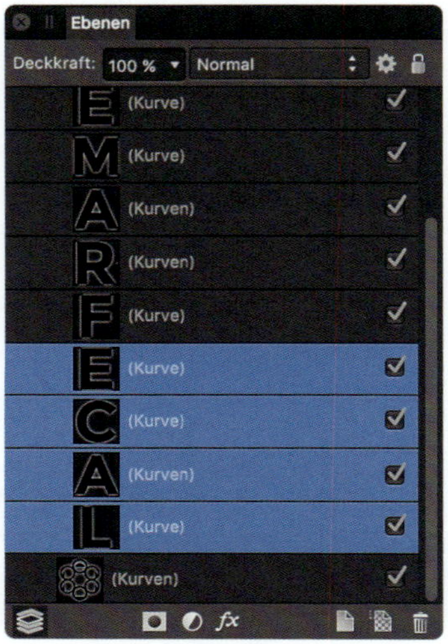

5 Aktivieren Sie das Werkzeug **Verschieben**, wählen Sie den Text aus und klicken Sie in der Kontextleiste auf die Option **In Kurven umwandeln**. Klicken Sie dann in der Kontextleiste auf die Option **Gruppe auflösen**.

6 Wählen Sie die Zeichen des Wortes *LACE* aus und verteilen Sie sie gleichmäßig. Klicken Sie hierzu in dem Einblendpanel **Anordnen** auf das Symbol **Mit horizontalem Abstand anordnen**. Platzieren Sie die einzelnen Buchstaben nun von Hand so, dass ihre Abstände gleich sind. Verlassen Sie sich einfach auf Ihr geschultes Auge. Wiederholen Sie diese Schritte, um die Buchstaben für *FRAME* gleichmäßig anzuordnen.

> Halten Sie die Umschalttaste (⇧), während Sie die einzelnen Buchstaben verschieben, um die Bewegung auf die Horizontale zu beschränken und ihre Ausrichtung unverändert zu lassen. Sie können über die Pfeiltasten nach links und rechts ebenfalls die Buchstaben in kleinen Schritten bewegen.

7 Ziehen Sie eine horizontale Hilfslinie auf die Position *122,5 mm* und klicken Sie mit dem Werkzeug **Grafiktext** auf die Seite. Klicken Sie in der Kontextleiste auf **Zeichen** und stellen Sie dann im Panel **Zeichen** die Schrift für den Text auf *Montserrat*, *27 pt*, *Normal* mit einem Zeichenabstand von *210 %*. Geben Sie *GALLERIES* ein, richten Sie den Text an der Hilfslinie bei *122,5 mm* aus und zentrieren Sie ihn auf der Seite.

Diesen Text werde ich nicht in Kurven umwandeln, da ich ihn später noch für verschiedene Logovarianten anpassen muss. Wenn ich hierfür das Werkzeug „Grafiktext" verwende, bleibt der Text stets skalierbar.

8 Fassen Sie *LACE FRAME* in einer Gruppe zusammen und stimmen Sie die endgültige Position ab. Färben Sie das Logo schwarz und gruppieren Sie alle Elemente. Wir haben nun ein fertiges beliebig skalierbares Logo.

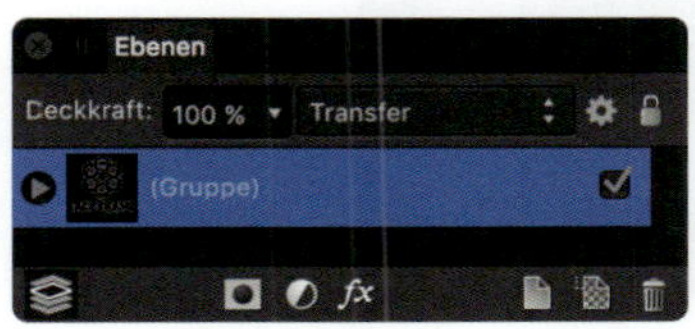

Ressource
laceframe_logo_04_variations.afdesign

ENTWERFEN VON LOGOVARIANTEN

Aus dem neu erstellten Logo produzieren wir nun einige unterschiedliche Versionen mithilfe verschiedener Werkzeuge und Techniken aus Affinity Designer. Die verschiedenen Logovarianten werden dabei auf separaten ArtBoards in demselben Dokument entworfen. Die ArtBoards erstellen wir einfach in unserer ursprünglichen Seitengröße.

Die Erste unserer Varianten entwerfen wir speziell für das Logo, das später im Café verwendet wird.

1 Wählen Sie die Logogruppe aus und zentrieren Sie sie mit den Optionen im Einblendpanel **Anordnen** horizontal und vertikal auf der Seite.

> Nach dem wir unser Logo neu positioniert haben, passen unsere Hilfslinien nicht mehr. Wir können diese Hilfslinien daher entweder mit der Kombination cmd-Taste ⌘ + ; (Mac) oder Strg + ; (Win) ausblenden oder sie einfach von der Seite ziehen, um sie zu entfernen.

2 Wählen Sie in der **Werkzeugleiste** das **ArtBoard-Werkzeug** aus. Stellen Sie in der Kontextleiste die **Größe** auf **Dokument** ein und klicken Sie auf **ArtBoard einfügen**. Klicken Sie im Panel **Ebenen** auf den Namen des ArtBoards und geben Sie eine aussagekräftige Bezeichnung ein, wie z. B. *Master Logo*.

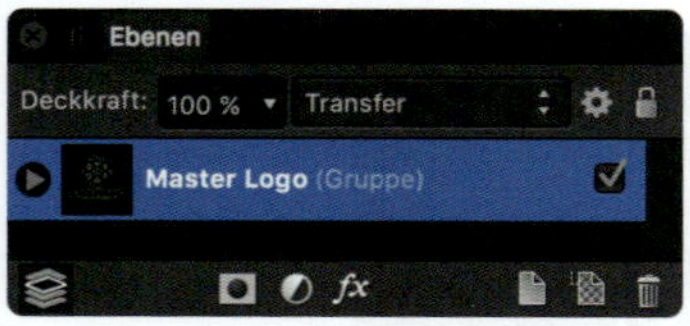

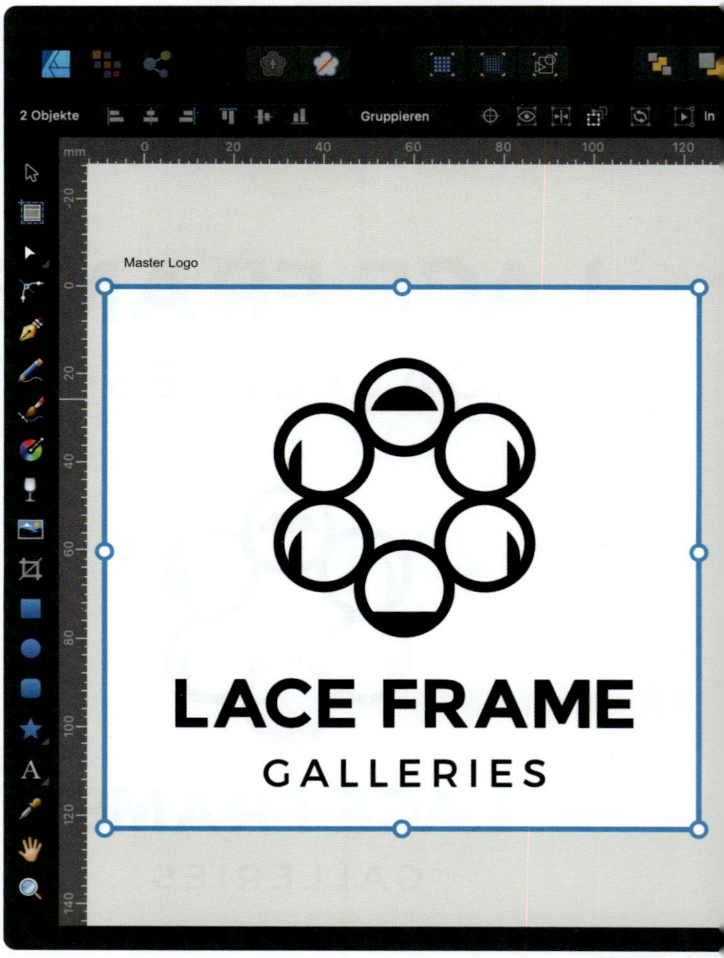

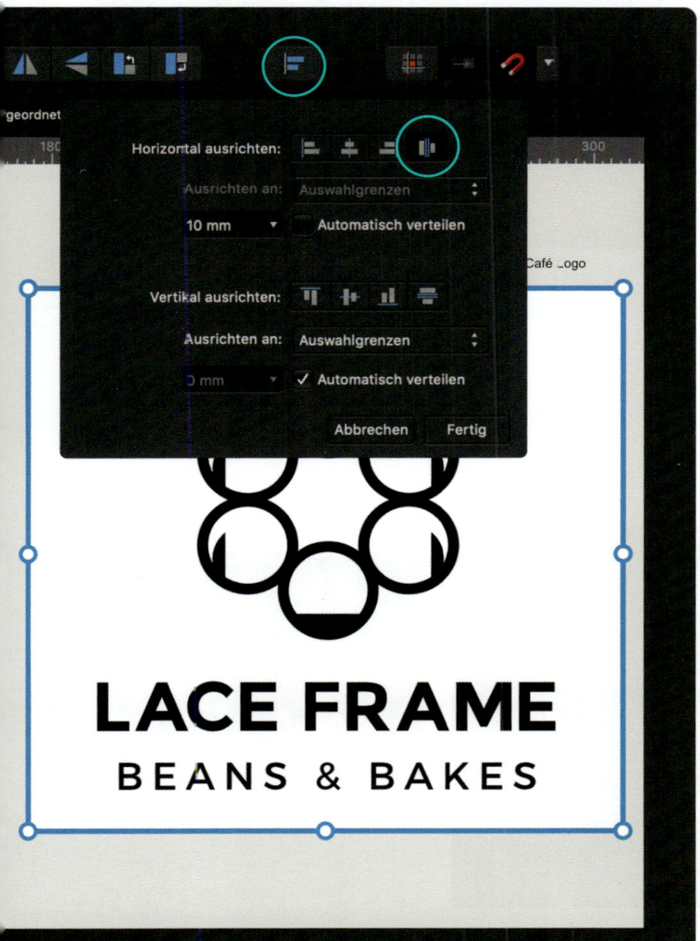

3 Klicken Sie bei ausgewähltem ArtBoard auf den Menüpunkt **Bearbeiten > Duplizieren** und wählen Sie dann beide ArtBoards aus. Klicken Sie in der **Symbolleiste** auf das Symbol **Anordnen**, um ein Einblendpanel zu öffnen. Klicken Sie auf **Mit horizontalem Abstand anordnen** und deaktivieren Sie die **Automatische Verteilung**, um selbst die Distanz zwischen den ArtBoards zu definieren. Ändern Sie den Namen des neuen ArtBoards in *Cafe Logo*.

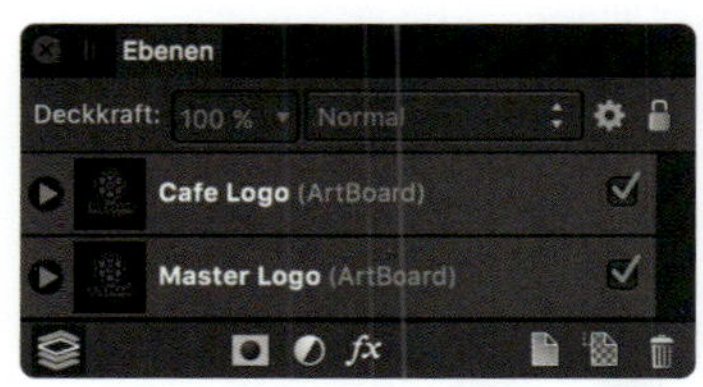

4 Drücken Sie die V-Taste, um zu dem Werkzeug **Verschieben** zu wechseln. Halten Sie die cmd-Taste ⌘ (Mac) oder Strg-Taste (Win) und klicken Sie auf das Wort **GALLERIES** auf dem ArtBoard **Cafe Logo**.

5 Drücken Sie die T-Taste, um zu dem Werkzeug **Grafiktext** zu wechseln, markieren Sie durch Ziehen den Text **GALLERIES** und tippen Sie **BEANS & BAKES** ein. Der neue Text übernimmt automatisch den Abstand, der für den ursprünglichen Text festgelegt war. Auf diese Weise erzielen wir bei allen Markenlogos den gleichen Look.

Ressource
laceframe_logo_05_distressed.afdesign

DER ABGENUTZTE LOOK

Als Nächstes zeige ich Ihnen, wie Sie Ihrem Logo einen abgenutzten Look verleihen und dabei sein skalierbares Vektorformat beibehalten.

1 Duplizieren Sie das ArtBoard für das Master Logo und verteilen Sie die drei ArtBoards gleichmäßig über das Einblendpanel **Anordnen** – genau wie zuvor. Ändern Sie den Namen des neuen ArtBoards in *Option 1* und klicken Sie dann im Menü **Ansicht** auf den Eintrag **Auf Auswahl zoomen** (Mac) oder **Zoom > Auf Auswahl zoomen** (Win).

2 Erweitern Sie im Panel **Ebenen** die Gruppe in dem ArtBoard **Option 1** und duplizieren Sie die Logosektion mit den sechs Ringen. Legen Sie für das Duplikat im Panel **Kontur** die unten rechts aufgelisteten Einstellungen fest, färben Sie die Kontur weiß und entfernen Sie die Füllungsfarbe.

Sie können eigene Profile in dem Druckdiagramm erstellen, indem Sie durch Klicken entlang seiner Oberkante neue Knoten einfügen und diese Knoten dann gezielt nach unten ziehen, um das Profil zu formen. Je niedriger ein Knoten liegt, desto weniger trägt der simulierte Druck zu der Kontur bei.

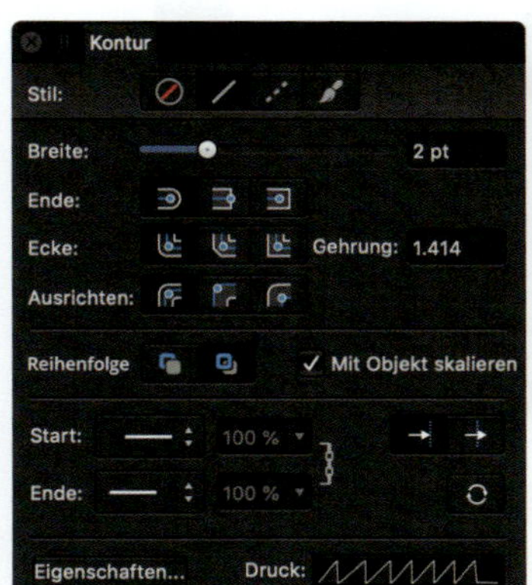

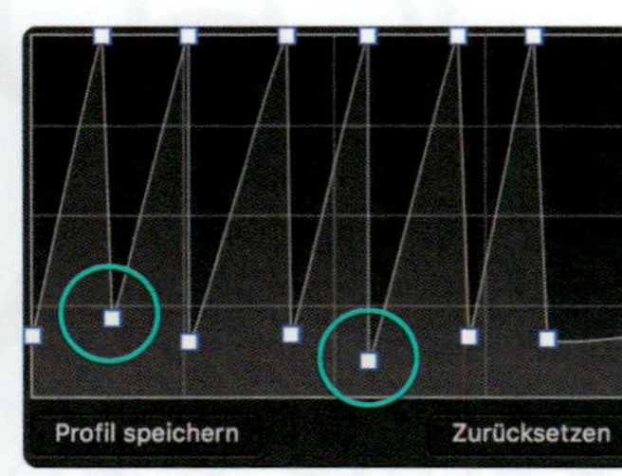

Klicken Sie in dem Einblendpanel **Druck** auf **Profil speichern**, damit wir das Profil jederzeit später erneut verwenden können.

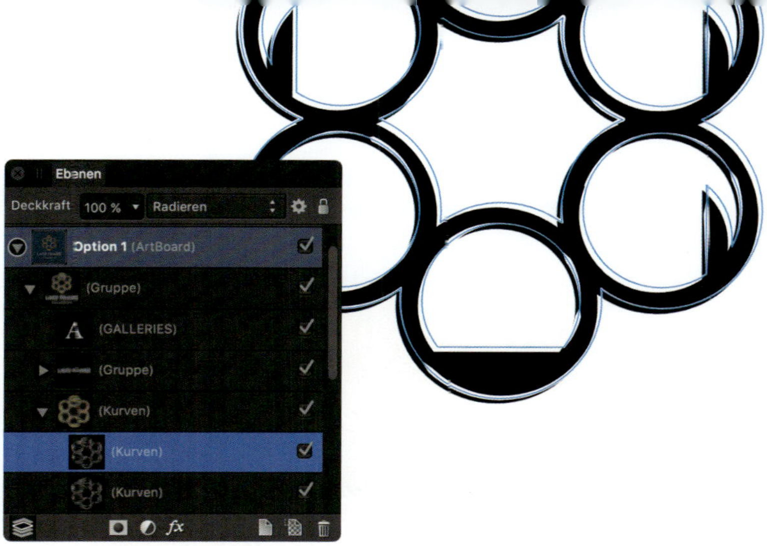

3 Ändern Sie den Mischmodus für dieses Objektduplikat in **Radieren** und ziehen Sie es im Panel **Ebenen** in das übergeordnete Logoelement mit den sechs Ringen. Verschieben Sie es leicht aus der Mitte, um den abgenutzten Look zu unterstreichen.

4 Drücken Sie die Esc-Taste um die Auswahl sämtlicher Ebenen aufzuheben und aktivieren Sie den **Bleistift** (N) in der **Werkzeugleiste**. Stellen Sie in der Kontextleiste die **Steuerung** auf *Ohne* ein und legen Sie im Panel **Kontur** die unten links abgebildeten Einstellungen fest.

5 Stellen Sie als Konturfarbe eine beliebige Farbe außer Schwarz oder Weiß ein und zeichnen Sie jede Menge kleine Striche und Schlangenlinien über das Logo.

6 Wählen Sie alle neuen Striche und Schlangenlinien aus, gruppieren Sie sie und stellen Sie den Mischmodus für die Gruppe auf **Radieren**. Verschieben Sie diese Gruppe in die Ebene mit den sechs Ringen.

7 Duplizieren Sie diese Gruppe mehrmals und variieren Sie die Skalierung und Rotation, bis Sie genügend „Abnutzungserscheinungen" erzeugt haben.

Indem Sie den Effekt auf diese Art erzeugen, können Sie auch später einzelne Elemente jederzeit verändern.

Experimentieren Sie mit verschiedenen Farben, um den Look zu vollenden.

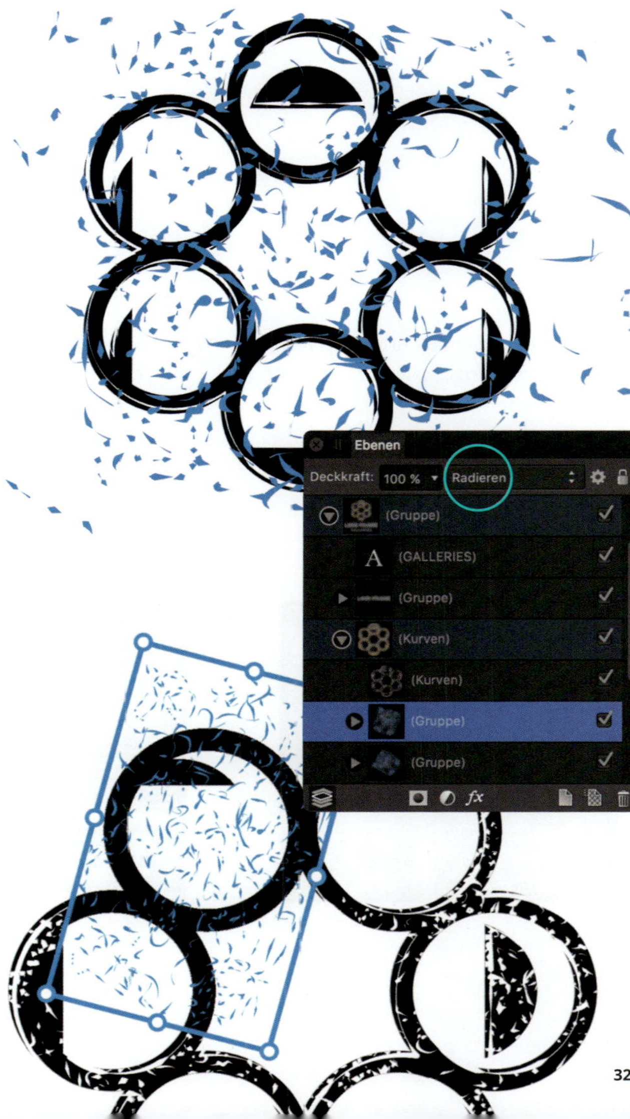

Ressource

laceframe_logo_06_anaglyphic.afdesign

DER 3D-LOOK

Für diese Alternative unseres Logos erzeugen wir mit versetzten Kopien in rot und zyan den typischen Look eines 3D-Bildes, das Sie ohne Brille mit rot- und zyanfarbenen Gläsern betrachten.

1 Duplizieren Sie das ArtBoard für das Master Logo, platzieren Sie die Kopie ordentlich in dem Dokument, legen Sie einen passenden Namen fest und zoomen Sie auf die Kopie.

2 Duplizieren Sie die Ebene für die sechs Ringe zweimal und ändern Sie die Füllungsfarbe der unteren zwei Ebenen. Stellen Sie eine auf Zyan (*CMYK 100, 0, 48, 0*) ein und die andere auf Rot (*CMYK 0, 100, 80, 0*).

3 Halten Sie die Umschalttaste (⇧), verschieben Sie eine Ebene nach rechts und eine nach links, wählen Sie dann alle drei Ringebenen aus und verteilen Sie sie gleichmäßig in horizontaler Richtung.

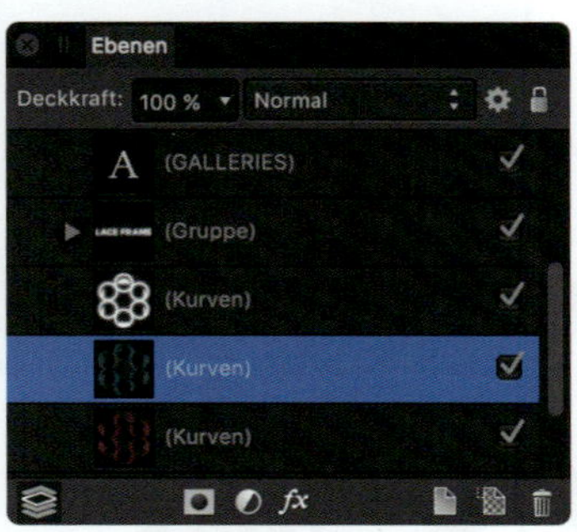

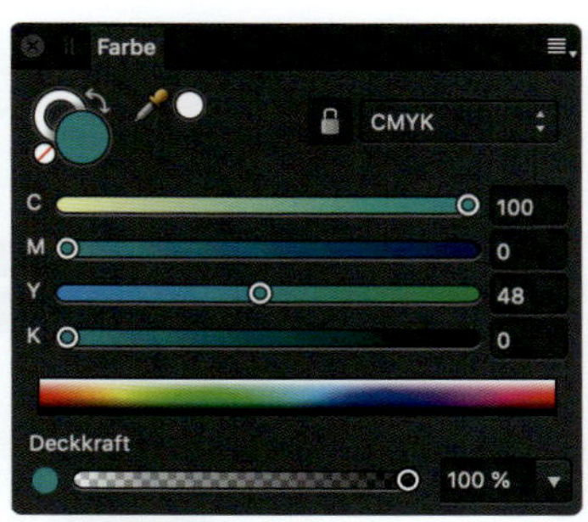

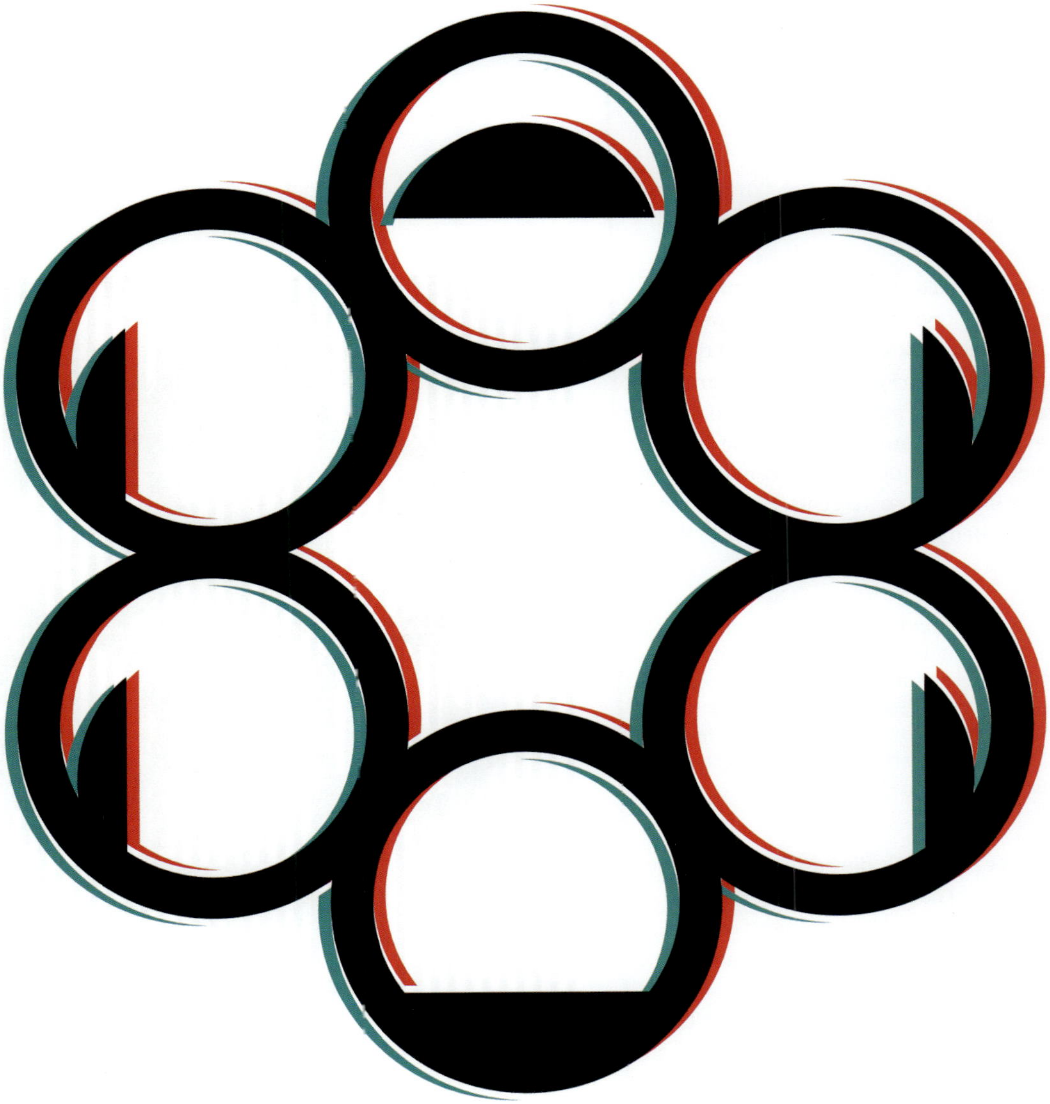

4 Duplizieren Sie nun die obere schwarze Ringebene noch zweimal. Wählen Sie eines der Duplikate und eine der gefärbten unteren Ebenen aus und klicken Sie in der **Symbolleiste** auf das Symbol der booleschen Funktion **Subtrahieren**. Wiederholen Sie dies mit dem zweiten Duplikat und der anderen gefärbten Ebene. Verschieben Sie nun direkt auf dem ArtBoard eine gefärbte Ebene nach oben und die andere um dieselbe Distanz nach unten.

5 Duplizieren Sie die Ebene mit den schwarzen Ringen erneut und zeichnen Sie dann mit dem Werkzeug **Rechteck** einen Streifen auf der Seite. Ändern Sie mit dem Panel **Transformieren** die Streifengröße auf *1 mm x 75 mm* (B x H). Wählen Sie diesen Streifen aus, duplizieren Sie ihn und verschieben Sie mit dem Panel **Transformieren** die Kopie um *2 mm* nach rechts. Hierzu können Sie einfach den Ausdruck *+=2* in das Feld **X** eingeben.

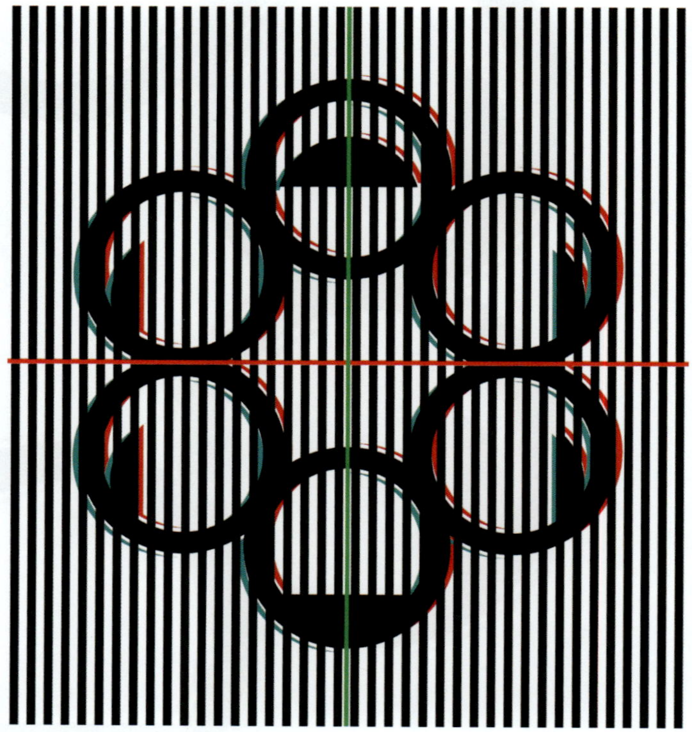

> Indem Sie *+=2* in das Feld **x** eingeben, addieren Sie zwei Einheiten zu der aktuellen horizontalen Position des ausgewählten Objekts. In diesem Fall bewegt sich das ausgewählte Rechteck also 2 mm nach rechts. Weitere nützliche Ausdrücke finden Sie in der Beilage Erweiterte Optionen für Text, Ausdrücke & Gesten.

6 Drücken Sie mehrmals die Tastenkombination cmd ⌘ + J (Mac) oder Strg + J (Win), um das Objekt per Kettenduplikation (mehrfaches Duplizieren eines Objekts, ohne die Auswahl aufzuheben) zu vervielfältigen, sodass ein Quadrat aus Streifen entsteht, das unser Logo komplett abdeckt. Hierfür benötigen Sie ca. 40 Streifen.

7 Gruppieren Sie die Streifen, legen Sie eine schwarze **Füllung** (*CMYK 0, 0, 0, 100*) fest, entfernen Sie die **Kontur** und zentrieren Sie die Gruppe mithilfe der magnetischen Ausrichtung auf den schwarzen Ringen.

8 Drehen Sie die Gruppe um *-45°* mit gedrückter Umschalttaste (⇧) und platzieren Sie sie **innerhalb** des Duplikats der schwarzen Ringe (damit keine Maskierungsebene entsteht). Hierdurch wird die Gruppe innerhalb der Ringform begrenzt. Ändern Sie die Farbe der grundlegenden Ringebene in Weiß und entfernen Sie die Füllung der übergeordneten Ringebene, die nun unser Quadrat aus Streifen enthält.

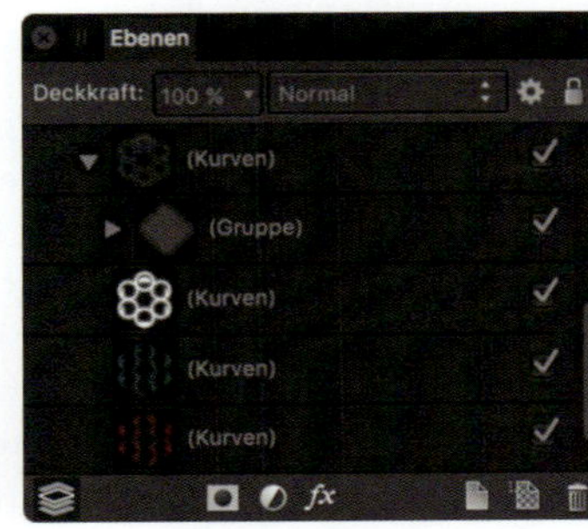

9 Verschieben Sie die übergeordnete Ringebene und die rote Ebene mit gedrückter Umschalttaste (⇧) nach rechts und oben. Hierdurch bleiben die Elemente auf einer 45°-Achse. Ordnen Sie die Ebenen nun so an, dass die rote Ebene im Panel **Ebenen** als oberste Ringebene platziert ist.

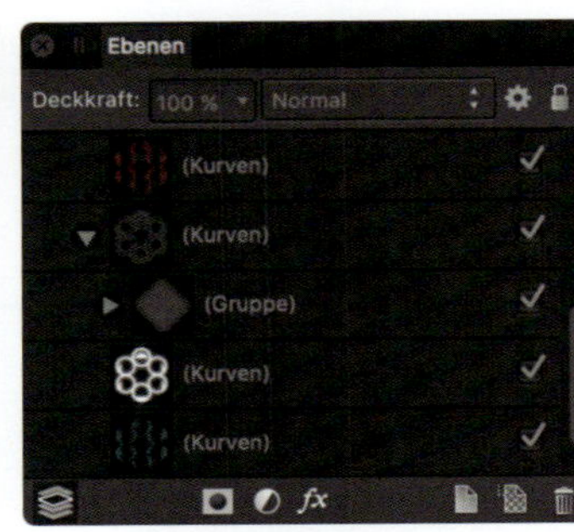

Experimentieren Sie wie zuvor mit verschiedenen Hintergrund- und Textfarben, bis der Look Ihren Vorstellungen entspricht.

Ressource
laceframe_logo_07_export.afdesign

EXPORTIEREN ALS SVG

Nachdem unsere endgültigen Logodesigns und einige Varianten nun fertig sind, müssen wir sie unserem Kunden vorlegen. Bei dieser Präsentation können wir auch alle Entscheidungen diskutieren, die letztendlich zu der endgültigen Fassung geführt haben.

Sobald der Kunde die endgültige Version genehmigt hat, müssen wir das Design in ein Format übertragen, das sich auf verschiedenen Plattformen einsetzen lässt. Die beste Option ist, das Design als skalierbare Vektorgrafik im SVG-Format zu speichern. SVGs sind xml-basierende Textdateien, die sich in vielen Programmen – inklusive Webbrowsern – als Vektorbilder darstellen lassen. Enthält das SVG-Dokument keine gerasterten Inhalte, benötigt die Datei sehr wenig Speicherplatz. Daher sind SVGs perfekt für Grafiken und Logos, die auf Webseiten platziert werden sollen. SVGs ohne gerasterte Inhalte sind aber für die Drucklegung ebenfalls enorm praktisch, da sie sich ohne Qualitätsverlust bequem vergrößern oder verkleinern lassen.

Bevor wir unsere genehmigten Designs als SVGs exportieren, sollten wir jedes Logo in eine einzige Form umwandeln, damit Dritte unsere Arbeiten nicht so einfach ändern können. Hierdurch schützen Sie sowohl Ihr Design als auch die Marke Ihres Kunden. Sie sollten die Designs aber auch in einem separaten Projekt behalten, damit Sie später die verschiedenen Elemente noch ergänzen oder ändern können. So bleiben Sie für alle Wünsche Ihrer Kunden flexibel. Speichern Sie hierzu einfach Ihr aktuelles Projekt in zwei verschiedenen Dateien.

Snapshots

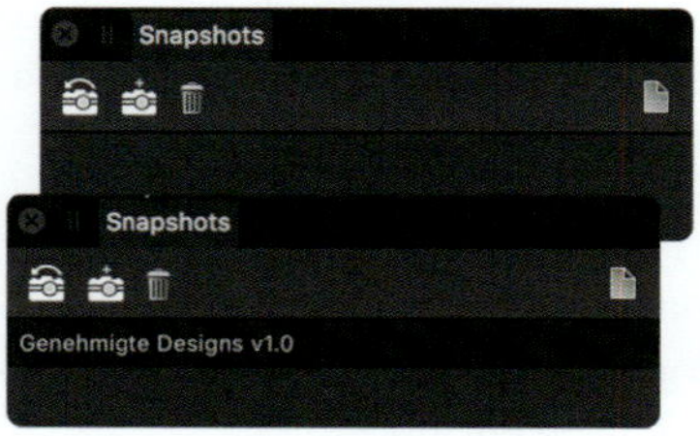

Wenn Sie lieber mit nur einer Projektdatei arbeiten, dann sollten Sie vielleicht die Snapshots in Erwägung ziehen. Klicken Sie im Menü **Ansicht** auf **Studio > Snapshots**, um das Panel **Snapshots** einzublenden. Klicken Sie auf das Symbol **Snapshot hinzufügen**, um eine Kopie des aktuellen Projekts in seinem momentanen Zustand zu speichern. Für diesen Snapshot können Sie jeden beliebigen Namen festlegen. Welche Änderungen Sie nun auch immer in Zukunft an Ihrem Projekt vornehmen – Sie können jederzeit zu diesem Punkt Ihrer Arbeit zurückkehren, indem Sie den Snapshot auswählen und auf das Symbol **Snapshot wiederherstellen** klicken.

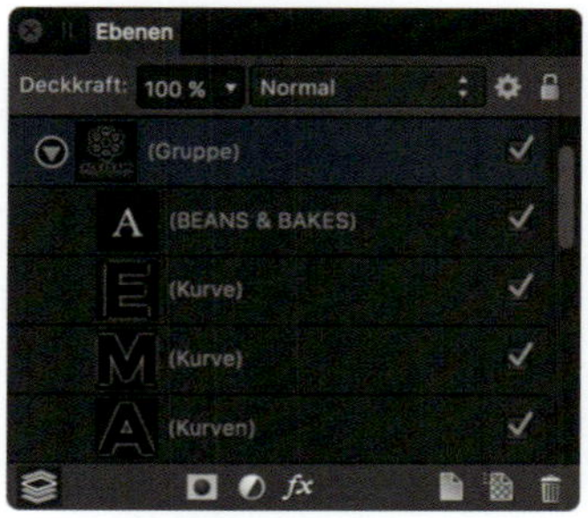

1 Klicken Sie im Menü **Datei** auf **Speichern unter** und speichern Sie das Dokument unter dem Namen Lace-Frame-Logo-Master.afdesign. Wiederholen Sie diesen Schritt, um das Dokument als Lace-Frame-Logo-umgewandelt.afdesign zu speichern.

Die Master-Datei bleibt als „Archiv" erhalten, sodass Sie in Zukunft jederzeit Änderungen vornehmen können. Die „Umgewandelt"-Datei enthält dann später die Logos, die nur aus einer einzigen Form bestehen.

In unserem fiktiven Szenario hat der Kunde die Master- und Café-Logos genehmigt.

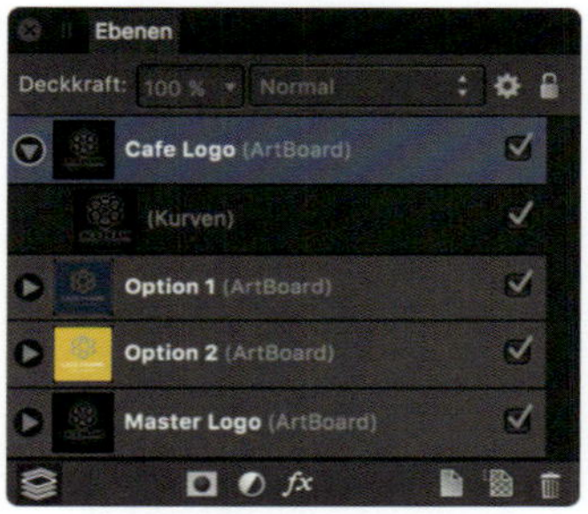

2 Wählen Sie im Panel **Ebenen** die Gruppe auf dem ArtBoard **Cafe Logo** aus und klicken Sie dann im Menü **Ebene** auf **Alle Gruppen auflösen**. Hierdurch wird das Logo in seine einzelnen Komponenten zerlegt, sieht aber auf der Seite immer noch so aus wie vorher. Stellen Sie sicher, dass alle Objekte ausgewählt sind, und klicken Sie in der **Symbolleiste** auf das Symbol **Hinzufügen**. Das Logo sieht nun immer noch unverändert aus, besteht aber nur noch aus einem einzigen Objekt (im Panel „Ebenen" als „Kurven" aufgeführt), das aus vielen Kurven aufgebaut ist.

Wir können das Café-Logo nun als SVG exportieren.

> Wenn Sie das Design in ein Rasterformat exportieren, wie z. B. PNG oder JPG, ist Schritt 2 nicht erforderlich.

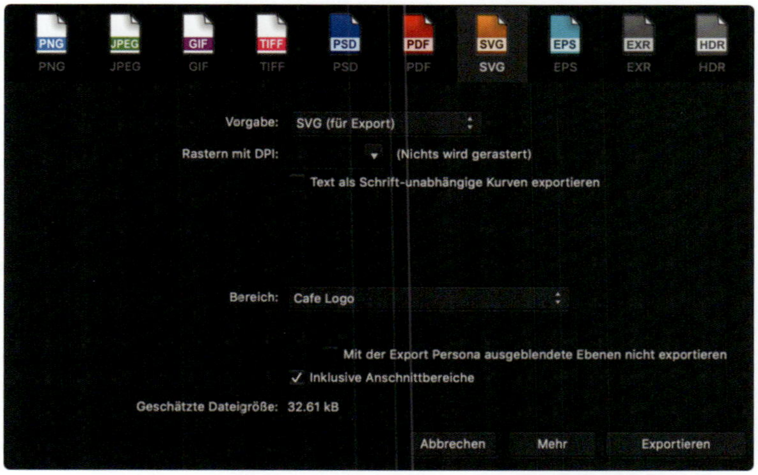

3 Klicken Sie im Menü **Datei** auf **Exportieren**.

4 Klicken Sie in dem nun geöffneten Dialogfeld auf das Symbol **SVG**, stellen Sie die **Vorgabe** auf **SVG (für Export)** ein und den **Bereich** auf **Cafe Logo**. Klicken Sie anschließend auf **Exportieren**.

5 Geben Sie als Dateinamen „Lace-Frame-Logo-Cafe" ein, wählen Sie den Ordner für die Speicherung aus und klicken Sie auf **Speichern**.

Dieses exportierte Café-Logo verwenden wir auch im nächsten Projekt, in dem sich alles um das Entwerfen von Designs für die Drucklegung dreht.

> Folgen Sie einfach diesen Schritten, wenn Sie auch das ArtBoard **Master Logo** exportieren möchten.

Möchten Sie die abgenutzte Variante des Logos exportieren, müssen Sie für alle Objekte mit dem Mischmodus „Radieren" die Funktion „Kontur erweitern" aktivieren und sie dann per „Hinzufügen" addieren, bevor sie alles von dem Grundlogo subtrahieren. Damit die Farbabweichung zwischen Logo und Text erhalten bleibt, fassen Sie nur den Text per „Hinzufügen" zusammen. Für den Export der 3D-Version empfehle ich Ihnen aufgrund der Farbabweichungen nur den Text per „Hinzufügen" zu kombinieren.

HINTERGRUNDINFOS: GLOBALE FARBEN

Ressource

laceframe_logo_08_aqua.afdesign
laceframe_logo_08_gold.afdesign
laceframe_logo_08_rose.afdesign

Wenn Sie mit den Farben für die Designs experimentieren, sollten Sie auch mit globalen Farben arbeiten. Hierdurch können Sie die Logofarbe später schnell und einfach ändern, wenn Sie auf Wunsch Ihres Kunden das gesamte Markenkonzept weiterentwickeln oder überarbeiten sollen.

Werfen wir doch einmal mit einer bereits zuvor angeführten Datei aus Affinity Designer einen Blick auf die globalen Farben. Globale Farben lassen sich nämlich auch aus Farben aufbauen, die wir für unser 3D-Logo verwendet haben.

1 Öffnen Sie die Ressource namens laceframe_logo_06_anaglyphic.afdesign.

2 Duplizieren Sie das ArtBoard für das 3D-Logo, platzieren Sie die Kopie ordentlich in dem Dokument, legen Sie einen passenden Namen fest und zoomen Sie auf die Kopie.

3 Klicken Sie in den Panel-Einstellungen des Panels **Farbfelder** auf **Dokumentpalette hinzufügen** und dann in den Panel-Einstellungen auf **Palette umbenennen**, um der Palette einen einzigartigen und aussagekräftigen Namen zu verleihen, wie z. B. **Lace Frame Galleries**.

4 Wählen Sie im Panel **Ebenen** die Ebene für den Grafiktext „GALLERIES“ aus, aktivieren Sie im Panel **Farbfelder** den Selektor für die Füllung und klicken Sie auf das Symbol **Aktuelle Farbe als globale Farbe zur Palette hinzufügen**.

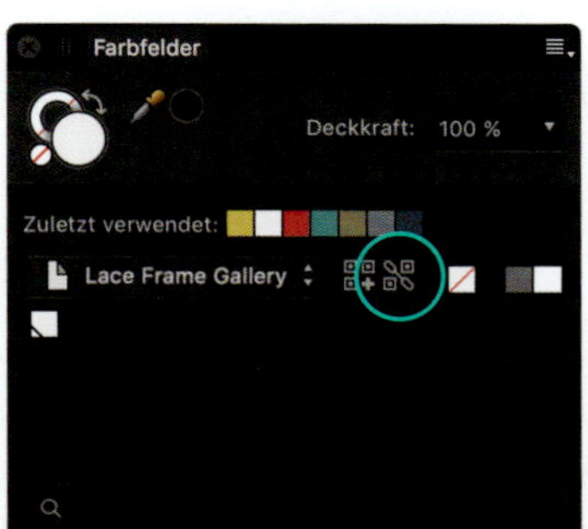

Affinity Designer erstellt nun aus den Farbwerten, die für den aktiven Selektor eingestellt sind, die erste globale Farbe für uns. Diese Farbe erhält automatisch die Bezeichnung „Globale Farbe 1“.

> Diese neue erstellte globale Farbe wird **NICHT** automatisch auf das ausgewählte Objekt übertragen.

5 Klicken Sie mit der rechten Maustaste auf das Farbfeld der globalen Farbe und in seinem Kontextmenü auf **Globale Farbe umbenennen**. Legen Sie nun einen aussagekräftigen Namen fest, wie z. B. *Text*. Wählen Sie den Grafiktext aus und klicken Sie auf das Farbfeld der globalen Farbe *Text*, um diese globale Farbe auf die Füllung für den Text zu übertragen. Legen Sie diese globale Farbe für die gruppierten Buchstaben von „LACE FRAME“ fest.

Um die Namen der Farben im Panel **Farbfelder** einzublenden, klicken Sie in seinen Panel-Einstellungen auf **Darstellung > Als Liste anzeigen**.

6 Wiederholen Sie Schritt 4 und 5 für die verbleibenden fünf Farben in dem Design. Auch wenn Ihr Logodesign etwas anders aussieht als mein Entwurf, sollte Ihre Dokumentpalette wie in dem obigen Screenshot gefüllt sein.

Nachdem wir diese globalen Farben jetzt definiert und für die verschiedenen Ebenen unseres Logos festgelegt haben, können wir die Farben des Designs verändern, ohne uns noch einmal mit dem Panel „Ebenen" beschäftigen zu müssen.

7 Klicken Sie mit der rechten Maustaste auf die globale Farbe, die Sie für den Hintergrund festgelegt haben und in ihrem Kontextmenü auf **Füllung bearbeiten**. Wählen Sie in dem Einblendpanel einen Farbmodus aus und definieren Sie eine neue Farbe. Ich habe *CMYK 70, 0, 35, 0* verwendet.

Bearbeiten Sie die anderen globalen Farben, sodass ein kontrastreiches Design ganz nach Ihrem Geschmack entsteht.

„Globale Farben sind ideal, wenn Sie häufig Farbvariationen benötigen oder sich gegen unerwartete Designänderungen bei den Farben schützen möchten. Sollte Ihr Kunde zu irgendeinem Zeitpunkt entscheiden, sein Design braucht einen „neuen Anstrich", ändern Sie einfach einige Werte im Panel „Farbfelder". Stellen Sie sich nur einmal vor, wie viel Zeit Sie sparen können, wenn diese globalen Farben auch für sämtliche Marketingmaterialien festgelegt wären. Sie könnten solch eine Änderung in Sekunden durchführen, anstatt mehrere Stunden lang jedes einzelne Objekt neu zu färben!

LACE FRAME
GALLERIES

2

Lace Frame Galleries 2

Entwerfen von Designs für die Drucklegung mit *Neil Ladkin*

Im zweiten Projekt für die Lace Frame Galleries geht es um die professionelle Drucklegung eines Posters und einer Tischkarte. Beide Produkte verwenden das Logodesign, das wir im vorangehenden Projekt entworfen haben.

LACE FRAME
BEANS & BAKES
TAKE
ME
OUT
Fairtrade full
roast freshly
ground to order
LACE FRAME
BEANS & BAKES
LACE FRAME
BEANS & BAKES

BEVOR SIE LOSLEGEN

Ressourcen

Alle in diesem Projekt verwendeten Ressourcen finden Sie unter:
https://affin.co/lace2DE

Grundwissen zu Affinity Designer

Damit Sie aus diesem Projekt möglichst viel für Ihre eigenen Arbeiten mitnehmen, sollten Sie mit folgenden Aspekten vertraut sein:

- Die Programmoberfläche von Affinity Designer. Mehr über die Programmoberfläche erfahren Sie in dem Kapitel Tour durch die Programmoberfläche, das auf Seite 13 beginnt.

- Die grundlegenden Techniken. Die folgende Tabelle zeigt Ihnen, welche Aspekte von Affinity Designer Sie zusätzlich beherrschen sollten, um dieses Projekt anzugehen:

Objekte	Seite 80
Geometriewerkzeuge	Seite 95
Farben & Verläufe	Seite 106

DIE FORTSETZUNG DER KAMPAGNE

Bei meiner Besprechung mit Lace Frame Galleries ging es nicht nur um das eigentliche Firmenlogo, sondern auch um die Entwicklung einer Werbekampagne für den „To Go"-Service in ihrem Café. Für diese Kampagne sollte ich ein Poster und eine Tischkarte entwerfen.

> *Damit die Marke einheitlich präsentiert wird, sollten Poster und Tischkarte ergänzende Designs verwenden, die auch dem Look entsprechen, den wir mit dem Logo etabliert haben.*

LACE FRAME
GALLERIES

DOKUMENTE FÜR DIE DRUCKLEGUNG

Ressource

laceframe_print_01_document.afdesign

In Affinity Designer können wir mithilfe von ArtBoards zwei Produkte für die Drucklegung in einem Dokument entwerfen. Hierdurch bleiben alle Designs ordentlich an einem Platz und lassen sich wesentlich einfacher verwalten und ändern. Darüber hinaus können wir einfacher auf ein durchgängiges Design bei allen Produkten achten.

1 Klicken Sie auf den Menüpunkt **Datei > Neu** und richten Sie das Dokument wie im Screenshot für die professionelle Drucklegung ein. Bei diesem Projekt erstellen wir direkt das erste ArtBoard. Aktivieren Sie also die Option **ArtBoard erstellen**, bevor Sie auf **OK** klicken.

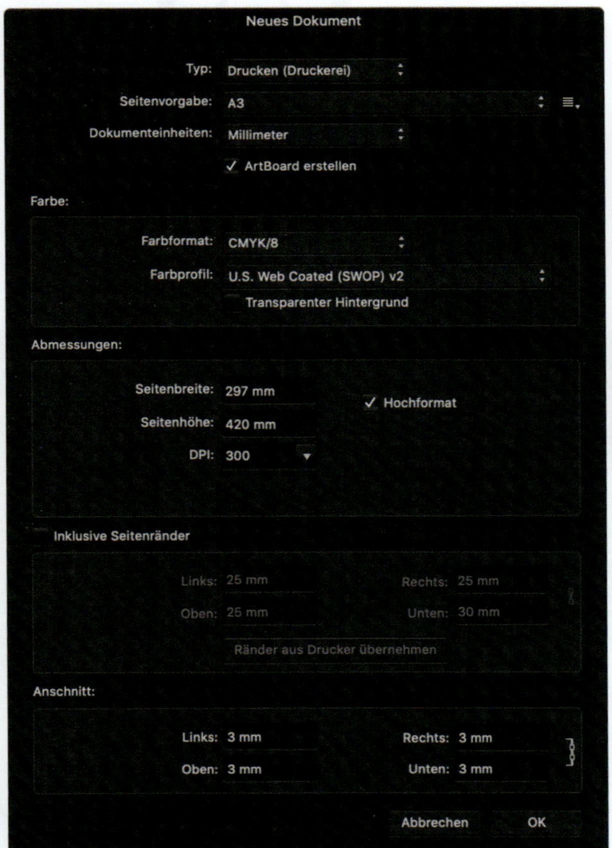

2 Klicken Sie im Panel **Ebenen** auf den Namen des ArtBoards und ändern Sie ihn in *Lace Frame Poster*. Klicken Sie nun auf den Menüpunkt **Datei > Dokumenteinstellungen**, öffnen Sie den Tab **Ränder** und aktivieren Sie die Option **Inklusive Seitenränder**. Geben Sie *20 mm* in alle vier Felder für die Ränder ein. Wie Sie sehen, können Sie Dokumenteinstellungen jederzeit ändern, nachdem Sie das Dokument eingerichtet haben..

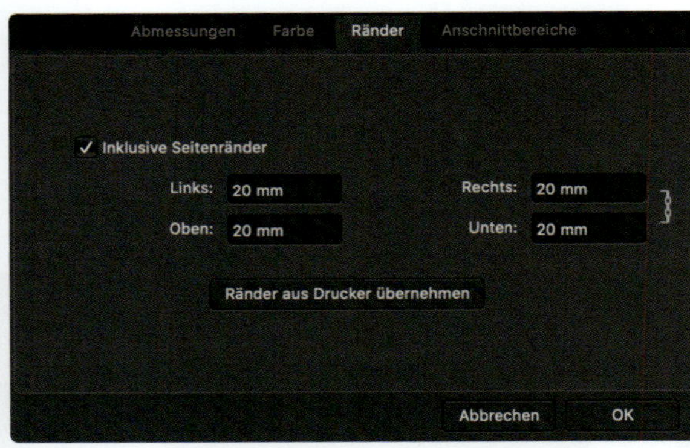

Mit dem Panel „Transformieren" lassen sich Abmessungen ganz präzise festlegen. Die Anschnittränder erweitern den bedruckbaren Bereich über die Kante des ArtBoards, sodass sich das Design später präzise zuschneiden lässt. Hierdurch lassen sich kleine Verschiebungen ausgleichen, die eventuell bei dem Druck entstehen, und die Druckerei kann trotzdem noch das Poster auf seine volle Größe zuschneiden.

Nachdem wir nun das erste ArtBoard eingerichtet haben, können wir in demselben Dokument ein zweites ArtBoard für die Tischkarte anlegen.

3 Klicken Sie in der **Werkzeugleiste** auf das **ArtBoard-Werkzeug**.

4 Klicken Sie in der Kontextleiste auf die Option **ArtBoard einfügen**. Nennen Sie dieses neue ArtBoard *Lace Frame Tischkarte*.

5 Klicken Sie bei ausgewählten ArtBoard für die Tischkarte auf den Menüpunkt **Datei > Dokumenteinstellungen** und stellen Sie alle Ränder auf *5 mm* ein.

> Diese Ränder sind ein Sicherheitspuffer um die Kanten der Seite, in dem wir keine wichtigen Bildelemente oder Texte platzieren. Dies wird oft von Druckereien gefordert, damit bei der endgültigen Drucklegung keine Designelemente verloren gehen.
>
> Sprechen Sie mit Ihrer Druckerei einfach über die Sicherheitsränder. Jedes Unternehmen hat seine eigenen Empfehlungen.

6 Stellen Sie im Panel **Transformieren**, die Breite **B** auf *105 mm* und die Höhe **H** auf *210 mm* ein. Dies ist die endgültige Größe für unsere Tischkarte.

7 Klicken Sie auf den Menüpunkt **Ansicht > Hilfslinien konfigurieren** und platzieren Sie drei horizontale Hilfslinien bei *100 mm*, *105 mm* und *110 mm*. Um eine neue Hilfslinie anzulegen, klicken Sie auf das Symbol **Neue horizontale Hilfslinie hinzufügen**. Um ihre Position zu verändern, klicken Sie auf den Text und geben den gewünschten Wert ein.

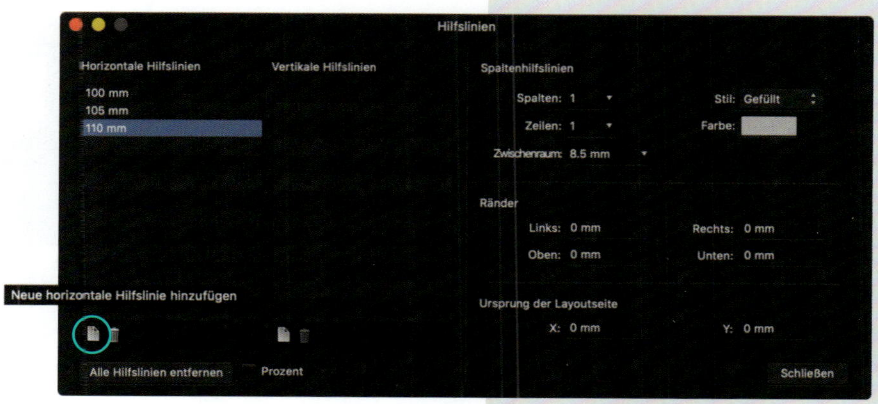

Wir haben nun ein ArtBoard speziell eingerichtet für das Poster und eines für die Vorder- und Rückseite unserer gefalteten Tischkarte.

Ressource

laceframe_print_02_poster.afdesign
lace-frame-pattern.svg
lace-frame-logo-cafe.svg
lace-frame-photo-cafe.png

DAS POSTERDESIGN

Wenden wir uns also unserem Poster zu.

1 Wählen Sie das ArtBoard **Lace Frame Poster** aus und klicken Sie in der **Werkzeugleiste** auf das Werkzeug **Rechteck** (M). Ziehen Sie auf der Seite, um ein Rechteck zu zeichnen, und legen Sie dann über das Panel **Transformieren** seine Größe und Position fest.

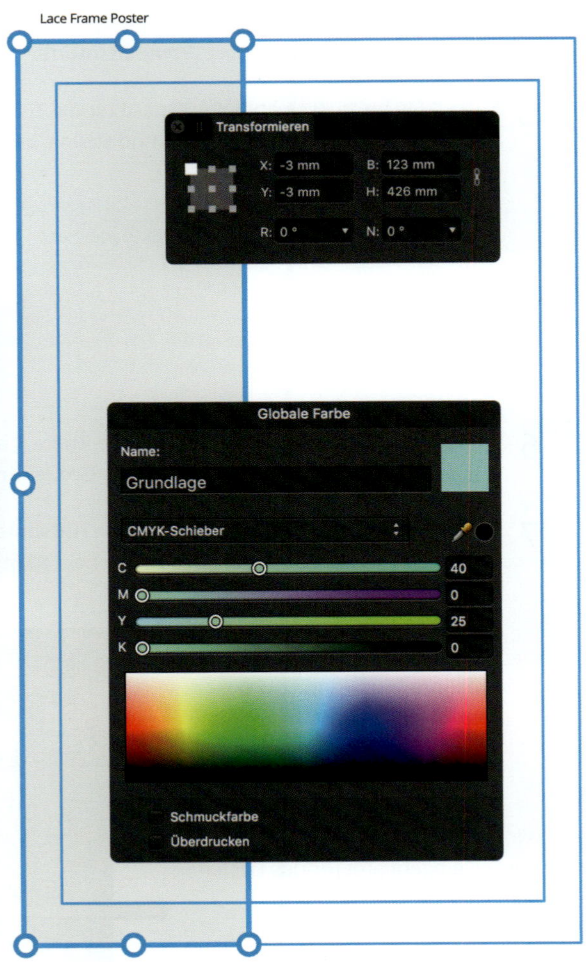

Als Nächstes färben wir das Rechteck. Damit der Look durchgängig bleibt und wir ihn später auch noch leicht ändern können, verwenden wir globale Farben.

2 Fügen Sie über die Panel-Einstellungen des Panels **Farbfelder** eine globale Farbe mit den Werten *CMYK 40, 0, 25, 0* hinzu. Legen Sie dann diese globale Farbe als Füllung für das Rechteck fest.

3 Klicken Sie in der **Werkzeugleiste** auf das Symbol **Bild platzieren** und öffnen Sie die Datei lace-frame-pattern.svg. Platzieren Sie das Bild durch Ziehen auf dem ArtBoard.

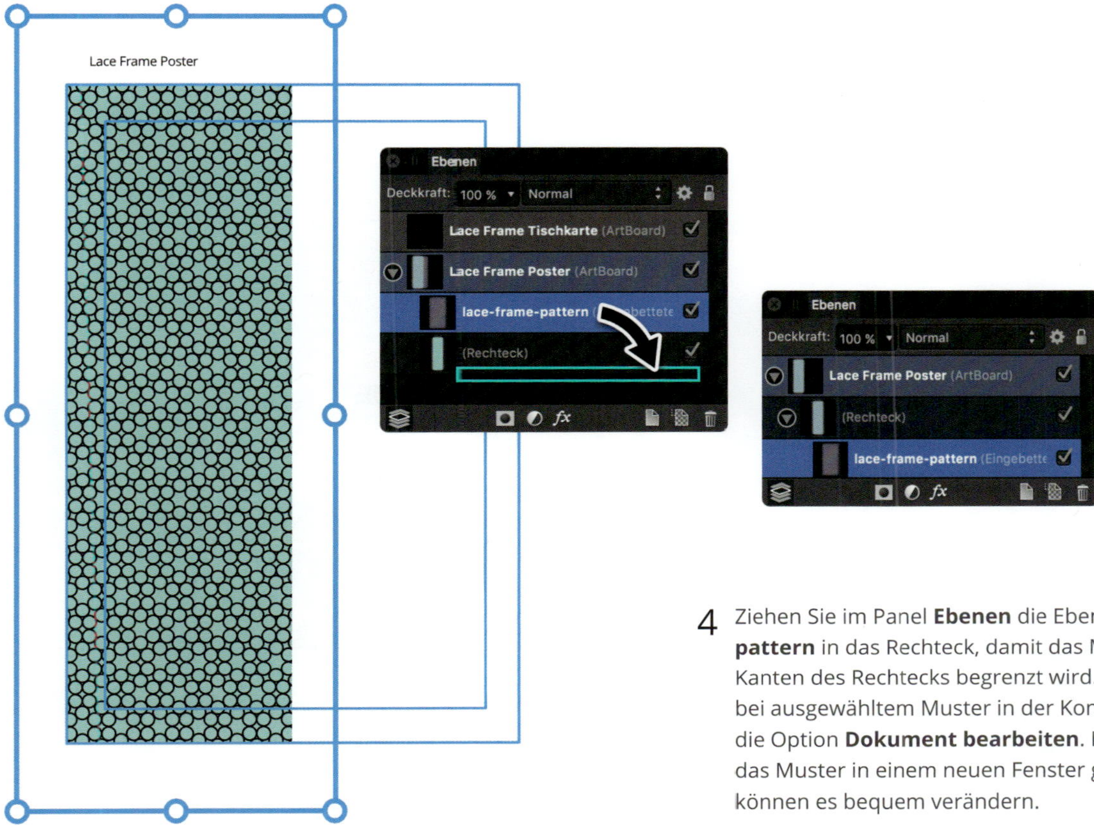

4 Ziehen Sie im Panel **Ebenen** die Ebene **lace-frame-pattern** in das Rechteck, damit das Muster an den Kanten des Rechtecks begrenzt wird. Klicken Sie nun bei ausgewähltem Muster in der Kontextleiste auf die Option **Dokument bearbeiten**. Hierdurch wird das Muster in einem neuen Fenster geöffnet und wir können es bequem verändern.

Wenn Sie in diesem neuen Fenster Änderungen vornehmen, wird das eingebettete Dokument aktualisiert – die Originaldatei bleibt jedoch unbeschädigt. Sie können platzierte Bilder verändern, wenn diese Vektorinformationen unterstützen. Hierzu gehören afdesign- und afphoto-Dateien sowie auch die Formate SVG, EPS, PDF und PSD.

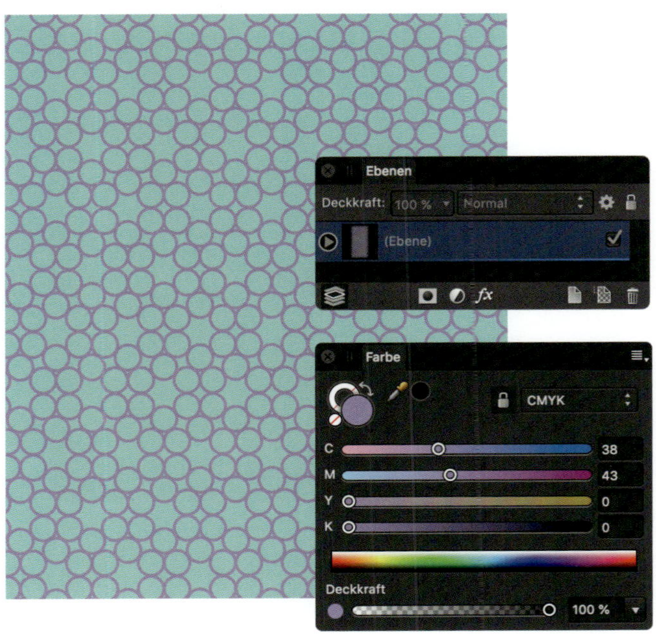

5 Wählen Sie in dem Fenster für das eingebettete Dokument die Ebene aus und ändern Sie die Füllung in *CMYK 38, 43, 0, 0*. Kehren Sie zu der Hauptdatei zurück. Wie Sie sehen, hat sich die Farbe des Musters verändert.

Wenn Sie im modularen Modus arbeiten (nur für Mac verfügbar), können Sie das eingebettete Dokument bearbeiten und die Änderungen im übergeordneten Dokument in Echtzeit überprüfen.

6 Drücken Sie die Esc-Taste und zeichnen Sie mit dem Werkzeug **Rechteck** ein Rechteck. Legen Sie für seine Füllung eine neue globale Farbe mit *CMYK 38, 43, 0, 0* fest. Stellen Sie für die Kontur die erste globale Farbe und eine Breite von *3 pt* ein. Stellen Sie seine Abmessungen auf *80 x 80 mm* und seine Position auf *20 mm* für ***X*** und *20 mm* für **Y** ein. Platzieren Sie nun die Logografik lace-frame-logo-cafe.svg in derselben Größe und Position wie das Rechteck.

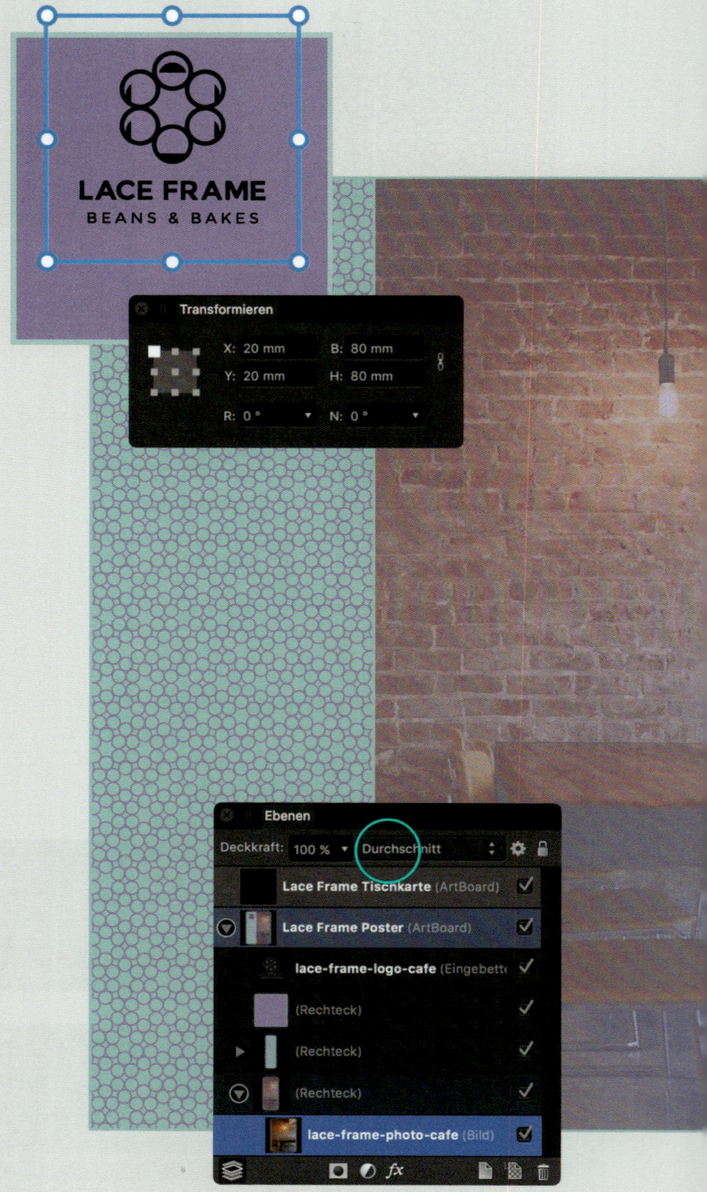

7 Zeichnen Sie ein weiteres Rechteck von *180 x 426 mm* und positionieren Sie es bei *120 mm* und *-3 mm*. Klicken Sie nun in der **Symbolleiste** auf das Symbol **Ganz nach hinten**. Platzieren Sie das Bild lace-frame-photo-cafe.png so auf dem ArtBoard, dass es die violette Fläche und den Anschnittbereich abdeckt.

8 Ziehen Sie im Panel **Ebenen** den Eintrag des Bildes in den Eintrag für das violette Rechteck, um das Bild an der Form zu begrenzen. Stellen Sie den Mischmodus für das Bild auf **Durchschnitt** ein.

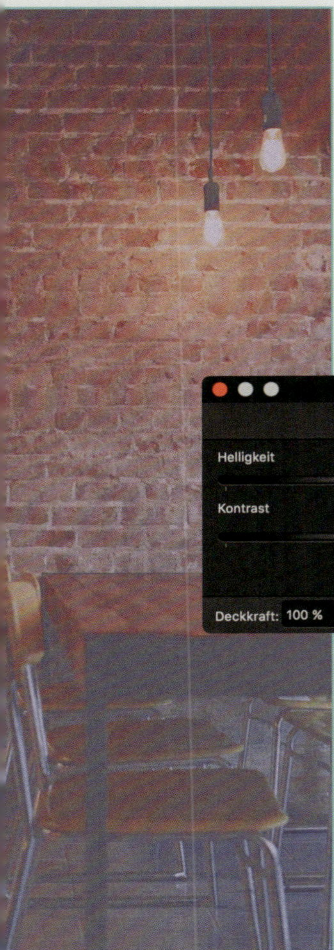

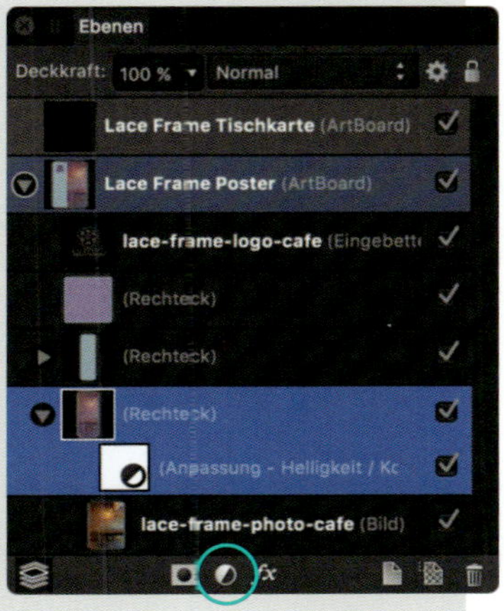

Wir haben nun einen schönen violetten Farbton, aber der Kontrast hat etwas zu sehr gelitten. Dieses Problem lässt sich mit einer Anpassungsebene beheben.

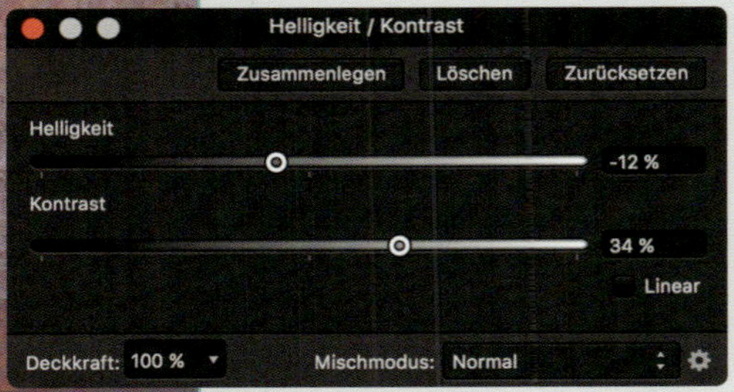

9 Wählen Sie das Rechteck mit dem Bild aus, klicken Sie Panel **Ebenen** auf das Symbol **Anpassungen** und dann auf den Menüpunkt **Helligkeit/Kontrast**. Verschieben Sie die Regler in dem Dialogfeld, damit das Bild etwas lebhafter wirkt. Klicken Sie bei ausgewähltem Rechteck im Panel **Farbe** auf den Farbselektor für die Füllung und dann auf das Symbol unter dem Regler **Deckkraft**, um den Regler **Rauschen** zu aktivieren. Stellen Sie diesen Regler auf 60 % ein.

Wir haben nun ein getöntes stilisiertes Bild, das den perfekten Hintergrund für unseren Text abgibt.

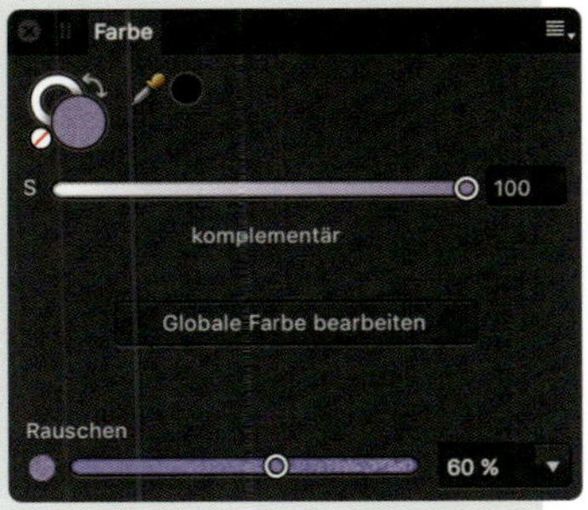

10 Klicken Sie in der **Werkzeugleiste** auf das Werkzeug **Grafiktext** (T) und dann auf die rechte Kante des ArtBoards **Lace Frame Poster**.

11 Stellen Sie in der Kontextleiste die **Schrift** auf *Montserrat* (*Regular*) und die Größe auf *64 pt* ein. Für die Ausrichtung klicken Sie auf **Rechtsbündig**. Legen Sie als Füllung die globale grüne Farbe des Panels **Farbfelder** fest. Tippen Sie die Wörter **TAKE ME OUT** in das Poster ein und setzen Sie nach jedem Wort einen Zeilenumbruch. Ziehen Sie die linke untere Ecke des Begrenzungsrahmens für den Text nach links und unten, sodass der skalierte Text die rechte Kante des Musters berührt. Ändern Sie die Position und Skalierung für den Text so, dass er auch die rechte Kante des ArtBoards berührt.

12 Blenden Sie das Panel **Absatz** ein (über **Ansicht > Studio**) und legen Sie den **Zeilenabstand im Absatz** auf *170 pt* fest.

Zeichnen Sie mit dem Werkzeug **Rahmentext** (T) einen Textrahmen unter den Grafiktext und geben Sie „Fairtrade full roast freshly ground to order" ein. Legen Sie Schrift, Größe, Ausrichtung und Farbe passend zu dem Design fest.

13 Stellen Sie im Panel **Ebenen** sicher, dass die Textobjekte unter dem grünen Rechteck auf der linken Seite aber über dem Bild auf der rechten Seite platziert sind.

“ ***Ich habe mich für Montserrat Bold in einer Größe von 48 pt und einer weißen Füllung entschieden.***

Herunterladen und Installieren von Schriften

1 Besuchen Sie die Website fonts.google.com (oder suchen Sie online nach *Google Fonts*) und laden Sie die Schriftfamilie **Montserrat** (Regular und Bold) herunter.

2 Öffnen Sie das heruntergeladene Zip-Archiv und lesen Sie die Datei **OFL.txt**.

3 *Für Mac:* Führen Sie einen Doppelklick auf die heruntergeladenen Schriftdateien aus und klicken Sie auf **Schrift installieren**.
Oder
Für Windows: Führen Sie einen Rechtsklick auf die heruntergeladenen Schriftdateien aus und klicken Sie auf **Installieren**.

LACE FRAME
BEANS & BAKES
TAKE
ME
OUT
Fairtrade full
roast freshly
ground to order
Ebenen
Deckkraft: 100 %
Normal
Lace Frame Tischkarte (ArtBoard)
Lace Frame Poster (ArtBoard)
lace-frame-logo-cafe (Eingebett
(Rechteck)
(Rechteck)
(Fairtrade full roast fres)
(TAKE¶ME↩OUT)
(Rechteck)
(Anpassung - Helligkeit / Kc
lace-frame-photo-cafe (Bild)

DIE GRAFIK FÜR DEN THERMOBECHER

Wir erstellen nun einen skalierbaren Thermobecher für Kaffee zum Mitnehmen, der sowohl absolut realistisch aussieht als auch für Marketingmaterial in allen Größen einsetzbar ist – inklusive unseres Posters und unserer Tischkarte.

1 Wählen Sie das ArtBoard **Lace Frame Poster** aus, aktivieren Sie das **ArtBoard-Werkzeug**, klicken Sie in der Kontextleiste auf **ArtBoard einfügen** und nennen Sie das neue ArtBoard *Thermobecher*.

2 Klicken Sie im Menü **Ansicht** auf **Raster einblenden** und platzieren Sie über **Ansicht > Hilfslinien konfigurieren** eine zentrierte vertikale Hilfslinie. Für die automatische Platzierung an dieser Position klicken Sie einfach auf das Symbol **Neue vertikale Hilfslinie hinzufügen**. Zeichnen Sie mit dem Formwerkzeug **Trapez** ein Trapez von *150 x 230 mm*.

Sie finden das Werkzeug **Trapez** in einer speziellen Gruppe der **Werkzeugleiste** zusammen mit anderen Formwerkzeugen.

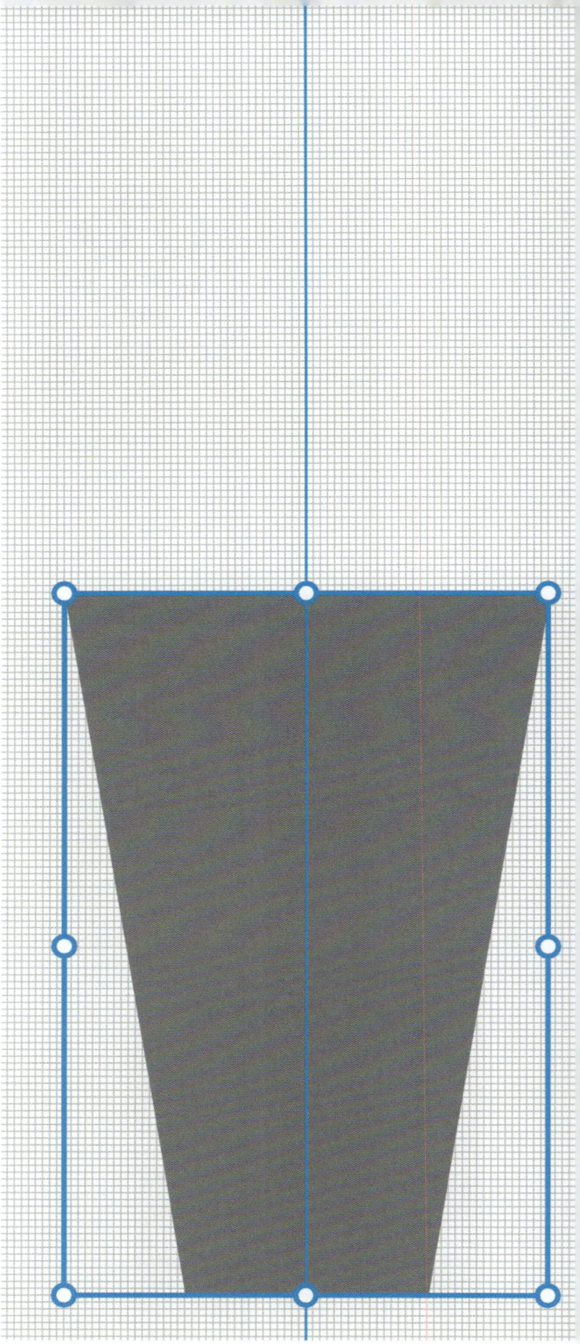

Über die Symbolleiste können Sie die Einstellungen für die magnetische Ausrichtung jederzeit aktivieren und ändern.

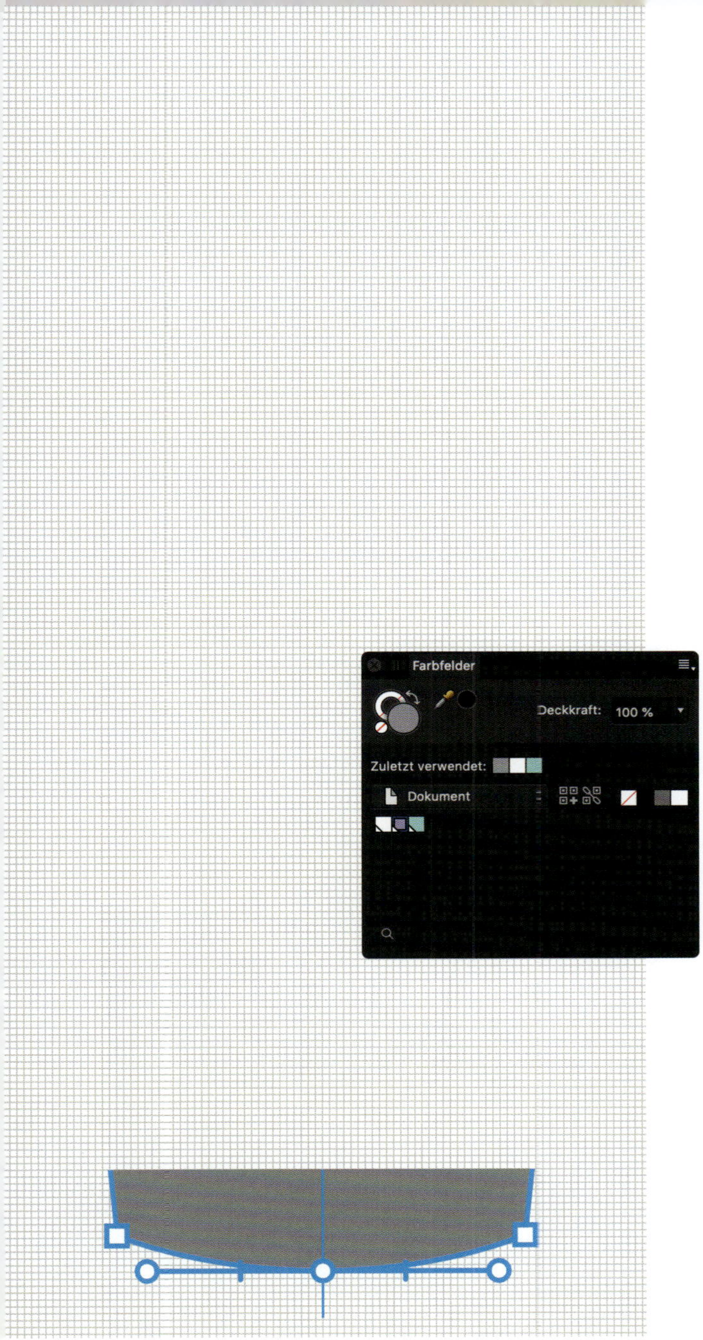

Beide Griffe sind identisch eingestellt, sobald sie „einrasten“ und mit einem Querbalken angezeigt werden.

Ressource

laceframe_print_03_graphic.afdesign

3 Wechseln Sie zum Werkzeug **Verschieben** (V), drehen Sie die Form um **180°** und richten Sie sie magnetisch an der vertikalen Mitte des ArtBoards aus. Entfernen Sie im Panel **Farbfelder** die **Kontur** der Form und legen Sie eine mittelgraue **Füllung** fest.

4 Wechseln Sie zum **Knotenwerkzeug** (A), halten Sie die cmd-Taste ⌘ (Mac) oder Strg-Taste (Win) (damit die Form symmetrisch bleibt) und ziehen Sie den roten Formgriff links unten nach außen. In der Kontextleiste sollte für **Rechter Punkt** ein Wert von ca. *84 %* stehen. Klicken Sie nun in der Kontextleiste auf die Option **In Kurven umwandeln** und fügen Sie an der Unterseite des Bechers einen zentrierten Knoten ein. Wählen Sie den Knoten aus, ziehen Sie ihn nach unten und wandeln Sie ihn über die Kontextleiste in einen **Glatten Knoten** um. Halten Sie die Umschalttaste (⇧) und verschieben Sie die Knotengriffe so, dass eine ordentliche Kurve entsteht.

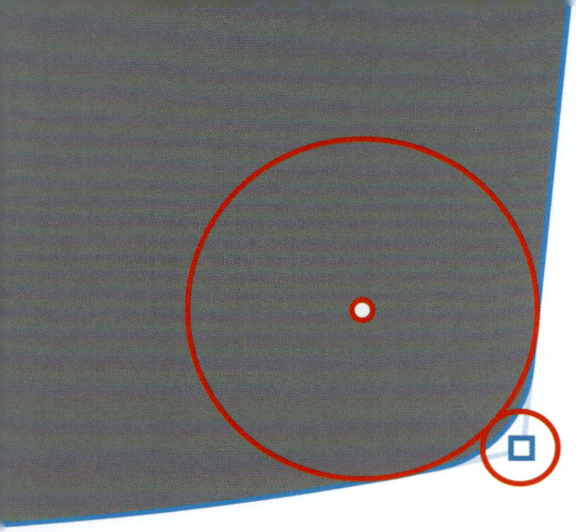

5 Klicken Sie in der **Werkzeugleiste** auf das **Eckenwerkzeug** (C) und wählen Sie mit gedrückter Umschalttaste ⇧ die zwei Knoten aus, welche die unteren Ecken des Bechers definieren. Ziehen Sie einen der Knoten nach innen (der andere kopiert diese Veränderung automatisch).

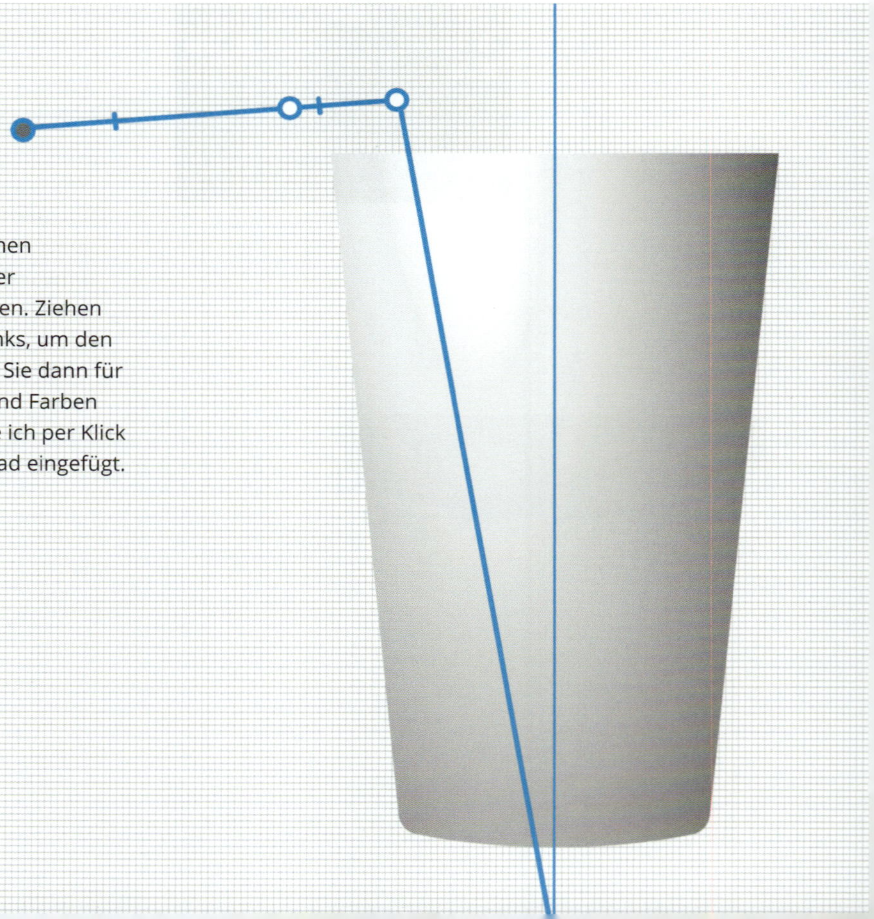

6 Legen Sie mit dem Werkzeug **Füllung** (G) einen realistischen Lichteffekt fest, indem Sie in der Kontextleiste den **Typ** auf **Elliptisch** einstellen. Ziehen Sie oben auf dem Becher horizontal nach links, um den elliptischen Verlauf zu platzieren, und legen Sie dann für seine Marker die abgebildeten Positionen und Farben fest. Um das Licht genauer zu steuern, habe ich per Klick einen zusätzlichen Marker in den oberen Pfad eingefügt.

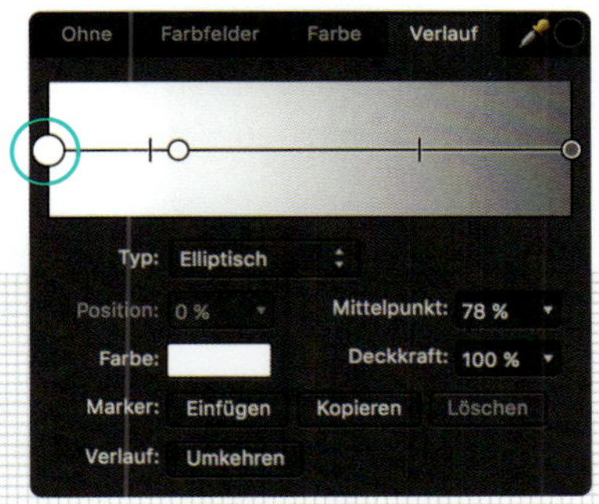

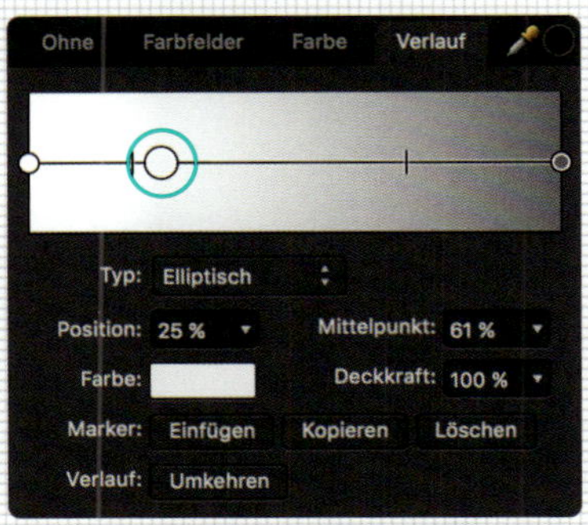

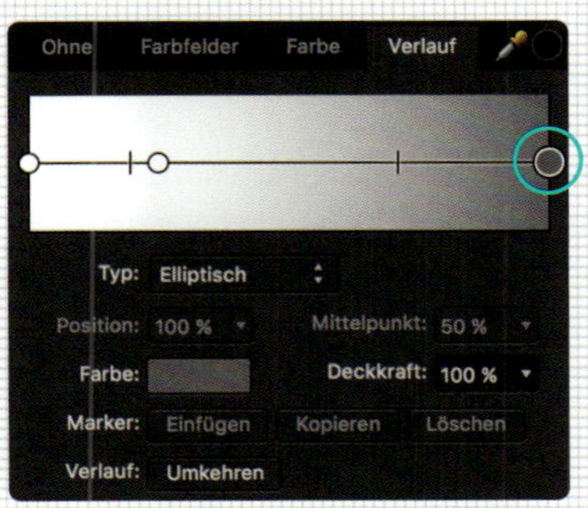

Verwenden Sie einfach schwarze Schatten. Die Farben können wir später mit einer weiteren Ebene hinzufügen.

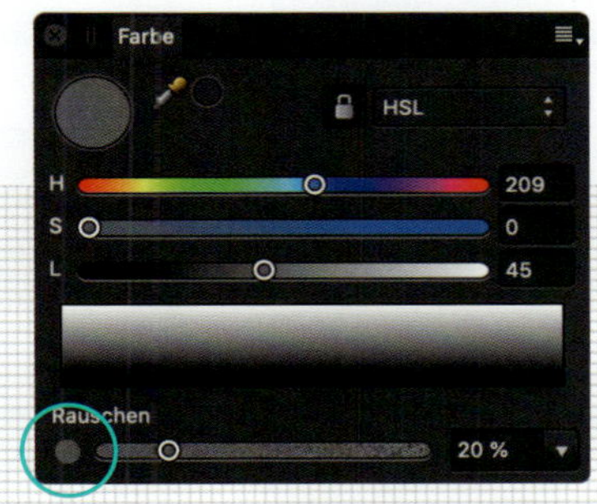

7 Legen Sie für den Endmarker des Verlaufs einen dunklen Ton fest, da dieser den Schatten erzeugt. Stellen Sie nun im Panel **Farbe** das **Rauschen** auf *20 %*. Hierdurch wirkt der Becher fotorealistisch.

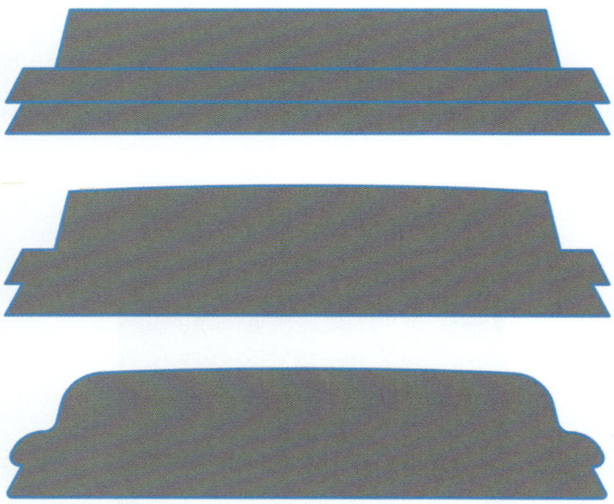

8 Zeichnen Sie mit dem Werkzeug **Trapez** das Unterteil des Deckels. Legen Sie eine mittelgraue gleichmäßige Füllung fest und stellen Sie in der Kontextleiste die Optionen **Linker Punkt** und **Rechter Punkt** auf *3 %* und *97 %* ein. Wechseln Sie zum Werkzeug **Verschieben**, halten Sie die Optionstaste ⌥ (Mac) oder Strg-Taste (Win) und ziehen Sie die Form nach oben, um eine leicht überlappende Kopie zu erstellen. Halten Sie ebenfalls die Umschalttaste (⇧) um die Positionsänderung präzise auf die Vertikale zu beschränken. Wiederholen Sie diese Schritte um eine dritte Kopie weiter oben zu platzieren, die höher und schmaler ist.

Kombinieren Sie die drei Objekte über das Symbol **Hinzufügen** der **Symbolleiste** zu einer einzigen Form und „verbiegen“ Sie dann die Oberseite auf ähnliche Weise wie die Unterseite des Bechers (Schritt 4). Runden Sie nun die scharfen Kanten mit dem **Eckenwerkzeug** ab wie in Schritt 5.

Der Deckel sollte symmetrisch sein. Stellen Sie also sicher, dass Sie die gegenüberliegenden Knoten auf beiden Seiten paarweise anpassen, indem Sie beide mit gedrückter Umschalttaste (⇧) auswählen.

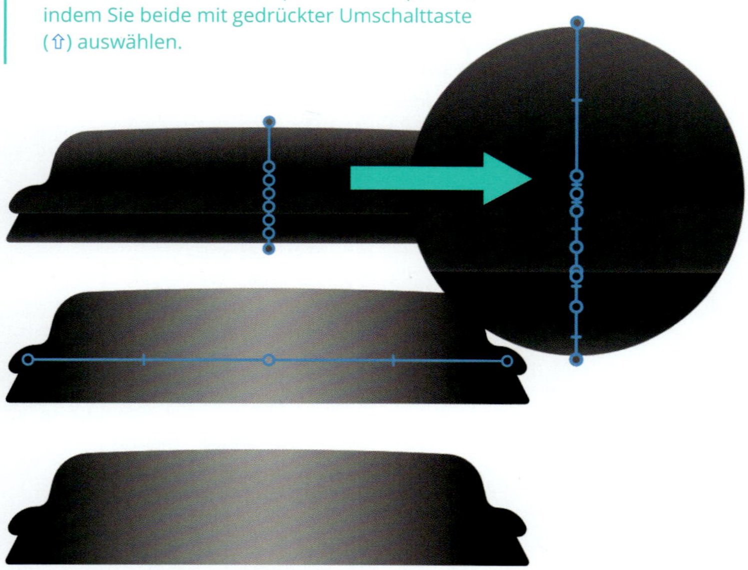

9 Legen Sie mit dem Werkzeug **Füllung** einen vertikalen linearen Verlauf für den Deckel fest. Fügen Sie dann einige zusätzliche Marker ein und ändern Sie ihre Position so, dass die Umrisse des Deckels gut hervortreten. Ich habe neun Marker mit verschiedenen Schwarztönen verwendet und ihre Griffe variiert, um den endgültigen Look zu erzeugen. Duplizieren Sie anschließend die Ebene für den Deckel und legen Sie einen simplen horizontalen Verlauf (Schwarz – Grau – Schwarz) fest. Verwenden Sie für diese Ebene den Mischmodus **Ineinanderkopieren**, um einen Lichtakzent zu setzen.

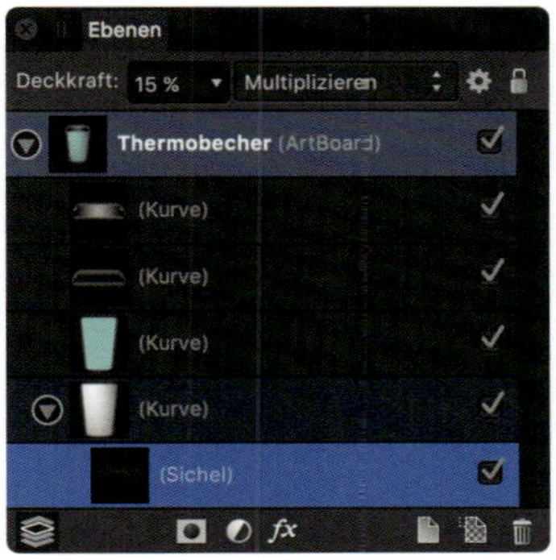

10 Duplizieren Sie den Hauptkörper des Bechers, legen Sie die grüne globale Farbe als **Füllung** fest und als Mischmodus *Multiplizieren*. Zeichnen Sie mit dem Formwerkzeug **Sichel** (aus derselben Gruppe wie das Werkzeug „Trapez") eine schwarze Sichel über die Oberkante des Bechers und drehen Sie sie passend. Stellen Sie im Panel **Ebenen** die **Deckkraft** für die Sichel auf *15 %* ein und den Mischmodus auf *Multiplizieren*. Ziehen Sie ihre Ebene dann in die Graustufenebene für den Hauptkörper des Bechers.

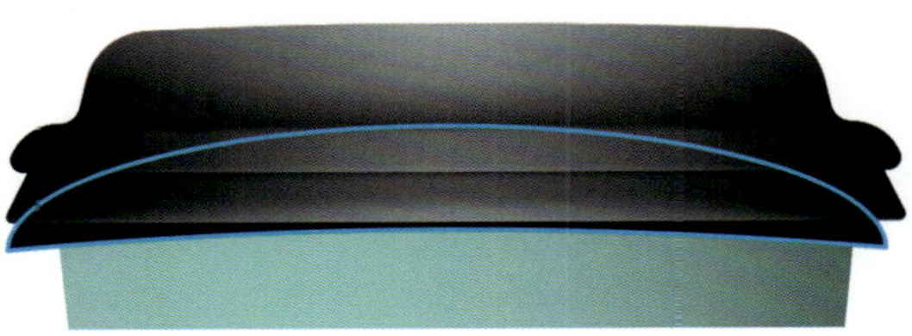

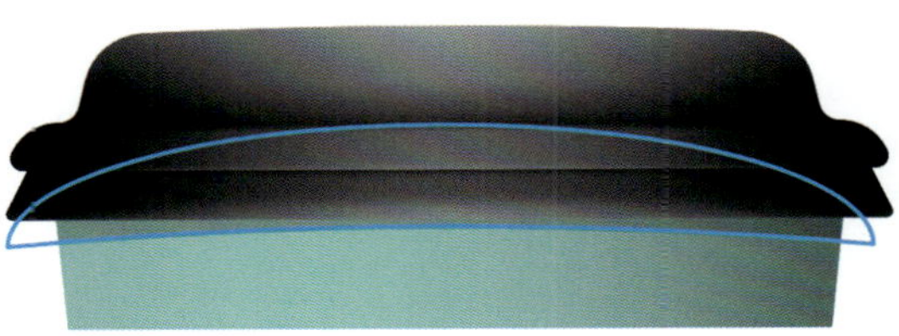

Anstatt die Hauptebene für den Becher zu duplizieren, können Sie auch den Effekt „Farbe überlagern" verwenden. Wählen Sie die Hauptebene des Bechers aus und wechseln Sie zum Panel **Effekte**. Aktivieren Sie den Effekt *Farbe überlagern* und legen Sie als Farbe die grüne globale Farbe fest.

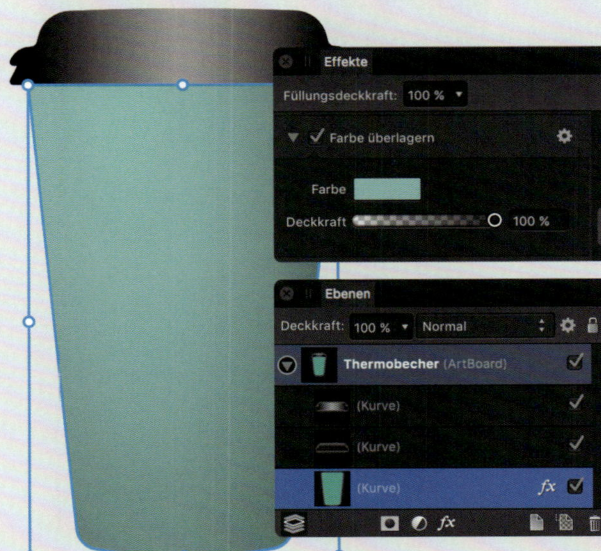

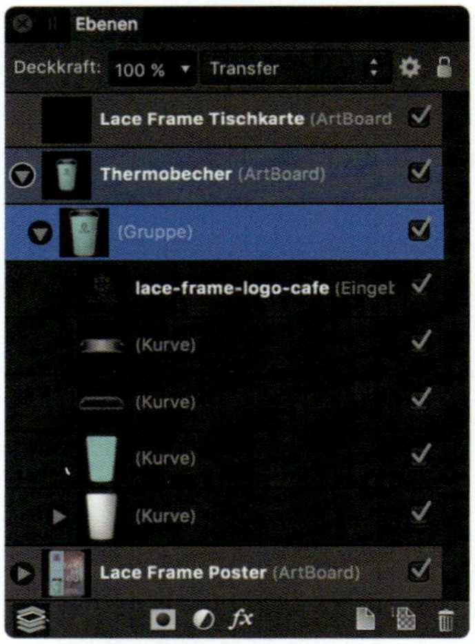

11 Platzieren Sie die Logografik lace-frame-logo-cafe.svg mit einer Größe von ca. *90* x *90 mm* auf dem Becher, zentrieren Sie sie und stellen Sie im Panel **Ebenen** ihre **Deckkraft** auf *70 %*. Fassen Sie alle Ebenen auf dem ArtBoard in einer Gruppe zusammen.

Wir haben nun eine realistische Grafik für einen Kaffeebecher, die wir in unseren Designs verwenden können. Das Raster können Sie nun ausblenden.

Da wir nun ein Gruppenobjekt erstellt haben, müssen Sie das Objekt mit gedrückter Umschalttaste (⇧) skalieren, damit sich sein Seitenverhältnis nicht ändert.

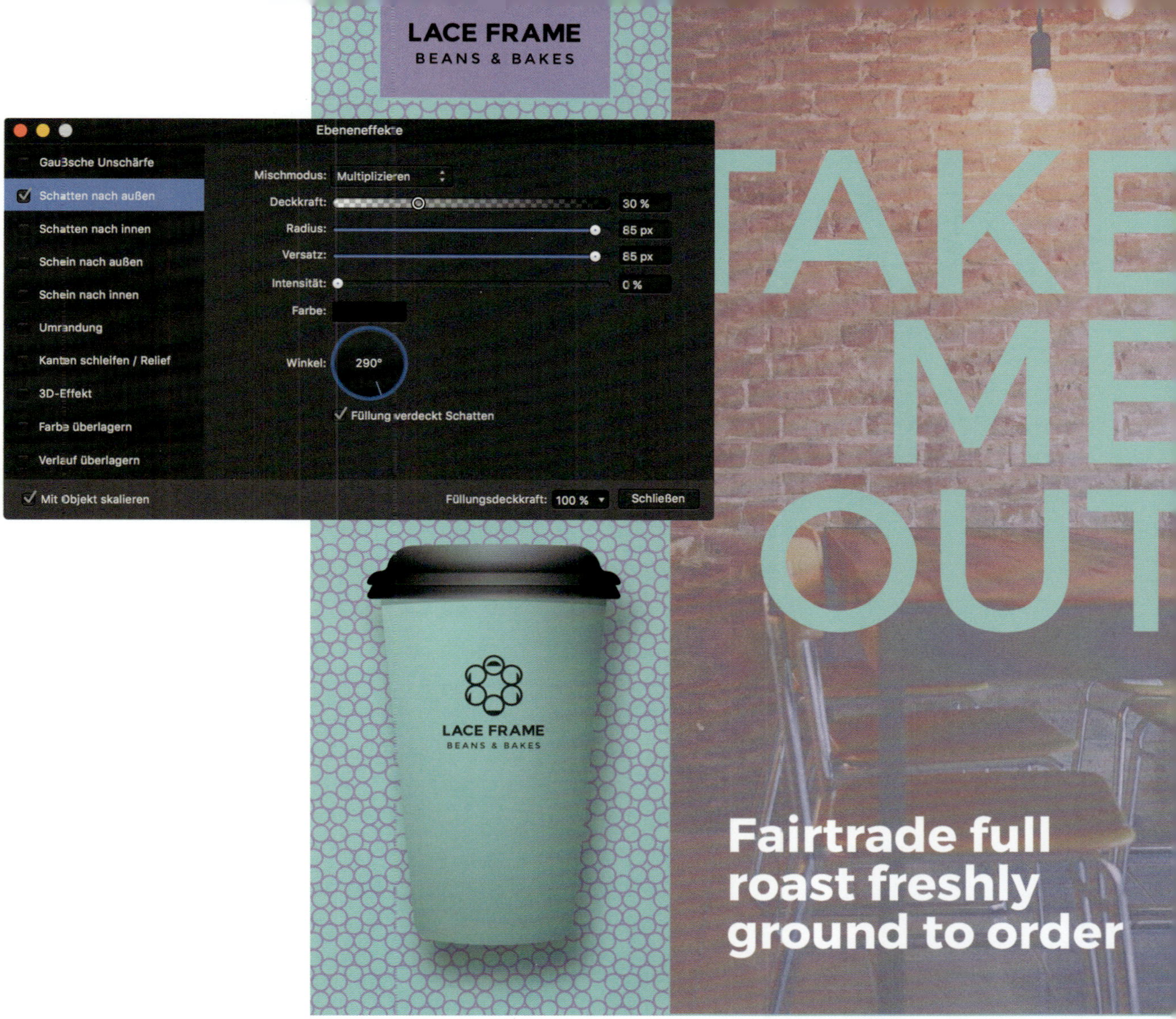

12 Wählen Sie die Gruppe für den Thermobecher aus, kopieren Sie sie in das **Lace Frame Poster** und platzieren Sie den Becher unten links. Klicken Sie bei ausgewählter Gruppe im Panel **Ebenen** auf das Symbol **Ebeneneffekte** und legen Sie einen **Schatten nach außen** für die Gruppe fest.

Aktivieren Sie in der linken unteren Ecke die Option **Mit Objekt skalieren**, damit der Schatten stets die richtige Größe behält, wenn Sie die Gruppe vergrößern oder verkleinern.

Ressource
laceframe_print_04_card.afdesign

DAS DESIGN FÜR DIE TISCHKARTE

Wir können nun mit den Elementen unseres Posters die Tischkarte zusammenstellen. Hierdurch erhalten wir nicht nur einen durchgängigen Look bei den Designs, sondern ersparen uns auch eine Menge Arbeit.

Wir beginnen mit den Hintergrundelementen für die untere Hälfte auf dem ArtBoard **Lace Frame Tischkarte**.

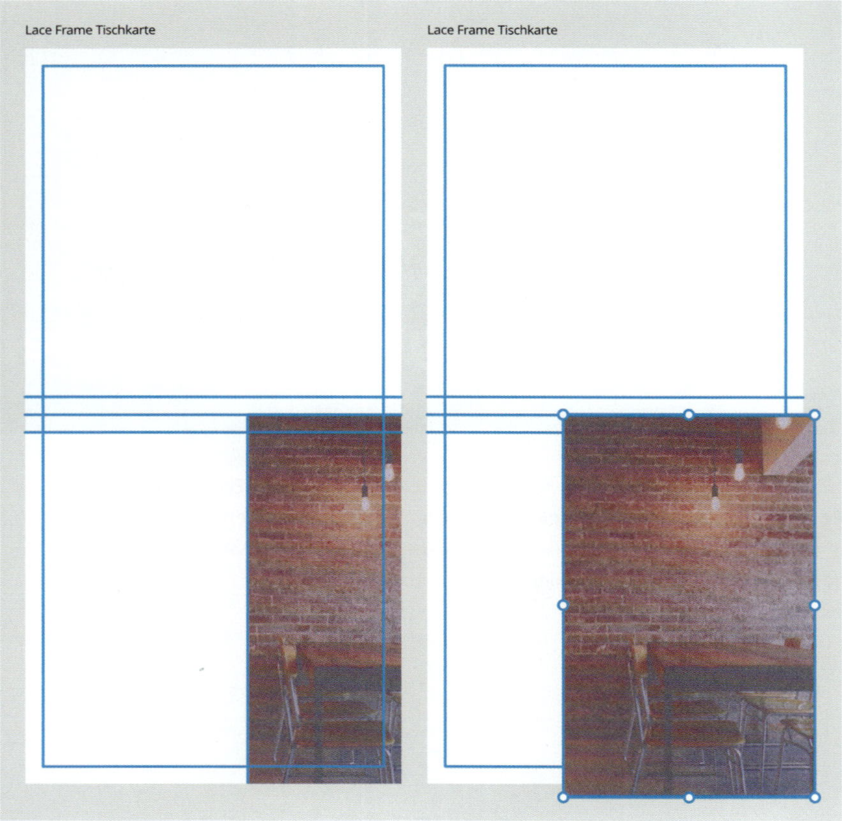

1 Kopieren Sie das Rechteck mit dem Foto aus dem Poster und fügen Sie es auf dem ArtBoard für die Tischkarte ein. Platzieren Sie es so, dass seine obere rechte Ecke direkt auf der rechten Seite der Falzkante liegt.

Entfernen Sie seine Kontur, halten Sie die Umschalttaste (⇧) und skalieren Sie das Rechteck mit seinem linken unteren Eckgriff so, dass es die untere rechte Hälfte der Karte füllt. Lassen Sie aber außen um das ArtBoard genug Platz für den Anschnittbereich. Klicken Sie in der Kontextleiste auf die Option **Untergeordnete Elemente schützen**. Das Rechteck lässt sich nun verbreitern, ohne dass Sie das Foto verzerren oder verschieben. Sie können das Foto in dem Rechteck auch per Doppelklick mit gedrückter Optionstaste ⌥ (Mac) oder Alt-Taste (Win) auswählen und dann neu positionieren.

Bei dieser neuen Größe ist das Rauschen des Rechtecks zu stark und das Foto wirkt zu blass. Das lässt sich aber leicht beheben.

Ich habe das Logo oben links nicht erneut verwendet, um mit dem so gewonnenen Platz das Produkt noch zu unterstreichen.

2 Wählen Sie das Rechteck aus und verringern Sie das **Rauschen** auf *42 %*. Führen Sie dann einen Doppelklick auf die Anpassungsebene **Helligkeit/Kontrast** aus und verringern Sie die Helligkeit auf *-28 %*.

3 Kopieren Sie das Musterelement des Posters und fügen Sie es in das ArtBoard für die Tischkarte ein. Deaktivieren Sie in der Kontextleiste die Option **Untergeordnete Elemente schützen** und skalieren Sie das Element auf die gleiche Weise wie zuvor. Kopieren Sie nun die restlichen Posterelemente in die Karte und passen Sie ihre Größe an. Der Rahmentext wird (im Gegensatz zu Grafiktext) nicht automatisch skaliert. Stellen Sie also nach der Skalierung die Größe für den Fairtrade-Text auf *14 pt* ein.

4 Gruppieren Sie alle Objekte auf dem ArtBoard **Lace Frame Tischkarte** und duplizieren Sie die Gruppe. Klicken Sie in der Kontextleiste auf das Symbol **Rotationsmittelpunkt einblenden** und platzieren Sie den Rotationsmittelpunkt (angezeigt als Zielscheibe mitten in der Gruppe) durch Ziehen zentriert oben in der Gruppe. Drehen Sie nun die Gruppe um *180°* mithilfe ihres Rotationsgriffs.

Halten Sie die Umschalttaste (⇧) während der Rotation, da Sie so automatisch bei *180°* „einrasten".

Ihre Produktdesigns sind nun bereit für den Kunden und lassen sich nach der Abnahme direkt an die Druckerei verschicken.

Ressource

laceframe_print_04_card.afdesign

EXPORTIEREN ALS PDF

Hochauflösende PDFs sind ideal, um Ihre Designs an professionelle Druckdienstleister zu übergeben. PDFs sind aber auch eine effiziente Lösung, um eine Abnahmekopie für Ihren Kunden zu erstellen.

Wir erstellen nun elektronische Prüfversionen für das Lace Frame Poster und dann für die Lace Frame Tischkarte.

1 Klicken Sie im Menü **Datei** auf **Exportieren**.

2 Klicken Sie in dem nun geöffneten Dialogfeld auf das Symbol **PDF**, stellen Sie die **Vorgabe** auf **PDF (für Web)** ein und den **Bereich** auf **Lace Frame Poster**. Klicken Sie anschließend auf **Exportieren**.

3 Geben Sie als Dateinamen „Lace-Frame-Poster“ ein, wählen Sie den Ordner für die Speicherung aus und klicken Sie auf **Speichern**. Wiederholen Sie nun diese Schritte, aber wählen Sie diesmal den Bereich **Lace Frame Tischkarte** aus und speichern Sie ihn als „Lace-Frame-Tischkarte“.

Hierdurch erhalten wir zwei PDFs mit geringer Dateigröße, die wir schnell und einfach per E-Mail an den Kunden schicken können, damit er die Designs genehmigt. Nach der Endabnahme durch den Kunden können Sie die Designs als hochauflösende Versionen für die Druckerei exportieren.

4 Führen Sie hierzu die Schritte 1 bis 3 aus, stellen Sie die **Vorgabe** auf **PDF/X-1a:2003** ein und aktivieren Sie die Option **Inklusive Anschnittbereiche**. Klicken Sie auf **Mehr**, aktivieren Sie in dem Dialogfeld die Option **Inklusive Druckermarken** und klicken Sie auf **Schließen**.

Sie können dieses geänderte PDF-Profil als selbst definierte Vorgabe speichern, indem Sie auf „Vorgaben verwalten“ klicken und dann auf „Vorgabe erstellen“.

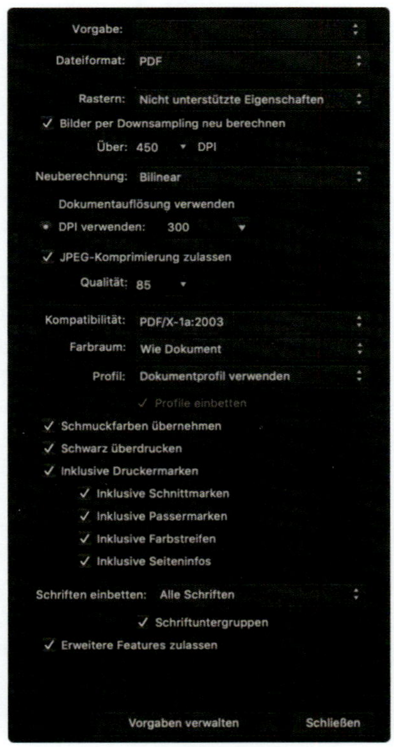

LACE FRAME
BEANS & BAKES
TAKE ME OUT
LACE FRAME
BEANS & BAKES
LACE FRAME
BEANS & BAKES
Fairtrade full roast freshly ground to order

3

Tix App 1

Entwerfen von UX- und UI-Design für eine App mit *Tom Koszyk*

Dieses Projekt und das anschließende Projekt drehen sich um die Entwicklung einer App für Aufgabenlisten. Die App selbst soll auf iOS-Geräten laufen. In diesem Projekt entwickeln wir das UX-/UI-Design für die eigentliche App und im nächsten Projekt ihr Icon.

Für dieses Projekt lautet die Vorgabe: Drei Designdateien müssen erstellt werden – eine für das UX-Design, eine für das UI-Design und eine mit Beschränkungen (eines der wichtigsten Layout-Features von Affinity Designer).

TASK LISTS
MY PERSONAL TASKS
4 Tasks, 2 Tasks Overdue
WORK TASKS
4 Tasks, 2 Tasks Overdue
MY SECRET PROJECT
4 Tasks, 2 Tasks Overdue

BEVOR SIE LOSLEGEN

Ressourcen

Alle in diesem Projekt verwendeten Ressourcen finden Sie unter:
https://affin.co/tix1DE

Grundwissen zu Affinity Designer

Damit Sie aus diesem Projekt möglichst viel für Ihre eigenen Arbeiten mitnehmen, sollten Sie mit folgenden Aspekten vertraut sein:

- Die Programmoberfläche von Affinity Designer. Mehr über die Programmoberfläche erfahren Sie in dem Kapitel Tour durch die Programmoberfläche, das auf Seite 13 beginnt.

- Die grundlegenden Techniken. Die folgende Tabelle zeigt Ihnen, welche Aspekte von Affinity Designer Sie zusätzlich beherrschen sollten, um dieses Projekt anzugehen:

ArtBoards	Seite 74
BegrenzungenFarben & Verläufe	Seite 90
Farben & Verläufe	Seite 106
Hilfslinien	Seite 121
Symbole	Seite 122

ENTWICKELN DES KONZEPTS

Meine Kunde hat mich gebeten, eine App für Aufgabenlisten zu entwerfen, die den Namen **Tix App** trägt. Nach der Projektbesprechung hatte ich ein klares Konzept vor Augen: Der Kunde wollte eine simple und unkomplizierte App, aus der Power User aber noch eine Menge mehr herausholen können.

Die App sollte folgende grundlegende Funktionen bieten:

- Hinzufügen einer Aufgabe.
- Abschließen einer Aufgabe.
- Separates Erstellen von beruflichen Aufgaben und privaten Aufgaben.
- Wechseln zwischen verschiedenen Aufgabenlisten.
- Anlegen eigener Aufgabenlisten.
- Hinzufügen eines Fälligkeitsdatums, wenn es eine Zeitvorgabe oder einen Abgabetermin für die Aufgaben gibt, und eine eingeblendete Nachricht, sobald eine Aufgabe überfällig ist.
- Erinnerungen zu bald anstehenden Fälligkeitsdaten.
- Suchen nach mehreren Aufgaben.

DIE PLANUNG

Für das App-Design empfehle ich Ihnen einen Arbeitsablauf, der mindestens diese Schritte umfasst:

- Recherche.
- Vorbereiten eines Designdokuments.
- UX-Design*.
  - Design der Informationsarchitektur / Flow Map.
  - Entwerfen von Mockups.
  - Tests.
- UI-Design.

* Von diesem Punkt an sollten Sie Ihr Design so oft wie möglich testen.

Recherche

Sie brauchen eine genaue Vorstellung von dem, was Sie entwerfen sollen.
Setzen Sie sich mit Ihrem Kunden zusammen und besprechen Sie das Konzept. Nehmen wir einmal an, Sie entwerfen eine Aufgaben-App für ein Startup-Unternehmen. Haben Sie genügend Informationen, um mit der Arbeit zu beginnen? Falls nicht, schauen Sie sich die momentan erhältlichen Apps an, bei denen es sich um Aufgabenlisten dreht. Es gibt bereits eine ganze Menge, und jede von ihnen verfolgt einen anderen Ansatz. Sie können eine ganz simple App entwerfen, wie z. B. **Clear**, eine etwas komplexere App mit Projekten, Verantwortungsbereichen, sowie sich wiederholenden Aufgaben, wie z. B. **Things for Mac** oder auch eine Kombination beider Varianten, wie z. B. **Asana**. Vielleicht möchte Ihr Kunde ja auch eine Lösung, die auf einer völlig anderen Methode basiert, wie z. B. **Trello**, das sich auf Kanban stützt.

Studieren Sie Ihre Zielgruppe und auch die Altersgruppe, für die Sie die App entwerfen.
Warum sollten diese Personen die App benutzen, die Sie entwerfen? Was brauchen diese Personen? Wie sollen die Anwender die App bedienen?

Schreiben Sie zunächst einige grundlegende Einsatzmöglichkeiten für Ihre App auf.
Diese Einsatzmöglichkeiten unterscheiden sich bei einer für den privaten Einsatz konzipierten App natürlich stark von einer App, die von ganzen Teams in großen Unternehmen genutzt wird. Wenn Sie die Einsatzmöglichkeiten aufschreiben, können Sie sie stets wie eine Checkliste verwenden. Sobald die Mockups fertig sind, überprüfen Sie sie anhand Ihrer Checkliste. Deckt Ihr Design all diese Möglichkeiten ab? Lassen sich all diese Aufgaben auch einfach genug erledigen?

Vorbereiten einer Designpräsentation

Sammeln Sie all diese Informationen in einer Designmappe. Als Freiberufler erleichtern Sie sich Ihr Leben so ungemein, und in einem größeren Team ist dieser Schritt unverzichtbar.

UX-Design

In dieser Phase „übersetze" ich alles, was ich während meiner Recherchen erarbeitet habe, in reale Lösungen und dann in meine Designs. Im UX-Design dreht sich alles um das Entwerfen von Interaktionen, den Fluss innerhalb der App, wo Informationen angezeigt werden und natürlich auch wie die Elemente platziert werden müssen, damit der Anwender sie sofort sieht und (bei Buttons) sofort bedienen kann. Hier geht es nicht um beeindruckende Farbverläufe und wunderschöne Schriftarten. Dieser Schritt kommt später als Teil des UI-Designs (Seite 370).

Ich arbeite mich immer gern von unten nach oben vor und beginne mit der kleinsten Detailstufe. Im letzten Schritt arbeite ich dann die Feinheiten aus. Für gewöhnlich skizziere ich einen „App-Baum" oder ein Gerüst aus verschiedenen App-Bildschirmen, die ich als Rechtecke mit Titeln zeichne und auf logische Weise verbinde.

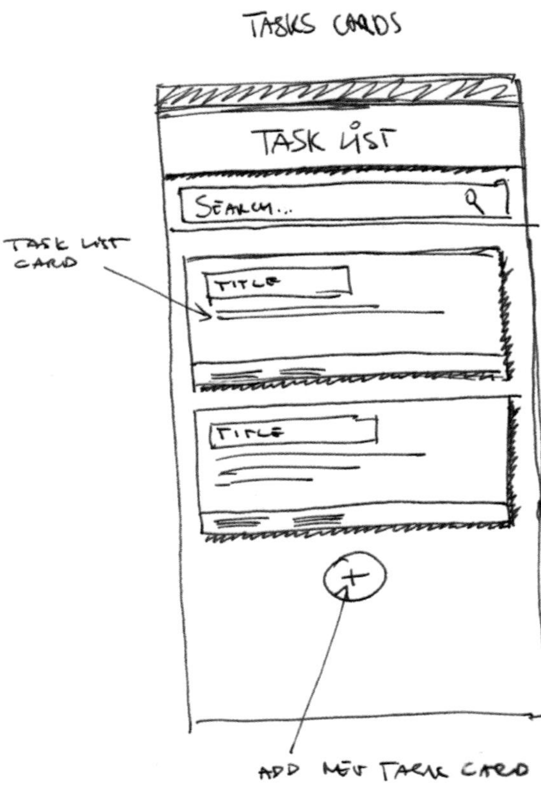
TASKS CARDS
TASK LIST
SEARCH...
TASK LIST CARD
TITLE
TITLE
ADD NEW TASK CARD

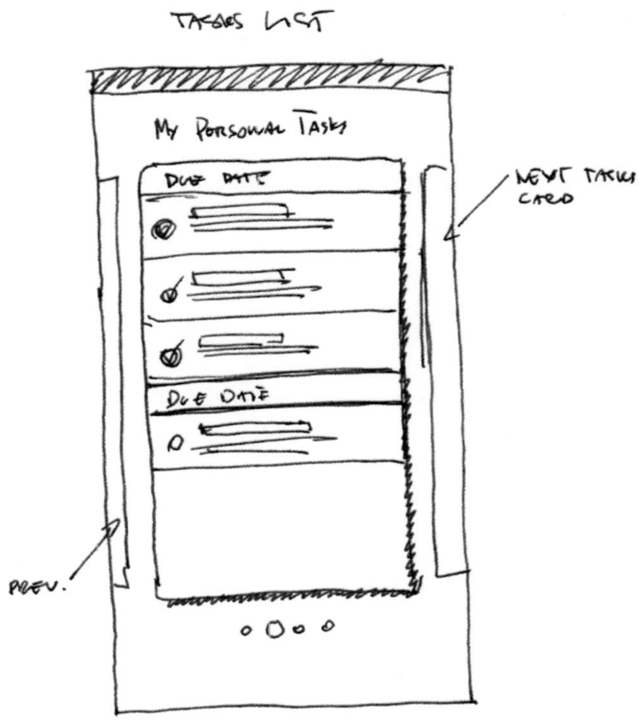
TASKS LIST
My Personal Tasks
DUE DATE
NEXT TASKS CARD
DUE DATE
PREV.

Zur gleichen Zeit arbeite ich auch an der Informationsarchitektur. Ich plane, welche Informationen auf jedem einzelnen Bildschirm angezeigt werden, mache mir aber noch keine Gedanken wie und an welcher Stelle.

Als Nächstes beschäftige ich mich mit einer neuen Stufe des Designs – den eigentlichen Bildschirmen und Ansichten. Ein Beispiel: Ich habe zuvor ein Rechteck für die Aufgabenliste gezeichnet. Also füge ich nun die einzelnen Features für diesen Bildschirm hinzu, wie die eigentliche Liste, einen Button „Neue Aufgabenliste" usw. Ich überlege mir ebenfalls, welcher Button welche Interaktion auslöst und welche Aktion auf welchem Weg zu welchem Ziel führt (Was? Wohin? und Wie?).

Ich bin ein großer Fan von Animationen im UX-Design (UX-Choreografie) und überlege mir auch, wie der Anwender zu einem anderen Bildschirm geführt wird. Ein Beispiel: Tippt der Anwender auf den Button „Neue Aufgabeliste", soll die Animation ihn dann über die Unterkante des aktuellen Bildschirms zum nächsten Bildschirm führen oder lieber von der rechten Bildschirmkante?

Tests

Zu diesem Zeitpunkt sollten Sie Ihr Design so oft wie möglich testen. Zeigen Sie Ihre grundlegenden Mockups auch anderen Leuten und stellen Sie ihnen alle möglichen Fragen („Wie würdest du eine neue Aufgabe festlegen?" usw.). Dies ist sowohl mit einem ganz simplen Prototypen möglich als auch mit einem gedruckten Mockup. Wenn Sie Ihr Feedback gesammelt haben, schauen Sie alles sorgfältig durch, denken Sie über die verschiedenen Punkte und Anregungen nach, korrigieren Sie Ihr Design und testen Sie dann erneut.

> Nicht vergessen: Das Design mit nur einem Anwender zu testen, ist immer noch besser als gar keine Tests.

UI-Design

Endlich kommen wir zum „lustigen" Teil. Im UI-Design erwecken Sie Ihre „langweiligen" Mockups zum Leben und experimentieren mit visuellen Effekten, wählen die Farben aus und legen die Schriften fest. Natürlich müssen all diese kreativen Schritte innerhalb der Zielsetzungen für Ihr Projekt geschehen. Behalten Sie stets die Marke Ihres Kunden, die Zielgruppe des Designs und das Medium im Hinterkopf. Sie sollten zum Beispiel nicht mit Grün und Violett arbeiten, wenn die Marke Ihres Kunden auf Rot und Blau aufgebaut ist.

> *Wahrscheinlich werden Sie ziemlich oft versucht sein, Ihre Mockups zu ändern (Layout überarbeiten, einen Button verschieben usw.), nur weil etwas nicht ganz so gut aussieht. Auch wenn Ihr Auge die „neue Version" bevorzugt, sollten Sie keine Änderungen vornehmen, wenn sich das Design bereits durch die Tests bewährt hat. Kleine Veränderungen sind natürlich möglich, aber sie sollten sich im Rahmen halten. Belassen Sie strategisch wichtige Komponenten an ihrem Platz.*

DER PROJEKTANSATZ

Für meinen Kunden entwerfe ich unter dem Namen **Tix App** eine App mit Aufgabenlisten für Apples iOS-Plattform. Wir beschäftigen uns mit der Umsetzung der Theorie sowie der Kundenwünsche in einem realen Projekt und verwenden Affinity Designer sowohl für das UX- als auch das UI-Design. Die in diesem Projekt verwendeten Prinzipien und Techniken lassen sich ebenso für die Entwicklung von Android-Apps einsetzen. An einigen Punkten gehe ich näher auf bestimmte Aspekte ein, die Sie bei der Entwicklung von Android-Designs beachten müssen.

Technische Aspekte

Die Bildschirmgröße

Es gibt mittlerweile eine ganze Reihe von iOS-Geräten, und fast alle arbeiten mit einer anderen Bildschirmgröße und Bildschirmauflösung. In diesem Projekt entwerfen wir ein Mockup für die iPhone-Modelle 6, 7 und 8 (alle mit 375 x 667 pt)

Die Pixeldichte

Aufgrund der verschiedenen Bildschirmgrößen und -auflösungen der iOS-Geräte unterscheiden sich die Modelle auch in der **Pixeldichte**. Die Pixeldichte gibt die Anzahl der Pixel auf einem Zoll des Bildschirms an.

Geräte ohne Retina-Technologie (x1) hätten bei identischer Bildschirmgröße nur die halbe Auflösung von Retina-Geräten (x2). Das heißt: Pro Zoll werden auf einem Retina-Bildschirm (x2) doppelt so viele Pixel angezeigt. Ein Button (oder jede andere Grafik) auf einem iPhone mit Retina-Display (x2) muss aus viermal so vielen Pixeln aufgebaut sein wie auf dem Modell ohne Retina-Display. Und das wiederum kann zu Verwirrung führen, wenn es um die Größe der Buttons geht. Ist die Höhe nun 88 px oder 44 px? Um solche Probleme zu vermeiden, arbeiten Entwickler für Mobil-Apps nicht mit der Einheit „Pixel", sondern mit der Einheit **Punkt**. Punkt (pt) ist eine Geräte-unabhängige Maßeinheit. 1 pt entspricht 1 px auf normalen Displays ohne Retina-Technologie (x1), 2 px auf Retina-Displays (x2) und 3 px auf „Retina HD"- oder „Super Retina HD"-Displays (x3). Sie können somit für einen Button eine Höhe von 44 pt festlegen, und jedes Gerät multipliziert dann die Buttongröße mit seinem Faktor für die Pixeldichte: 1x, 2x oder 3x für Apple-Geräte.

DPI

Neben der Maßeinheit „Punkt" sollten Sie bei App-Designs für Retina-Geräte (x2) auch eine **DPI**-Auflösung von 144 dpi verwenden. Hierdurch sind die Grafiken auch bei hohen Pixeldichten klar und detailliert erkennbar. Die Geräte-Vorgaben für die Dokumenteinstellungen legen die Maßeinheit automatisch auf „Punkt" fest und die Auflösung auf 144 dpi oder 216 dpi, sodass Ihnen mit diesen Vorgaben stets eine solide Grundlage für Ihre App-Designs zur Verfügung steht.

Ressource

tix1_01_documentsetup.afdesign

DOKUMENTEINSTELLUNGEN

Bei App-Designs ist es sinnvoll, mit einer Geräte-spezifischen Vorgabe zu beginnen, damit Sie direkt alles passend zu den Bildschirmabmessungen des App-Benutzers entwerfen. ArtBoards in unterschiedlichen Größen für andere Geräte können Sie später jederzeit hinzufügen.

1 Klicken Sie auf den Menüpunkt **Datei > Neu**. Stellen Sie in den Dokumenteinstellungen den **Typ** auf *Geräte* und die **Seitenvorgabe** auf *iPhone 6 (Retina)* ein. Aktivieren Sie die Option **ArtBoard erstellen**.

2 Klicken Sie im Panel **Ebenen** auf den Namen des ArtBoards und ändern Sie ihn in *Hauptbildschirm*.

> Wenn Sie Apps für das iPhone 7 entwerfen, verwenden Sie die Vorgabe „iPhone 6 (Retina)".

> Wenn Sie ein Design für Android-Apps entwickeln, geben Sie die Abmessungen des Geräts in die Felder „Seitenbreite" und „Seitenhöhe" ein.

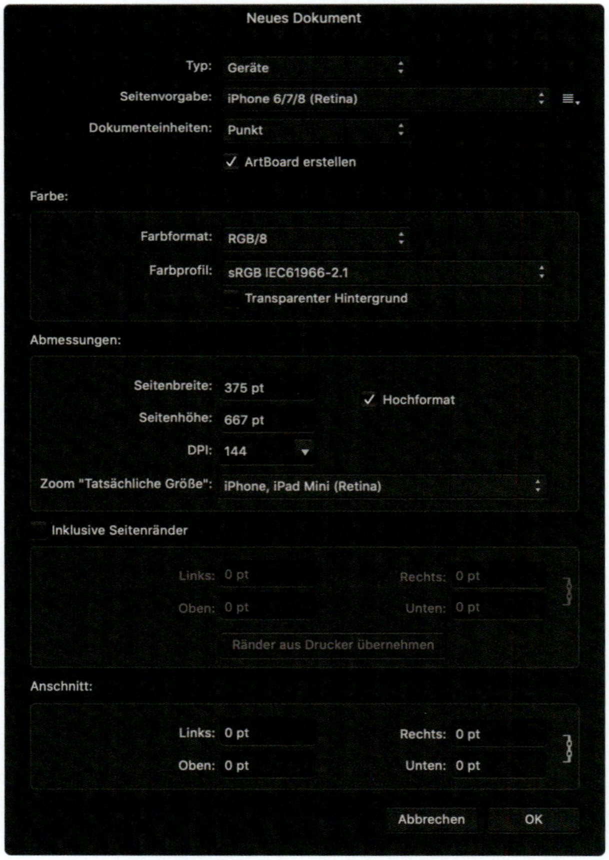

Designhilfen

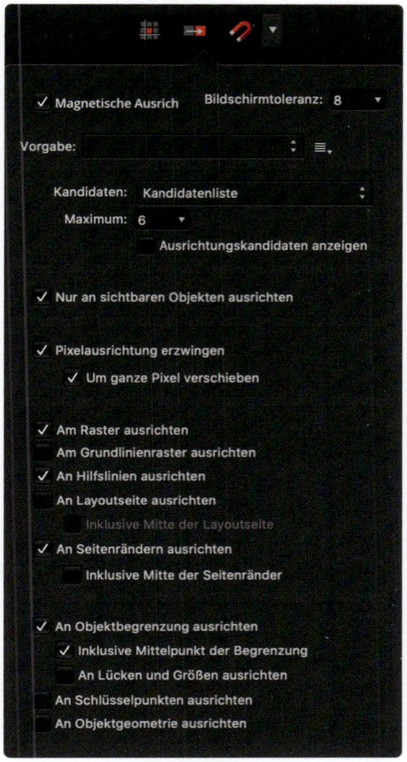

Aktivieren Sie die **magnetische Ausrichtung**, um sich das Leben zu erleichtern. Hierdurch stellen Sie sicher, dass alle Objekte pixelgenau erstellt und präzise angeordnet werden.

1 Klicken Sie in der **Symbolleiste** auf das Symbol **Magnetische Ausrichtung**.

2 Klicken Sie auf den Pfeil des Symbols und wählen Sie die Vorgabe *UI-Design* aus. Es werden nun automatisch einige der Ausrichtungsoptionen aktiviert. Für mein Design passe ich diese Einstellungen an, damit ich bis zu sechs Objekte als Ausrichtungskandidaten mit der entsprechenden Liste verwenden kann. Einige Optionen habe ich deaktiviert, da ich sie wohl nicht benötigen werde.

Die Option **Pixelausrichtung erzwingen** ist wichtig, das Sie damit Ihre Objekte auf ganze Pixelwerte genau platzieren und ausrichten können.

Die Einstellungen für das Panel „Farbe“

Wir konfigurieren nun das Panel „Farbe“ so, dass Sie schnell und einfach RGB-Hexwerte eingeben können.

1 Klicken Sie im Panel **Farbe** auf das Symbol der Panel-Einstellungen.

2 Klicken Sie in dem Einblendmenü auf die Option **Schieber**.

3 Klicken Sie im Einblendmenü **RGB** auf *RGB Hex*. In das #-Feld können Sie nun Hex-Farbwerte eingeben. Ich verwende jedoch auch den Farbselektor **Füllung** (Panel „Farbe“; Schieber für RGB-Hex) in verschiedenen Kontextleisten.

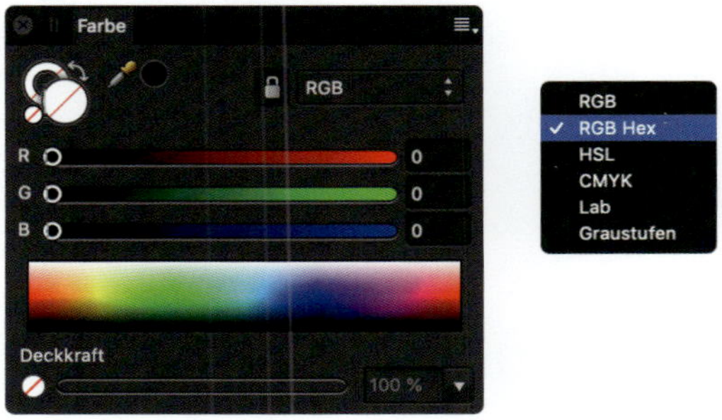

Ressource

tix1_02_uxelementsmainscreen.afdesign

UX-DESIGN: ENTWERFEN DER ELEMENTE (HAUPTBILDSCHIRM)

Im ersten UX-Design platzieren wir die „Bausteine" in dem Entwurf. Leisten, Karten und ergänzende Texte sind ein guter Rahmen für das später folgende UI-Design, in dem wir uns den visuellen Aspekten widmen.

> Stellen Sie über das Panel **Transformieren** die Größe der Rechtecke über die Felder **B** und **H** sowie ihre Position über die Felder **X** und **Y** punktgenau ein.

Erstellen einer Statusleiste

Lassen Sie stets genügend Platz für Geräte-spezifische Komponenten. Sie brauchen auf jeden Fall eine Statusleiste im oberen Bereich des Bildschirms, da diese auf iOS-Geräten immer sichtbar ist.

1 Zeichnen Sie mit dem Werkzeug **Rechteck** (M) ein Rechteck von a 375 x 20 pt und richten Sie es magnetisch an der Oberkante des Bildschirms aus.

2 Nennen Sie diese Form *Statusleiste* und verleihen Sie ihr als Zwischenlösung eine gleichmäßige schwarze Füllung.

Navigations- und Suchleiste

1 Zeichnen Sie ein Rechteck von 375 x 44 pt und platzieren Sie es knapp unter der Statusleiste (**Y** *20 pt*) und ändern Sie seinen Namen in *Navileiste*.

2 Duplizieren Sie das Objekt (**Bearbeiten > Duplizieren**), platzieren Sie die Kopie ein Stück weiter unten (**Y** *64 pt*) und legen Sie als Namen *Suchleiste* fest. Zeichnen Sie nun ein weißes Rechteck von 359 x 30 pt, platzieren Sie es auf der Suchleiste und nennen Sie es *Sucheingabe*. Richten Sie das Objekt über das Einblendpanel **Anordnen** der **Symbolleiste** horizontal und vertikal so aus, dass es genau in der Mitte der Suchleiste liegt.

3 Ziehen Sie im Panel **Ebenen** das Rechteck für die Sucheingabe in das Rechteck der Suchleiste, sodass die Einträge verschachtelt sind.

4 Stellen Sie für die Sucheingabe in der Kontextleiste die **Ecke** auf *Gerundet*, aktivieren Sie die Option **Absolute Größen** und legen Sie einen Eckenwert von *4 pt* fest, um die Standardeingabe unter iOS zu imitieren.

5 Stellen Sie die Füllung der Navileiste auf *#CACACA* und die Füllung der Suchleiste auf *#E4E4E4E* ein.

In dem UX-Abschnitt geht es um die Funktionalität und nicht um das hübsche Aussehen. Erstellen Sie Ihre Mockups mit Graustufen und verwenden Sie einfache Schriften, damit Sie sich ganz auf die UX-Aspekte konzentrieren können und nicht von „UI-Kosmetik“ abgelenkt werden.

Platzieren der Navileistentexte

1 Klicken Sie in der **Werkzeugleiste** auf das Symbol für das Werkzeug **Grafiktext** (T).

2 Platzieren Sie den Cursor auf der Navileiste, klicken Sie einmal und geben Sie *TASK LISTS* ein.

3 Blenden Sie das Panel **Zeichen** über den Menüpunkt **Ansicht > Studio** ein und formatieren Sie den Text.

4 Platzieren Sie den Text in der Mitte der Navileiste. Sobald die horizontale rote Linie und die vertikale grüne Linie eingeblendet werden, ist das Objekt magnetisch ausgerichtet.

5 Ziehen Sie im Panel **Ebenen** den Eintrag für „TASK LISTS“ in den Eintrag für die Navileiste, um den Text zu begrenzen.

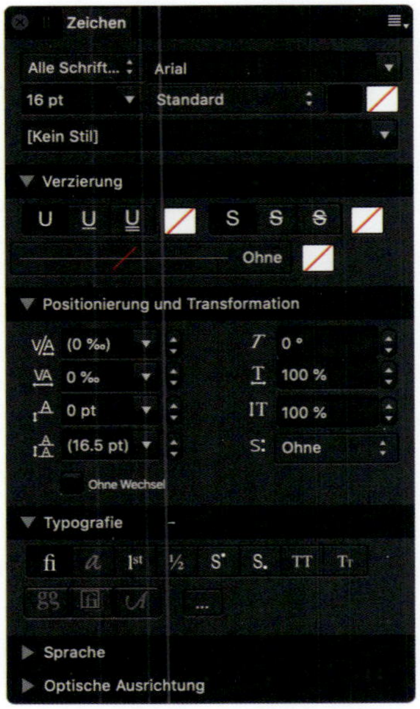

Über das Panel „Zeichen“ lassen sich Texte sehr flexibel formatieren. Sie können aber auch die Optionen der Textkontextleiste verwenden, da diese schneller „greifbar“ sind.

Erstellen der Aufgabenkarten

Auf dem Hauptbildschirm erstellen Sie mehrere kategorisierte **Aufgabenkarten**, die direkt zu den entsprechenden Aufgabenlisten der verschiedenen Kategorien führen sowie einen Button, um eine neue Aufgabenliste (in Form einer Karte) anzulegen. Für meinen Kunden habe die Karten „My Personal Tasks", „Work Tasks" und „My Secret Project" erstellt.

1 Zeichnen Sie ein Rechteck von *359 x 90 pt*, nennen Sie es *Aufgabenkarte* und ändern Sie seine Füllung in *#E4E4E4*. Legen Sie gerundete Ecken mit einer absoluten Größe von *4 pt* fest.

2 Zeichnen Sie ein weiteres Rechteck (*359 x 20 pt* mit *#CACACA* als Füllung) über das Rechteck für die Aufgabenkarte und ändern Sie seinen Namen in *Unterer Hg*.

3 Ziehen Sie im Panel **Ebenen** das neue Rechteck in den Eintrag für die Aufgabenkarte. Sobald die blaue Markierung eingeblendet wird, lassen Sie die Maustaste los.

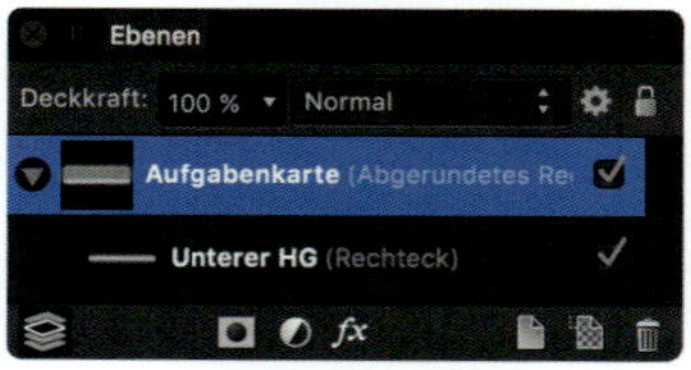

4 Verschieben Sie das Rechteck „Unterer Hg" so, dass es an der Unterkante des Rechtecks für die Aufgabenkarte ausgerichtet ist (magnetisch „einrastet") und richten Sie es auch horizontal durch Einrasten aus.

5 Zentrieren Sie die die Form für die Aufgabenkarte und legen Sie im Panel **Transformieren** den Wert **Y** auf *117 pt* fest.

Erstellen der Texte für Aufgabenkarten

Wir benötigen nun Text für die Aufgabenkarten: den Namen der Karte, eine kurze Beschreibung und die Anzahl der Aufgaben (plus die Anzahl der überfälligen Aufgaben).

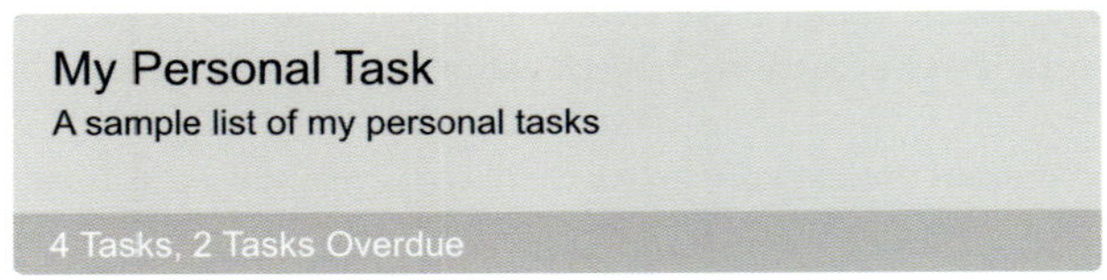

1 Wählen Sie die Form für die Aufgabenkarte aus.

2 Fügen Sie mit dem Werkzeug **Grafiktext** folgenden Text ein:

- *My Personal Tasks (Füllung #000000, 16 pt Arial).*
- *A sample list of my personal tasks (Füllung #000000, 12 pt Arial).*
- *4 Tasks, 2 Tasks Overdue (Füllung #FFFFFF, 12 pt Arial).*

3 Ziehen Sie im Panel **Ebenen** die drei Textebenen in die Ebene für die Aufgabenkarte und ordnen Sie die Texte ordentlich auf der Seite an (siehe Screenshot).

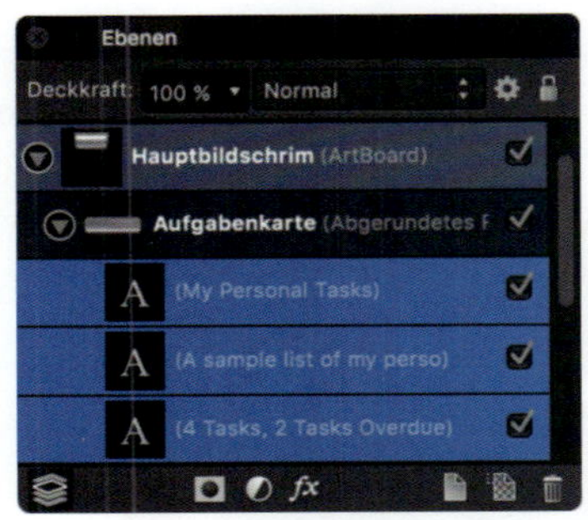

Ressource

tix1_03_symbols.afdesign

UX: SYMBOLE

Symbole sind ein unglaublich flexibles Feature von Affinity Designer. Anstatt mehrere identische Kopien sich wiederholender Elemente in Ihrem Design zu platzieren, verwenden Sie einfach mehrere Instanzen eines Symbols. Müssen Sie später diese Elemente überarbeiten, ändern Sie einfach nur eine beliebige Instanz, und die restlichen Instanzen werden automatisch aktualisiert. Fast wie Zauberei!

In diesem Projekt können wir Symbole verwenden, um Textänderungen auf mehreren Aufgabenkarten umzusetzen.

Erstellen eines Symbols

1 Wählen Sie im Panel **Ebenen** die Ebene für die Aufgabenkarte aus.

2 Blenden Sie über **Ansicht > Studio** das Panel **Symbole** ein und klicken Sie in dem Panel auf **Symbol erstellen**.

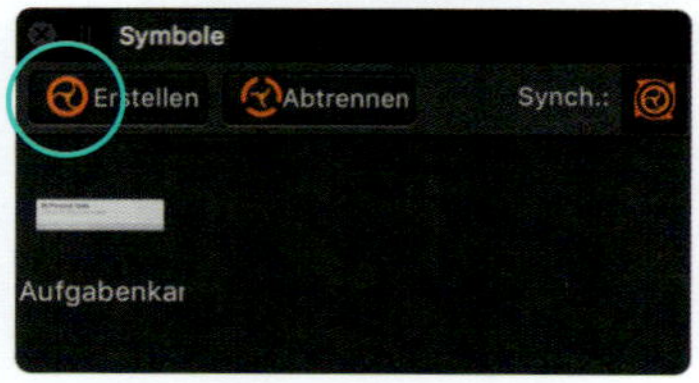

3 Ziehen Sie das erstellte Symbol aus dem Panel zweimal auf Ihr ArtBoard. Platzieren Sie jede Symbolinstanz im Abstand von 10 pt unter dem untersten Symbol.

Durch die vorhin aktivierte magnetische Ausrichtung können Sie die Symbole horizontal ausrichten. Die Maßhilfslinien zeigen Ihnen während des Verschiebens automatisch die Distanz zwischen den Symbolen. Falls notwendig zoomen Sie einfach auf die Lücke zwischen den Karten, um alles genau zu sehen.

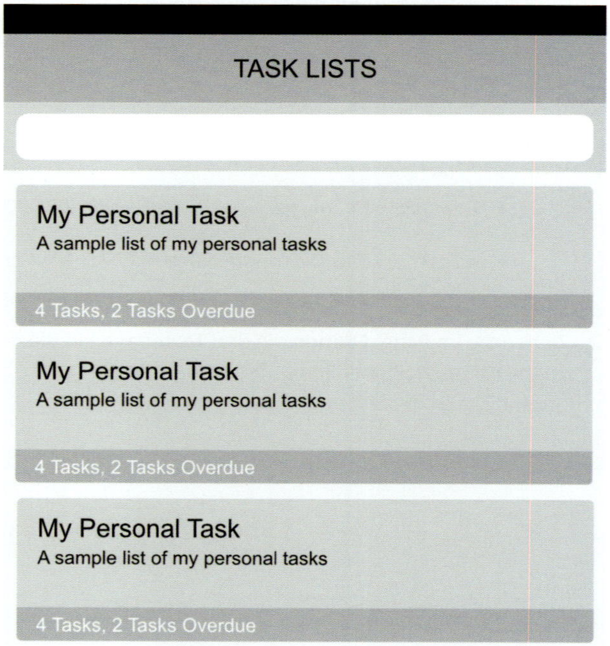

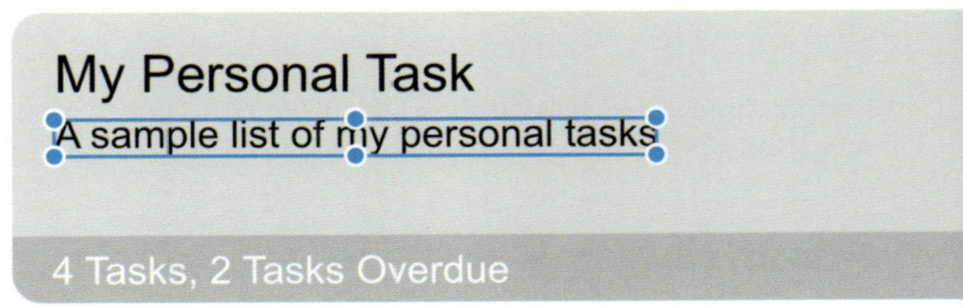

Simultane globale Bearbeitung mit Symbolen

Bei meiner Überprüfung der Karten fand ich den Beschreibungstext auf den Karten etwas zu dunkel.

- Wählen Sie im Panel **Ebenen** den Text *A sample list ...* einer beliebigen Ebene für eine Aufgabenkarte (Symbol) aus und ändern Sie seine Farbe in *#959595*. Affinity Designer ändert nun automatisch die Farbe aller Beschreibungstexte auf allen anderen Symbolen gleichzeitig. Klasse!

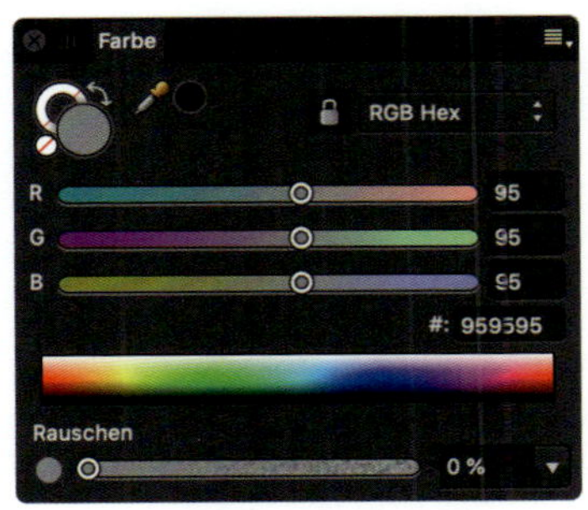

Müssen Sie ein einzelnes Symbol ganz individuell verändern, deaktivieren Sie im Panel **Symbole** die Option **Synchronisieren**, nehmen die Änderung vor und reaktivieren die Synchronisierung. Mit der Synchronisierung beschäftigen wir uns ausführlich auf Seite 391.

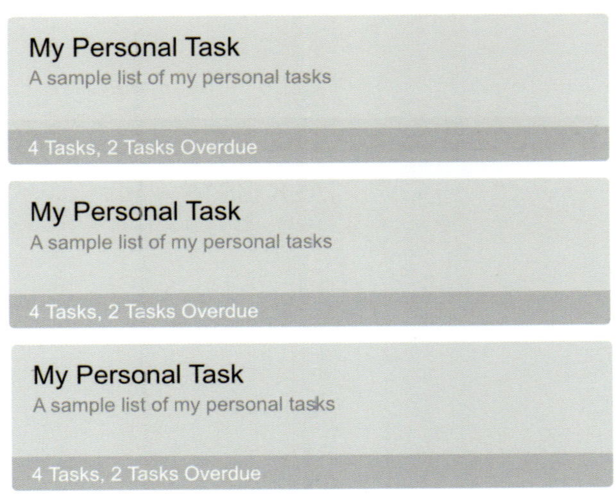

Ressource
tix1_04_uxelementsmainscreen2.afdesign

UX: ENTWERFEN DER ELEMENTE 2 (HAUPTBILDSCHIRM)

Nun wird es Zeit, das Mockup des ersten Bildschirms abzuschließen. Wir brauchen noch einen Button „Neue Aufgabenliste", einen Button „Suchen" und die Bezeichnungen für die einzelnen Aufgabenkategorien.

Einfügen des Buttons „Neue Aufgabenliste"

1 Blenden Sie über den Menüpunkt **Ansicht > Studio** das Panel **Assets** ein und öffnen Sie die Kategorie **Icons**.

2 Wählen Sie das ArtBoard „Hauptbildschirm" aus.

3 Ziehen Sie das Add-Icon (Pluszeichen) auf die rechte Seite der Navileiste. Durch die magnetische Ausrichtung lässt es sich bequem vertikal zentrieren.

4 Legen Sie eine weiße Füllung für das Icon fest, ändern Sie seinen Namen in *Ico-Btn* und verschieben Sie es in die Form für die Navileiste, die Sie vorhin erstellt haben.

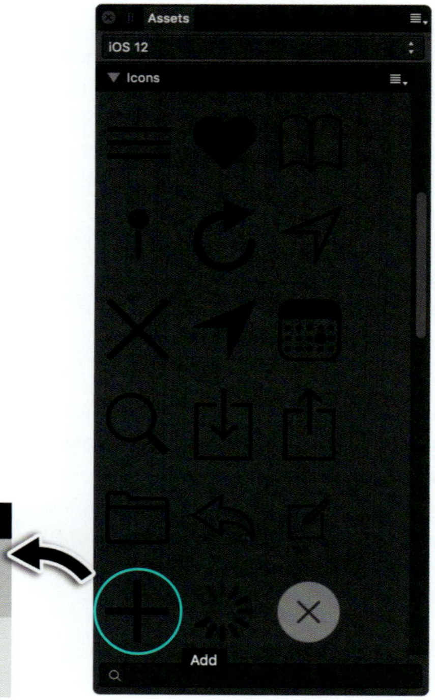

Einfügen des Suchen-Textes

Als Nächstes fügen wir den Text „Search" in unser Suchfeld ein, damit die Anwender auch wissen, wozu dieses Feld gut ist.

1 Erstellen Sie mit dem Werkzeug **Grafiktext** das Wort *Search...*. Stellen Sie die Größe auf *12 pt* ein und die Füllung auf *#959595*.

2 Ziehen Sie im Panel **Ebenen** den Texteintrag in den Eintrag für das Suchfeld (in der Suchleiste), sodass die Einträge verschachtelt angezeigt werden.

Bearbeiten der Texte

Die Karten für die Aufgabenlisten sind als Symbole definiert, aber im Moment enthalten sie alle identische Texte. Nachdem der Look der einzelnen Karten mit dem Kunden abgestimmt ist, lässt sich der Text so ändern, dass er sich auf die jeweilige Karte bezieht. Also ändern wir nun die Namen für die Aufgabenlisten und auch die Beschreibungen.

Diese Änderungen lassen sich bequem durchführen, indem Sie die Synchronisierung deaktivieren.

1 Klicken Sie im Panel **Symbole** auf das Optionssymbol **Synchronisieren**, um die Synchronisierung zu deaktivieren.

2 Wählen Sie den Text der zweiten und dritten Karte aus und ändern Sie ihn so wie in der Abbildung.

3 Klicken Sie erneut auf das Symbol **Synchronisieren**, um die Synchronisierung zu reaktivieren.

Die Textänderungen liefen wie normale Textbearbeitung ab, und die Symboleigenschaften der anderen Kartenelemente blieben erhalten, sodass sich das Design auch in Zukunft noch schnell und einfach global anpassen lässt. Ein Beispiel: Ändern Sie doch einfach mal kurz die Größe für das Rechteck „Unterer Hg" einer beliebigen Karte.

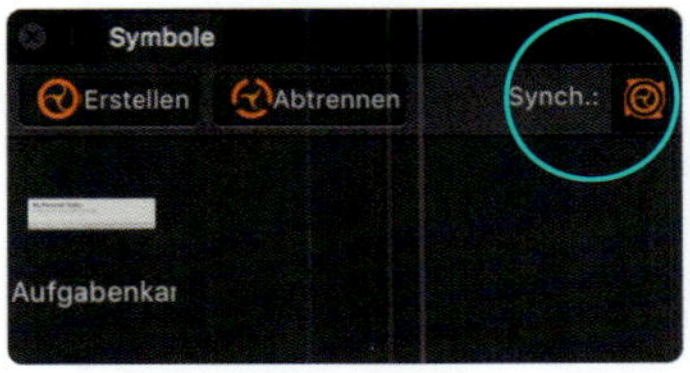

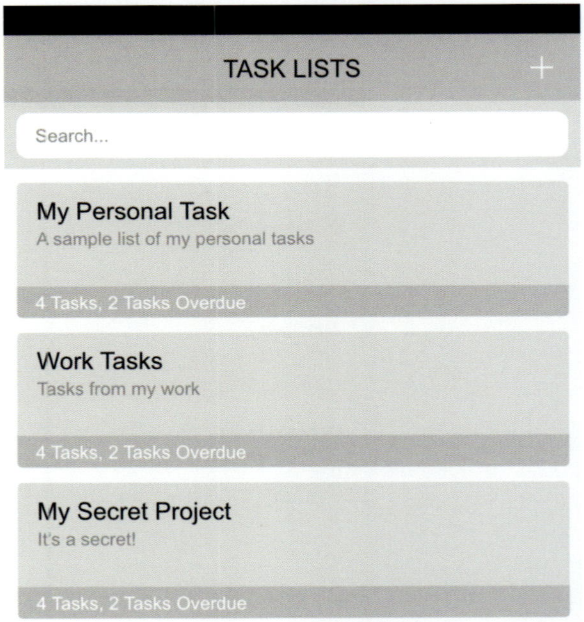

Ressource

tix1_05_uxelementstasklistscreen.afdesign

UX: ENTWERFEN DER ELEMENTE 3 (BILDSCHIRM FÜR AUFGABENLISTEN)

Nun wird es Zeit für den nächsten Schritt. Als Erstes erstellen wir hierfür ein neues ArtBoard, um das Design für den Listenbildschirm der Aufgaben zu entwerfen. Dieser Bildschirm enthält alle Aufgaben der Kategorie „My Personal Tasks", „Work Tasks" oder „My Secret Project". Für unser Beispiel verwenden wir die Kategorie „My Personal Task".

Anlegen eines zusätzlichen ArtBoards

1 Aktivieren Sie das **ArtBoard-Werkzeug** und klicken Sie in der Kontextleiste auf **ArtBoard einfügen**. Es werden nun automatisch die Einstellungen des bestehenden Dokuments verwendet.

2 Ändern Sie im Panel **Ebenen** den Namen in *Bildschirm: Aufgabenliste*.

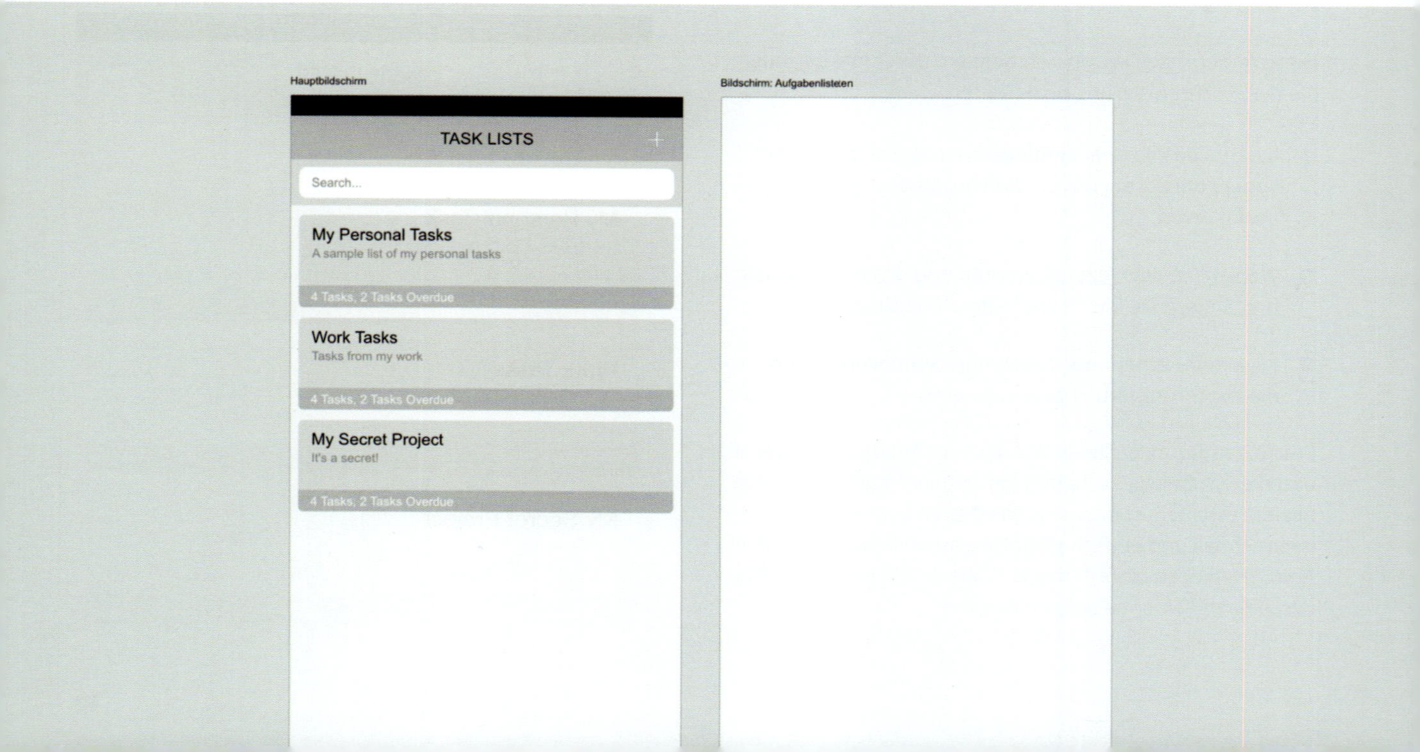

Einfügen von Inhalten

Entwerfen Sie die Inhalte für das ArtBoard nach folgenden Richtlinien.

- Kopieren Sie die Formen für Statusleiste und Navileiste aus dem Hauptbildschirm. Diese beiden Elemente bilden eine gute Grundlage.

- Ändern Sie den Titel der Navileiste in *My Personal Tasks*, zentrieren Sie ihn auf der Leiste und löschen Sie das Plus-Icon, da wir später noch einen Button „Neue Aufgabe" erstellen.

In dieser Ansicht verwenden wir eine einzelne helle Karte für den Vordergrund und einen dunklen Hintergrund. Auf den Karten werden viele Informationen angezeigt, und durch den hellen Vordergrund (kommt später) lässt sich der Text einfacher lesen.

- Gestalten Sie den ArtBoard-Hintergrund nach demselben Schema wie den Hintergrund der Navileiste. Wählen Sie im Panel **Ebenen** das gesamte ArtBoard „Bildschirm: Aufgabenliste" aus und ändern Sie seine Farbe in *#CACACA*.

Erstellen der Karten für die Aufgabenliste und die seitliche Navigation

In dem Bildschirm für die Aufgabenlisten benötigen wir nur eine Karte, um den gesamten Text einer Aufgabenliste darzustellen.

1 Zeichnen Sie ein Rechteck von *315 x 515 pt* mit der Füllung *#EAEAEA* und zentrieren Sie es auf der Seite. Stellen Sie im Panel **Transformieren** den Wert für **Y** auf *85 pt* ein.

2 Legen Sie in der Kontextleiste gerundete Ecken fest, aktivieren Sie die Option **Absolute Größen** und legen Sie einen **Radius** von *8 pt* fest.

Durch zusätzliche Karten an den Seiten zeigen Sie dem Anwender, dass er durch einfaches Wischen nach links oder rechts zwischen den Aufgabenlisten wechseln kann.

Diese Ansicht erreicht der Anwender, indem er im vorangehenden Bildschirm eine Aufgabenliste auswählt. Er muss jedoch nicht wieder zu dem vorangehenden Bildschirm zurück, um eine neue Liste auszuwählen, sondern kann einfach durch Wischen nach links oder rechts eine andere Liste einblenden. Die kleine Vorschau für die anderen Listen an der Seite zeigt dem Anwender, dass es noch mehr zu erkunden gibt.

3 Zeichnen Sie ein weiteres Rechteck in der Größe *15 x 485 pt* und richten Sie es magnetisch an der Kante des ArtBoards aus (**Y** = *100 pt*).

4 Um die Ecken gezielt abzurunden, aktivieren Sie das **Eckenwerkzeug** (C). Wählen Sie die oberen und unteren Innenecken mit gedrückter Umschalttaste aus und ziehen Sie nach innen, bis in der Kontextleiste der **Radius** als *6 pt* angezeigt wird.

5 Wählen Sie das Rechteck mit dem Werkzeug **Verschieben** (V) aus, duplizieren Sie es über **Bearbeiten > Duplizieren** und klicken Sie dann in der **Symbolleiste** auf das Symbol **Horizontal spiegeln**. Verschieben Sie das Duplikat mit gedrückter Umschalttaste, bis es sich an der gegenüberliegenden Seite des Bildschirms ausrichtet.

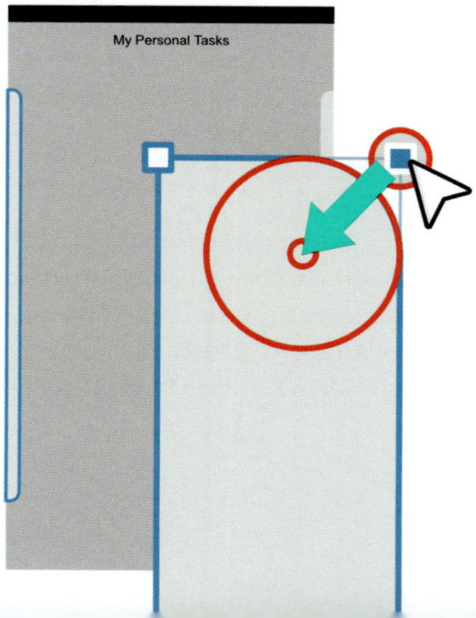

Hinzufügen von Aufgabenkarten

Ich füge nun einige Aufgaben in die Listenkarte ein. Hierzu verwenden Sie die gleiche Methode, mit der wir auch schon die Aufgabenkarten im Hauptbildschirm erstellt haben. Für die Aufzählungszeichen der Liste verwende ich Symbole, falls ich diese Zeichen in Zukunft ändern möchte. Auch wenn das nicht mehr nötig sein sollte, erspare ich mir im Fall der Fälle damit eine Menge Arbeit!

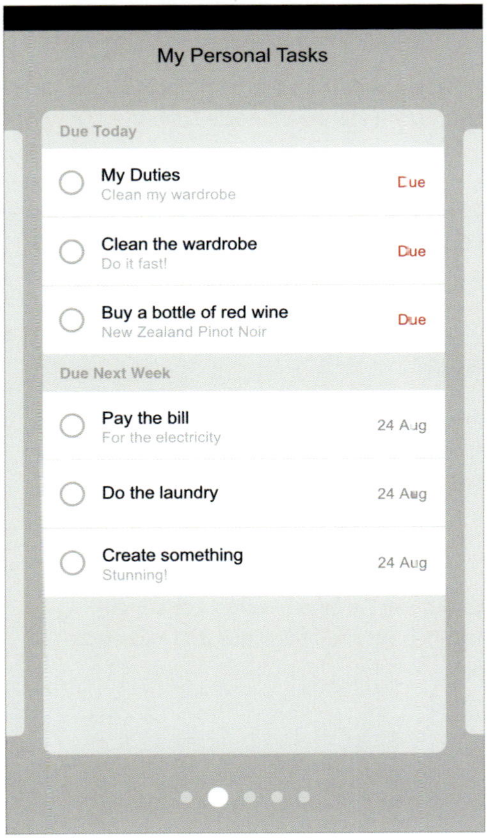

Damit wäre das UX-Design fertig. Das Mockup ist komplett und wird nun dem Kunden vorgelegt und ausgiebig getestet.

Ressource
tix1_06_uibackgroundbars.afdesign

UI-DESIGN: HINTERGRUND UND LEISTEN (HAUPTBILDSCHIRM)

Für den nächsten Abschnitt gehen wir davon aus, dass unser Entwurf genehmigt wurde und alle Tests erfolgreich verlaufen sind. Somit konzentrieren wir uns jetzt ganz auf das UI-Design und stützen uns dabei auf das Mockup. Jetzt kommt der „lustige“ Teil!

Mehr über die Schritte des UI-Designs erfahren Sie auf Seite 370. Noch einmal zur Auffrischung: Bei dem UI-Design dreht sich alles darum, den Look und die Bedienung der App so perfekt wie möglich zu gestalten, ohne die grundlegende Designstruktur zu verändern.

Erstellen einer Kopie

Sie können die Datei für das UX-Design nun zu den Akten legen, da sie ihren Zweck erfüllt hat.

- Erstellen Sie in Ihrem Ordner eine Kopie der Datei für das UX-Mockup, ändern Sie ihren Namen (z. B. in „tix-app-ui.afdesign“) und öffnen Sie sie in Affinity Designer.

Herunterladen und Installieren von Schriften

Für mein Design habe ich mich für die Schriftfamilie „Montserrat“ entschieden. Diese Schrift steht bei Google Fonts zum Download bereit.

1 Besuchen Sie die Website fonts.google.com (oder suchen Sie online nach Google Fonts) und laden Sie die Schriftfamilie **Montserrat** (Regular und Bold) herunter.

2 Öffnen Sie das heruntergeladene Zip-Archiv und lesen Sie die Datei **OFL.txt**.

3 Für Mac: Führen Sie einen Doppelklick auf die heruntergeladenen Schriftdateien aus und klicken Sie auf **Schrift installieren**.

Oder

Für Windows: Führen Sie einen Rechtsklick auf die heruntergeladenen Schriftdateien aus und klicken Sie auf **Installieren**.

Hintergrund

Und schon geht es mit dem Seitendesign los. Wir beginnen mit dem Hintergrund.

1 Wählen Sie auf dem ArtBoard „Hauptbildschirm" das Rechteck für die Statusleiste aus.

2 Klicken Sie in der **Symbolleiste** auf die Option **Hinter der Auswahl einsetzen**.

3 Zeichnen Sie ein Rechteck von der unteren linken Ecke des ArtBoards bis zur rechten oberen Ecke, sodass es vollständig verdeckt ist. Nennen Sie dieses Objekt *Hg-Verlauf*.

4 Legen Sie mit dem Werkzeug **Füllung** (G) einen linearen Verlauf fest, indem Sie auf der Form nach oben ziehen. Legen Sie über das Panel **Farbe** die obere Farbe des Verlaufs auf *#FFFFFF* und die untere auf *#000000* fest und für beide Endmarker eine **Deckkraft** von *5 %*.

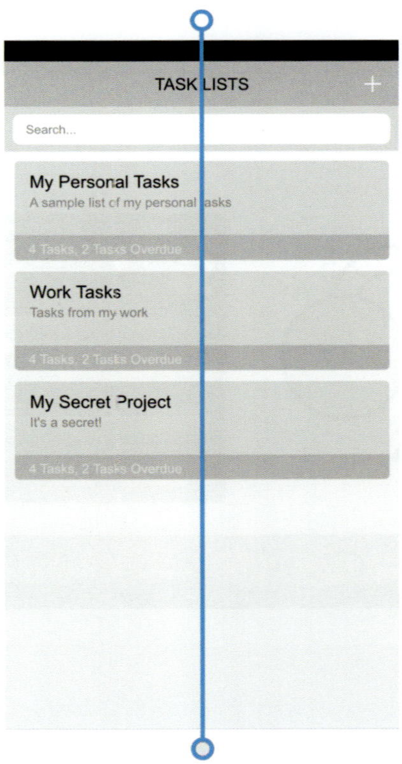

Navileiste und Suchleiste

Ich möchte die Navigationsleiste durch eine neue Schrift und den Einsatz des neu erstellten Hintergrunds etwas interessanter gestalten.

1 Wählen Sie die Form für die Navigationsleiste aus und klicken Sie im Panel **Farbe** auf das Feld „Ohne", um ihre Füllung zu entfernen.

2 Legen Sie für den Titel „Task Lists" und den Button „Neue Aufgabenliste" die Füllung als *#979FB1* fest.

3 Formatieren Sie den Titel über die Kontextleiste mit der Schrift „Montserrat" und legen Sie folgende Einstellungen in der Symbolleiste fest.

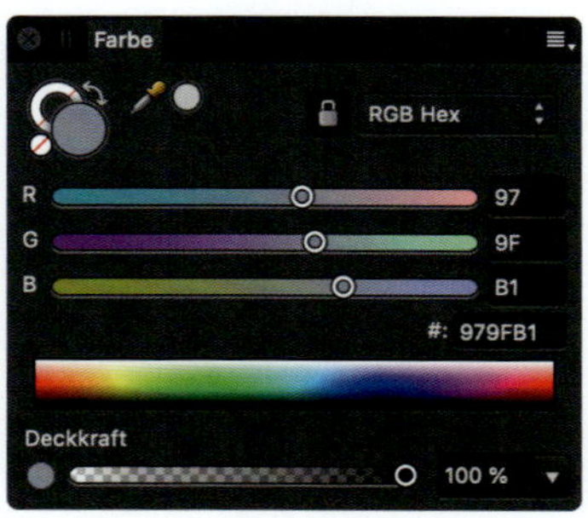

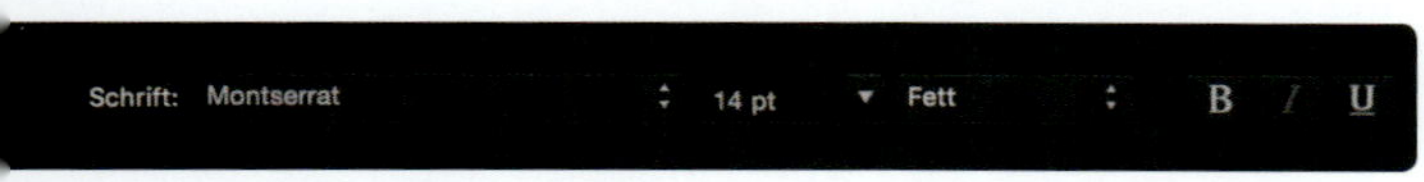

Für die Suchleiste können wir den „Container" entfernen, sodass nur das Suchfeld übrig bleibt. Das Feld könnte auch etwas schmaler und tiefer sein. Wir setzen zusätzlich einen Schatteneffekt ein, um das Eingabefeld hervorzuheben und ändern die Textfarbe.

1 Verschieben Sie im Panel **Ebenen** das gerundete Rechteck für die Sucheingabe aus seiner übergeordneten Ebene und löschen Sie das Rechteck der Suchleiste. Das Rechteck war nur für die UX-Entwicklung gedacht.

2 Wählen Sie auf der Seite das Feld für die Sucheingabe aus und aktivieren Sie in der Kontextleiste die Option **Untergeordnete Elemente schützen**. Hierdurch bleibt das Seitenverhältnis für den Text bestehen, wenn wir gleich die Abmessungen des Feldes ändern. Ändern Sie die Größe für das Eingabefeld der Suche in *335 x 36 pt* und deaktivieren Sie die Option **Untergeordnete Elemente schützen** wieder.

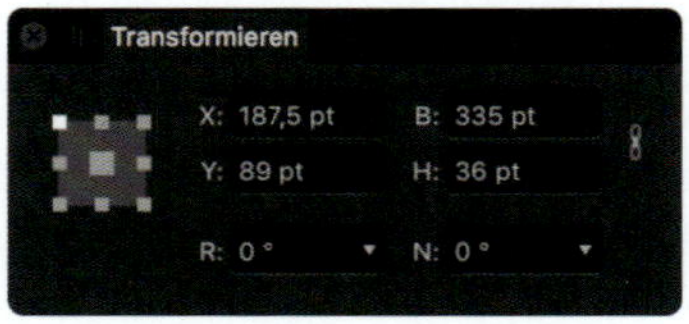

3 Die Sucheingabe ist nun „unsichtbar“ und benötigt einen Schatteneffekt. Klicken Sie im Panel **Effekte** auf **Schatten nach außen** und legen Sie die abgebildeten Einstellungen fest.

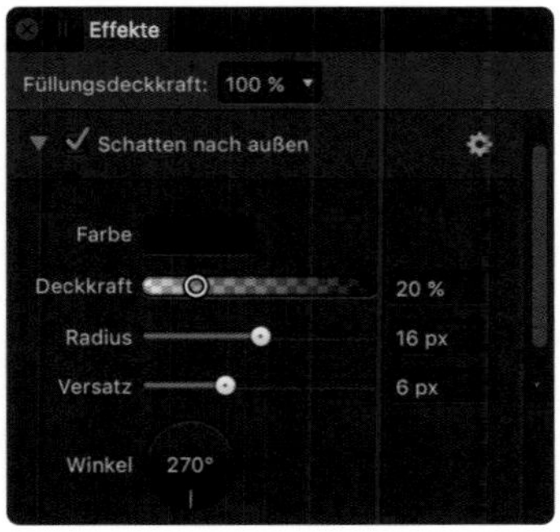

4 Ändern Sie die Position für den Text „Search“ in dem Eingabefeld und legen Sie *#BEC7DC* als seine neue Füllungsfarbe fest.

Jetzt wirkt unser Design schon ganz anders! Wir haben alle Konzepte aus den Mockups übernommen und nur einige visuelle Details verändert, wie z. B. die Größe des Eingabefeldes. Solange Sie die allgemeine Bedienung nicht verändern oder die Buttons, Eingabefelder und Texte nicht so stark verkleinern (oder vergrößern), dass sie „unbrauchbar“ oder unleserlich werden, können Sie ruhig etwas experimentieren. Bei dem UI-Design geht es schließlich nicht nur um das Ändern von Farben!

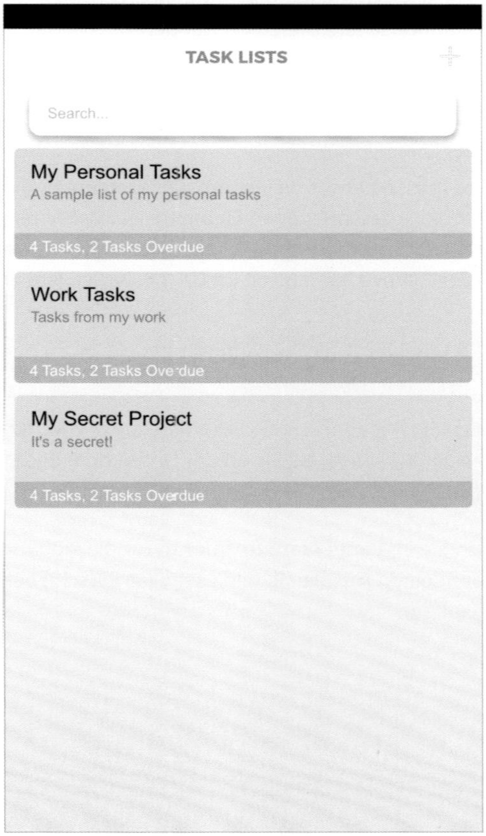

Ressource
tix1_07_uitaskcards.afdesign

UI: KARTEN FÜR AUFGABENLISTEN (HAUPTBILDSCHIRM)

Im Moment sehen die Aufgabenkarten noch etwas gedrängt und langweilig aus. Also müssen wir sie etwas aufhübschen. Hierzu verwenden wir kräftige Farben und das Feature für Symbole.

Abstände und Ausdrücke

Die Karten müssen etwas weiter von der Suchfunktion entfernt sein, damit die Anwender diese verschiedenen Elemente leichter unterscheiden können und mit dem Finger nicht versehentlich eine Aufgabenliste öffnen, wenn sie eigentlich etwas suchen wollten. Der richtige Abstand ist im UX-/UI-Design von entscheidender Bedeutung.

1 Wählen Sie bei aktivierter magnetischer Ausrichtung das Eingabefeld für die Suche aus. Hierdurch wird das Objekt als Ausrichtungskandidat für die Karten markiert.

2 Wählen Sie mit gedrückter Umschalttaste alle Karten aus und ziehen Sie die Auswahl nach oben, bis Sie an der Unterkante des Eingabefeldes für die Suche „einrastet".

3 Stellen Sie im Panel **Transformieren** für die Option **Y** keine absolute Position ein, sondern einen **Ausdruck**. In diesem Fall verschieben Sie die Auswahl um *20 pt* nach unten.

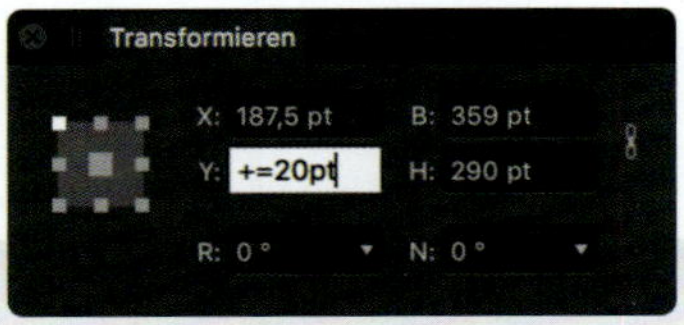

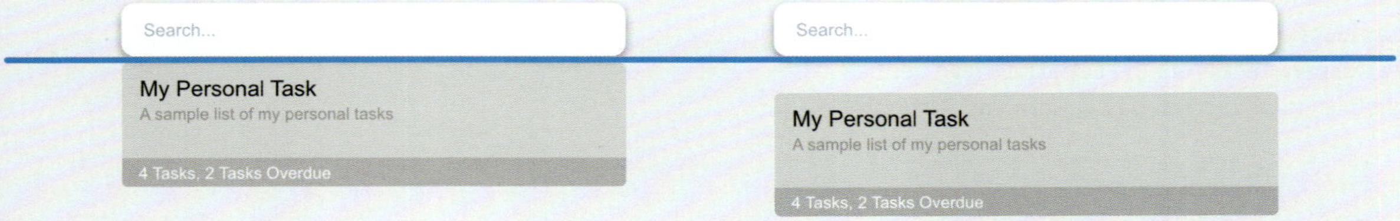

Ein Wiedersehen mit den Symbolen

Bisher haben wir noch nicht viel von den Symbolen „in Aktion" erlebt, aber jetzt können diese praktischen Kerlchen zeigen, was in ihnen steckt. Sie können durch die Funktionalität der Symbole alle Karten gleichzeitig verändern sowie durch Ausschalten der Synchronisierung gezielt einzelne Eigenschaften bearbeiten. Anschließend schalten Sie die Synchronisierung einfach wieder ein.

Ändern der Kartenabmessungen
Da wir die Suchleiste vorhin schmaler festgelegt haben, will ich den Karten die gleiche Schlankheitskur verpassen. Bei vielen Karten wäre dies eine ziemlich langwierige und langweilige Aufgabe. Und genau hier sind die Symbole eine unglaubliche Arbeitserleichterung.

1 Wählen Sie das Suchfeld aus, um es als Ausrichtungskandidaten zu markieren.

2 Wählen Sie im Panel **Ebenen** das abgerundete Rechteck einer beliebigen Karte aus und aktivieren Sie in der Kontextleiste die Option **Untergeordnete Elemente schützen**. Hierdurch wird der Text weder gestaucht noch gedehnt, wenn Sie die Objektgröße ändern.

3 Ziehen Sie mit gedrückter cmd-Taste ⌘ (Mac) oder Strg-Taste (Win) einen seitlichen Griff nach innen, bis die Kartengröße der Breite des Suchfeldes (*335 pt*) entspricht.

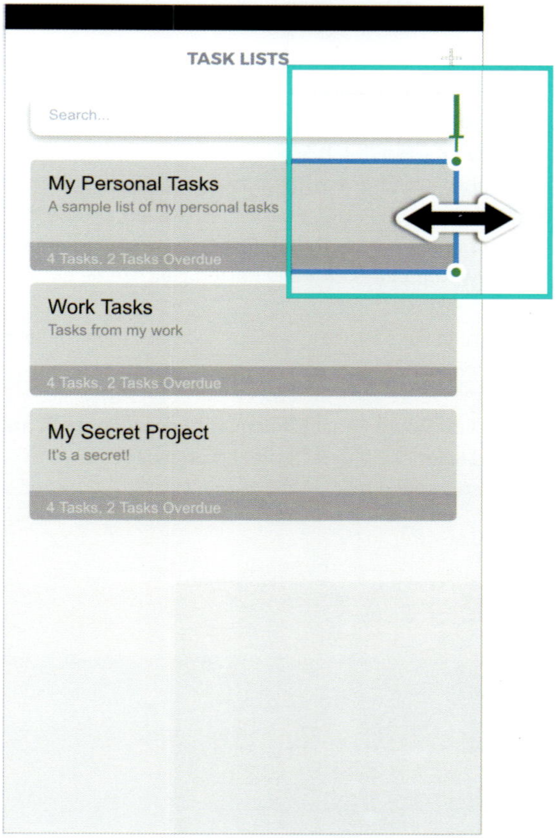

Hierdurch verschiebt sich die Ausrichtung des Textes ein wenig. Nutzen Sie also wieder die Symbolfunktionalität, indem Sie alle Textobjekte einer beliebigen Karte auswählen und dann mit der Pfeiltaste nach rechts so weit verschieben, bis alles wieder passt.

Anwenden von Effekten

Genau wie auch bei der Suchleiste müssen wir die einzelnen Karten durch Schatten von der Seite abheben. Sie können die Ebeneneffekte zwar auch direkt über das Symbol unten im Panel „Ebenen" einstellen, probieren Sie aber ruhig einmal das Panel „Effekte" aus. Auf jeden Fall sollten wir den Effekt für alle Karten gleichzeitig einstellen.

1 Wählen Sie das abgerundete Rechteck einer beliebigen Listenkarte aus.

2 Klicken Sie im Panel **Effekte** auf **Schatten nach außen** und legen Sie die nachfolgend abgebildeten Einstellungen fest.

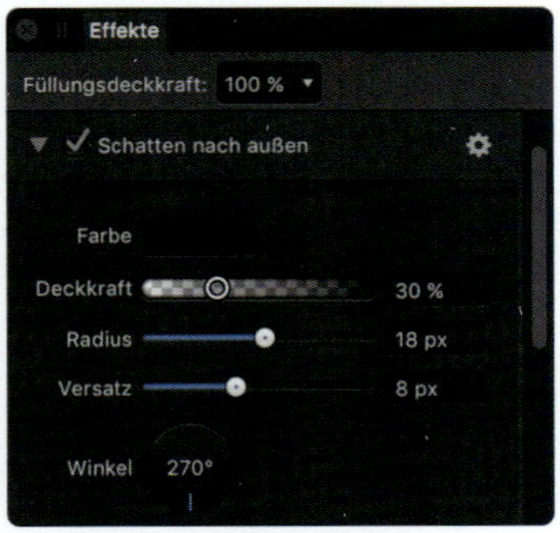

Hinzufügen von Farbverläufen

Ich wollte gern für jede Karte eine ganz bestimmte kräftige Farbe verwenden. Hierfür müssen wir aber jede Karte einzeln bearbeiten – die Synchronisierung der Symbole ist also „im Weg". Wir werden daher die „Verknüpfung" der Farben kurzfristig ausschalten. Der lineare Verlauf unterstützt zudem den Look der Karten und erzeugt den Eindruck, sie würden von der rechten Bildschirmseite aus beleuchtet.

1 Klicken Sie im Panel **Symbole** auf das Optionssymbol **Synchronisieren**, um die Synchronisierung zu deaktivieren.

2 Wählen Sie das gerundete Rechteck der Karte „My Personals Tasks" aus.

3 Ziehen Sie mit dem Werkzeug **Füllung** von oben nach unten über die Karte, um einen Verlauf (*#051D72 > #2A43B8*) zu erstellen.

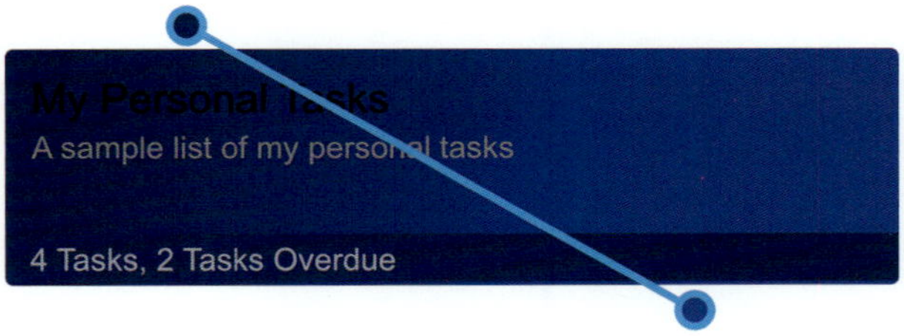

4 Wiederholen Sie diese Schritte für die anderen Karten und legen Sie folgende Verläufe fest:

- Work Tasks
  Orange: *#E93803* > *#FF7E00*

- My Secret Project
  Violett: *#5932AE* > *#973BBF*

Um die Lichtsetzung und Richtung des Verlaufs exakt in den anderen Karten zu replizieren, kopieren Sie das erste Objekt mit Verlauf (**Bearbeiten > Kopieren**), wählen dann das nächste aus und klicken auf den Menüpunkt **Bearbeiten > Stil übertragen**. Legen Sie anschließend einfach neue Farben für die Endmarker fest.

Um die Funktionalität der Symbole wieder zu reaktivieren, klicken Sie erneut im Panel **Symbole** auf die Option **Synchronisieren**.

Ändern der Kartenobjekte

Genau wie die Karten selbst lassen sich auch Objekte in den Karten global ändern. Ein Beispiel: Ich möchte die unteren Streifen der Karten noch höher gestalten und jeden mit einer anderen gleichmäßigen Füllung färben.

1 Reaktivieren Sie im Panel **Symbole** die Option **Synchronisieren**.

2 Wählen Sie auf einer beliebigen Karte die Form „Unterer Hg" aus. Erhöhen Sie den Wert **H**, um den Streifen vertikal zu dehnen.

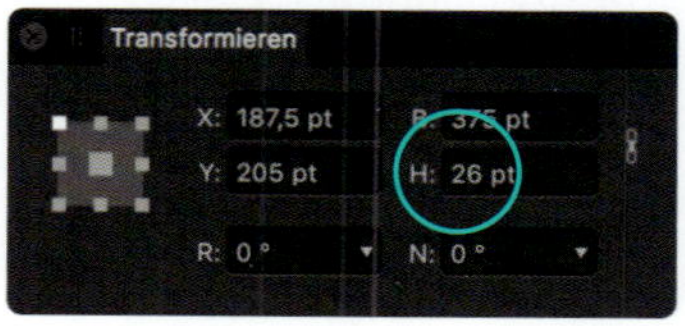

Die neue Größe für den unteren Streifen wird nun automatisch auf alle Karten übertragen.

3 Deaktivieren Sie die Synchronisierung erneut und ändern Sie die Füllung wie folgt: *#061E73* für My Personal Tasks, *#EA3803* für Work Tasks und *#6126B0* für My Secret Project.

Ressource

tix1_08_uitextstyles.afdesign

UI: TEXTSTILE (HAUPTBILDSCHIRM)

Zuvor (Seite 381) haben wir den Kartentext separat bearbeitet, um verschiedene Texte und Formatierungen für Titel, Beschreibung und Aufgabenanzahl der Karten festzulegen. Hierdurch lässt sich der Texttyp nicht mehr global für alle Karten ändern. Um dieses Manko zu lindern, können Sie **Textstile** für die Kartentexte festlegen.

Erstellen von Textstilen

Für die Kartentexte im Hauptbildschirm müssen Sie drei Textstile definieren: Titel, Beschreibung und Zähler.

Für den Titeltext:

1 Wählen Sie mit dem Werkzeug **Verschieben** den Titeltext jeder einzelnen Karte aus. Klicken Sie mit gedrückter cmd-Taste ⌘ (Mac) oder Strg-Taste (Win) auf den ersten Titeltext, halten Sie dann die Umschalttaste und klicken Sie auf die Titeltexte der anderen Karten.

2 Klicken Sie im Panel **Textstile** auf die Option **Absatzstil erstellen**.

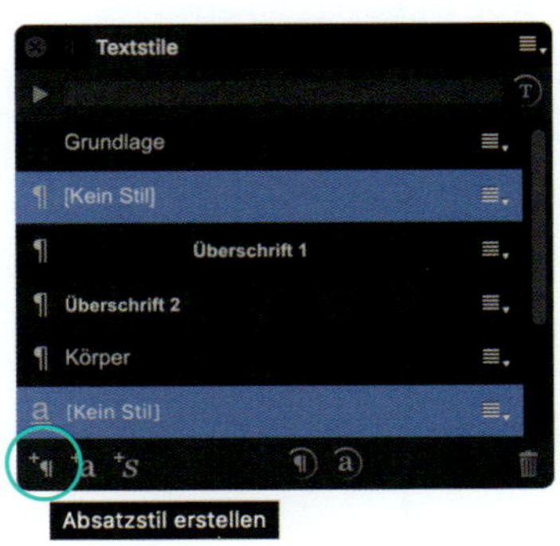

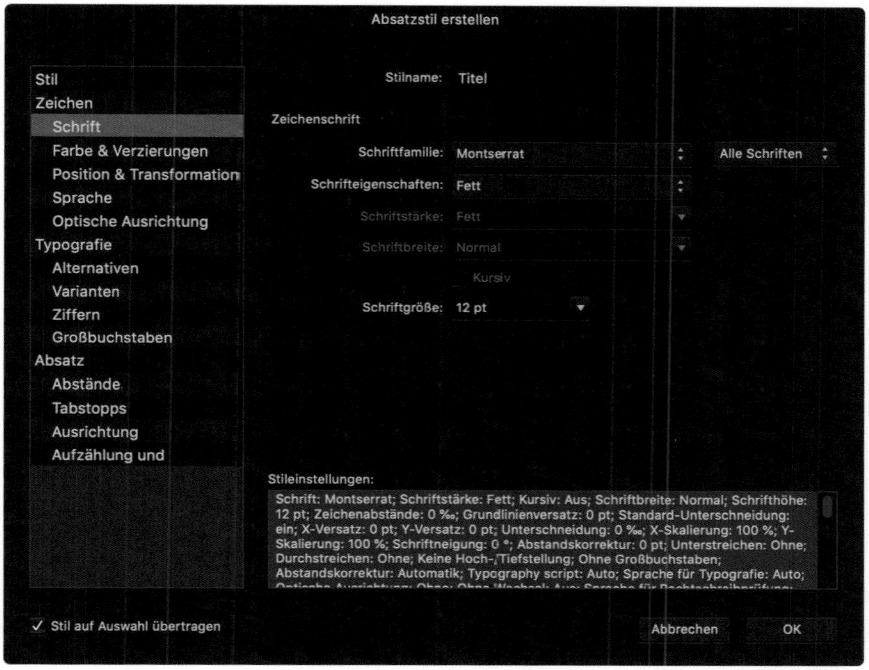

3 Legen Sie in dem Dialogfeld **Textstil bearbeiten** über die verschiedenen Kategorien den Textstil fest (siehe Abbildung).

- **Stil: Stilname** *Titel*.
- **Zeichen > Schrift:** *Montserrat, Fett, 12 pt*
- **Zeichen > Farbe & Verzierungen: Textfüllung** *#FFFFFF*
- **Typografie > Großbuchstaben:** Aktivieren Sie **Nur Großbuchstaben**.

4 Aktivieren Sie die Option **Stil auf Auswahl übertragen**, um den Stil beim Verlassen des Dialogfelds direkt auf die Kartentitel anzuwenden. Klicken Sie auf die Schaltfläche **OK**.

Für den Beschreibungstext:

1 Verwenden Sie die gleichen Schritte wie für den Titeltext mit folgenden Ausnahmen:

- **Stil**: Ändern Sie den **Stilnamen** in *Beschreibung*.
- **Zeichen > Schrift**: *Montserrat, Regular, 12 pt*
- **Zeichen > Farbe & Verzierungen Textfüllung** *#FFFFFF*, **Deckkraft** *30 %* (klicken Sie hierzu auf das Farbfeld und legen Sie den Wert dann über den Tab „Farbe" fest)
- **Typografie > Großbuchstaben**: Setzen Sie kein Häkchen für **Nur Großbuchstaben**.

2 Deaktivieren Sie die Option **Stil auf Auswahl** übertragen.

Für den Zählertext:

1 Klicken Sie im Panel **Textstile** auf das Optionsmenü des neuen Stils **Beschreibung** und dann auf den Eintrag **Stil basierend auf „Beschreibung" erstellen**. Ändern Sie die Einstellungen wie folgt:

- **Stil**: Ändern Sie den **Stilnamen** in *Zähler*.
- **Zeichen > Farbe & Verzierungen: Textfüllung** *#FFFFFF*, **Deckkraft** *60 %*.

2 Um den neuen Zählerstil auf die Zählertexte anzuwenden, wählen Sie die Texte nacheinander mit dem Werkzeug **Verschieben** aus und klicken im Panel **Textstile** auf den Eintrag *Zähler*. Alternativ legen Sie den Textstil über das Einblendmenü **Absatzstil** der Kontextleiste fest.

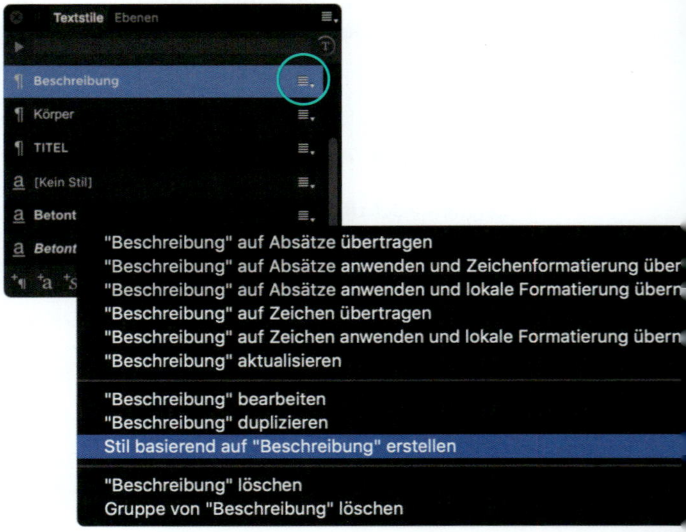

Der Zählerstil entspricht fast vollständig dem Textstil „Beschreibung“. Daher werden die Stiloptionen für „Zähler“ als *[Keine Änderung]* oder als leere Füllung angezeigt. Um die Unterschiede zwischen diesem Stil und dem Stil zu sehen, auf dem er basiert, überprüfen Sie die Stileinstellungen in dem Dialogfeld „Textstil bearbeiten“.

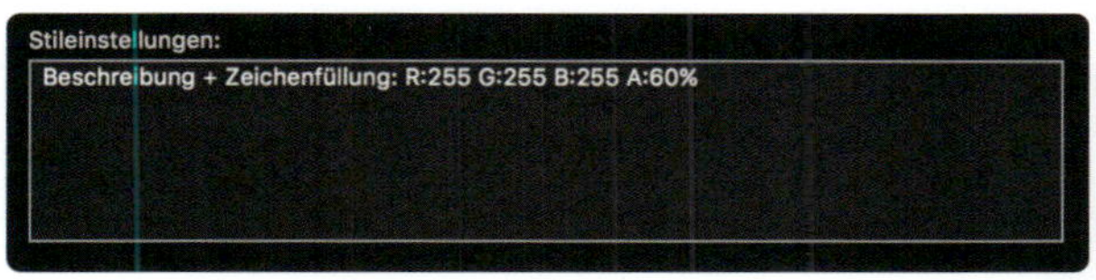

Nachdem Sie nun Textstile in Ihr Design integriert haben, können Sie die Formatierung der Texte global für alle Karten ändern. Legen Sie doch einfach eine andere Schriftfarbe für einen Textstil fest, und überzeugen Sie sich selbst von dem Ergebnis.

Ressource

tix1_09_uistatusbar.afdesign

UI: STATUSLEISTE UND BUTTON „NEUE AUFGABENLISTE“ (HAUPTBILDSCHIRM)

Der Hauptbildschirm ist fast fertig, wir müssen aber noch einige Details einfügen – eine Statusleiste und einen Button „Neue Aufgabenliste“. Zum Glück gibt es für diese Elemente bereits vorgefertigte Assets, die wir bequem auf der Seite platzieren können.

Hinzufügen einer Statusleiste

1 Wählen Sie das Rechteck für die Statusleiste aus.

2 Wechseln Sie im Panel **Assets** zu der Kategorie **UI Bars** und ziehen Sie das Element *Status Bar Standard* auf das Rechteck für die Statusleiste. Es sollte sich nun magnetisch perfekt an der Form ausrichten.

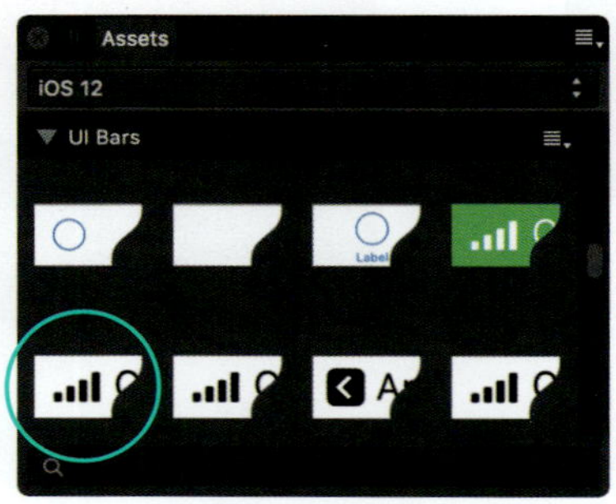

3 Löschen Sie im Panel **Ebenen** das Rechteck für die Statusleiste. Es hat nun seinen Zweck erfüllt. Für die Statusleiste benötigen Sie nur noch die neue Beschränkungsgruppe. Ändern Sie den Namen dieser Gruppe in *Statusleiste*.

4 Die Leiste sieht zwar schon ganz gut aus, ich möchte jedoch *Affinity* als Name für den Telefondienstanbieter verwenden und die Anzahl der dargestellten Icons verringern, damit alles etwas ordentlicher aussieht. Darüber hinaus ändere ich noch die Schrift für alle Textinstanzen in „Arial“.

Sie haben wahrscheinlich bemerkt, dass es sich bei dem Asset um eine Beschränkungsgruppe handelt. Keine Panik! Mit den Beschränkungen beschäftigen wir uns später noch ausführlich (Seite 404).

„Standardmäßig ist der in den Assets verwendete Text mit der Schrift „San Francisco“ formatiert. Diese Schrift ist nur für Apple iOS-Entwickler verfügbar, die zu einem finanzierten Apple Developer Program (developer.apple.com) gehören. Für dieses Projekt verwende ich stattdessen die Schrift „Arial“.

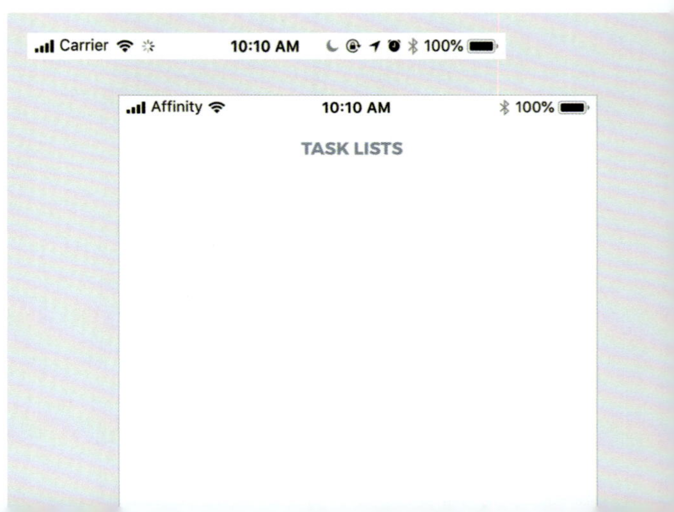

Einfügen des Buttons „Neue Aufgabenliste“

Einen guten Ersatz für unseren „Übergangsbutton“ finden Sie auch wieder im Panel „Assets“. Das Original (in der Navileiste) können Sie dann einfach löschen. Verwenden Sie einen „schwebenden“ Button, der sich gut von der Seite abhebt.

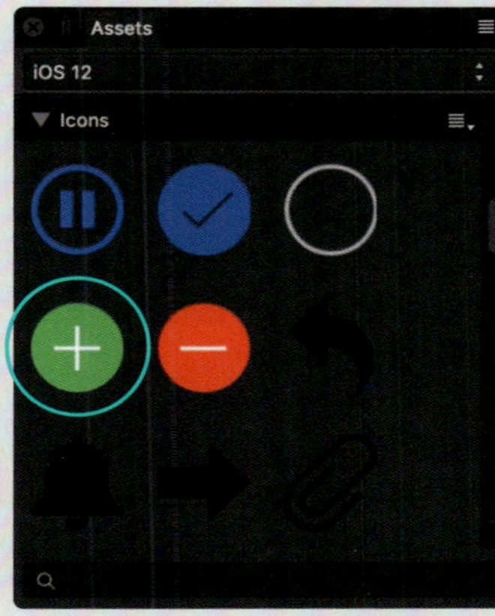

1 Zeichen Sie ein Rechteck von 375 x 116 pt (ohne Füllung/Kontur), das die Unterkante des ArtBoards für den Hauptbildschirm berührt.

2 Wechseln Sie im Panel **Assets** zu der Kategorie **Icons** und ziehen Sie den grünen „Add“-Button so auf das Rechteck, dass er vertikal und horizontal ausgerichtet wird.

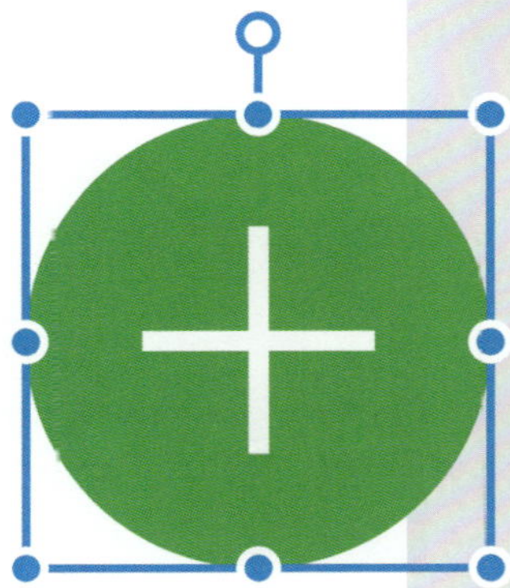

3 Ändern Sie die Größe des Buttons von seiner Mitte aus, indem Sie mit gedrückter cmd-Taste ⌘ (Mac) oder Strg-Taste (Win) einen Eckgriff verschieben. Ein Durchmesser von *56 pt* ist für unsere Zwecke perfekt.

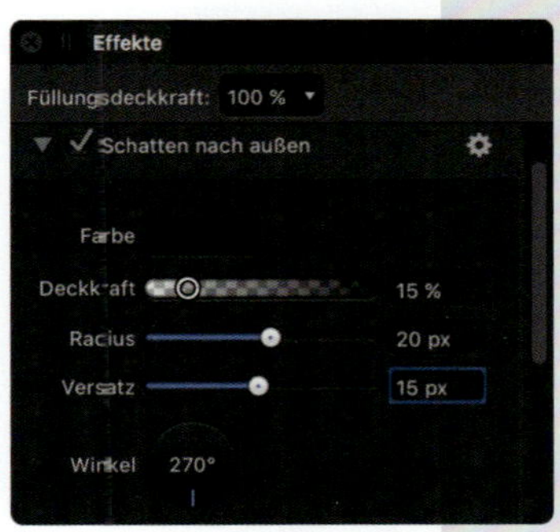

4 Ziehen Sie im Panel **Ebenen** den Button in den Eintrag des Rechtecks, um ihn zu begrenzen, lösen Sie die Gruppe für den Button auf und begrenzen Sie das Pluszeichen innerhalb des Buttons.

5 Ändern Sie die Füllung des Buttons in *#979FB1*.

6 Legen Sie wie für die anderen Leisten den Effekt **Schatten nach außen** fest.

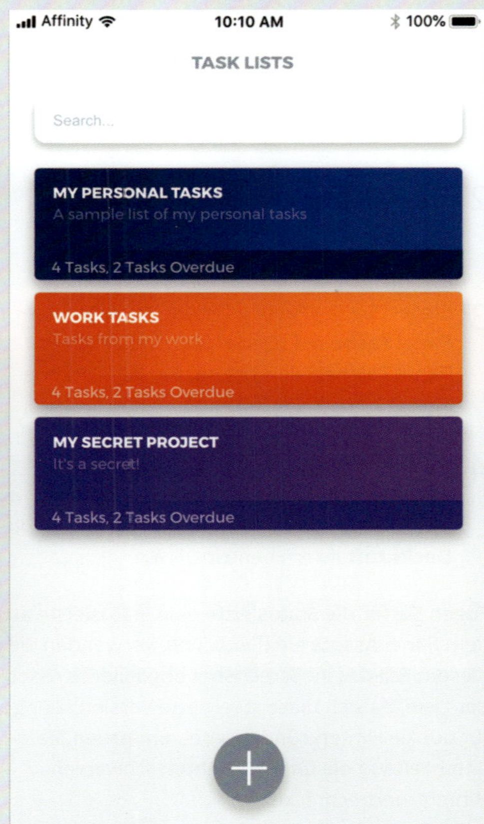

Ressource

tix1_10_uitasklistscreen.afdesign

UI: DER BILDSCHIRM FÜR AUFGABENLISTEN

Kommen wir nun zu dem zweiten Bildschirm, in dem die einzelnen Aufgabenlisten angezeigt werden. Wir beginnen mit dem Hintergrund und den Leisten und beschäftigen uns dann mit der Aufgabenliste „My Personal Tasks“.

Die Grundidee ist recht simpel: Jede Aufgabenliste verfügt über eine individuelle Farbe. Wenn der Anwender eine der Listen öffnet, nimmt der Hintergrund der App automatisch diese Farbe an. Für die Liste „My Personal Tasks“ wird der Bildschirmhintergrund blau. Auf dem Hintergrund wird eine Karte platziert, in der all die Aufgaben der entsprechenden Liste aufgeführt sind. Der Inhalt der Karte/Liste lässt sich aufwärts und abwärts scrollen.

Hintergrund und Leisten

1 Wählen Sie das ArtBoard „Bildschirm: Aufgabenliste“ aus.

2 Legen Sie für den Hintergrund der App mit dem Werkzeug **Füllung** einen Verlauf von oben (*#051D72*) nach unten (*#2A43B8*) fest.

3 Stellen Sie die Füllung für die Navileiste über das Panel **Farbe** auf „Ohne“ und ändern Sie mit dem Panel **Zeichen** den Titelstil für „My Personal Tasks“.

4 Wählen Sie die „Streifen“ der benachbarten Listenkarten an den Seiten des Bildschirms aus und ändern Sie ihre Füllung in „Weiß“ und die **Deckkraft** ihrer Ebene in *15 %*.

Fügen Sie für die Statusleiste eine Statusleiste aus dem Panel **Assets** ein (Seite 398). Verwenden Sie in diesem Fall das im Screenshot abgebildete Asset der Liste, da sich diese invertierte Version sehr gut für dunkle Hintergründe eignet. Entfernen Sie anschließend die unerwünschten schwarzen Hintergrundrechtecke.

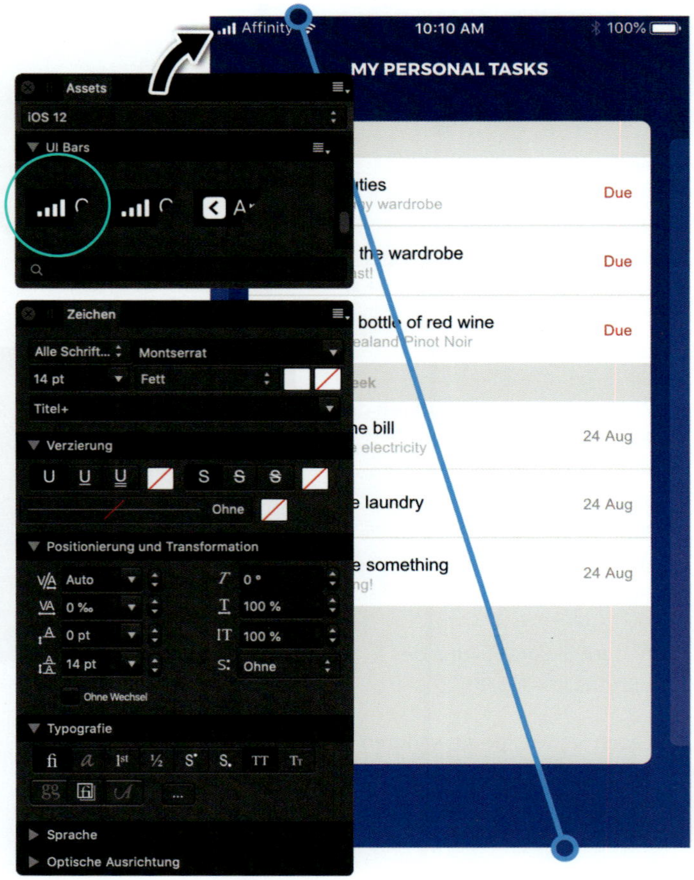

Die Karte für die Aufgabenliste

1 Ändern Sie die Hintergrundfarbe der Karte in *#F1F6F7* und legen Sie dann mit dem Panel **Effekte** einen **Schatten nach außen** und einen **Schein nach außen** fest.

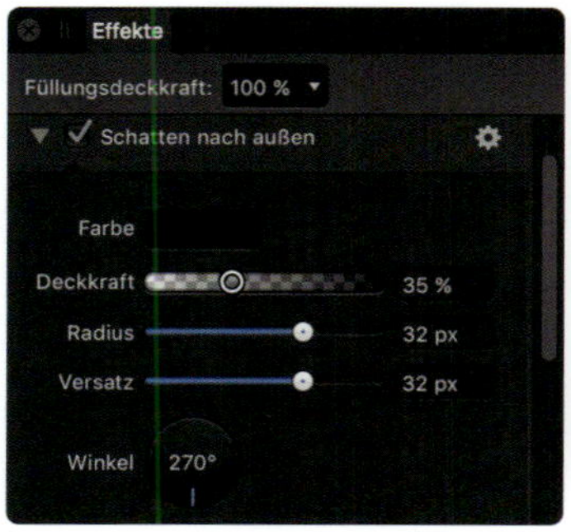

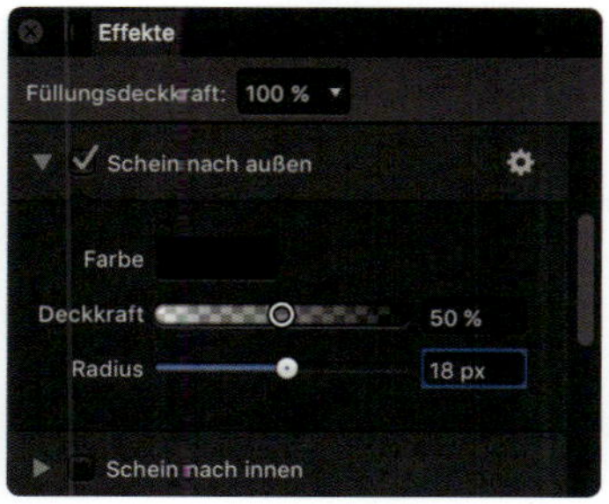

2 Kopieren Sie den Button „Neue Aufgabenliste" aus dem vorangehenden Design für den Hauptbildschirm, legen Sie einen linearen Verlauf von *#E93803* nach *#FF7E00* fest und platzieren Sie den Button unten auf der Karte. Legen Sie zusätzlich einen **Schatten nach außen** fest, der dem zuvor für die Karte festgelegten entspricht.

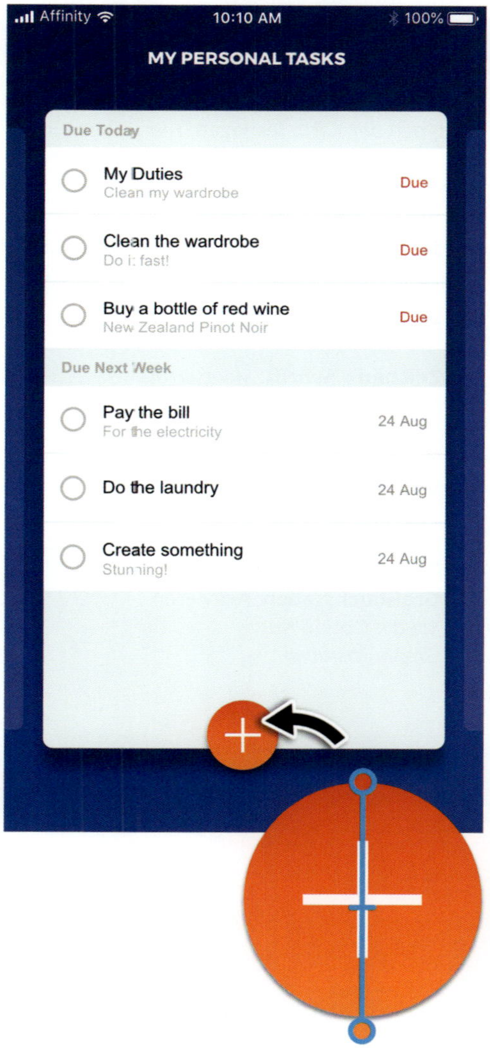

Der Kartentext

Mit dem Panel **Textstile** kann ich nun wieder Textstile für die unterschiedlichen Texttypen der Karte festlegen. Hierzu habe ich folgende Einstellungen verwendet.

Für die Fälligkeitsdaten „Due Today“ und „Due Next Week“.

- **Stil**: Stilname *Sektionstitel*.
- **Zeichen > Schrift**: *Montserrat, Fett, 11 pt*
- **Zeichen > Farbe & Verzierungen**: Textfüllung *#7C8DA8*
- **Typografie > Großbuchstaben**: Aktivieren Sie die Option *Nur Großbuchstaben*.

Für die Texte „Buy a bottle of red wine“, „Pay the Bill“ usw.

- **Stil**: Stilname *Aufgabentitel*.
- **Zeichen > Schrift**: *Montserrat, Normal, 14 pt*
- **Zeichen > Farbe & Verzierungen**: Textfüllung *#030C30*

Für die Texte „Do it Fast!“, "For the Electricity“ usw.

- **Stil**: Stilname *Aufgabenbeschreibung*.
- **Zeichen > Schrift**: *Montserrat, Normal, 12 pt*
- **Zeichen > Farbe & Verzierungen**: Textfüllung *#AEB3B7, Deckkraft 80 %*

In diesem Fall können Sie Ihre Textstile separat erstellen und dann die Stile den zuvor ausgewählten Texten desselben Typs zuweisen.

> Nun ist der perfekte Zeitpunkt, unseren Kartentext zu überprüfen. Befassen Sie sich ruhig etwas länger mit dem Text, damit Ihr Kunde nicht durch unklare Anweisungen bei den Aufgaben, doppelte Einträge oder Tippfehler abgelenkt wird.

Erstellen erledigter Aufgaben

In meinem Mockup soll mindestens eine erledigte Aufgabe aufgeführt sein. Ich konzentriere mich daher auf die Aufgabe *Clean the wardrobe*.

Zeichnen Sie ein Rechteck (*#F8F8F8*), das den Eintrag der Aufgabe abdeckt. Verschieben Sie das Rechteck im Panel **Ebenen** in die Gruppe des Aufgabenrechtecks und platzieren Sie es ganz unten in der Gruppenreihenfolge. Legen Sie für den Aufgabentitel die Füllungsfarbe *#B9C1D4* fest und entfernen Sie dann den Text „Due".

Legen Sie abschließend eine gleichmäßige Füllung (*#B9C1D4*) für die Form des Aufzählungszeichens fest.

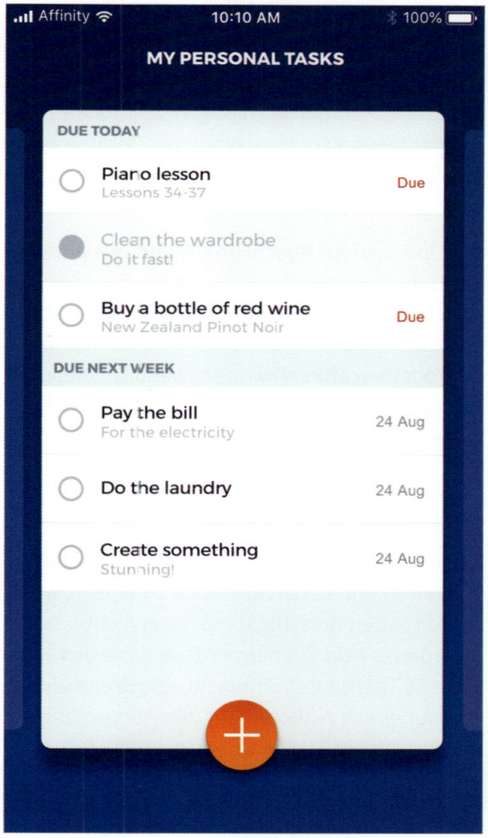

Ressource
tix1_11_constraints.afdesign

BESCHRÄNKUNGEN

Designer kämpfen schon seit langer Zeit mit einem bestimmten Problem: Das Layout einer App lässt sich auf Geräten mit verschiedenen Abmessungen nur schwer abschätzen. Bisher gab es nur zwei Möglichkeiten, dieses Problem in den Griff zu bekommen: Der Designer muss das Projekt für jede gewünschte Bildschirmgröße anpassen oder sich ständig mit dem UI-Entwickler austauschen, wie das Design auf verschiedenen Geräten umgesetzt werden soll.

Die Optionen für **Beschränkungen** erleichtern die Arbeit der Designer ungemein. Die Beschränkungen imitieren die Xcode-Funktion für automatische Layouts. Im Grunde legen Sie fest, wie verschiedene Designelemente **skaliert** und/oder **verankert** werden, wenn Sie diese Elemente auf ArtBoards platzieren, die für Geräte unterschiedlicher Größe eingestellt sind.

Nehmen wir als Beispiel ein simples Eingabefeld für die Suche. Dieses Feld soll höchstwahrscheinlich auf allen Geräten mit unterschiedlichen Abmessungen dieselbe Höhe aufweisen und dabei horizontal so skaliert werden, dass an beiden Seiten derselbe Rand (*20 pt*) bleibt. Das bedeutet, dass dieses Feld auf dem ArtBoard mit den Abmessungen *375 x 667 pt* (für das iPhone 6) eine Breite von *335 pt* besitzt und auf einem ArtBoard mit den Abmessungen *320 x 568 pt* (für das iPhone 5) eine Breite von *280 pt*.

Das Panel „Beschränkungen"

- Blenden Sie über den Menüpunkt **Ansicht > Studio** das Panel **Beschränkungen** ein.

Zur Erinnerung: Dieses Panel zeigt Ihnen, wie ein Objekt in Relation zu seinem „Container" (z. B. einem ArtBoard oder übergeordnetem Objekt) verankert und/oder skaliert wird. Das innere Quadrat bestimmt die Skalierung und das äußere die Verankerung. Mit beiden Quadraten lässt sich die entsprechende Option gezielt für bestimmte Richtungen festlegen. Sie können die Skalierung und Verankerung sowohl separat als auch gemeinsam verwenden.

Standardmäßig werden alle Objekte in horizontaler und vertikaler Richtung skaliert und nicht verankert.

Festlegen von Beschränkungen

1 Wählen Sie mit gedrückter Umschalttaste alle Leisten und Aufgabenkarten in dem ArtBoard „Hauptbildschirm" aus.

2 Klicken Sie im Panel **Beschränkungen** auf die äußeren Ankerlinien (mit Ausnahme der unteren Ankerlinie), um sie zu aktivieren. Klicken Sie nun auf den inneren Pfeil für die vertikale Skalierung, um ihn zu deaktivieren. Mit dieser Konfiguration werden die Elemente bei einer Größenänderung in horizontaler Richtung skaliert und bleiben oben, links und rechts an ihrem Container verankert.

3 Wiederholen Sie dies für die übrigen UI-Elemente (siehe umseitige Auflistung) und stellen Sie die in den Panel-Screenshots abgebildeten Optionen ein.

Objekt	Panel-Optionen	Beschreibung
Rechteck „Neue Taskliste“	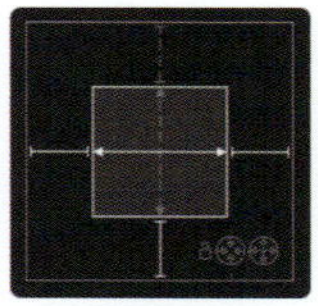	Die Form wird horizontal skaliert und links, rechts und unten in ihrem Container verankert.
Button „Neue Taskliste“	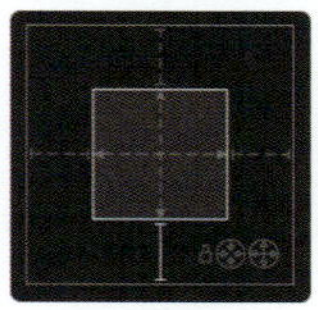	Der Button wird nicht skaliert und an der Unterkante des Bildschirms verankert.
Text „TASK LISTS“	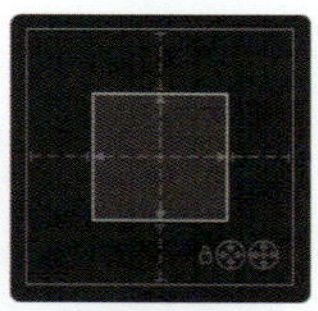	Der Text wird niemals skaliert und nicht verankert.
Suchtext (in Suchleiste)	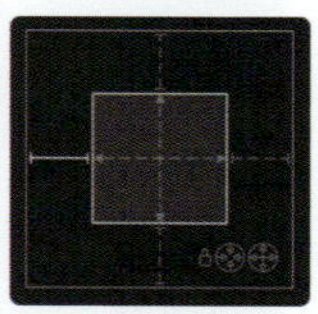	Der Text wird niemals skaliert und links verankert.
Alle Texte (in allen Aufgabenkarten)	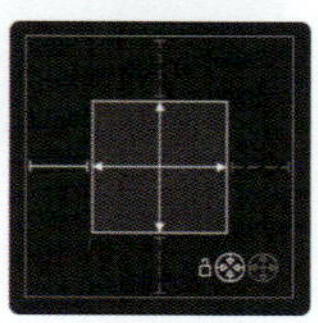	Der Text wird nicht größer skaliert, lässt sich aber auf eine minimale Passgröße skalieren (das Seitenverhältnis bleibt immer erhalten). Der Text wird außerdem immer links in seinem Container verankert.
Rechteck „Unterer Hg“ (in allen Aufgabenkarten)	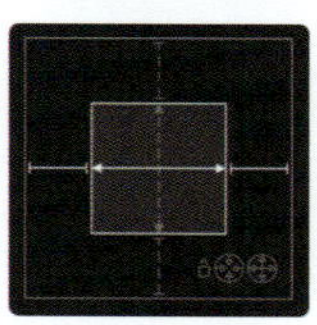	Die Form wird horizontal skaliert und links und rechts in ihrem Container verankert. Da wir hier bereits mit Symbolen gearbeitet haben, müssen Sie diese Einstellungen nur für ein beliebiges Rechteck „Unterer Hg“ festlegen.
Hintergrundrechteck	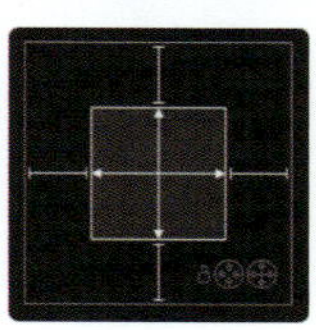	Das Hintergrundrechteck wird horizontal und vertikal skaliert und an allen Seiten des Containers (also des Artboards) verankert. Hierdurch bleibt das ArtBoard immer zu 100 % abgedeckt.

Was ist mit den Elementen der Statusleiste? Wie ich zuvor angemerkt hatte, gehören die Leistenelemente aus dem Panel „Assets“ zu einer Beschränkungsgruppe. Das heißt ganz einfach: Alle für diese Gruppe vordefinierten Elemente wurden von Serif bereits mit Beschränkungen ausgestattet, sodass Sie hier nichts ändern müssen!

Legen Sie für das zweite ArtBoard nach dem hier vorgestellten Prinzip Ihre eigenen Beschränkungen fest.

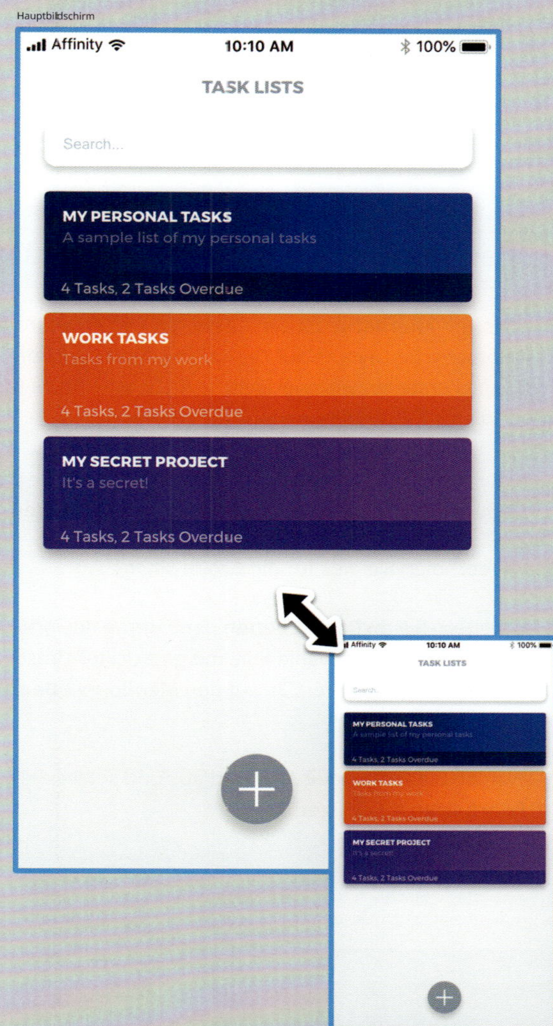

Ändern der Größe von ArtBoards

Wenn Sie die Größe eines ArtBoards ändern, wird sein Inhalt automatisch neu positioniert. Das Programm verwendet hierzu die von Ihnen festgelegten Beschränkungen für Skalierung und Verankerung. Die Objekte mit Beschränkungen ändern sich so, wie wir es eingestellt haben und der Rest bleibt unverändert.

Probieren Sie es ruhig einmal aus.

- Wählen Sie das ArtBoard „Hauptbildschirm“ aus und ziehen Sie einen seiner Eckgriffe, um die Größe zu verändern.

> Dies ist nur eine grobe Veranschaulichung der Funktionsweise von Beschränkungen, da das Skalieren von Hand nicht wirklich den tatsächlichen Gerätegrößen entspricht.

Ressource
tix1_constraintstest.afdesign

Festlegen von Layouts für neue Geräte-ArtBoards

Eine bessere Alternative zu dem Skalieren von ArtBoards ist, die Funktion für automatische Layouts auf Geräte-spezifische ArtBoards anzuwenden. Als Beispiel erstellen wir zwei weitere ArtBoards – eins für das iPhone 6 Plus und eins für das iPhone 5.

1 Aktivieren Sie das **ArtBoard-Werkzeug**, stellen Sie die **Größe** auf *iPhone 6 Plus* und klicken Sie auf **ArtBoard einfügen**.

2 Wiederholen Sie dies für die Größe *iPhone 5*.

3 Erweitern Sie im Panel **Ebenen** den Eintrag des ArtBoards „Hauptbildschirm", wählen Sie mit gedrückter Umschalttaste all seine Inhalte aus und klicken Sie auf den Menüpunkt **Bearbeiten > Kopieren**.

4 Wählen Sie jedes neue ArtBoard aus und setzen Sie die Inhalte über **Bearbeiten > Einfügen** ab.

Und schon haben Sie Ihr Design perfekt automatisch auf andere Bildschirmgrößen skaliert. Möchten Sie dieses Design auch auf die Abmessungen anderer Geräte übertragen, wie z. B. die von Android-Telefonen, legen Sie einfach die Höhe und Breite für ein ArtBoard auf die richtigen Werte fest und Affinity Designer erledigt den Rest.

> Um diesen Projektablauf nicht zu stören, habe ich meine Bearbeitungsschritte widerrufen, aber drei Versionen des Hauptbildschirms für unterschiedliche Geräte in der Datei „tix1_constraintstest.afdesign" gespeichert, sodass Sie etwas experimentieren können.

iPhone 6 Plus
Affinity
10:10 AM
100%
TASK LISTS
Search...
MY PERSONAL TASKS
A sample list of my personal tasks
4 Tasks, 2 Tasks Overdue
WORK TASKS
Tasks from my work
4 Tasks, 2 Tasks Overdue
MY SECRET PROJECT
It's a secret!
4 Tasks, 2 Tasks Overdue
iPhone 6
Affinity
10:10 AM
100%
TASK LISTS
Search...
MY PERSONAL TASKS
A sample list of my personal tasks
4 Tasks, 2 Tasks Overdue
WORK TASKS
4 Tasks, 2 Tasks Overdue
MY SECRET PROJECT
It's a secret!
4 Tasks, 2 Tasks Overdue
iPhone 5
Affinity
10:10 AM
100%
TASK LISTS
Search...
MY PERSONAL TASKS
A sample list of my personal tasks
4 Tasks, 2 Tasks Overdue
WORK TASKS
Tasks from my work
4 Tasks, 2 Tasks Overdue
MY SECRET PROJECT
It's a secret!
4 Tasks, 2 Tasks Overdue

Ressource

tix1_12_export.afdesign

EXPORTIEREN

Jetzt sollten wir das Design noch für die Entwickler vorbereiten. Nach der letzten Überprüfung müssen Sie die Designelemente als **Assets** exportieren und dann dem Entwickler übergeben, der die Benutzeroberfläche programmiert.

Der Entwickler muss daher wissen, welche Schriften Sie verwendet haben, welche Farben die Verläufe enthalten und wie groß die einzelnen Assets sind. Die beste Methode, ihm all diese Informationen zu liefern ist wohl, ihm eine Kopie Ihrer afdesign-Datei zu geben. Dies funktioniert aber nur, wenn er ebenfalls eine Version von Affinity Designer besitzt. Sie könnten auch ein Stildatenblatt zusammenstellen.

Der letzte Check – Umbenennen der Elemente

Überprüfen Sie noch einmal das komplette Projekt und legen Sie Namen für alle Objekte und Ebenen fest, die Sie exportieren möchten. Bisher haben wir die Namen von Ebenen nur als Designhilfe verwendet, aber bei dem Export werden die Dateinamen automatisch aus den Namen der Ebenen erzeugt. Ihr Entwickler wird es Ihnen danken, wenn Sie Namen für Ihre Assets festlegen, die direkt auf ihre Funktion schließen lassen.

Export Persona

Sie müssen alle Designelemente exportieren, die Sie in Ihrem Design verwendet haben, damit der Entwickler sie in Xcode übertragen kann. Hierfür verwenden Sie die **Export Persona** (Seite 17) – einen separaten Arbeitsbereich der speziell so ausgelegt ist, dass Sie all Ihre Designelemente als **Slices** definieren und dann als Grafikdateien exportieren können.

An dieser Stelle konzentrieren wir uns auf den Export der Elemente aus dem Hauptbildschirm für das iPhone 6 als Assets, die Ihr Entwickler dann direkt verwenden kann.

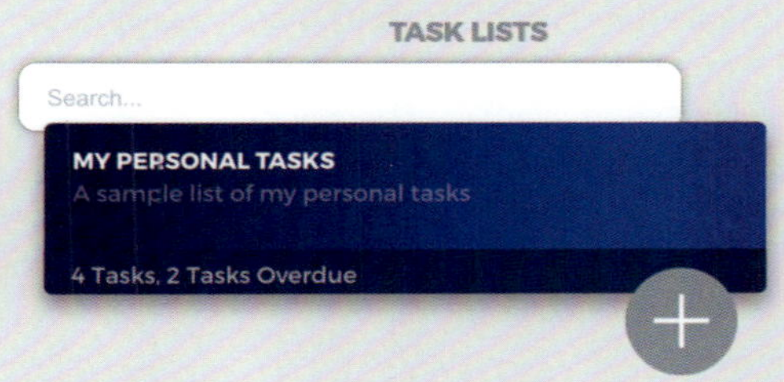

- Wechseln Sie über die **Symbolleiste** zur **Export Persona**.

Arbeiten mit dem Panel „Ebenen“

Dieses Panel ist eine „Schnittstelle“ zwischen Design und Slice-Export und ähnelt dem Panel **Ebenen** der **Designer Persona**. Der Unterschied liegt darin, dass Sie mit diesem Panel festlegen, welche Objekte und Ebenen exportiert werden sollen und aus diesen Elementen dann Slices erstellen.

1 Erweitern Sie im Panel **Ebenen** den Eintrag für das ArtBoard „Hauptbildschirm“ und wählen Sie die gewünschten Elemente für den Export aus.

2 Klicken Sie unten im Panel auf die Option **Slice erstellen**. Auf der Seite wird nun ein Slice-Rahmen um die ausgewählten Ebenen und Objekte gelegt.

Ich habe alle Leisten, einen Button und eine repräsentative Karte für den Export ausgewählt.

Arbeiten mit dem Panel „Slices"

Wenn Sie ein Slice erstellen, wird es automatisch in das Panel **Slices** eingetragen. Mit dem Panel können Sie anschließend festlegen, welche Slices exportiert werden, mit welchem Dateiformat und in welcher Skalierung (1x, 2x, 3x usw.). Damit es nicht zu kompliziert wird, können Sie eine einzige Vorgabe für den Export aller Slices verwenden.

- Legen Sie im Panel **Slices** über das Einblendmenü **Exportvorgabe** die Vorgabe *Apple Universal Icon* fest.

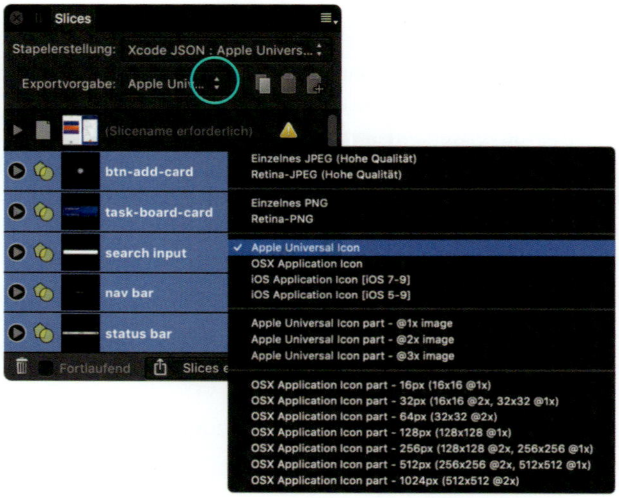

Diese Vorgabe stellt nicht nur automatisch das Dateiformat ein (PNG) und die Größenskalierung, sondern sorgt auch dafür, dass die Assets in einem benannten Satz Bilddateien für die spätere JSON-Entwicklung gespeichert werden.

> In diesem Fall sollten Sie die Designs als PNG-Dateien exportieren, da Sie mit Schatten gearbeitet haben und die Darstellung des Effekts und die Transparenz mit diesem Format erhalten bleiben.

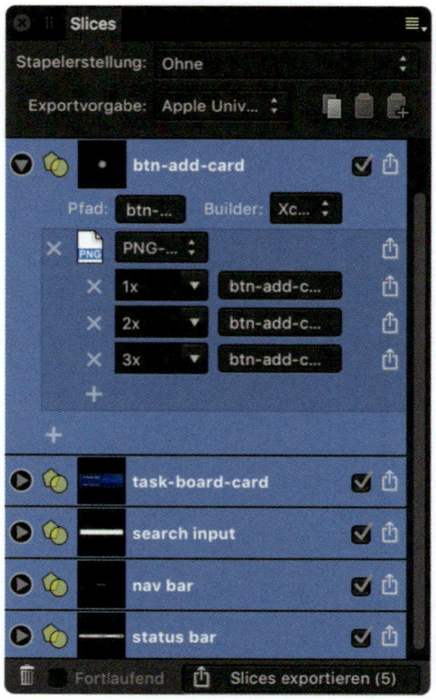

Exportieren in Ordner

- Klicken Sie auf **Slices exportieren [Anzahl]** und wählen Sie einen Ordner für die Speicherung Ihrer Assets aus. Klicken Sie anschließend auf die Schaltfläche **Exportieren**.

Öffnen Sie den Ordner. Hier finden Sie imageset-Ordner für fünf Slices, in denen die Grafiken jeweils in drei verschiedenen Größen zusammen mit der entsprechenden Datei „Contents.json" gespeichert sind.

Inhalt der Datei „Contents.json" für btn-add-card.imageset:

```
{
  "images" : [
    {
      "idiom" : "universal",
      "filename" : "btn-add-card.png",
      "scale" : "1x"
    },
    {
      „idiom" : „universal",
      „filename" : "btn-add-card@2x.png",
      „scale" : „2x"
    },
    {
      „idiom" : „universal",
      „filename" : "btn-add-card@3x.png",
      „scale" : „3x"
    }
  ],
  "info" : {
    "version" : 1,
    "author" : "xcode"
  }
```

Eine andere Alternative wäre, die Assets als PDF-Dateien zu exportieren. Auf diese Weise kann der Entwickler diesen Assets in Xcode jede beliebige Größe zuweisen, da sich die PDF-Datei skalieren lässt. Der Export von Icons als PDF-Datei wird immer beliebter, hat jedoch einen großen Nachteil: Schatteneffekte werden nur mit der Skalierung 1x gerastert und sehen daher bei 2x- und 3x-Assets vielleicht unschön aus (Klötzchenbildung).

Und damit wäre das Projekt für die Tix App geschafft! Jetzt fehlt nur noch ein Icon für die App, um ihr UI-Design abzurunden.

Weitere Informationen hierzu finden Sie unter Tix App 2 (Seite 416).

NIXON

TASK LISTS
MY PERSONAL TASKS
A sample list of my personal tasks
4 Tasks, 2 Tasks Overdue
WORK TASKS
Tasks from my work
4 Tasks, 2 Tasks Overdue
MY SECRET PROJECT
It's a secret!
4 Tasks, 2 Tasks Overdue

4

Tix App 2

Entwerfen eines ergänzenden App-Icons mit *Tom Koszyk*

Dieses Projekt dreht sich um einige der Designregeln für App-Icons und zeigt Ihnen, wie Sie ein Icon entwerfen, das sich von den Einfällen Ihrer Konkurrenz abhebt. Hierzu erstellen wir ein ergänzendes App-Icon für die Tix App aus dem vorangehenden Projekt.

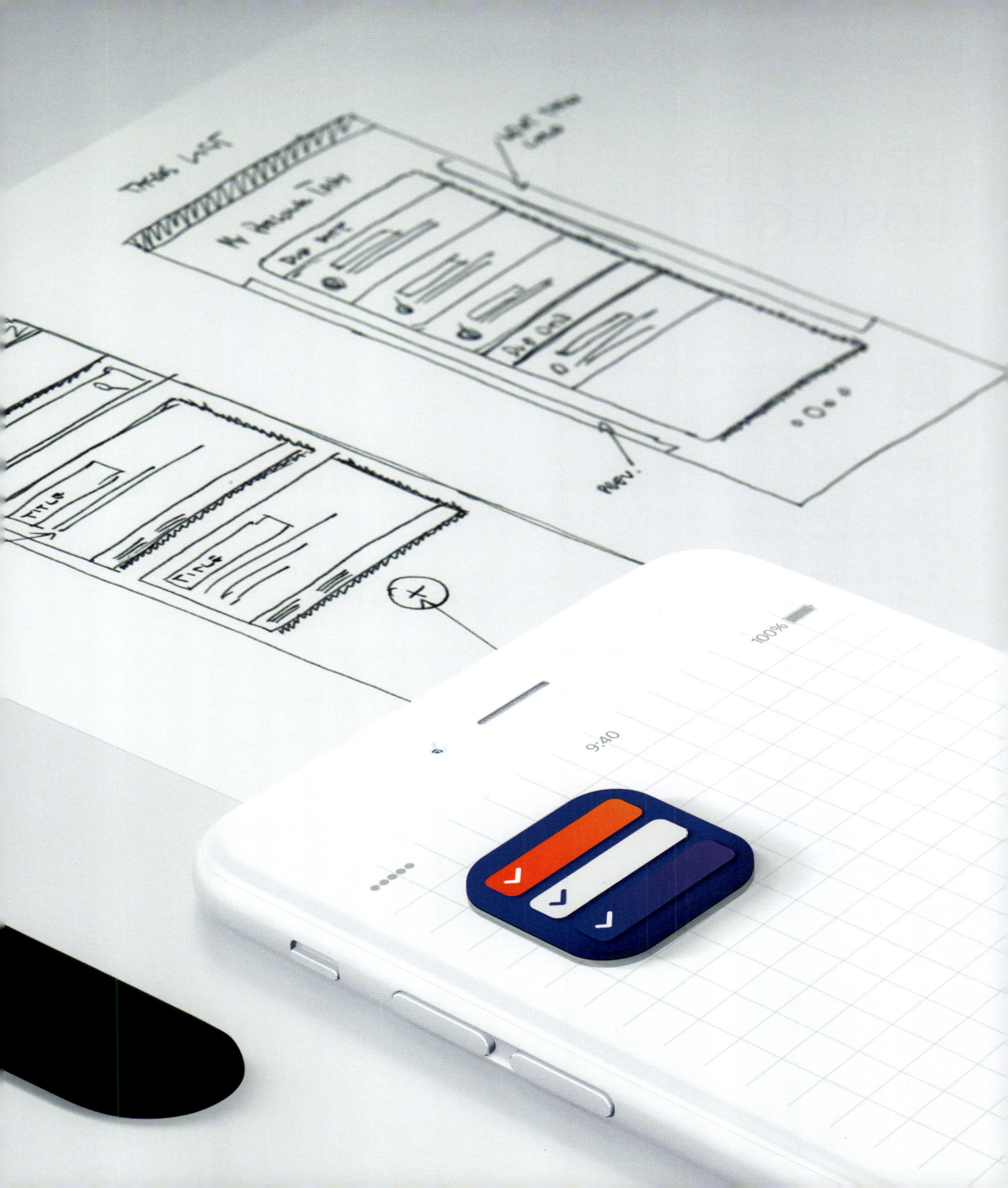
TITLE
TITLE
PREV.
9:40
100%

BEVOR SIE LOSLEGEN

Ressourcen

Alle in diesem Projekt verwendeten Ressourcen finden Sie unter:
https://affin.co/tix2DE

Grundwissen zu Affinity Designer

Damit Sie aus diesem Projekt möglichst viel für Ihre eigenen Arbeiten mitnehmen, sollten Sie mit folgenden Aspekten vertraut sein:

- Die Programmoberfläche von Affinity Designer. Mehr über die Programmoberfläche erfahren Sie in dem Kapitel Tour durch die Programmoberfläche, das auf Seite 13 beginnt.

- Die grundlegenden Techniken. Die folgende Tabelle zeigt Ihnen, welche Aspekte von Affinity Designer Sie zusätzlich beherrschen sollten, um dieses Projekt anzugehen:

Ebenen	Seite 92
Farben & Verläufe	Seite 106
Effekte & Anpassungen	Seite 112

DESIGNREGELN FÜR APP-ICONS

Jeden Tag erscheinen neue Apps im App Store und auf Google Play. Das Icon einer App ist eine Art Aushängeschild, das die Besucher der Stores zum Download animieren soll. Ein effektives App-Icon erregt sofort ihr Interesse – noch bevor sie sich Screenshots, Videos oder Rezensionen anschauen.

Icons vermitteln eine ganz bestimmte Botschaft und sind im Grunde der erste Kontakt zwischen Benutzer und App. Genau wie das Logo einer Marke sollte ein gutes Icon einprägsam und markant sein, sich von den anderen Icons im App Store abheben und auch in Ihrem Home-/Start-Bildschirm sofort auffallen.

Gibt es ein ganz bestimmtes Erfolgsrezept für Icons? Leider nein. Beliebte App-Icons unterscheiden sich sehr stark voneinander und selbst die „Google Material Design Guidelines“ und die „Apple Human Interface Guidelines“ legen Wert auf sehr unterschiedliche Designlösungen.

Aber dennoch gibt es einige universelle „Regeln“, die jeder Icon-Designer befolgen sollte.

Weniger ist mehr

> *Designs sollten einfach sein und eine klare Botschaft vermitteln.*

Verwenden Sie simple Formen, die ein Betrachter sofort versteht und die auch bei kleinen Darstellungsgrößen noch gut erkennbar sind.

Verwenden Sie gängige Sinnbilder und Metaphern, wie z. B. eine Kamera oder ein Kameraobjektiv für eine Fotografie-App. Sollte die Bedeutung nicht auf den ersten Blick klar sein, werden die Anwender die App wohl einfach ignorieren. Zwingen Sie sie nicht zum Raten!

Erstellen Sie einen Fokuspunkt, an dem die Benutzer den wichtigsten Aspekt der App erkennen.

Knallige Farben

Auch wenn Sie kein Fan kräftiger Farben sind, sollten Sie dieses Konzept bei Ihren Designs berücksichtigen. Pastelltöne und unscheinbare Farben haben kaum eine Chance gegen die hellen Icons im App Store.

Apple Apps verwenden ein kräftiges Design mit einem einzigen Fokuspunkt (Piktogramm) auf einem leuchtenden Hintergrund. Sie erregen sofort das Interesse eines Betrachters. Versuchen Sie, diesen Stil für Ihre Entwürfe zu verwenden.

Durchgängiges Design

Ihre Icons sollten zu dem Design Ihrer Apps passen. Verwenden Sie dieselben Farben und Designprinzipien. Meiner Ansicht nach sollte jede App mindestens eine markante Farbe verwenden, um eine Informationshierarchie in der App zu etablieren. Verwenden Sie also auch diese Hauptfarbe für das Icon.

Ein mehrschichtiger Look

Seit iOS 7 favorisiert Apple flache Designs. Wenn Sie jedoch genau hinschauen, sind diese Designs nicht wirklich komplett flach. Durch subtile Schatten wird ein mehrschichtiger Aufbau suggeriert, sodass ein Element auf einem anderen zu liegen scheint. Dies gilt auch für Designs bei Android-Icons.

Durch den cleveren Einsatz von Schatteneffekten können Sie Ihren Icons eine zusätzliche Dimension verleihen, sodass sie den Anwender vom Bildschirm „anspringen“.

Vermeiden Sie Wörter

Spielen Sie mit dem Gedanken, Text in Ihrem App-Icon zu verwenden? Lassen Sie das lieber! Der Text wird wahrscheinlich in der nicht gerade übersichtlichen UI des App Stores untergehen oder ist bei kleineren Icon-Größen einfach nicht mehr lesbar. Nicht vergessen: Ist Ihre App auch für tragbare Geräte verfügbar, muss das Icon auch bei kleinen Abmessungen „funktionieren".

iOS-spezifische Regeln

Während die „Google Material Design Guidelines" verschiedene Formen für Icons erlauben, verwenden alle Icons für iOS dieselbe Standardform eines abgerundeten Rechtecks.

> Verwenden Sie rechtwinklige Ecken für Ihre Icons, da iOS sie trimmt, damit der Standard eingehalten wird. Verwenden Sie keinen zu großen Eckenradius, da Ihr Icon sonst wirklich furchtbar aussieht.

Außerdem enthalten die „Human Interface Guidelines" von Apple folgende Tipps:

- Verwenden Sie keine Fotos, Screenshots oder UI-Elemente
- Verwenden Sie keine Repliken von Apples Hardwareprodukten
- Testen Sie Ihre Icons auf verschiedenen Hintergrundbildern

Einige anschauliche Beispiele

Die App-Icons von Apple sind gute Beispiele, wie sich diese Regeln einsetzen lassen, um simple Designs zu erschaffen, die trotzdem das Auge des Betrachters wie magisch anziehen.

Schauen Sie sich die Icons für Pages, iMovie, Music Player und Control Center an.

Und was heißt das nun für Ihre Arbeit?

Die hier behandelten Regeln sind kein eisernes Korsett. Je mehr Erfahrung Sie sammeln, desto mehr können Sie experimentieren und Ihren eigenen Stil entwickeln.

Aber bis dahin sollten Sie durchgängige Designs mit einem unkomplizierten und soliden Look entwerfen.

ENTWERFEN EINES ICONS

Ressource

tix2_01_icon.afdesign

Ich bin ein großer Fan „vielschichtiger" flacher Designs, und so werden wir auch das Icon für unsere Tix App entwerfen. Ich wollte mich auf die simple Darstellung einer Aufgabenliste konzentrieren und entwickelte zwei Ideen für das Icon.

Nachdem ich beide Skizzen meinem Kunden vorgelegt hatte, entschieden wir uns für das Design mit den drei Aufgaben, da es alle unsere universellen Designregeln genau befolgt.

Durch simple Formen erreichen wir einen aufgeräumten Look, und das Piktogramm des Häkchen symbolisiert die Aufgabenliste. Alle Elemente versehen wir mit leuchtenden Farben und platzieren Sie auf demselben blauen Verlaufshintergrund, den wir auch in der App verwendet haben, damit die Designs einheitlich sind. Das Icon fällt auf jeden Fall auf – ob es nun auf einem hellen oder dunklen Hintergrund liegt.

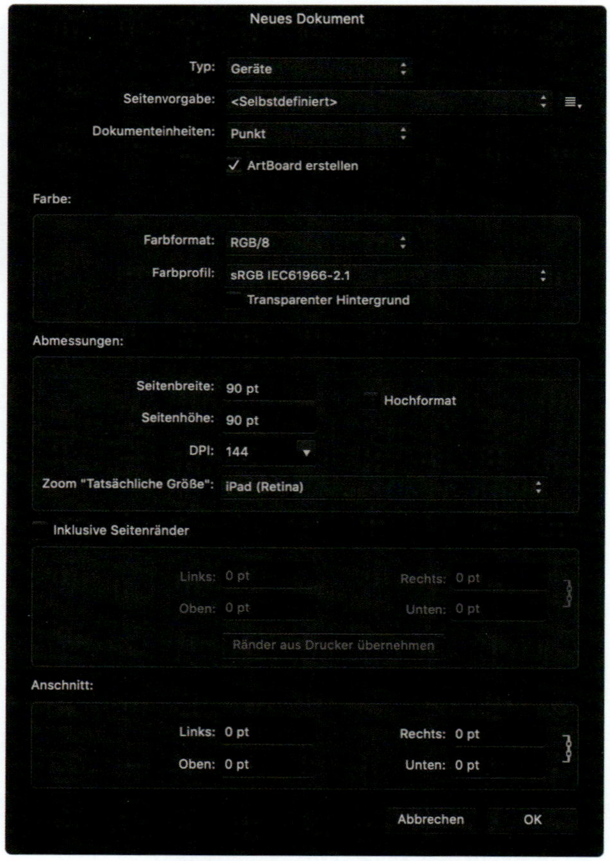

1 Legen Sie ein neues Dokument an, stellen Sie den **Typ** auf *Geräte* ein, die ArtBoard-Abmessungen auf *90 x 90 pt* und eine **DPI**-Auflösung von *144*.

Die magnetische Ausrichtung ist bei dem Aufbau dieses App-Icons ein wahrer Segen und lässt sich jederzeit über die Symbolleiste aktivieren.

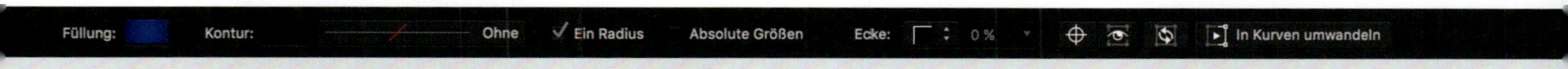

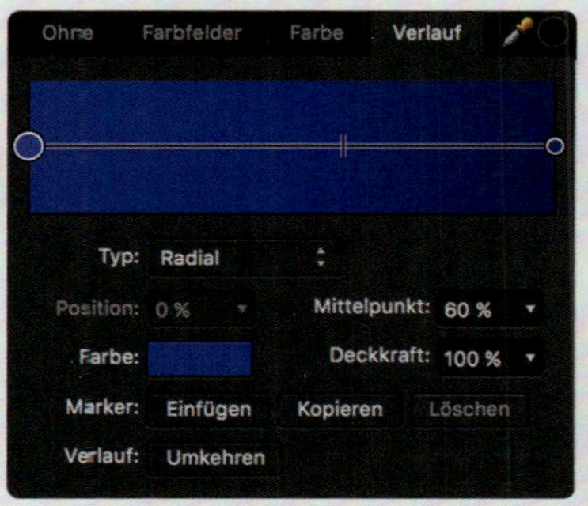

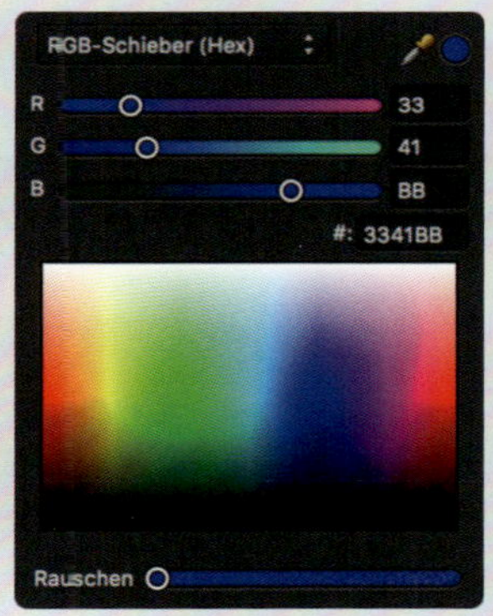

2 Zeichnen Sie mit dem Werkzeug **Rechteck** (M) ein Quadrat, das sich über das ganze ArtBoard erstreckt und stellen Sie in der Kontextleiste seine **Füllung** auf einen *Radialen Verlauf* von *RGB Hex #3341BB* nach *#051E72* und einen **Mittelpunkt** von *60 %* ein.

3 Ziehen Sie mit dem Werkzeug **Füllung** (G) den Verlauf von oben nach unten über das Quadrat.

4 Zeichnen Sie ein Rechteck von *72 x 18 pt* und platzieren Sie es in der horizontalen Mitte des ArtBoards. Halten Sie dabei einen oberen Rand von *12 pt* ein.

5 Stellen Sie in der Kontextleiste die **Ecke** auf *Gerundet* ein und ändern Sie die Füllung in einen orangefarbenen Verlauf, der sich von *RGB Hex #E93803* (links) nach *#FF7E00* (rechts) erstreckt.

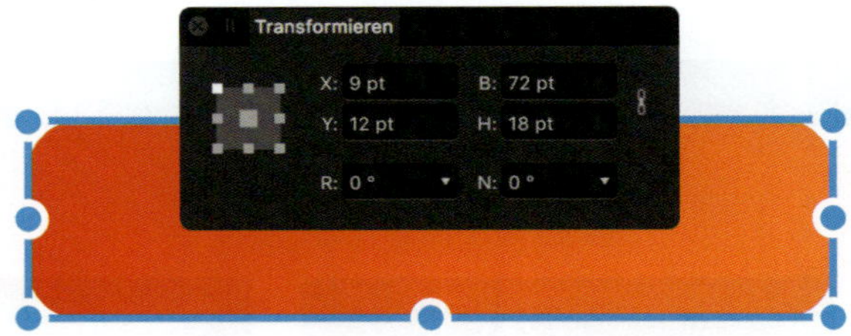

6 Aktivieren Sie nun den **Zeichenstift** (P) und zeichnen Sie ein Häkchen mit einer *weißen* **Kontur** in Breite *2 pt* und platzieren Sie es links in dem abgerundeten Rechteck.

7 Wählen Sie mit dem Werkzeug **Verschieben** (V) das Rechteck und das Häkchen aus, gruppieren Sie die beiden Objekte, klicken Sie auf den Menüpunkt **Ebene > Ebeneneffekte** und aktivieren Sie den Effekt **Schatten nach außen**.

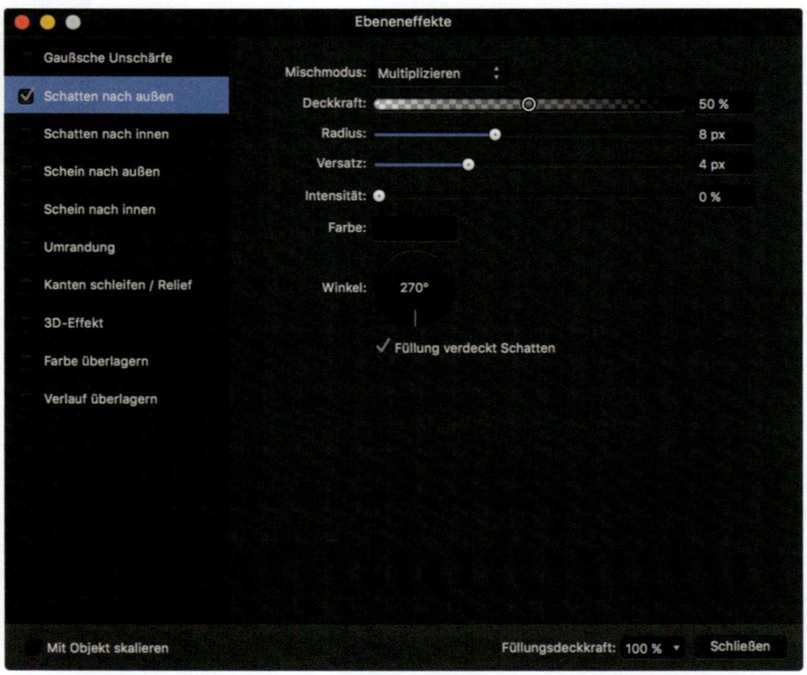

8 Duplizieren Sie die Gruppe (**Bearbeiten > Duplizieren**) und platzieren Sie das Duplikat *6 pt* unter dem Original.

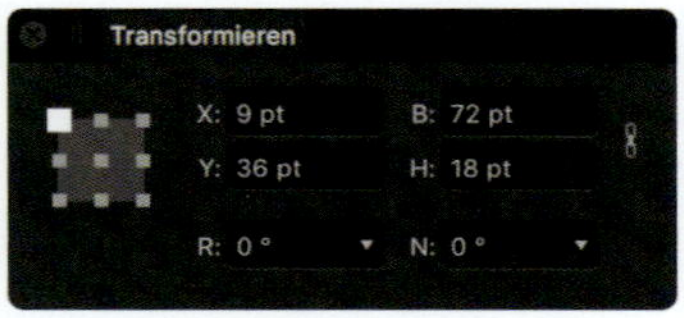

9 Halten Sie die cmd-Taste ⌘ (Mac) oder Strg-Taste (Win), klicken Sie auf das Rechteck und ändern Sie seine **Füllung** in *RGB Hex #EBEBEB*. Wählen Sie nun das Häkchen aus und stellen Sie seine **Kontur** auf *RGB Hex #303EB6*.

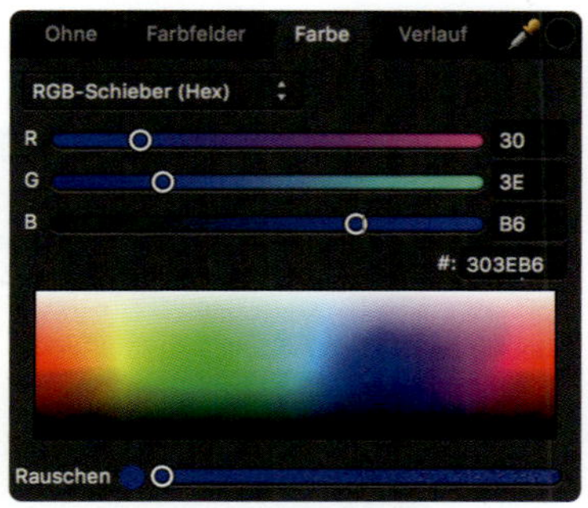

10 Duplizieren Sie die Gruppe erneut und platzieren Sie die zweite Kopie *6 pt* unter der ersten. Stellen Sie für die **Füllung** des neuen Rechtecks einen linearen Verlauf von *RGB Hex #5823AD* (links) nach *#973BC0* (rechts) ein und für das Häkchen eine *weiße* **Kontur**.

Sie müssen die Ecken des Icons nicht selbst abrunden, da sie automatisch durch das iOS getrimmt werden.

> Um den iOS-Look per Vorschau zu prüfen, ändern Sie den Eckentyp des Hintergrunds in „Gerundet“ und legen einen Radius von 15 % fest.

Ressource

tix2_02_export.afdesign

EXPORTIEREN

Wenn das Design fertig ist, müssen Sie Ihr Icon in verschiedenen Größen exportieren, um verschiedene Geräte zu unterstützen. Zum Glück gibt es in Affinity Designer einige Vorgaben, über die Sie gängige Exporte mit wenigen Klicks erledigen können.

1 Wechseln Sie zu der **Export Persona** und ändern Sie im Panel **Slices** den Namen für das Slice **ArtBoard1** in *Tix*.

2 Wählen Sie das Slice **Tix** aus und klicken Sie im Einblendmenü **Exportvorgabe** auf den Eintrag *iOS Application icon (iOS 7-9)*.

3 Klicken Sie auf **Slice exportieren (1)**, wählen Sie einen Ordner für den Export aus und klicken Sie auf **Exportieren**.

Ihr Icon-Design wird nun in unterschiedlichen Größen für verschiedene Geräte exportiert und in einem Ordner namens tix.appiconset gespeichert – zusammen mit der automatisch erstellten Datei Contents.json für weitere Xcode-Arbeiten.

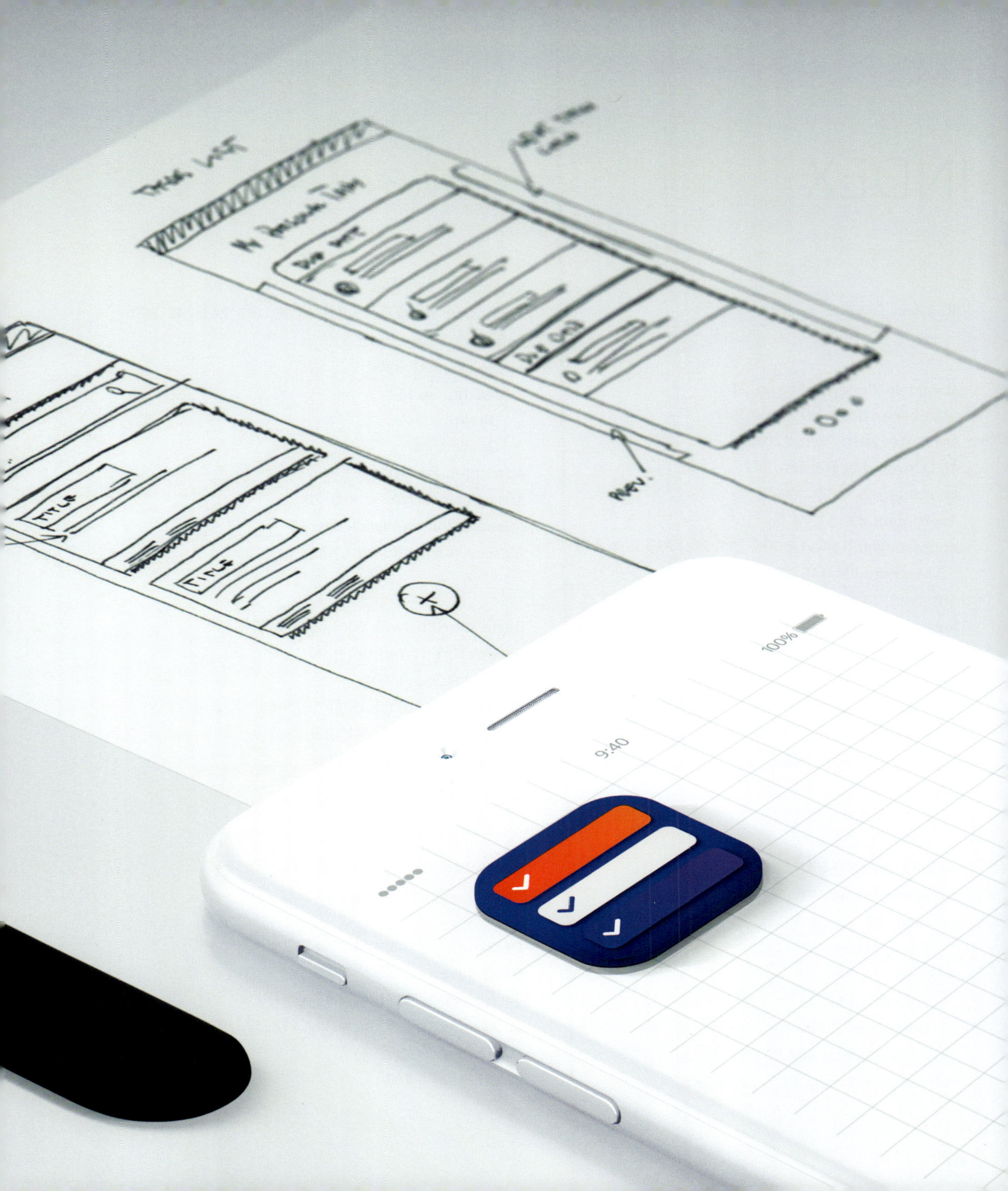
TITLE
TITLE
100%
9:40

INDEX

E

F

R

S

X

Z

AFFINITY Designer Mac

DESIGNER PERSONA TASTENKÜRZEL

AFFINITY Designer

Windows

DESIGNER PERSONA TASTENKÜRZEL

AFFINITY Designer

Mac

PIXEL PERSONA TASTENKÜRZEL

AFFINITY Designer

Windows

PIXEL PERSONA TASTENKÜRZEL

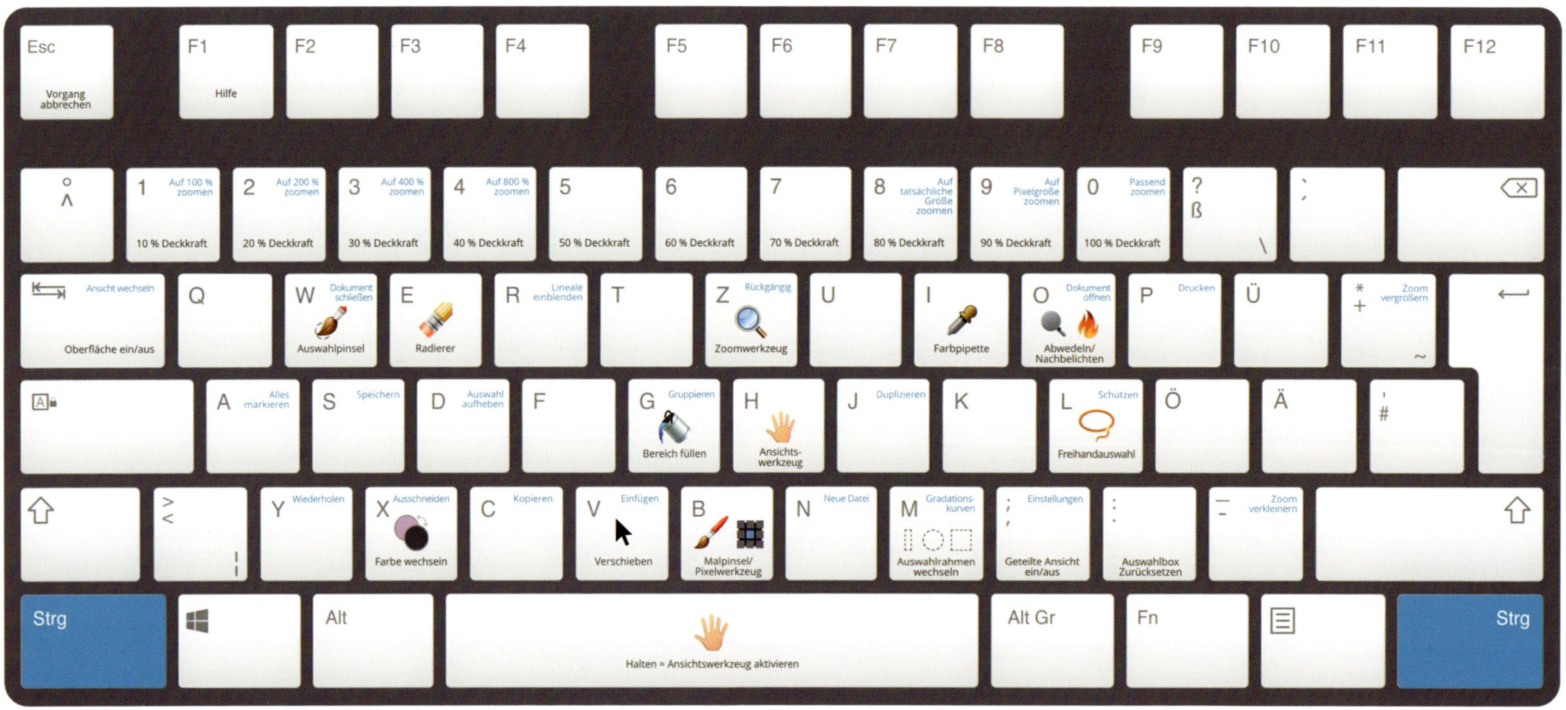

AFFINITY **Designer** — Mac

ERWEITERTE TEXTOPTIONEN

Drücken Sie folgende Tasten für die entsprechend gekennzeichneten Aktionen:
Alt ⌥ Cmd ⌘ Umschalt ⇧ Ctrl ^

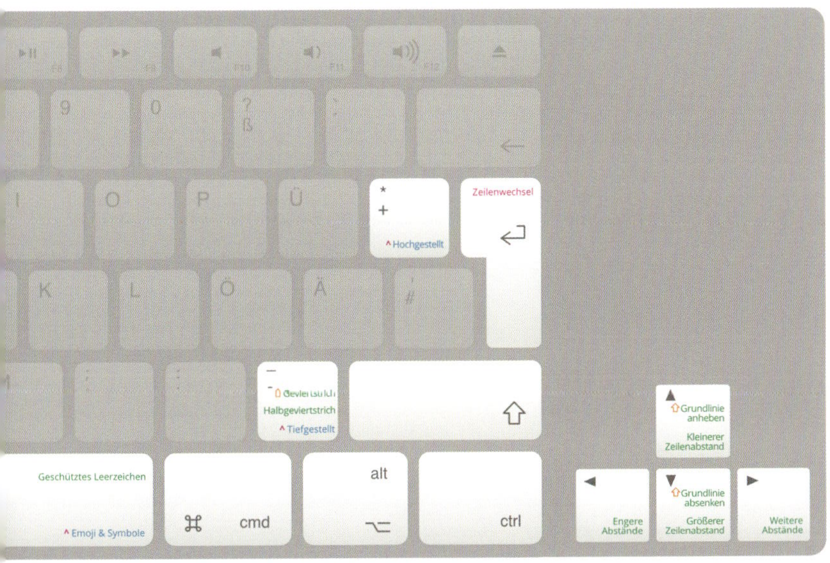

(Nutzen Sie zusätzlich ⌘, um die Schrittgröße zu erhöhen ◀ & ▶)
(Nutzen Sie zusätzlich ⌘, um die Schrittgröße zu verringern ▲ & ▼)

⌘ + T	Panel **Zeichen**
⇧ ⌘ + T	Dialogfeld **Typografie**
⌘ + B	Fett
⌘ + I	Kursiv
⌘ + U	Unterstrichen
⌥ ⌘ + L	Links ausrichten
⌥ ⌘ + C	Zentriert ausrichten
⌥ ⌘ + R	Rechts ausrichten

AUSDRÜCKE

Verwenden Sie diese Ausdrücke in den Eingabefeldern des Panels **Transformieren** (und in anderen UI-Elementen).

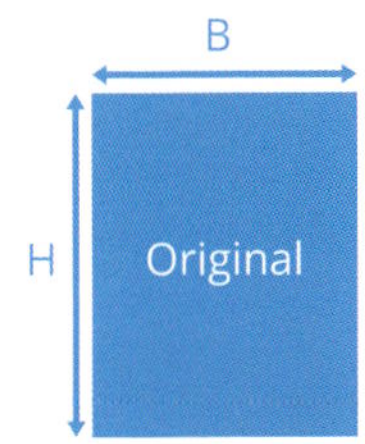

B: 120 px

H: 150 px

B:	118+55	= 173 px	B:	*=75%	= 90 px
B:	37*4	= 148 px	B:	h+30	= 180 px
B:	-=80	= 200 px	B:	h-5	= 145 px
B:	-=20	= 100 px	B:	2*h	= 300 px
B:	*=2	= 240 px	B:	h/2	= 75 px
B:	/=2	= 60 px	B:	gr*h	= 242.7 px
B:	*=1.4	= 168 px			

GESTEN

Zoomen

Alt ⌥ Alt ⌥

Ansicht schwenken

Scrollen

Vertikal Horizontal

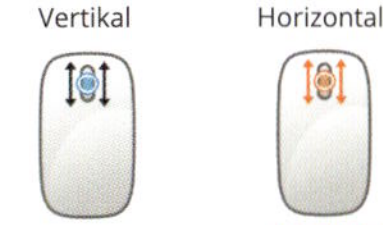

Umschalt ⇧

AFFINITY Designer — Windows

ERWEITERTE TEXTOPTIONEN

Drücken Sie folgende Tasten für die entsprechend gekennzeichneten Aktionen:
Strg Alt Umschalt ⇧

Strg	+ T	Panel **Zeichen**
Strg + ⇧	+ T	Dialogfeld **Typografie**
Strg	+ B	Fett
Strg	+ I	Kursiv
Strg	+ U	Unterstrichen
Strg + Alt	+ L	Links ausrichten
Strg + Alt	+ C	Zentriert ausrichten
Strg + Alt	+ R	Rechts ausrichten

Alt + ⇧ + ◄	Noch engere Abstände
Alt + ⇧ + ►	Noch weitere Abstände
Strg + Alt + ⇧ + ▲	Grundlinie präzise anheben
Strg + Alt + ⇧ + ▼	Grundlinie präzise absenken
Strg + ⇧ + ▼	Zeilenabstand präzise erhöhen
Strg + ⇧ + ▲	Zeilenabstand präzise verringern

AUSDRÜCKE

Verwenden Sie diese Ausdrücke in den Eingabefeldern des Panels **Transformieren** (und in anderen UI-Elementen).

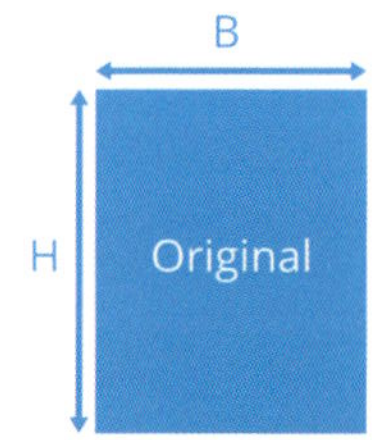

B: 120 px

H: 150 px

B:	118+55	=	173 px
B:	37*4	=	148 px
B:	+=80	=	200 px
B:	-=20	=	100 px
B:	*=2	=	240 px
B:	/=2	=	60 px
B:	*=1.4	=	168 px

B:	*=75%	=	90 px
B:	h+30	=	180 px
B:	h-5	=	145 px
B:	2*h	=	300 px
B:	h/2	=	75 px
B:	gr*h	=	242.7 px

AFFINITY **Designer** Mac

MODIFIER-TASTEN & ARBEITEN MIT EBENEN

Zeichnen & Malen	Alt	Schaltet kurzfristig zur Farbpipette um.
Werkzeug *Freihandauswahl*	Umschalt	Verbindet angeklickte Punkte mit geraden Linien.
Allgemein	Umschalt Cmd Ctrl Alt	Kehrt die Einschränkung des Seitenverhältnisses beim Skalieren um. Skaliert vom Mittelpunkt der Auswahl aus. Dreht von der gegenüberliegenden Ecke der Ebene oder des Objekts aus. Ignoriert während des Vorgangs die magnetische Ausrichtung.
Geometrische Formen	Cmd	Verschiebt rote Griffe symmetrisch.
Panel *Ebenen*	☐ Ebene 1 ☐ Ebene 1 ☐ Ebene 1 ☐ Ebene 1	Doppelklick = Name der Ebene ändern Doppelklick = Auf Ebene zoomen Klick + Alt = Nur ausgewählte anzeigen Klick + Cmd = Pixelauswahl aus Ebene erstellen (Pixel Persona)
Pfadtext	Umschalt Cmd	Übernimmt die Distanz zwischen roten Griffen. Verschiebt rote Griffe symmetrisch.
Malen mit Pixelpinseln	Umschalt Ctrl + Alt + Ziehen Alt + Cmd + Klick	Zeichnet eine gerade Linie, um zwei Konturen/Striche zu verbinden. Links/rechts = Pinselbreite ändern; Aufwärts/abwärts = Pinselhärte ändern Nimmt die Farbe unter dem Cursor auf und wendet sie an.

Pixelauswahl	Umschalt Cmd Ctrl Alt	Schränkt den Auswahlrahmen auf ein Quadrat oder einen Kreis ein. Verschiebt anstelle der Auswahl die darunter liegende Ebene. Zur Auswahl hinzufügen. Aus Auswahl entfernen.
Pixelwerkzeug	Cmd	Radieren aus der aktuellen Ebene oder Objekten.
Drehen	Umschalt	Beschränken der Drehung auf Schritte von 15 Grad.
Auswählen	Umschalt Alt Ctrl + Ziehen Alt + Ziehen	Wählt mehrere Objekte und Ebenen aus. Wählt das Objekt oder die Ebene hinter der aktuellen Auswahl aus. Wählt Objekte/Ebenen aus, die teilweise von dem Auswahlrahmen erfasst sind. Ignoriert das ursprüngliche Objekt bzw. die Ebene unter dem Cursor.
Neigen	Cmd	Spiegelt die Neigung um die Mitte des Objekts.
Vektor-zeichenwerkzeuge	Umschalt Alt Cmd	Schränkt die Griffwinkel auf 15 Grad ein. Erstellt einen Knoten als **Spitz** (für Spitzen und Ecken). Schaltet kurzfristig zur Knotenbearbeitung um (vom **Zeichenstift**).
Zoomwerkzeug	Alt + Klick Alt + Ziehen	Verringert die Zoomstufe. Zoomt auf den Auswahlrahmen.

AFFINITY Designer Windows

MODIFIER-TASTEN & ARBEITEN MIT EBENEN

Zeichnen & Malen	Alt	Schaltet kurzfristig zur Farbpipette um.
Werkzeug *Freihandauswahl*	Umschalt	Verbindet angeklickte Punkte mit geraden Linien.
Allgemein	Umschalt Strg Alt Rechte Maustaste	Kehrt die Einschränkung des Seitenverhältnisses beim Skalieren um. Skaliert vom Mittelpunkt der Auswahl aus. Ignoriert während des Vorgangs die magnetische Ausrichtung. Dreht von der gegenüberliegenden Ecke der Ebene oder des Objekts aus.
Geometrische Formen	Strg	Verschiebt rote Griffe symmetrisch.
Panel *Ebenen*	☐ Ebene 1 ☐ Ebene 1 ☐ Ebene 1 ☐ Ebene 1	Doppelklick = Name der Ebene ändern Doppelklick = Auf Ebene zoomen Klick + Alt = Nur ausgewählte anzeigen Klick + Strg = Pixelauswahl aus Ebene erstellen (Pixel Persona)
Pfadtext	Umschalt Strg	Übernimmt die Distanz zwischen roten Griffen. Verschiebt rote Griffe symmetrisch.
Malen mit Pixelpinseln	Umschalt Strg + Umschalt + Ziehen Alt + Klick Rechte Maustaste + Alt + Ziehen	Zeichnet eine gerade Linie, um zwei Konturen/Striche zu verbinden. Links/rechts = Pinselbreite ändern; Aufwärts/abwärts = Pinselhärte ändern Nimmt die Farbe unter dem Cursor auf und wendet sie an. Links/rechts = Pinselbreite ändern; Aufwärts/abwärts = Pinselhärte ändern

Pixelauswahl	Umschalt Strg Rechte Maustaste Alt	Schränkt den Auswahlrahmen auf ein Quadrat oder einen Kreis ein. Verschiebt anstelle der Auswahl die darunter liegende Ebene. Zur Auswahl hinzufügen. Aus Auswahl entfernen.
Pixelwerkzeug	Strg	Radieren aus der aktuellen Ebene oder Objekten.
Drehen	Umschalt	Beschränken der Drehung auf Schritte von 15 Grad.
Auswählen	Umschalt Alt Alt + Ziehen Rechte Maustaste + Ziehen	Wählt mehrere Objekte und Ebenen aus. Wählt das Objekt oder die Ebene hinter der aktuellen Auswahl aus. Ignoriert das ursprüngliche Objekt bzw. die Ebene unter dem Cursor. Wählt Objekte/Ebenen aus, die teilweise von dem Auswahlrahmen erfasst sind.
Neigen	Strg	Spiegelt die Neigung um die Mitte des Objekts.
Vektor-zeichenwerkzeuge	Umschalt Alt Strg	Schränkt die Griffwinkel auf 15 Grad ein. Erstellt einen Knoten als **Spitz** (für Spitzen und Ecken). Schaltet kurzfristig zur Knotenbearbeitung um (vom **Zeichenstift**).
Zoomwerkzeug	Alt + Klick Alt + Ziehen	Verringert die Zoomstufe. Zoomt auf den Auswahlrahmen.